本书系2014年教育部青年基金项目：权利保障视野下的违法信息行政公告研究（课题编号：14YJC820068）的最终成果，本书的出版获得教育部社科基金资助。

QUANLI BAOZHANG SHIYEXIA DE
WEIFA XINXI XINGZHENG GONGGAO YANJIU

权利保障视野下的违法信息行政公告研究

禹竹蕊 著

知识产权出版社
全国百佳图书出版单位

图书在版编目（CIP）数据

权利保障视野下的违法信息行政公告研究／禹竹蕊著．—北京：知识产权出版社，2017.1

ISBN 978-7-5130-4646-6

Ⅰ．①权… Ⅱ．①禹… Ⅲ．①违法—公告—研究—中国 Ⅳ．①D920.4

中国版本图书馆 CIP 数据核字（2016）第 305755 号

责任编辑：雷春丽　　　　　　　　　　责任出版：刘译文
封面设计：SUN 工作室　韩建文

权利保障视野下的违法信息行政公告研究

禹竹蕊　著

出版发行：	知识产权出版社有限责任公司	网　　址：	http://www.ipph.cn
社　　址：	北京市海淀区西外太平庄 55 号	邮　　编：	100081
责编电话：	010-82000860 转 8004	责编邮箱：	leichunli@cnipr.com
发行电话：	010-82000860 转 8101/8102	发行传真：	010-82000893/82005070/82000270
印　　刷：	北京嘉恒彩色印刷有限责任公司	经　　销：	各大网上书店、新华书店及相关专业书店
开　　本：	720mm×1000mm　1/16	印　　张：	19.5
版　　次：	2017 年 1 月第 1 版	印　　次：	2017 年 1 月第 1 次印刷
字　　数：	307 千字	定　　价：	50.00 元

ISBN 978-7-5130-4646-6

出版权专有　侵权必究

如有印装质量问题，本社负责调换。

依法披露违法信息与严格规范文明执法

莫于川[*]

黑名单、坏名声、曝光、搞臭、出丑……在进入信息社会之前，上述手法在监管执法过程中已广泛运用且颇多争议，行政机关将其视为加大管制强度、提升管制权威的抓手，一些受到违法行为伤害的民众也觉得很解气、很给力，但也一直受到法律界的许多质疑；进入信息社会，由于信息技术手段的发展和信息社会运行的特点，上述手法的运用越来越便利、运用得越来越频繁、杀伤力和伤害性也越来越大，也因此受到越来越多的法治拷问，客观上提出了有效予以法律控制的强烈呼声，也开始了有关法制建设努力。针对典型形式的违法信息行政公告行为加以法理分析和法律控制，通过法治思维和法治方式实现严格规范公正文明执法，有助于完善政府信息主动公开法律制度，这是富有现代性、挑战性和对策性的重大法治课题，本书乃是此领域探索努力的重要新成果。

这里首先需要考察此项制度革新探索的宏观背景。随着经政改革和法制建设的推进，人们一直呼吁要加强行政公开法制，推动政府信息公开，理由有四：一是政治民主化的要求，二是宪法的精神和要求，三是履行我国加入WTO对透明度原则予以承诺的要求，四是打造阳光政府、建设法治政府的要求。《政府信息公开条例》施行八年来的实践表明，政府信息公开制度建设

---

[*] 莫于川，中国人民大学二级教授、博士研究生导师、宪政与行政法治研究中心执行主任、中国行政法研究所所长、中国行政法学研究会副会长。

与经济发展水平相关，但它绝不只是经费投入问题，监管执法实务中出现的许多政府信息公开争议案件，从表面看是因为意见不一或故意规避或任性用权，其背后的深层原因是观念滞后和认识片面。一些行政公务人员不知晓依法公开政府信息乃是世界潮流，是我国行政法治发展的基本趋势和重要领域，也是新时期依法积极履行政府职能的基本要求。因此，《政府信息公开条例》第1条就规定："为了保障公民、法人和其他组织依法获取政府信息，提高政府工作的透明度，促进依法行政，充分发挥政府信息对人民群众生产、生活和经济社会活动的服务作用，制定本条例。"这里强调的维权原则、法治原则和服务原则，具有公开法制的中国特色。

在行政监管执法实务中不断发生政府信息公开争议案件，还有一个重要原因是政府信息公开的综合基础不足。在依法公开政府信息的问题上，行政机关也会有惰性，例如，它没有给予高度关注并作出足够投入，没有依法搭建好信息平台和渠道，没有编制好政府信息公开指南和公开目录并及时更新，没有建立健全政府信息整理归档和发布协调机制，没有规范化地建立依法公开政府信息的机制和程序制度，没有及时完整地清理历史信息，特别是尚未完善地建立起适应工作要求的政府信息公开工作干部队伍，以及行政监管执法人员尚未普遍树立起依法公开政府信息的法治意识等。如果行政机关还处于此种状态，既要依法、及时、规范地公开政府信息包括企业违法行为信息，又要经常面对人们提出范围广、种类多、数量大的政府信息申请，其疲于奔命的被动局面不难想见，出现这种被动局面和巨量成本显然不利于经济社会协调发展和法治政府建设进程。因此，人们期盼通过行政法制革新，更有利于依法公开政府信息，包括主动公开和依申请公开；把公开透明作为政府工作的基本制度，拓宽办事公开领域；所有面向社会服务的政府部门都要全面推进办事公开制度，依法公开办事依据、条件、要求、过程和结果；创新政务公开方式，加强电子政务建设，充分利用现代信息技术，建设好互联网信息服务平台和便民服务网络平台；建立健全依法公开政府信息的监督保障机制，定期对政府信息公开工作进行评议考核。只有把民众的热切希望与政府的积极努力契合协调起来，才能稳健地推进政府信息公开法制建设，实现良性的博弈过程和发展进程。一句话，加强政府信息公开法制是建设法治政府和服务型政府的一场根本性、革命性举措，其重大而深远的意义将日益显现出来，逐渐被人们真切和深刻地感受到。

2015年12月由中共中央和国务院颁布的《法治政府建设实施纲要（2015~2020年）》，在所提第22项措施（创新行政执法方式）中强调：要推行行政执法公示制度，加强行政执法信息化建设和信息共享，建立统一的行政执法信息平台，完善网上执法办案及信息查询系统，强化科技、装备在行政执法中的应用，推广运用说服教育、劝导示范、行政指导、行政奖励等非强制性执法手段，健全公民和组织守法信用记录，完善守法诚信褒奖机制和违法失信行为惩戒机制。这些具体方针和要求，凸显了对于违法信息行政公告行为加强法律控制的重要性。因为在信息社会，信息行为的正负能量都很大，行政主体有权、有责、有据来公告违法信息达到监管执法目的，但也不能任性地实施公告行为以免产生违法侵权后果。

这里所谓违法信息行政公告，是指行政主体基于公共利益考量，将其在监管执法过程中收集和制作的行政相对人违反行政法规范和原则的相关信息，规范化地通过广泛和有效的信息平台主动公布于社会的行为。这种面向社会公众提供违法警示信息的行为本身没有处置意图，只是确认、公开已经存在的某种事实，旨在传递信息，警示公众谨慎选择、远离危险，或告诫公众、避免犯错，一般不直接产生、改变或消灭法律关系；被公开相关信息的违法行为人，并非公告行为的对象，即使因违法劣迹"曝光"而社会评价降低、利益受损，也是因为公众行为的介入才导致的间接结果，监管执法机关自身无法左右或决定此类结果发生。因此，违法信息行政公告是一种典型的具有第三方效果的行政事实行为，实施该行为会对第三方（信息所属人）的权益造成一定影响，进而发挥规制作用。从文本分析和实务操作来看，违法信息行政公告具有多重的信息规制功能，也类似于行政法学界既往讨论较多的规制型行政指导行为。

本书透过监管执法实践中颇具争议案例的法理分析，考量行政过程不同阶段特点，力图建构三维的法律控权机制和完善相应的配套制度，通过实体法控制、程序法控制和救济法控制，通过事前、事中和事后都加强法律控制，依法影响、支撑及形塑违法信息行政公告行为，防控公告行为的特殊风险，减少对利害关系人的权益侵害，以充分发挥违法信息行政公告的规制功能和服务功能及其蕴含的宪法价值，切实将违法信息行政公告行为纳入法治轨道，也体现出在社会深入转型发展时期和法制建设进入精细化阶段正确处理政府信息公开与个人信息保护的辩证关系所做的理论创新和制度革新努力，此项探索成果值得充分肯定。

本书作者禹竹蕊教授是生长于长江上游化工城的川妹子，秀外慧中、心善艺多、追求卓越、胸怀宽广，曾在政法机构工作多年，是天府之国的优秀警花，还悠然成为著名的网络文学家，博士毕业后又到省级党校行政学院任教，相信她在新岗位上能够更好地发挥出聪明才智和学术专长，成为西部地区干部教育战线富有学术影响力的公法学教授，为法治四川建设作出特殊的重大贡献。

五年前，竹蕊在多年教学工作和访问进修的基础上，通过艰苦努力考上中国人民大学法学院攻读宪法学与行政法学专业博士学位，读博期间她刻苦努力、好学勤思、进步特大，深受师生好评。她勇于创新，对违法信息行政公告进行研究并撰写博士学位论文，获得担任评议和答辩专家的国内权威公法学者们高度评价，顺利获得法学博士学位，这也成为本书研究的基础，其学术创新贡献和制度建设参考价值不言而喻。

学习是一种生活态度、生活方式与生活习惯，这是我的座右铭，也是弟子入门教育时的必讲话题，希望与弟子们分享和共同践行。在我指导成长的三十多位博士生中，竹蕊是践行这个座右铭最努力者之一，我为她深感骄傲，也真心祝愿这个四川老乡能够不断登上一个个高峰，领略更多的学术风景和创新快乐。

值此重霾锁城、受限宅家、心情难爽之际，能有机会坐在电脑前为竹蕊教授的专著作序，真是一种超脱和宽慰，让我透过窗外昏暗雾霾洞见一缕亮光。

欣然作序，真诚推荐，分享成果，共享美好。

2016 年 12 月 18 日于北京世纪城绿园

目 录
CONTENTS

导　论 001
　　一、本书概要　001
　　二、研究现状　008
　　三、研究进路　022
　　四、研究方法　023

第一章　违法信息行政公告概述　025
　　一、历史演变　025
　　二、概念剖析　033
　　三、行为性质　055
　　四、行为类型　070
　　五、宪法价值　078
　　六、小结：违法信息行政公告具有显著的规制功能和宪法价值　092

第二章　违法信息行政公告的控制诉求　094
　　一、实践难题　094
　　二、控制诉求　108
　　三、控制路径　117
　　四、小结：法律控制有助于提升违法信息行政公告的正能量　120

第三章　违法信息行政公告的实体法控制　122
　　一、实体法控制的重要性　122
　　二、现有实体法的规范分析　126
　　三、完善实体法的主要路径　144

四、小结：全方位的立法方能实现实体法控制　160

第四章　违法信息行政公告的程序法控制　163

一、程序法控制的意义　163

二、现有程序法的规范分析　165

三、违法信息行政公告的一般程序　168

四、违法信息行政公告的特殊程序　190

五、小结：程序严格性应与权利侵害可能性大小成正比　204

第五章　违法信息行政公告的救济法控制　205

一、救济法控制的必要性　205

二、现有救济法的规范分析　207

三、信访　209

四、行政救济　211

五、司法救济　223

六、小结：救济法控制是高悬的达摩克利斯之剑　271

附录一：关于《政府信息公开条例》的修法建议　274

附录二：关于信息公开救济制度的修法建议　277

结　语：法律控制是违法信息行政公告法治化的有力保障　283

参考文献　285

后记　303

导 论

一、本书概要

(一) 背景：信息时代信息规制工具的崛起

随着社会发展和信息技术的进步，信息化成为20世纪90年代以来全球经济社会发展的最主要特征。日益发达的网络扩大了人类的交流方式和交流空间，增大了人类社会的开放性，也制造和传播了各式各样的信息。信息不但成为当下最炙手可热的无形资源，也成为支配人类文明发展的重要力量。信息流动和交流的最大化已经成为社会发展的迫切需要，信息时代的来临势不可挡。正如学者所说："人类社会的信息化转型深刻地改变了人类社会的传统生产方式和人类社会的整体结构以及人类生活的方方面面。"[1] 信息化也促使政府管理公共事务的方式悄然转变。毫无疑问，在信息时代，信息既是政府行政管理的对象，也是政府进行管理的手段。违法信息行政公告，作为一种信息规制工具，在信息时代迅速崛起。

所谓违法信息行政公告，是指行政主体基于公共利益的考量，将其在行政执法过程中收集和制作的行政相对人违反行政法规定的相关信息，通过报刊、网络、电视等媒体，主动向社会公众予以公布的行为。行政主体公告违法信息，一方面是借助信息的传播向公众提供公共服务，警示公众防御风险、确保安全，保障公共利益，同时借信息公开告知公众执法部门面对违法事实采取了哪些措施、如何有效避免公共利益遭受重大损失，以便公众对行政执法予以监督；另一方面则是通过公告对违法行为进行谴责、规劝行政相对人

---

[1] 齐爱民：《私法视野下的信息》，重庆大学出版社2012年版，第3页。

服从行政法规范、履行行政法义务，维护市场秩序和社会稳定，同时借以宣传法律和政策、获取公众的理解和支持。正如诺内特·塞尔兹尼克所说："聪明的执法者应是能够洞察相对方需要的、循循善诱的领路人，能指引、暗示相对方沿着法律设置的道路前进。他们应该认识到行政权并不因为重要而尊贵，如果没有某种认同的基础，任何法律和政策都无法有效实施。"[①] 行政主体有目的性地向公众提供特定人的违法信息，可以影响公众的行为选择、间接引导特定人的行为，从而确保行政实效。虽然违法信息行政公告本身并不会给违法行为人带来法律上的不利后果，但违法信息的公开将导致违法行为人的名誉受损，进而影响并降低其社会评价，间接损害交易关系、带来经济上的不利后果。作为一种以声誉机制为核心的信息规制手段，相对于传统的行政处罚、行政强制等刚性执法手段，违法信息行政公告借助网络等现代媒体迅速简便的传播，具有成本低廉、程序简单、影响广泛、效果突出等显著特点，备受各国行政机关青睐，运用日渐广泛。

美国历来将违法信息公开作为政府监管手段，[②] 其信息披露制度非常发达。这一制度首先要求企业依法主动披露相关信息，避免因信息不对称而导致的生产经营者与消费者之间的消费不公；其次，还要求政府部门依法主动向公众披露企业的违规信息和失信信息。[③] 在日常执法中，FDA、EPA、FTC

---

① [美]诺内特·塞尔兹尼克：《转变中的法律与社会：迈向回应型法》，张志铭译，中国政法大学出版社 2004 年版，第 61 页。

② 例如，美国政府认为公开披露违法行为和宣传执法行动的环境效益有利于建立一种社会共同关注环境的氛围，形成守法的社会压力，还有助于保证执法方案获得必要的资金和政治支持。美国对环境的监测、评价和报告都是向公众公开的。加强信息发布是美国环保局 1997~2002 年五年战略规划中十大目标之一。政府通过散发或寄送指导手册等宣传品，向公众宣传污染的原因和影响，污染对人体健康和环境的短期、长期效应和社会成本，提高公众的环境意识，引发公众对环境损害的关注和支持。报纸、电视或广播媒体都可以对外发布包括法律规定、达到规定的方法、执法行动等信息。参见崔卓兰、朱虹："从美国的环境执法看非强制行政"，载《行政法学研究》2004 年第 2 期。

③ 20 世纪五六十年代，美国进入了新消费时期，消费品的复杂性、多样性以及消费者自身的层次不一，使得人们已无法全面预见风险和维护自己的人身安全。美国联邦政府和州政府开始制定相关法案，设立了消费者保护机构，加强市场监督以保证消费者消费安全。美国的消费安全信息公开披露制度亦应运而生。其中，消费品安全委员会主要通过向社会大众发布产品召回、消费安全警告等形式披露消费安全信息。美国通过 CPSC 的消费危害信息披露制度，实现了对民众消费安全较为周全的保障。参见徐信贵："美国的消费危害行政预警机制及其启示——以 CPSC 危害信息披露实践为中心"，载《行政论坛》2011 年第 2 期。

等机构不时发布行政公告,提醒民众注意特定商家(包括个人)的问题产品或违法行为。① 英国也有类似的制度实践。健康与安全执行局会在其网站上单设专栏提供查询浏览,对公众公开给予违法企业或人员的整改通知和禁止通知,其内容包括涉事企业或个人的名称、地址、具体违法(危险)实施、采取整改措施的期限等。② 欧洲其他国家如荷兰、丹麦,也有类似的公开违法公司或危险产品(行为)的制度。③ 德国则在食品安全领域大量运用违法信息披露。政府通过直接对企业进行检查、监督和抽查市场上的流通食品来实现对食品生产企业的监管。一旦发现企业有违法行为,监管部门有权依法对其进行警告、曝光、处以罚金或刑事处罚。④ 韩国将违法信息行政公告称为"违法事实的公布",并在近年通过《关于限制垄断及公平交易的法律》《公职人员伦理法》《消费者保护法》《食品卫生法》《关于促进转包交易公平化的法律》《建筑法》等法律规范对这一制度予以明确,而公布高额税收滞纳人名单仍然是依据国税厅训令。⑤ 日本将违法信息行政公告称为"违反义务行为的公布"⑥ 或"公布违反事实"⑦,视为实务中确保行政义务得以履行的手段,通过一些法律、条例明确规定,如果行政相对人不遵从行政劝告或行政指导,那么行政机关可以公开其姓名、违法事实,如《食品卫生法》第63条⑧、《日本承包款支付迟延等防止法》第7条⑨、

---

① Ernest Gellhorn, Adverse Publicity by Administrative Agencies, Harvard Law Review, 1973, 86(8), pp. 1380 – 1441.
② 朱春华:《公共警告制度研究》,中国社会科学出版社2013年版,第21~22页。
③ 朱春华:《公共警告制度研究》,中国社会科学出版社2013年版,第22页。
④ 郭林宇:"德国的食品安全监管",载《时事报告》2011年第6期。
⑤ [韩]金东熙:《行政法Ⅰ》(第9版),赵峰译,中国人民大学出版社2008年版,第336页。
⑥ [日]南博方:《行政法》(第六版),杨建顺译,中国人民大学出版社2009年版,第124页。
⑦ [日]盐野宏:《行政法总论》(第四版),杨建顺译,北京大学出版社2008年版,第160页。
⑧ 如日本《食品卫生法》第63条规定,为了防止发生食品卫生上的危害,厚生劳动大臣和都道府知事可公布违反本法或依本法所作处理者的名称等,应当努力明了食品卫生上的危害状况。
⑨ 《日本承包款支付迟延等防止法》第7条规定,过了支付期限发包方仍不向承包方支付承包款时,公正交易委员会就会劝告发包方迅速支付该款项。如果发包方仍不遵从该劝告,那么,就会公开其事实。参见吴东镐、徐炳煊:《日本行政法》,中国政法大学出版社2011年版,第177页;杨建顺:《日本行政法通论》,中国法制出版社1998年版,第492页。

《国土利用计划法》第26条和《公民生活安定紧急措施法》第7条第2款①等都对"公布违反事实"作出了规定。有的法律甚至规定把公布不服从劝告这一程序作为发布命令的必经阶段,如《石油供需适当化法》第103条第3款。②

早在1994年,我国大陆地区就在《审计法》中规定,审计结果可以向社会公布。③ 这里的审计结果,当然也包括被审计对象违反法律规定的情况。1998年1月1日,大陆地区正式实施了税务违法案件公告制度。2001年7月,国家药品监督管理局就上半年检查中发现的违法药品广告予以第一期公告,标志着我国违法药品广告公告制度的建立。④ 2002年8月23日,国家工商行政管理总局和卫生部联合发布《关于建立违法食品广告联合公告制度的通知》(工商广字〔2002〕221号),规定国家工商行政管理总局、卫生部每两个月将通过新闻媒体对违法食品广告进行联合公告,"违法食品广告的生产企业名称、食品名称、主要违法事实(广告内容)"等为联合公告的主要内容。我国台湾地区的"行政罚法"⑤ "消费者保护法"⑥ "食品卫生管理法"⑦ 中也都有关于违法信息行政公告的明确规定。随着信息公开的深入发展,各地在探索社会管理创新的过程中,普遍运用这一柔性的规制手段,在食品安全、产品质量、环境保护、土地管理、金融监管、商标管理、广告管理等行政执法领域,违法信息行政公告正以傲人的姿态迅速崛起。

---

① [日]室井力:《日本现代行政法》,吴微译,中国政法大学出版社1995年版,第171页。
② [日]室井力:《日本现代行政法》,吴微译,中国政法大学出版社1995年版,第171页。
③ 《审计法》第36条第1款规定:"审计机关可以向政府有关部门通报或者向社会公布审计结果。"
④ 周大平:"公告制度'封杀'违法药品广告",载《瞭望新闻周刊》2001年第30期。
⑤ 台湾地区"行政罚法"第2条第3款规定:"影响名誉之处分:公布姓名或名称、公布照片或其他相类似之处分。"
⑥ 台湾地区"消费者保护法"第37条规定:"直辖市或县(市)政府于企业经营者提供之商品或服务,对消费者已发生重大损害或有发生重大损害之虞,而情况危急时,除为前条之处置外,应即在大众传播媒体公告企业经营者之名称、地址、商品、服务,或为其他必要之处置。"
⑦ 台湾地区"食品卫生管理法"第29条第2款规定:"制造、加工、调配、包装、运送、贩卖、输入、输出第一项第一款或第二款物品之食品业者,由当地主管机关正式公布其商号、地址、负责人姓名、商品名称及违法情节。"

(二) 意义：对现实问题的回应

按照行政过程论的主张，行政是一个动态的过程，行政管理部门为履行管理职责会实施一系列、前后衔接的行政行为。这些行为虽然以行政法律行为（行政处分）为主，但也包含了诸如行政指导、信息公开等行政事实行为。从行政实施和行政目的达成的角度看，这些行政事实行为也发挥了不可小觑的作用，因此也应该是行政法学关注的重点。

进入信息时代以后，随着现代信息传播工具的革新，有着悠久历史的违法信息行政公告绽放出前所未有的鲜活生命力。尤其是当信息公开随着民主法治的进步成为一种势不可挡的世界潮流，屡经发展的违法信息行政公告带着鲜明的时代气息，成为政府在信息社会首选的信息规制工具。首先，这种监管方式契合信息公开法制的要求，提高了行政执法的透明度，便于民主监督的实现。其次，"信息文化具有社会整合功能，它通过价值整合、规范整合、结构整合来实现对社会的整合。"[1] 在分工和交易都发达的市场体制社会中，带有较强目的性和针对性的违法信息行政公告，藉由信息的广泛传播导致社会对违法行为人的评价普遍降低，缩减违法行为人的交易机会于无形，从而迫使其作出守法的选择，大大缓解行政机关的执法压力，具有重大价值。[2] 毋庸置疑，违法信息与个人的隐私和名誉、企业的商业信用和交易机会等相互勾连，对其进行行政公告势必可以借助声誉机制和道德谴责以示惩戒。违法信息行政公告是一种典型的"具有第三方效果"[3]的行政事实行为，作为"一种效率型的、辅助公共执法的社会治理形式"，这样的声誉机制确实"能够及时启动严厉的市场驱逐式惩罚"[4]，有效阻却公众潜在的违法行为，但也会给第三方（信息所属人）的权益带来深刻的影响。有时这样的实

---

[1] 江源富：《面向信息弱势群体的政府公共服务研究》，科学出版社2012年版，第81页。
[2] 应飞虎、涂永前："公共规制中的信息工具"，载《中国社会科学》2010年第4期。
[3] 德国学者认为：具有双重法律效果的行政行为是指具有部分负担性和部分授益性效果的行政行为。如果针对同一个人，则称为效果的混合；如果针对不同的人，则称为具有第三方效果。参见 [德] 汉斯·J. 沃尔夫、奥托·巴霍夫、罗尔夫·施托贝尔：《行政法》（第二卷），高家伟译，商务印书馆2002年版，第47页。
[4] 吴元元："信息基础、声誉机制与执法优化——食品安全治理的新视野"，载《中国社会科学》2012年第6期。

际影响甚至是致命的，远甚行政处罚。近年来因法制的不健全，违法信息的发布条件、发布程序不明确，加之信息管理不到位，导致不少行政主体在实践中仍属"创造性"适用违法信息行政公告，暴露出违法信息收集不系统、制作和发布不及时、发布信息不对称、错误信息纠正和撤回不规范等各种问题，各地警方公示小偷照片①、曝光醉驾名单②的做法频频引发争议。2006年，深圳福田警方公开宣读对卖淫嫖娼人员的行政处罚决定；2009年，轰动一时的"砒霜门"事件（工商部门发布错误的食品安全警示信息，造成农夫山泉损失达10亿元）③ 更是招致公众强烈质疑。必须看到，违法信息行政公告作为一把双刃剑，在对市场秩序进行有效规制的同时，也会影响到利害关系人的权益。虽然违法信息行政公告面向社会公众作出，但其可能侵犯的并不仅仅是接收违法信息的社会公众的权益，更可能会侵犯因违法信息被公开后、被公众道德谴责与行为抵制而受损的利害关系人（包括违法行为人和同行业被牵连的第三人等）的权益。不管公告的初衷是什么，我们均无法回避，违法信息行政公告往往带有特殊的"制裁性"，一旦超出其应有的界限、违反正当程序，就将损害利害关系人的合法权益，更会阻碍信息社会的健康发展。

面对这个绕不开的现实问题，作为法律人，我们应该思索如何将违法信息行政公告引入法治的轨道，防止行政主体没有选择、没有限度地任意公开，这不但是促进社会管理创新的需要，更是实现依法行政、落实权利保障的需要。改革开放30多年，我国各方面发生了重大变革和深度调整。社会转型不但致使社会结构裂变、社会分层加剧，也使社会矛盾累积。要想有效化解各种社会矛盾，各级政府必然要探索社会管理新模式。正如"十八大"报告指

---

① 王海涵："13岁小偷照片该不该公示"，载新浪网 http://news.sina.com.cn/c/2003-11-18/09311140036s.shtml，访问日期：2013年8月5日。

② 黄冠："曝光醉驾者，行政机关当慎行"，载《新华每日电讯》2009年11月10日；杜文戈："媒体曝光醉驾者是'二次处罚'"，载《检察日报》2009年11月11日；徐伟、林燕："公安交管部门曝光醉驾者名单引发热议 权威专家认为此举不违法"，载《法制日报》2009年11月12日；墨帅："处罚结果公开与曝光不能混同"，载《检察日报》2009年12月2日。

③ 胡笑红："农夫山泉指责工商部门'三宗罪'质疑遭幕后黑手陷害"，载中国经济网 http://www.ce.cn/cysc/sp/info/200912/01/t20091201_19935854.shtml，访问时间：2013年8月5日。

出的那样,"提高社会管理科学化水平,必须加强社会管理法律、体制机制、能力、人才队伍和信息化建设"。同时,随着权利意识的崛起,依法行政、推进法治政府建设的理念一经提出就得到民众的一致认可和拥护,因此"十八大"报告也一如既往地强调要"推进依法行政,做到严格规范公正文明执法"。违法信息行政公告作为一种带有目的性因素的信息规则工具,其规制方式、规制领域、功能优劣等都直接关切社会管理理念、体制、机制和方法。不管行为初衷如何,违法信息行政公告一旦作出,就可能给公民的隐私、名誉,法人组织的名誉、财产,甚至与经济利益直接挂钩的交易机会等带来不良影响。如果实践操作不当,就会违背制度设计的良好初衷。从行政过程的阶段性构造出发,从政府行政自制①的角度去重新思考和定位违法信息公告的界限、方式和程序,规范行政执法,将负面效应减至最低,切实保障利害关系人的合法权益,将其真正打造为低成本、高效率、好成效的信息规制工具,这是促进社会管理创新和行政管理模式变革的现实需要,有利于提升社会治理水平,促进社会形成更为良好的秩序,产生更为理想的政治、经济和社会效益。

同时,还应该看到,作为信息公开一翼,违法信息行政公告属于政府依职权依法主动进行的信息公开。而《政府信息公开条例》实施5年多来反映出各种问题,特别是行政机关依职权主动公开信息的范围、限度、程序、救济等诸多方面,条文规定存在明显不足。可以说,正是法律规范和理论研究的双重缺失,导致我国违法信息行政公告既先天不足,后天成长也没能及时获取充足的养分补给,呈现出一种孱弱的病态。不但公告条件和标准模糊、裁量空间过大,还缺乏正当程序的限制和保障,且从理论和实践来看,提起

---

① 于立深博士认为所谓"行政自制",是指行政系统或者行政主体自发地约束其所实施的行政行为,使其行政权在合法合理的范围内运行的一种自主行为。概言之,行政自制就是行政系统或者行政主体对自身违法或不当行为的自我控制,包括自我预防、自我发现、自我遏止、自我纠错等一系列内设机制。"行政自制"渗透着这样一种理念:行政主体通过自身的行政组织架构、内部行政法律规则和行政伦理,可以自发地推进行政政策、提升行政效率或约束其所实施的行政行为,使其行政权在合法合理的范围内运行;行政主体对自身违法或不当行为可以自我发现、自我遏止、自我纠错,对行政政策可以自我推进、对行政正义予以自主实现。参见于立深:"现代行政法的行政自制理论——以内部行政法为视角",载《当代法学》2009年第6期。

行政复议和行政诉讼都存在双重困难，利害关系人因错误公告遭受的重大损失也难以获得相应的行政赔偿。在民主、法治发展的浪潮下，如何进一步构建以权利保障为基础的违法信息行政公告的理论基础和制度设计，是行政法学乃至公法学的一个重要课题。本书研究恰好可以对这一领域存在的问题作出回应，提出针对性较强的修法建议，为今后完善政府信息公开法制做好理论准备，推进依法行政。

二、研究现状

（一）国外研究现状

进入信息时代以后，世界各国在行政执法中都大量采用违法信息行政公告，国外学者对这一行为展开了广泛的研究。

1. 日本和韩国

在日本，违法信息行政公告一般称为"违反义务行为的公布"或"公布违反事实"。学者南博方和盐野宏都认为这是一种确保行政的实效性的手段。在他们看来，行政上确保义务履行的制度包括行政上的强制执行（例如，行政代执行、直接强制、执行罚、行政上的强制征收等）和行政罚，而公布违反事实与给付拒绝、加算税、课征金都属于其他确保义务履行的制度。[1] 南博方先生认为，"发布告示，是行政权的当然权能，不需要有特别明文的根据"。[2] 盐野宏认为，公布违反事实是信息公开的一环，不适用严格的法律保留原则，条例也可以创设依据。但根据法治主义，制裁性意义上的公布违反事实应该由法令来创设（必须要有法律根据）。此外，盐野宏还认为因公布违反事实而遭受权利侵害者，可以提出损害赔偿请求，可以考虑公

---

[1] ［日］南博方：《行政法》（第六版），杨建顺译，中国人民大学出版社2009年版，第124页；［日］盐野宏：《行政法总论》（第四版），杨建顺译，北京大学出版社2008年版，第160页。

[2] ［日］南博方：《行政法》（第六版），杨建顺译，中国人民大学出版社2009年版，第68页。这里南博方将告示定义为"行政机关将其决定的事项或者其他的一定事项，正式通知一般公众的措施（公示）"。

布违反事实的事前中止或者先行的行政指导的违法确认等。① 阿布泰隆则指出,为制裁和督促守法而对违法行为进行公告,以损毁违反者的信用名誉来间接保障行政规制的遵守,理论上要求必须遵守法律保留原则;公布轻微的事件也会违反比例原则;对于误认事实的公告,也会产生损害赔偿责任。②

韩国学者金东熙认为"违法事实的公布"本身"是不发生任何法的效果的事实行为","不会给相对人的权利、利益带来变动,从这一点来说,即便没有法律依据,也可以允许的"③。同时,金东熙指出:"行政公布行为带有公行政作用的性质。因此,由于违法的公布行为,名誉、信誉等受到损害的人可根据国家赔偿法,接受由此造成的损害的救济。而韩国判例规定,对于违法的公布行为引起的损害,不是依据国家赔偿法,而是依据民法规定来接受损害赔偿等的救济。"④

2. 德国

1985 年,德国发生了著名的"警告葡萄酒掺乙二醇案",经营葡萄酒的酒厂提出宪法诉愿,抨击联邦政府发行和公开发表掺有乙二醇葡萄酒名单以及所有三审级法院的判决,主张联邦政府公开发布掺有乙二醇葡萄酒的名单违背基本法,侵犯其职业自由权、财产权和名誉权等基本权利。2002 年,德国联邦宪法法院作出判决,认为政府公开发布掺有乙二醇葡萄酒的名单,是一种提供资讯的行为。这样的信息公开可能会损害相关人的职业自由权,但只要行政机关能确保在其职权范围内所公布的信息准确且有事实依据、"关系市场重大因素",那么即使公开的信息会给市场竞争带来负面影响,这种公开行为也没有侵犯相关人的宪法权利。具体来说,虽然发布名单影响到诉愿人销售葡萄酒的可能,却不涉及基本法第 14 条第 1 项所保障的财产。基本

---

① [日] 盐野宏:《行政法总论》(第四版),杨建顺译,北京大学出版社 2008 年版,第 160 页。
② 王贵松:"食品安全风险公告的界限与责任",载《华东政法大学学报》2011 年第 5 期。
③ [韩] 金东熙:《行政法Ⅰ》(第 9 版),赵峰译,中国人民大学出版社 2008 年版,第 336~337 页。
④ [韩] 金东熙:《行政法Ⅰ》(第 9 版),赵峰译,中国人民大学出版社 2008 年版,第 337 页。

权利的行使不能用以阻止散播市场上真实且含食物内容对参与市场者的竞争行为可能具有重要性的资讯,即使其内容会对个别主体的竞争地位产生不利效果。因此,政府公开发表掺有乙二醇葡萄酒名单和被指责的法院判决,没有侵害宪法诉愿人根据基本法第 12 条第 1 项第 1 句、第 14 条第 1 项第 1 句、第 3 条第 1 项以及第 2 条第 1 项享有的基本权利。① 可见,联邦宪法法院的判决认为,政府公开发布掺有乙二醇葡萄酒的名单是一种事实行为,并没有直接产生法律后果,没有直接影响经营葡萄酒的酒厂的权利义务。这一判决和德国法学界一贯的观点是吻合的。德国学者比较一致地认为行政机关公告违法信息(曝光)只产生"事实上的结果",是一种典型的行政事实行为。毛雷尔教授就将"联邦卫生部公告某些葡萄酒含乙二醇,有害健康;斯图加特大区政府警告切勿食用腐烂面食品"等公布违法信息、作出公共警告的行为明确定性为行政事实行为。② 埃贝哈德·施密特等学者也认为:"政府对所谓腐败面食的告诫,联邦卫生部对药品透明度名单的公布,地方环保当局对丢弃包装的告诫或者建议,在行政法上都是评价为事实行为。"③ 但针对 2009 年以来发生的曝光"恶心餐馆名单"的事件,有学者提出了有别于传统的观点,认为这种配上违法事实图片的曝光,更生动地间接劝说消费者不要前去消费,超越了行政机关信息公开的底线,其实质是"警告"的具体行政行为,而且这种曝光所产生的消极影响不再是"偶然"或"附

---

① 1985 年春天的德国,有消息称市场上有销售掺入乙二醇的葡萄酒。首先发现疑似并确认的,是奥地利的行政机关针对奥地利出产的一些特定葡萄酒。1985 年 5 月,德国联邦政府由一项新闻简讯得知此消息,即向奥地利主管葡萄酒进口之奥地利商务代表索取资讯,并将所得资讯,传达各邦主管监督葡萄酒的机关且请求采取必要的措施并将获得的认识通知联邦青少年、家庭及健康部。在葡萄酒掺入乙二醇的规模渐渐清楚之后,对一些德国出产的葡萄酒,特别是对奥地利的葡萄酒,都全面按照分析容量做了检验。1985 年 6 月底,联邦青少年、家庭及健康部发行了一份"在德国确认掺有 Diethylenglykol(DEG)乙二醇之葡萄酒和其他产品之暂时全部名单",此名单最后一次更新在 1985 年 12 月 17 日。经营葡萄酒的酒厂后提出宪法诉愿,押击联邦政府发行和公开发表掺有乙二醇葡萄酒名单以及所有三审级法院的判决,主张其违背基本法,侵犯其基本权利,包括职业自由权、财产权和名誉权等。参见杨子贤:《政府提供资讯行为法制化之研究》,台湾中正大学 2004 年硕士学位论文,第 55~64 页。
② [德] 哈特穆特·毛雷尔:《行政法学总论》,高家伟译,法律出版社 2000 年版,第 393 页。
③ [德] 埃贝哈德·施密特-阿斯曼等著,乌尔海希·巴迪斯编选:《德国行政法读本》,于安等译,高等教育出版社 2006 年版,第 260 页。

带"的。换言之，信息行政也可能用作干预手段，也可能会侵犯宪法所保障的基本权利。①

3. 美国和英国

行政信息公开是美国行政执法的一个重要环节。美国一般将机关公告称为"publicity"，即公开宣传，并将其作为一种非正式行政程序（the informal administrative process）加以研究。可能对利害关系第三方产生侵害的行政机关公告，则称为"不利公开宣传"，一般表述为"adverse agency publicity"或"adverse publicity"。联邦行政会议（Administrative Conference of the United States，简称 ACUS）1973 年针对《美国联邦法规》（Code of Federal Regulations, TITLE 1. CHAPTER III. SUBCHAPTER A. §305.73 – 1）提出立法建议，将"adverse agency publicity"定义为"行政机关或其工作人员所做的，旨在引起公众对行政机关的行为或政策的注意，而且可能会对与行为或政策有关的特

---

① 2009 年 3 月以来，德国柏林市 Pankow 区定期在网上公布对餐饮业的检查结果，包括餐馆名称、地址、检查时间和违法事实，并配上证据图片，曝光违法餐馆，称为"恶心餐馆名单"，同时公布的还有一份"笑脸餐馆"名单，列出了在检查中表现良好的餐馆。有学者认为，这样黑白分明的名单明显是给消费者施加心理压力，特别是配上违法事实的图片，更生动地间接劝说消费者避免去"恶心餐馆"消费，上了黑名单的餐馆营业额必定会受到影响，因此行政机关已经超越了信息公开的底线，实质上作出了"警告"的具体行政行为。德国法学界比较一致地认为曝光是一种行政事实行为，因为它符合行政事实行为只产生"事实上的结果"的特征。它是随着社会生活自律的加强，行政机关控制力的弱化而生的。德国联邦宪法法院在"警告葡萄酒掺乙二醇案"就明确了信息公开的原则，即行政机关若公开公民、法人与其他组织的信息，必须"准确"且"有事实依据"。在此条件下，即使公开的信息对市场竞争产生负面的影响，行政机关也没有侵犯相对人的宪法权利。但是，对于最近曝光"恶心餐馆"名单，德国法学界却存在不同的看法。首先德国联邦宪法法院并不排除信息行政在"与干预具有相等功能"的情况下也可能成为国家干预的一种手段，进而需要法律作为行政依据，不能像事实行为那样不受行政法约束。此外，行政部门此举的目的不仅是公开信息，而且是有针对性地引导公众，由此产生的消极影响并非"偶然"和"附带"的。此类带有国家管理目的的行政行为若针对具体的相对人，则与宪法权利保护紧密联系，需要法律作为依据，否则构成国家侵权。若承认曝光行为作为国家干预手段的可能性，并结合曝光可能侵犯的公民、法人基本权利的可能性，则需要对这一行为进行宪法分析，即进行合法性与合理性的证成。国家对宪法保障的基本权利的干预，只有在取得证成的前提下才符合形式及实质上的合法，才符合法治国家的理念。参见何丽杭："食品安全行政'曝光'的法律分析——与德国案例的研究对比"，载《东方法学》2010 年第 5 期；叶俊荣：《行政法案例分析与研究方法》，三民书局股份有限公司 1999 年版，第 306 页。

定人产生不利影响的声明"①。同时,这份建议明确指出"此建议所讨论的公开不同于将机密信息公之于众的决定。那种公开决定由《信息自由法案》所设立的独立标准所控制,不在此建议的讨论范围之列"②。可见,不利公开宣传虽然属于信息公开,却不属于依申请公开,而是行政机关主动依职权公开的、可能会对第三人带来不利影响的信息。违法信息属于不利信息的一种(在美国行政法实践中,因产品违反法定生产流程和标准而被不利公开宣传非常常见),不利公开宣传的内涵比违法信息行政公告的内涵更丰富,因此,在美国,违法信息行政公告是置放在不利公开宣传中进行讨论的。

1973年,美国行政法学者Ernest Gellhorn在Adverse Publicity by Administrative Agencies一文中对行政机构所进行的不利公开宣传进行系统研究,将其视作一种信息规制工具,探讨和分析了不利信息公开的功能、限制与条件。Ernest Gellhorn认为"所谓不利公开宣传,是指某些机构所采取的,通过公开引起公众注意,可能会对特定人的声誉造成影响的积极措施"③。Ernest Gellhorn教授通过事例分析,指出不利公开宣传具备警告、通知和制裁的功能,也认为"不利公开宣传通常是一种具有强大力量而又难于驾驭的非法律制裁。如果滥用,它能够毁掉公司或个人的名誉和事业,损害行政效能,以致失去公众的信任。通过谨慎的控制,它可以成为准确、有效和公平行政的试

---

① "Adverse agency publicity—that is, statements made by an agency or its personnel which invite public attention to an agency's action or policy and which may adversely affect persons identified therein [FN1]—can cause serious and sometimes unfair injury." See http://www.law.fsu.edu/library/admin/acus/305731.html.

② "[FN1]Publicity as used here is distinguished from the mere decision to make records available to the public rather than preserve their confidentiality. That decision is governed by separate criteria set forth in the Freedom of Information Act (5 U.S.C. 552) and is not within the scope of this recommendation." See http://www.law.fsu.edu/library/admin/acus/305731.html.

③ "'Adverse agency publicity', as used in this Article, refers to affirmative measures taken by an agency which, by calling public attention to agency action, may adversely affect persons identified in the publicity." See Ernest Gellhorn, *Adverse Publicity by Administrative Agencies*, Harvard Law Review, Vol. 86, No. 8, 1973, p. 1381.

金石"①。因此，他提出为防止滥用、侵犯相关人的合法权益，应该从内部控制和外部控制两方面来加强对不利公开宣传的规范。内部控制的措施包括：作出公开决定前的利益衡量、完善程序机制如建立内部申诉程序等。而外部控制的措施主要是加强司法审查和改进规范，即强调公开必须有明确的法律授权、公开的事项符合行政机关的合法权限。②

Ernest Gellhorn 和 Ronald M·levin 在 Administrative Law and Process 一书中也对不利公开宣传进行了论述，指出"行政官员关于发布新闻稿，举行新闻会，统一安排采访或向报界'透露'消息的决定通常都是非正式作出的，然而这些引起公开宣传的活动和正式规则或命令一样可以产生影响力"③。作者重点对不利公开宣传的目的进行了分析，认为：行政机关通常运用不利公开宣传来提醒消费者危险产品或是欺诈销售行为；在不超越职权的前提下，行政机关有时也会借助媒体公开来强化其行政职权；一旦受到管理的商家对不利宣传极为敏感时，行政机关又可利用曝光作为要挟诱使有关商家服从管制，或诉诸新闻报道以惩罚违法者。同时，作者指出因为欠缺事前保障程序，一旦公开是错误的，即使事后查明事实也得不到有效补救，这就导致不利公开宣传可能带来极大的破坏性。为此，一些行政机关发布了内部规定或指导方案，对不利信息公开的自由裁量权进行限制。最后，作者建议在没有这些法律条款或相关行政条款的情况下，审判法院应主要考虑行政机关的信息活动是否有规范授权。④

---

① "Adverse agency publicity is a powerful and often unruly nonlegal sanction. When misused it can destroy reputations and businesses, impair administrative performance, and abuse public confidence. When carefully controlled it can be the touchstone of accurate, efficient, and fair administrative regulation." See Ernest Gellhorn, Adverse Publicity by Administrative Agencies, Harvard Law Review, Vol. 86, No. 8, 1973, p. 1441.

② Ernest Gellhorn, Adverse Publicity by Administrative Agencies, Harvard Law Review, Vol. 86, No. 8, 1973, pp. 1380~1441.

③ An administrator's decision to issue a press release, hold a news conference, grant an interview, or "leak" a story to the press is usually made informally, yet these publicity-generating activities can be as potent as a formal rule or order. See Ernest Gellhorn and Ronald M·levin, Administrative Law and Process (影印本)，法律出版社，2001, pp. 175~176.

④ Ernest Gellhorn and Ronald M·levin, Administrative Law and Process (影印本)，法律出版社，2001, pp. 175~178.

Leon Liu 则专门撰文就美国食品及药物管理局（Food and Drug Administration，以下简称 FDA）所作出的不利公开宣传进行了分析。[①] 他也认为所谓不利公开宣传是行政机关用以吸引公众关注的官方声明，但是这些声明可能会对相关第三人产生不利影响。Leon Liu 在文中对 FDA 进行不利公开宣传的规范授权进行了讨论，并介绍了在美国诉阿伯特实验室案和美国诉国际药物系统案中，司法判例关于 FDA 不利公开宣传的范围、界限的解释。文章通过回顾1959 年发生的蔓越莓恐慌事件（The Cranberry Scare），对不利公开宣传的负面影响、企业的选择和补救措施等进行了分析，指出只要使用得当，不利公开宣传对于 FDA 来讲是必须的，但应该扩大《联邦侵权法》对于被公开人的保护范围，或者修改《食品药品化妆品法案》授予 FDA 召回有害商品的职权，并对 FDA 可以进行不利信息公开的相关情形进行限制。

Lisa M. Willis 也撰文介绍了 FDA 所作出的不利公开宣传的积极功能，并通过列举大量的案例，客观分析了 FDA 在实践中进行不利公开宣传所存在的负面效应。最后，作者在强调公益优先的前提下，对不利公开宣传的标准，包括能否公开、如何公开、公开的程序以及方式等进行了探讨。[②]

2002 年 9 月，英国牛津大学的 Karen Yeung 教授参加澳大利亚犯罪学研究所会议时提交论文 Is the use of informal adverse publicity a legitimate regulatory compliance technique? 这篇文章主要讨论的是行政机关作出的、对目标公司具有消极影响的非正式公开宣传，即由正式的司法或行政决定所作的宣传以外的不利公开宣传。[③] 作者在文中对将非正式公开宣传作为规制手段的合法性、宪法价值进行了探讨，并对其能否促进规范的遵守进行了实证分析。[④]

---

① Leon Liu, The FDA's Use of Adverse Publicity, Food & Drug Law (1998 Third Year Paper), pp. 1 ~ 34, http://nrs.harvard.edu/urn - 3:HUL.InstRepos:8965582.

② Lisa M. Willis., No Cranberries for Thanksgiving: The Impact of FDA Adverse Publicity (2005 Third Year Paper), pp. 1 ~ 21, http://nrs.harvard.edu/urn - 3:HUL.InstRepos:8889457.

③ Karen Yeung, Is the use of informal adverse publicity a legitimate regulatory compliance technique? Paper presented to the Australian Institute of Criminology Conference, Current Issues in Regulation: Enforcement and Compliance, Melbourne, 3 September 2002, p. 5.

④ Karen Yeung, Is the use of informal adverse publicity a legitimate regulatory compliance technique? Paper presented to the Australian Institute of Criminology Conference, Current Issues in Regulation: Enforcement and Compliance, Melbourne, 3 September 2002, pp. 1 ~ 60.

2011年，Nathan Cortez 在 Adverse Publicity by Administrative Agencies in the Internet Era 一文中，结合案例分析，实证研究美国联邦交易委员会、环境保护局和消费品安全委员、证券交易委员会以及其他机构所进行的不利公开宣传，重点剖析了 FDA 近年来不利公开宣传的案例，探讨了行政机构进行不利公开宣传的动机和公众的获益与相对人风险之间的关系，指出不利公开宣传在各个层面上存在的问题，以及这些问题自1973年以来所呈现出的新的发展趋势，并提出了建立明确的公开标准、规范公开程序等建议，尤其强调行政机构自身、议会和法院应对行政机构在不利公开宣传方面的裁量权进行检查、制约。[①]

总体而言，最近三四十年来，围绕实践中出现的各种情况和经典案例，国外学者针对违法信息行政公告进行了系列研究。他们的研究视野比较开阔，研究内容呈现出多样化的趋势。受传统的影响，德国和日本学界偏重于研究这一行为的性质、法律容许性，对其可能导致的权利侵害和程序控制的研究略显不足。韩国的学者也有这样的倾向。而英美学界因为偏重判例，加之其行政法理论并非以行政行为为核心而建构，因此，英美学者的研究并没有停留于行为性质，而是更注重借助过往司法判例和实际事例来分析违法信息行政公告的具体功能、潜在风险、适用条件、发布时机、内部控制和外部控制等问题。不过，已有成果的精细程度依然不够，尤其是欠缺系统、合理的程序设计。

（二）国内研究现状

当下在我国行政执法中，行政主体将违法信息行政公告作为一种规制手段，在食品安全、产品质量、环境保护、广告管理、土地管理、税收征收、金融监管、商标管理等领域加以普遍运用。但学界对于违法信息行政公告的研究还比较滞后，2004 年至今，只有不到 20 篇学术论文以此为命题展开讨论。在普遍承认违法信息行政公告是一种信息规制工具，具有正当性和特殊

---

① Nathan Cortez. Adverse Publicity by Administrative Agencies in the Internet Era, Brigham Young University Law Review, 2011, pp. 1371~1454.

功能价值的前提下，学者们围绕其行为性质、负面效应、完善路径等展开了研究。

1. 行为性质的辨析

目前，对于违法信息行政公告的法律性质，国内学者们在认识上存在重大的分歧。有人认为公开违法信息"不会直接减损或增益当事人的权利义务，是非权力性事实行为"①；也有人认为违法信息行政公告"既不是一种行政处罚，也不是对行政处罚的执行，还非一般行政信息公开，而是强迫行政相对人履行责令停止或改正违法行为义务的一种执行手段"②；有人结合实际发生的案例进行分析，指出"警方授挂'黑店'牌匾的行为可以视为'警告'行政处罚"③；有学者则直接将其定性为"秩序罚"④；还有学者结合形式标准和实质标准对行为属性进行分析，认为公布违法事实从性质上可以划分为声誉罚、公共警告、行政强制执行手段、一般行政处罚结果的公开。⑤

---

① 邓三："卫生违法行为信息公开探研"，载《中国卫生法制》2008 年第 4 期。

② 王周户、李大勇："公告违法行为之合理定位"，载《法律科学》（西北政法学院学报），2004 年第 5 期。

③ 虢海萍、雷新明："对'警告'行政处罚的认识——兼评警方挂'黑店'牌匾"，载《政府法制》2006 年第 15 期。

④ 持这种观点的人认为：公布违法事实是行政相对人不遵守公共管理秩序，行政机关采取公布相对人违法事实的方式，以达到对相对人制裁目的的行为。公布违法事实的公示、公开，并非制裁之前的告知相对人，而是以制裁为目的的告知。它不是一般性的信息公开，而是带有惩罚目的的具体制裁手段。一般适用于与公众利益紧密关联、依赖于公众的行业或领域，如食品、环境、产品质量、药品、证券等领域，且是针对严重扰乱公共管理秩序的行为而给予的较为严重的制裁。参见杨建顺主编：《行政法总论》，中国人民大学出版社 2012 年版，第 217～218 页。

⑤ 例如，章志远教授等人指出"依托行政行为形式化原理，可对公布违法事实的法律属性作声誉罚、公共警告、行政处罚结果公开形式及行政强制执行手段的区分"。参见章志远、鲍燕娇："公布违法事实的法律属性分析"，载《山东警察学院学报》2011 年第 6 期。鲍燕娇硕士也在硕士学位论文中指出：胡建淼教授在论述"其他行政处罚"时所提出的形式标准和实质标准相结合的方法值得借鉴。其中，形式标准判断是指根据法律、法规对此问题的规定作出判断，如果法律将其规定为其他行政处罚行为，就将其认定为此；实质标准判断是指在法律没有明确规定情况下，考察行为更符合哪一种行政行为的"特质"，然后对其作不同的判断。通过引入这两种标准来对公布行政违法事实行为进行属性分析，笔者认为可以将我国现行的公布行政违法事实行为分为四种类型，既可以作为一类独立的行政处罚（声誉罚）或公共警告（食品安全风险警示），也可以作为行政强制执行手段（公开曝光名人、富人超生）或一般行政处罚结果的公开（曝光酒驾）。参见鲍燕娇：《公布行政违法事实的法律属性分析》，苏州大学 2013 年硕士学位论文，第 14～33 页。

施立栋在其硕士学位论文中指出，公布违法事实活动中有三方主体，构成了两对公法上的法律关系。从行政机关和社会公众的关系上看，公布违法事实属于行政事实行为；而从行政机关与被公布者的关系看，公布违法事实是一种具体行政行为，可分为行政强制和行政处罚两类。①

2. 是否需要法律保留

不论违法信息行政公告是何种行政行为，都会对当事人的名誉等带来不良影响，所以从实际效果上看，对于被公告违法行为的当事人而言，这是一种"损益性"行为。但对于公告的作出是否应该遵循法律保留原则，学者们的观点也不一致。有人"赞同在公布违法信息等新型确保行政实效性手段上无须遵循严格的法律保留制度"②；有人指出在行政违法事实公布的法律依据问题上宜坚持循序渐进的现实主义立场，可适当放开法律保留和法律优先原则的要求；③ 也有人认为，"作为间接强制手段的违法事实公布应以法律或行政法规为依据"④；有人却明确提出行政法规、地方法规和行政规章无权设定公告违法行为；⑤ 还有人则认为违法信息属于政府信息，行政机关可以自由

---

① 施立栋认为，从法律关系上看，公布违法事实活动中蕴含了三方主体，由此形成了两对公法上的法律关系，这与传统行政行为构成显著区别。从行政机关与社会公众的关系着眼，公布违法事实活动属于行政机关所为的信息提供行为，应定性为行政事实行为。根据其对社会公众的意义的不同，可划分为危险信息提供和一般信息提供两种类型。而从行政机关与被公布方的关系来看，公布违法事实活动则属于一种行政执法手段，应定性为具体行政行为。根据法律效果的不同，可以将其进一步划分为行政强制和行政处罚两种类型。参见施立栋：《行政上的公布违法事实活动研究》，浙江大学 2012 年硕士学位论文，第 11~27 页；施立栋："论公布违法事实活动的法律性质"，见《"都市环保"第七届全国公法学博士生论坛论文集》2012 年，第 359~370 页。

② 汪厚冬："论公布违法信息——以工商行政管理为例"，载《天津行政学院学报》2013 年第 2 期。

③ 鲍燕娇：《公布行政违法事实的法律属性分析》，苏州大学 2013 年硕士学位论文，第 34~35 页。

④ 章志远："作为行政强制执行手段的违法事实公布"，载《法学家》2012 年第 1 期。

⑤ 持这一观点的学者认为，行政法规、地方法规和行政规章无权设定公布违法事实之手段。当法律明确设定后，行政法规、地方法规及行政规章可以就违法事实公布行为的具体实施程序加以规定，但其不能对法律规定的违法事实公布行为的对象、适用范围、条件、方式以及实施机关作出变更或补充规定。参见梁亮："行政机关公布违法事实行为的法律问题分析"，载《河北法学》2013 年第 4 期；王周户、李大勇："公告违法行为之合理定位"，载《法律科学》（西北政法学院学报）2004 年第 5 期。

裁量是否公开。①

3. 行为的负面效应

由于现有立法的不足，现阶段违法信息行政公告在实施过程中很容易"失控"，实践中也出现了大量颇具争议的典型案例，学者们认识到违法信息行政公告虽然是一种有效的信息规制手段，但也有不可避免的负面效应。如肖亮指出："非法的违法信息行政公告行为严重降低政府公信力；容易造成社会不公正，引发社会矛盾。"② 墨帅指出："如果在未制定规则的情况下，仅凭行政部门自行决定是否需要公布以及公布哪些行政相对人，不仅有悖于法律公平原则，也容易引发权力滥用甚至执法腐败等问题。"③ 高继超则认为违法信息行政公告不但可能导致对当事人非规范性评价的无限扩大，还可能与隐私权保护的价值相冲突，继而侵犯当事人的合法权益。④

4. 完善法规范的建议

面对实践中出现的各种问题，学者们普遍认为对于违法信息行政公告，我国目前在法律层面上，缺少明确的、具备可操作性的法律依据。⑤ 章志远和鲍燕娇指出现有立法不但关键性用语措辞模糊，而且程序性规定相对不足、责任性规定极度匮乏。⑥ 汪厚冬则指出对违法信息行政公告作出规定的法律规范较为简陋，且多为原则性规定，具体操作性规范严重不足。⑦ 由此，章

---

① 如毛鹏举指出："根据《政府信息公开条例》第10条第14条，治安违法信息属于政府信息，治安违法行为信息公安机关可以自由裁量是否公开。"参见毛鹏举：《公开治安违法行为信息的利益平衡及制度设计》，载《四川警察学院学报》2012年第1期。

② 肖亮：《政府应依法规范依职权信息公开——兼评'砒霜门'事件》，载《黑龙江省政法管理干部学院学报》2010年第3期。

③ 墨帅：《处罚结果公开与曝光不能混同》，载《检察日报》2009年12月2日。

④ 高继超：《论隐私权在治安管理领域的诉求——以违法信息的公开为视角》，载《湖南警察学院学报》2011年第5期。

⑤ 邓三：《卫生违法行为信息公开探研》，载《中国卫生法制》2008年第4期。

⑥ 章志远、鲍燕娇：《公布违法事实的法律属性分析》，载《山东警察学院学报》2011年第6期；鲍燕娇：《公布行政违法事实的法律属性分析》，苏州大学2013年硕士学位论文，第5~7页。

⑦ 汪厚冬：《论公布违法信息——以工商行政管理为例》，载《天津行政学院学报》2013年第2期。

志远、鲍燕娇、朱湘宁等人提出，法规范应对行为的适用要件作出明确规定，以便从源头上实现对权力的有效控制。① 鲍燕娇还指出在实体法控制上有必要考虑身份因素、年龄因素和人格尊严因素等限制性因素，并针对声誉罚、公共警告、行政强制执行手段、一般行政处罚结果的公开这四种类型分别提出了具体规范的建议。② 肖亮则建议"完善实体内容，明确信息公开和保密制度的关系和界限，细化依职权信息公开的内容，对行政信息进行分级、归类，建立依职权信息公开的补充、回应机制"③。邓三指出要明确界定应主动公开的违法信息的范围，并将公开范围限于可能受到违法行为影响的区域。④

5. 完善程序机制和救济机制的建议

为规范行政执法、切实保障利害关系人的合法权益，学者们纷纷提出应完善程序机制和救济机制。杨立新提出"在公布名单前应该有相关的管理部门审批"⑤，墨帅提及最终可能需要制定完备的"行政程序法"⑥。章志远、汪厚冬等人建议在程序上应引入听证制度、时限制度和信息分级制度，并适当引入评估机制和协商机制；在救济机制上则强调预防性行政诉讼和侵权赔偿诉讼。⑦ 鲍燕娇认为应当优先确定听证制度、时限制度和评估协商这三项最为关键的程序来实现程序法控制；同时，应建立预防性行政诉讼和追究媒

---

① 章志远、鲍燕娇："公布违法事实的法律属性分析"，载《山东警察学院学报》2011年第6期；章志远："作为行政强制执行手段的违法事实公布"，载《法学家》2012年第1期；章志远、鲍燕娇、朱湘宁："作为公共警告的行政违法事实公布"，载《河南司法警官职业学院学报》2012年第2期。

② 鲍燕娇：《公布行政违法事实的法律属性分析》，苏州大学2013年硕士学位论文，第35、38~40页。

③ 肖亮："政府应依法规范依职权信息公开——兼评'砒霜门'事件"，载《黑龙江省政法管理干部学院学报》2010年第3期。

④ 邓三："卫生违法行为信息公开探研"，载《中国卫生法制》2008年第4期。

⑤ 徐伟、林燕："公安交管部门曝光醉驾者名单引发热议　权威专家认为此举不违法"，载《法制日报》2009年11月12日。

⑥ 墨帅："处罚结果公开与曝光不能混同"，载《检察日报》2009年12月2日。

⑦ 章志远、鲍燕娇："公布违法事实的法律属性分析"，载《山东警察学院学报》2011年第6期；章志远："作为行政强制执行手段的违法事实公布"，载《法学家》2012年第1期；章志远、鲍燕娇、朱湘宁："作为公共警告的行政违法事实公布"，载《河南司法警官职业学院学报》2012年第2期；汪厚冬："论公布违法信息——以工商行政管理为例"，载《天津行政学院学报》2013年第2期。

体虚假报道的侵权责任来实现救济法控制。① 毛鹏举则建议对治安违法行为实行前科制度、对治安违法行为信息实行有限公开制度,并对公开的违法信息进行必要的区分处理。② 高继超建议建立听证制度和违法信息查询期限制度。③ 施立栋建议公布违法事实应遵循一定的步骤和顺序:公布前应预先告知当事人,听取陈述和申辩;给予当事人一定期限用于纠正违法行为;加强信息审核和监督,确保公布的违法信息的准确性;引入公布时效制度。而救济制度则主要包括行政救济、行政复议、行政诉讼、行政赔偿和行政补偿,其中行政救济重点强调行政机关对错误信息的更正义务。④

通过梳理可以看出,国内学者对违法信息行政公告的正当性⑤、价值功能等问题已经达成了一定的共识,但在行为性质、是否需要法律保留的问题上存有很大的分歧,甚至对这一行为的表述也是五花八门。⑥ 虽然有为数不

---

① 鲍燕娇:《公布行政违法事实的法律属性分析》,苏州大学 2013 年硕士学位论文,第 35～38 页。
② 毛鹏举:"公开治安违法行为信息的利益平衡及制度设计",载《四川警察学院学报》2012 年第 1 期。
③ 高继超:"论隐私权在治安管理领域的诉求——以违法信息的公开为视角",载《湖南警察学院学报》2011 年第 5 期。
④ 施立栋:《行政上的公布违法事实活动研究》,浙江大学 2012 年硕士学位论文,第 35～44 页。
⑤ 例如,鲍燕娇认为,公布行政违法事实的正当性基础是:(1)法原理基础,公益保障与私益侵害之间的权衡;(2)法文化基础,传统耻感文化在行政执法中的体现;(3)法经济基础,信息规制工具在现代社会治理中的运用。参见鲍燕娇:《公布行政违法事实的法律属性分析》,苏州大学 2013 年硕士学位论文,第 10～13 页。
⑥ 目前,学者们对违法信息行政公告的表述非常不一致,有的称"公告违法行为",参见王周户、李大勇:"公告违法行为之合理定位",载《法律科学》2004 年第 5 期。有的称"公布违法事实",参见章志远、鲍燕娇:"公布违法事实的法律属性分析",载《山东警察学院学报》2011 年第 6 期;章志远:"作为行政强制执行手段的违法事实公布",载《法学家》2012 年第 1 期;章志远、鲍燕娇、朱湘宁:"作为公共警告的行政违法事实公布",载《河南司法警官职业学院学报》2012 年第 2 期;梁亮:"行政机关公布违法事实行为的法律问题分析",载《河北法学》2013 年第 4 期。也有的称"公布违法信息",参见汪厚冬:"论公布违法信息——以工商行政管理为例",载《天津行政学院学报》2013 年第 2 期。还有的称"违法行为信息公开",参见邓三:"卫生违法行为信息公开探研",载《中国卫生法制》2008 年第 4 期。

多的学者已经对违法信息行政公告进行了分类①（姑且先不论这些分类是否科学、准确），但鲜有人认识到对于不同类型的违法信息行政公告，应该有不同的适用条件和不同的程序规制。此外，现有成果的研究视野不够开阔，对于违法信息行政公告的风险性缺乏深入分析和研究，更很少从基本权利保障的角度去分析权益冲突。虽然意识到法律规范不健全，却没有人系统地对现有的法律法规进行梳理，分析法规范的不足停留在表面，没有针对具体条文进行深入的分析，导致提出的完善建议仅仅是泛泛而谈，缺乏真正的可操作性。在程序法控制和救济法控制的问题上，认识还存在不足，缺乏理性和系统的探讨，关于程序机制的建议显得散乱、薄弱，救济法控制则普遍只关注司法控制，偏重讨论预防性行政诉讼的建立，忽略了行政赔偿和行政补偿的救济。当然，还必须看到，目前国内还有很多学者针对公共警告进行了研究，成果相对而言更为丰硕。② 我国台湾地区的学者深受德国影响，也对公

---

① 如章志远和鲍燕娇认为结合形式标准和实质标准，依据不同的法律属性，可以将违法信息行政公告分为作为声誉罚的公布违法事实、作为公共警告的公布违法事实、作为行政处罚结果公开形式的公布违法事实、作为行政强制执行手段的公布违法事实。参见章志远、鲍燕娇："公布违法事实的法律属性分析"，载《山东警察学院学报》2011年第6期。汪厚冬则认为以文本规范标准与实质标准相结合对发生在工商行政管理领域的公布违法信息进行类型化归类，可分为：作为独立行政处罚（声誉罚）的公布违法信息、作为行政处罚结果公布形式的公布违法信息、作为行政强制执行手段的公布违法信息、作为公共警告的公布违法信息。参见汪厚冬："论公布违法信息——以工商行政管理为例"，载《天津行政学院学报》2013年第2期。

② 国内近几年关于公共警告的研究成果较多，如何丽杭："食品安全行政'曝光'的法律分析——与德国案例的研究对比"，载《东方法学》2010年第5期；朱春华、罗鹏："公共警告的现代兴起及其法治化研究"，载《政治与法律》2008年第4期；朱春华："公共警告与'信息惩罚'之间的正义——'农夫山泉砒霜门事件'折射的法律命题"，载《行政法学研究》2010年第3期；徐信贵："政府公共警告制度研究——以我国公共警告制度宏观构建为研究主线"，载《太原理工大学学报》（社会科学版）2010年第3期；徐信贵："美国的消费危害行政预警机制及其启示——以CPSC危害信息披露实践为中心"，载《行政论坛》2011年第2期；王贵松："食品安全风险公告的界限与责任"，载《华东政法大学学报》2011年第5期；徐信贵："政府公共警告不作为与作为的赔偿责任分析"，载《吉首大学学报》（社会科学版）2012年第2期；徐信贵："论政府公共警告的立法构造"，载《福建警察学院学报》2012年第2期；徐信贵："政府公共警告的公法阐释及其可诉性探讨"，载《重庆大学学报》（社会科学版）2012年第4期；徐信贵："政府公共警告在制度体系中的空间坐标——基于几个相似概念的比较"，载《徐州师范大学学报》（哲学社会科学版）2012年第4期；徐信贵："德国消费危险预防行政中的公共警告制度"，载《云南行政学院学报》2012年第4期；谢忠华、刘文娟："公共警告的性质厘定与法治完善"，载《太原理工大学学报》（社会科学版）2012年第5期；黄晶晶：《行政公共警告的类型化和法治化》，中国政法大学2007年硕士学位论文。

共警告进行了比较深入的研究,且学术观点与德国学界基本一致。① 但遗憾的是,尚未有人对违法信息行政公告和公共警告这两种行为进行界分和比较,更没有人对这两种行为的关联性进行分析。更为遗憾的是,现有的研究成果都没有对违法信息行政公告的历史源流进行考察,更没有对我国古代运用这一行政管理手段的情况进行介绍。由于普遍欠缺历史研究的视角,现有研究缺乏对违法信息行政公告的全面认识,认知难免有失偏颇。有的学者片面地认为这是一种"新型的政府规制手段、管理方式"②,更有甚者认为这是借鉴日本和韩国制度的产物。③ 此外,现有成果所进行的比较研究也存在面过窄的问题,主要介绍德国的经典案例和学界观点,对于英美学界成果的介绍和借鉴相对较少。

三、研究进路

本书分为 7 个部分。导论部分阐述研究背景及意义、现有研究状况、研究进路和研究方法等内容,是全书展开的基本前提。第一章在回顾违法信息行政公告的历史起源与发展的基础上,回答了什么是违法信息行政公告、违法信息行政公告属于何种行政行为,并通过规范分析和实证分析,以行为功能为标准,将违法信息行政公告分为不同的类型。这样的探讨不但有助于我们准确界定违法信息行政公告在行政行为体系上的坐标,也有助于相关的理论探讨不脱离核心命题。第二章主要分析违法信息行政公告的宪法价值和潜在风险,重点讨论了对违法信息行政公告进行法律控制的必要性,并从行政过程论的视角出发,根据行政过程的阶段性构造,提出这种法律控制应该包

---

① 台湾学者对公共警告的研究成果,参见张桐锐:"论行政机关对公众提供资讯之行为",载《成大法学》2001 年第 12 期;杨子贤:《政府提供资讯行为法制化之研究》,台湾中正大学 2004 年硕士学位论文;王子荣:《行政机关公开警告行为与人民权利救济》,台湾中正大学法律学研究所 2011 年硕士论文,等等。

② 章志远、鲍燕娇:"公布违法事实的法律属性分析",载《山东警察学院学报》2011 年第 6 期;章志远、鲍燕娇、朱湘宁:"作为公共警告的行政违法事实公布",载《河南司法警官职业学院学报》2012 年第 2 期;汪厚冬:"论公布违法信息——以工商行政管理为例",载《天津行政学院学报》2013 年第 2 期;梁亮:"行政机关公布违法事实行为的法律问题分析",载《河北法学》2013 年第 4 期。

③ 章志远:"作为行政强制执行手段的违法事实公布",载《法学家》2012 年第 1 期。

括实体法控制、程序法控制和救济法控制三个方面。第三章专章探讨违法信息行政公告的实体法控制问题，在对现有立法进行规范分析的基础上提出完善法制的建议；同时，藉由法律保留原则的切入，对违法信息行政公告的核心用语、公告标准和公告内容的规定提出建议。第四章围绕违法信息行政公告的具体实施，探讨如何进行程序法控制，根据不同类型的违法信息行政公告可能导致的权利侵害大小，将违法信息行政公告的程序划分为一般程序和特殊程序，并进行了具体的、合理的程序设计，确保行为的公平、公正。第五章则对违法信息行政公告的救济法控制进行详细论述，针对信访、行政救济和司法救济的制度设计提出建议，尤其是针对行政诉讼的制度设计提出较为详细、具体的建议，以期完善权利的救济机制，切实保障利害关系人的合法权益。结语部分对全书的研究进行总结，得出主要结论，并对后续研究进行展望。

四、研究方法

（一）规范研究法

本书对 259 部法律及法律性文件（包括 240 部法律、3 部有关法律问题的决定以及 16 部法律解释）和 612 部行政法规进行了系统的梳理，[①] 详尽掌握、对比现行行政法律和行政法规中对于违法信息行政公告的规定。从法律释义学的角度一一分析和归纳文本上的立法初衷，辨析法律文本赋予违法信息行政公告的功能与权限。

（二）实证研究法

本书写作过程中，对工商、税务、公安、质检、环保等部门在行政执法中所采用的违法信息行政公告展开了全面的实证考察，从功能、目的视角出发，将实践中行政执法的具体做法与规范分析相结合，力求能够比较精确地将违法信息行政公告行为类型化。

---

① 本书所梳理的现行法律目录参见国务院法制办公室编：《法律法规全书》（第十版），中国法制出版社 2012 年版。

(三) 案例研究法

本书重点辨析近几年我国行政机关公告违法信息引起较大争议的典型案例，并结合域外典型案例及其判决，探讨违法信息行政公告的界限，探讨法律保留原则和比例原则的运用，合理完善实体法规定、建构程序机制和救济机制。

(四) 文献研究法

本书对历史文献进行了梳理，客观地分析我国古代运用这一管理手段的情况，更全面地认识违法信息行政公告。同时，收集国内外研究违法信息行政公告的专著、论文和调研报告，作为研究的起点和基础，为研究提供借鉴，以期推陈出新。

第一章 违法信息行政公告概述

一、历史演变

通过建设，中国自20世纪末开始，逐步迈入信息时代。实践中违法信息行政公告风生水起，在社会管理中起到了一定的积极作用。有学者将其视作信息社会"新型的政府规制手段、管理方式""新型实效性确保手段"[1]，更有甚者认为这是我国借鉴日本和韩国制度的产物。[2] 但回顾历史，我们可以发现，其实中国古人早在几千年前就将违法信息行政公告作为一种规制工具，并在历朝历代的社会管理实践中加以运用和逐步发展。智慧的中国古人很早就认识到，利用声誉机制对违法行为、违法事件等违法信息加以公告和宣传，不但可以惩戒违法、教化公众，还可以让公众接收到信息之后了解官府的政令决策，作为行为上的依据和规范[3]，在维持社会秩序方面能起到事半功倍的作用。

（一）我国古代的违法信息行政公告

中国古代，由于信息传播技术不够发达，榜文、告示便成为官府向民众

---

[1] 章志远、鲍燕娇："公布违法事实的法律属性分析"，载《山东警察学院学报》2011年第6期；章志远、鲍燕娇、朱湘宁："作为公共警告的行政违法事实公布"，载《河南司法警官职业学院学报》2012年第2期；施立栋：《行政上的公布违法事实活动研究》，浙江大学2012年硕士学位论文，第3、11页；鲍燕娇：《公布行政违法事实的法律属性分析》，苏州大学2013年硕士学位论文，第2页；汪厚冬："论公布违法信息——以工商行政管理为例"，载《天津行政学院学报》2013年第2期；梁亮："行政机关公布违法事实行为的法律问题分析"，载《河北法学》2013年第4期。

[2] 章志远："作为行政强制执行手段的违法事实公布"，载《法学家》2012年第1期。

[3] 连启元：《明代的告示榜文——讯息传播与社会互动》（下），花木兰文化出版社2010年版，第294页。

公布政令、法令和上情下达的重要载体。① 据《周礼》《礼记》《尔雅》等书记载，先秦时期，我国便已有"玄法象魏"制度，即将法令、公文悬挂于宫门的门阙两侧，用以宣扬、告知百姓。到了周代，"玄法象魏"已是普遍寻常的现象。以后历代各朝皆沿袭此制度来传递政令讯息，在宫门门阙两侧悬挂文书的方式也逐步发展为使用张贴、刊布的告示榜文。② 告示榜文主要刊布在官方行政机构、地方乡村邻里、商业贸易地区和水陆交通要道。随着社会发展，其内容日渐丰富，由最初的宣扬法令发展到圣旨诏谕、人事升黜和惩处禁令。告示榜文不但成为官方传播政令的工具，也是一种社会管理的工具，对维护地方社会秩序发挥了积极作用。③ 到了汉代，布告成为中央向民众发布和传播朝政消息的重要媒介。汉代的布告本质上属于告示而非古代邸报，其内容"既有告老、赦免、登基、改元等一些国家大事，也有大赦天下或通缉要犯的重要律令，还有褒赞吏民、召集贤俊的内容，甚至还包括一些有关盛世祥瑞的社会新闻"④。查阅两汉、唐宋诏令及会典类文献就可看到，"格文榜示""版榜写录此条"之类的用语频频出现，一些诏令后也有"布告中外，令使知悉"的要求。⑤ 唐玄宗就曾为更好地让各方了解案情、消除疑虑，因张琇兄弟手刃杨汪为父报仇一案，令河南府发布告示，广为宣传并解

---

① 我国历史上告示的称谓有多种，不同历史时期的称谓也有变化。如秦、汉、魏、晋时期称"布告"者居多，唐、宋、元各代和明代前期，"榜文""告示""布告"等名称混相使用，此外还有"告喻""文告""公告"等称呼。明代中叶以后，大概是出于"上下有别"，并区分其适用地域的范围，君主和朝廷六部的布告称榜文，地方各级政府和长官的布告则称为告示。榜文、告示都是官府针对时弊或某种具体事项向百姓公开发布的文书，两者虽叫法相异，实际是同一性质的官方布告。与其他官文书、法律、法规比较，榜文、告示具有以下特色：其一，文字比较简洁、通俗，易于为基层民众所理解；其二，内容针对性强；其三，规范性较差，适用效力较短。在古代地方官府官吏有限、信息传播不便的条件下，榜文、告示不仅是公布法律法令和进行法制教育的重要途径，而且是加强官民沟通、提高办事效率的有效方式。参见杨一凡、王旭：《古代榜文告示汇存》，社会科学文献出版社 2006 年版，序言第 1～7 页。

② 连启元：《明代的告示榜文——讯息传播与社会互动》（上），花木兰文化出版社 2010 年版，第 21～26 页。

③ 连启元：《明代的告示榜文——讯息传播与社会互动》（上），花木兰文化出版社 2010 年版，第 36～177 页。

④ 东汉桓帝时期，侍中寇荣因遭权贵的忌恨和诬陷而获罪被布告通缉。他在逃亡途中曾上书桓帝痛陈自己被布告通缉所遭遇的苦楚。参见黄春平："汉代朝政消息的发布——布告"，载《新闻与传播研究》2010 年第 3 期。

⑤ 杨一凡、王旭：《古代榜文告示汇存》，社会科学文献出版社 2006 年版，序言第 2 页。

释朝廷对于孝子复仇之义、杀人偿命之律，两者间的关系取决于审判死刑的结果。① 三国和魏晋南北朝时期，布告和露布是政府主要的传播媒介。这一时期的布告作为政府文告，包含皇帝诏书和行政法令，通常悬挂或张贴在固定地点。② 宋元时期，地方官府和长官运用榜文、告示公布政令、法令的做法已很盛行，公告违法信息也成为当时的官府惩戒违法、教化百姓、治理社会的一种惯用手段。在宋代，涉及违法信息的官府榜文主要在市曹加以公布，教化风俗、以示劝诫。朱熹任南康军时，所辖区域内两兄弟争夺财产，朱熹在此案判决文书（"晓喻兄弟争财产事"——朱熹集卷九十九）的最后写到："出榜市曹并星子县门、都昌、建昌县市张挂，晓示人户知委。"③ 随着，告示榜文制度的臻至完备，粉壁告示④也在宋代首度出现。元代则通过明文条例将粉壁制度化，普遍用于遏止盗贼的措施上；⑤ 为惩治特定人户还专门设立红泥粉壁，即在违法犯罪人家门前立的粉壁，以红泥装饰而成，以示醒目。⑥

至明代，基于朝政的需要，以皇帝名义或部院衙门及地方奉旨发布的榜文告示，逐渐融立法、司法和宣扬法律为一体。《明实录》《明会典》《皇明条法事类纂》《条例备考》《军政备例》等书中记载了大量的榜文告示。⑦ 这些告示榜文主要用于推行地方政务、端正社会风气、维护社会秩序、传递战

---

① 连启元：《明代的告示榜文——讯息传播与社会互动》（上），花木兰文化出版社2010年版，第30页。
② 方汉奇：《中国新闻传播史》，中国人民大学出版社2002年版，第5页。
③ 郭齐、尹波点校：《朱熹集》（八），四川教育出版社1996年版，第5059～5060页。
④ "粉壁"类似一种耻辱刑，官府在违法犯罪人家门前立粉壁，上具姓名，违法犯罪情由，使犯过错之人受到社会舆论的谴责，感到耻辱，以达到惩戒的目的。《宋大诏令集》记载："凶狡之徒，希望恩宥，民之多僻，无甚于兹。其八月一日以后，持杖强盗，遇南郊赦恩，不在原免之限，令所在榜壁告示。"转自连启元：《明代的告示榜文——讯息传播与社会互动》（上），花木兰文化出版社2010年版，第36页。
⑤ 连启元：《明代的告示榜文——讯息传播与社会互动》（上），花木兰文化出版社2010年版，第30～36页。
⑥ 《元史·刑法志》之"志第五十三刑法四"中"杂犯"记载："诸恶少无赖，结聚朋党，陵轹善良，故行斗争，相与罗织者，与木偶连锁，巡行街衢，得后犯人之，然后决遣。诸恶少白昼持刀剑于都市中，欲杀本部官长者，杖九十七。诸无赖军人，辄受财殴人，因夺取钱物者，杖八十七，红泥粉壁识过其门，免徒。诸先作过犯，曾经红泥粉壁，后犯未应迁徙者，于元置红泥粉壁添录过名。"载中国经济网 http://cathay.ce.cn/lzk/yuanshi/zhi/200805/12/t20080512_15429966.shtml，访问日期：2013年8月10日。
⑦ 柏桦："榜谕与榜示——明代榜文的法律效力"，载《学术评论》2012年第2期。

讯军情以及特殊政治宣传。① 朱元璋更是倡导创建了"申明亭",运用"申明亭"书记十恶、奸盗、诈伪、干名犯义、有伤风俗及犯赃至徒者,"昭示乡里以劝善惩恶"②。根据调整内容的不同,各类榜文分别悬挂于各部衙门或州县乡里之申明亭。可见,公告违法信息以端正社会风气、维护社会秩序,在明朝是非常普遍的一种现象。实际上,明清时期,不仅君主和朝廷六部发布榜文,各级地方长官和巡按各地的朝廷命官也把发布告示作为治理地方的重要措施。③ 1907 年(光绪三十三年),秋瑾案发生后,面对各界人士的质问和谴责,浙江巡抚张曾扬就发布了安民告示,将秋瑾所谓的"罪状"告知天下,试图缓解民怨压力。④ 在 1911 年(宣统三年)的"保路运动"中,嘉州知府李立元在成都血案发生后随即签发布告,一方面承认"集会结社固属法律之行为,保路争约亦原爱国之公理",另一方面提出"罢市罢课抗粮抗捐迹近要挟……倘敢意存破坏……惟有执法相绳"。⑤

(二)我国近现代的违法信息行政公告

近代以降,辛亥革命时期至北洋军阀统治时期,"通告"开始出现在政府公文中。如革命党人于 1911 年 11 月 6 日,通过《沪军都督府条例》,成立沪军都督府。⑥ 王某、徐某等以军政府筹饷为名设定"拼死团"名目,勒捐巨款,并以炸弹、手枪多方恐吓,影响极坏。1911 年 12 月 10 日,沪军都督

---

① 连启元:《明代的告示榜文——讯息传播与社会互动》(下),花木兰文化出版社 2010 年版,第 179~246 页。

② 洪武五年二月,朱元璋鉴于"田野之民,不知禁令,往往误犯刑宪",命令"有司于内外府州县及乡之社里皆立申明亭,凡境内之民有犯者,书其过名,榜于亭上,使人有所惩戒"。《大诰》可以说是把重刑威吓和说教有机结合的法律文件,颁行后,朱元璋要求"一切官民、诸色人等,户户有此一本",并将《大诰》列为全国各级学校的必修课程。之后,朱元璋又多次谕天下诸司,要运用申明亭书记十恶、奸盗、诈伪、干名犯义、有伤风俗及犯赃至徒者,"昭示乡里以劝善惩恶"。参见怀效峰:《明清法制初探》,法律出版社 1998 年版,第 272 页。

③ 杨一凡、王旭:《古代榜文告示汇存》,社会科学文献出版社 2006 年版,序言第 2 页。

④ 这一告示宣称秋瑾在徐锡麟创办的大通学堂,与武义、嵊县匪党勾结,密谋起事,已派兵破获,查获秋瑾亲笔悖逆字据及枪弹马匹多件,业将秋瑾正法。参见李细珠:《地方督抚与清末新政——晚清权力格局再研究》,社会科学文献出版社 2012 年版,第 208~217 页。

⑤ 高国芬:"辛亥嘉州布告及知府李立元",载《四川文物》1991 年第 4 期。

⑥ 邱元猷、张希坡:《中华民国开国法制史——辛亥革命法律制度研究》,首都师范大学出版社 1997 年版,第 120~121 页。

府在《民主报》发布《禁止勒捐通告》，指出王某、徐某等人"此种不法行为，实为同胞之蠹。嗣后凡有无赖者借筹饷为名，故意需索，仰即扭送来府，从严惩治。本都督府为顾全大局起见，决不稍予宽贷也"。① 国民党统治时期，《公文程式条例》规定之外的"杂体文"中"通告"常与"公告"通用，两者程式和用语基本相同，② 内容也包括了违法信息的行政公告。如1936年（民国25年）10月，陕西省政府就曾发布钱币反假防伪的宣传布告，公告无业游民林福田在京伪造辅币的违法犯罪事实，提醒民众注意辨别、避免蒙受损失，以杜奸欺。③

　　土地革命时期，中国共产党虽然还没有组建起属于自己的政府，但基层革命组织也非常重视违法信息行政公告的运用。1927年1月，湖南省成立了审判土豪劣绅特别法庭，曾判决没收一批大土豪劣绅的财产，由省农民协会委员胡某负责清查管理。胡某在清点财物时，私自隐藏了一些贵重财物，企图占为己有。事情败露后，湖南省农民协会立即在报上公布了这一事件和对胡某的处分决定，得到民众的支持和肯定。④ 抗日战争时期，国民革命军第十八集团军总司令部和陕甘宁边区政府于1943年10月23日，联合发布禁种禁吸烟毒的布告，对陕甘宁边区极少数不法分子，不顾政府禁令，偷运、贩卖毒品的违法行为进行警示，加强陕甘宁边区的禁毒斗争，杜绝死灰复燃的吸毒现象。⑤ 新中国成立之初，鸦片烟毒依然十分猖獗。中央政府在全国范围内开展了声势浩大的禁烟禁毒活动，各级、各地政府大量采用布告的形式，利用公告宣传查禁工作，呼吁民众检举揭发，共同抵制烟毒。例如，1952年3月20日颁布的《甘肃省人民政府禁烟禁毒布告》（秘字第五号）就指出："……近查本省少数地区，仍有不法之徒，种植鸦片，贩制烟毒，危害人民，

---

　　① 邱元猷、张希坡：《中华民国开国法制史——辛亥革命法律制度研究》，首都师范大学出版社1997年版，第141~142页。
　　② 任雪浩、李伟华、刘新钰、卢湘："行政公文文种历史源流浅探"，载《兰台世界》2008年第18期。
　　③ 党顺民："西安发现民国时期钱币反假布告"，载《中国钱币》2008年第1期。
　　④ 张希坡：《革命根据地法制史研究与"史源学"举隅》，中国人民大学出版社2011年版，第251~252页。
　　⑤ 陈子平："国民革命军第十八集团军总司令部、陕甘宁边区政府关于禁种禁吸烟毒的布告"，载《陕西档案》2010年第3期。

影响生产。特颁布禁令如下……倘再违犯，或竟敢以武装贩运者，除将其武器烟毒没收外，并从严治罪……各地人民对种植、制造、贩运、吸食烟毒等一切非法行为，均有检举密告之责，各地人民政府对依实检举者，予以奖励……"①

（三）我国当代的违法信息行政公告

经过30多年的改革开放，我国的政治、经济、文化在突飞猛进的同时也发生了深度变革，社会生活日新月异。民主法治的进步促使公众的表达积极性和参与热情与日俱增，多元的价值观屡屡发生碰撞。在改革的浪潮中，多种元素的利益纷争频频出现，社会矛盾凸显。面对社会矛盾高发的态势，要想化解各种冲突、凝聚民心，维护良好的社会秩序，稳定经济发展的势头，行政方式的变革无疑正是破冰之举。政府唯有转变职能，变管理为服务，关注民生、以民为本，才能最大限度地获取公众的支持和理解，才能真正带领国民走向繁荣、富强。与此同时，随着20世纪80年代"民主风暴"席卷全球，西方国家主导的"新公共管理运动"以及"合作政府"的变革，逐渐演变为一种国际性浪潮和趋势，各个国家的福利性质大幅增强，政府职能逐步转化，规制行政（秩序行政）逐步向服务行政（给付行政）迈进。正是在这样的一个时代背景下，建设服务型政府正式成为中国政府的改革目标，② 各级政府开始积极进行社会管理创新的探索，改进和创新

---

① 邓宝珊、王世泰、张德生、马鸿宾："甘肃省人民政府禁烟禁毒布告"，载《甘肃政报》1950年第3期。

② 2002年，作为中国政府改革的目标选择，行政学界明确提出了"服务型政府"的概念，将其表述为"在公民本位、社会本位理念指导下，在整个社会民主秩序的框架下，通过法定程序，按照公民意志组建起来的以为公民服务为宗旨并承担着服务责任的政府"。2004年3月14日，我国十届全国人大二次会议审议通过宪法修正案修宪时，直接将"国家尊重和保障人权"写入宪法，成为我国民主法治发展的重要里程碑。2004年3月15日，温家宝总理在《政府工作报告》中首次提出建设法治政府的目标，同年3月22日，国务院印发了《全面推进依法行政实施纲要》。2006年9月4日，温家宝总理发表了题为《加强政府建设，推行管理创新》的重要讲话。2007年10月24日，胡锦涛总书记在党的十七大会议报告中首次提出了"加快行政管理体制改革，建设服务型政府"，尤其指出要"健全政府职责体系，完善公共服务体系，推行电子政务，强化社会管理和公共服务"。随着对政府与市场关系认识的不断深化，我国政府开始逐步转变职能，逐步从全能型政府向有限政府、从管制型政府向服务型政府转变，政府的主要职能定位于经济调节、市场监管、社会管理和公共服务四个方面。参见禹竹蕊："柔性行政方式：推动法治政府和服务型政府建设的重要抓手——兼评莫于川教授主编的《柔性行政方式法治化研究》"，载《河南财经政法大学学报》2012年第4期。

执法方式，① 各种柔性行政方式被广泛运用到行政执法中。

所谓柔性行政方式（non-authority form of administrative way），是指"行政主体实施的不具有强制命令性质的非权力作用性的行政活动方式"②。这类以行政指导、行政资助、行政调解为代表的柔性行政方式，与传统的行政许可、行政处罚、行政强制等刚性行政方式相比，因缺乏强制约束力，行为方式更为柔和，有效化解了行政主体与行政相对人之间的对立和冲突，可以大幅提升公众对政府的满意度；同时，这类柔性行政方式以提供公共服务的方式来维护社会秩序，在确保行政效率的同时兼顾了权利保障，符合建设服务型政府的要求，也有利于在和谐的氛围中实现行政管理目标。因此，成本低廉、对抗性低、可塑性强的柔性行政方式不但受到执法者青睐，也逐渐得到公众的认同。

早在1994年，我国大陆地区就在《审计法》中规定，审计结果可以向社会公布。③ 这里的审计结果，当然也包括被审计对象违反法律规定的情况。1998年1月1日，大陆地区正式实施了税务违法案件公告制度。2001年7月，国家药品监督管理局就上半年检查中发现的违法药品广告予以第一期公告，标志着我国违法药品广告公告制度的建立。④ 2002年8月23日，国家工

---

① 国务院2010年颁布的《关于加强法治政府建设的意见》第五部分第14条提出要"推进政府职能转变和管理方式创新"，第15条提出要"改进和创新执法方式，坚持管理与服务并重、处置与疏导结合，实现法律效果与社会效果的统一"。所谓"改进"，是指对存量（传统）行政方式的民主化改进；所谓"创新"，是指对增量（新型）行政方式的积极创新使用。"改进"和"创新"，是行政革新不断前行、加快建设法治政府和服务型政府的两条腿、两只翅膀。参见莫于川："行政民主化与行政指导制度发展（上）——以建设服务型政府背景下的行政指导实践作为故事线索"，载《河南财经政法大学学报》2013年第3期。

② 柔性行政方式的基本特点包括：它在法律关系上属于公法关系；它在性质上属于非权力作用，不以国家权力来单方性地拘束行政相对人；它既包括一部分无固有法律效果的单纯事实行为（如某些行政指导措施），也包括一部分较为柔软的法律行为或准法律行为（如属于双方法律行为的行政契约行为）；它往往具有诱导性和引导性；它有时以行政权力作为背景（相当于具有一定的事实上的拘束力），以保障它的实效性；它适用于整个行政领域，但主要是经济领域和部分社会管理领域；它在方式方法上往往采取非强制性非命令性的手段。参见莫于川等：《柔性行政方式法治化研究——从建设法治政府、服务型政府的视角》，厦门大学出版社2011年版，第147页。

③ 《审计法》第36条第1款规定："审计机关可以向政府有关部门通报或者向社会公布审计结果。"

④ 周大平："公告制度'封杀'违法药品广告"，载《瞭望新闻周刊》2001年第30期。

商行政管理总局和卫生部联合发布《关于建立违法食品广告联合公告制度的通知》（工商广字〔2002〕221号），规定国家工商行政管理总局、卫生部每两个月将通过新闻媒体对违法食品广告进行联合公告，"违法食品广告的生产企业名称、食品名称、主要违法事实（广告内容）"等为联合公告的主要内容。我国台湾地区的"行政罚法"[①]"消费者保护法"[②]"食品卫生管理法"[③]中也都有关于违法信息行政公告的明确规定。随着信息公开的深入发展，各地在探索社会管理创新的过程中，更加普遍地运用这一柔性规制手段，在产品质量、食品安全、广告管理、环境保护、金融监管、土地管理、商标管理等行政执法领域都能见到违法信息行政公告的适用。

丰富的史料证明，违法信息行政公告在我国有着悠久的历史，这一行为并不是发轫于信息社会的新生事物，更不是借鉴域外制度的产物。虽然中国古代行政法极不发达，但历代统治者都很青睐这种借助社会力量来优化执法的治理模式。不过，我国古代官方所作出的违法信息公告内容庞杂，既涉及违法或犯罪行为，也涉及违反伦理道德的信息；从性质上看，某些领域，由于官府行政职能与立法职能、司法职能的界限较为模糊，导致古代的违法信息公告也兼有政治、行政或司法公告的性质。当然，古代的行为方式与当下相比的确存在某些差异，当时的违法信息行政公告更多地带有一种警示和劝诫的意味，在很大程度上发挥了类似于行政指导的作用。近代以来的各个时期，我国的行政管理领域中，违法信息行政公告也相对"活跃"。依据行政过程论的观点，行政实施的过程是动态的、复杂的，其间包含了各种行政行为的综合运用，方能确保行政的实效。违法信息行政公告显然是一种确保行政实效的有力举措。时至今日，违法信息行政公告更是随着互联网、自媒体

[①] 台湾地区"行政罚法"第2条第3款规定："影响名誉之处分：公布姓名或名称、公布照片或其他相类似之处分。"

[②] 台湾地区"消费者保护法"第37条规定："直辖市或县（市）政府于企业经营者提供之商品或服务，对消费者已发生重大损害或有发生重大损害之虞，而情况危急时，除为前条之处置外，应即在大众传播媒体公告企业经营者之名称、地址、商品、服务或为其他必要之处置。"

[③] 台湾地区"食品卫生管理法"第29条第2款规定："制造、加工、调配、包装、运送、贩卖、输入、输出第一项第一款或第二款物品之食品业者，由当地主管机关正式公布其商号、地址、负责人姓名、商品名称及违法情节。"

的发展,随柔性行政方式的推广焕发出勃勃生机。相对实务工作而言,理论研究倒是远远落后于实践,亟待加强。

二、概念剖析

作为一种法学思想和方法,概念法学虽然饱受批判,却仍有着不可忽视的积极意义。任何理论研究,都是从法律现象中抽象出精确的概念,从概念切入,形成严谨的概念体系和规则体系,从而藉由概念和逻辑体系来把握现实的法律问题。一个明确而精准的概念,不但可以确保相关研究不偏离核心命题,还能使学术交流更为顺畅、便捷。更为重要的是,当下的中国,在完善法制体系、促进依法行政的今天,概念法学依旧可以发挥其独特的规范作用。一方面,行政法内容庞杂,行政领域的法律制度数量较多,立法技术有待提高,同一概念在不同法律制度中可能由不同的词语来表述,而同一词语在不同的法律制度中有可能含义并不相同。另一方面,部门行政法各异,不同行政领域的概念和体系相去甚远。大量的基层执法人员并不具备良好的法律素养,对法律制度的理解很容易出现偏差。唯有借助概念法学,将行政领域中的具体问题高度概括、抽象和形式化,才能有助于完善法律制度,才能帮助基层执法人员建立起对行政法律现象的体系化认识,从而正确理解法律条文,促进依法行政。基于此,本书首先对违法信息行政公告的概念进行剖析。

(一)概念界定

1. 违法信息行政公告的定义

(1)信息与违法信息

随着社会发展和信息技术的进步,人类社会的开放性不断增强,人类沟通交流方式悄然变化,这就促成了政府管理手段的变化,信息成为公共事务管理当中不可或缺的规制工具。从信息和信息科学的角度看,所谓信息,是表征客观事实的、可通讯的信号和符号系统,具有可传输性、可存储性、可加工性、共享性和时效性等基本特征。① 信息论中将信息特指为"用符号传送的报道，报道的内容是接受符号者预先不知道的"②。公共政策学将信息视为政府介入程度居中的一项工具，而信息发布是一种温和的工具，是通过向私人和公司传递信息，引导他们按照政府的意愿改变他们的行为。③ 从法律意义上讲，信息"是指固定于一定的载体之上的，对事物包括人自身的现象和本质的认识和表达"④。作为一种认识的表达，法律上的信息是信息法律关系的客体，是主体权利义务指向的对象。同时，法律上的信息固定于载体上，具有特定价值，可以满足人类生产生活需要，也可以为人类所控制和支配。违法信息是关于行为人违反法律规定的一切客观事实的表征，是有关行为人的违法行为、违法情节、违法原因、违法动机、违法后果等客观资料的集合体。当然，全面的违法信息还包括违法行为人的个人信息（如果违法行为人系法人或组织，则为法人、组织的相关信息），以及行政主体给予违法行为人的相应处理措施。违法信息可能是职能部门在执法过程中自动发现、查获的，也可能是经公众举报后查获、收集的，这些信息属于政府信息，对于执法者而言具有特定的价值。执法者在其职权范围内有目的地对违法信息加以收集、制作，以一定形式记录、保存和运用，可以达致预期的管理效果。

（2）公告与行政公告

关于某一主体对外发布信息，现行法律规范的不同条文所采用的表述并不一致，实践中常见的也有诸如"公开""公告""公布""通告""通报""披露""发布"等不同表述。上述表述在实践中的适用看似没有太大区别，其实却是不同的行为方式，行为目的也存在一定的差异。不同的主体都可对外发布信息，但严格意义上讲，只有政府及其职能部门对外宣布重要事项才能称为公告。这一点，可以从诸多辞典的注释中得到佐证。根据权威辞典的

---

① 芮廷先主编：《管理信息技术》，北京大学出版社2012年版，第2~4页。
② 中国社会科学院语言研究所词典编辑室编：《现代汉语词典》（2002年增补本），商务印书馆2002年版，第1404页。
③ ［加］迈克尔·豪利特、M. 拉米什：《公共政策研究：政策循环与政策子系统》，庞诗等译，三联书店2006年版，第144页、第158页。
④ 齐爱民：《私法视野下的信息》，重庆大学出版社2012年版，第18页。

解释，名词意义上的公告，是指政府或机关团体就重要事项对公众发出的通告；而动词意义上的公告，则是指政府或机关团体公开宣告重要事项。[①] 而且，从我国目前的法律规范文本上看，公告一词已经有着比较稳定的内涵，即指"有权机关主动发布信息的行为"，这一点也在学界达成了共识。[②]

1949 年 12 月 9 日，当时的中央人民政府政务院（今国务院）出台了《关于统一发布中央人民政府及其所属各机关重要新闻的暂行办法》，明确规定中央人民政府及其所属各机关的公告以及公告性新闻需要通过新华通讯社统一发布。该暂行办法首次对政府公告的内涵进行了解读，指出公告包括：文告、法律、法令、决议、命令、训令、通令、计划、方针、外交条约、外交文书、判决书、起诉书等；而公告性新闻则包括：关于政府会议、政府重要措施、政令解释、工作总结、外交事件、重要案件等的新闻。[③] 1951 年 6 月 13 日，政务院秘书厅发布《关于严格遵照统一发布新闻的通知》，对此内容再次予以确定和重申。上述两项规定目前依然具有法律效力，这也是新中国成立以后官方对于公告内涵的最早解读。当然，根据发布主体的不同，政府及其职能部门的公告也可以分为立法机关发布的公告、司法机关发布的公告以及行政机关发布的公告等。本书所研究的对象仅限于行政主体发布的行政公告。从行为学意义上看，行政公告是一种行为，特指行政主体通过报刊、网络、电视等媒体，将行政管理中的有关事项向社会公众予以公布的行为。本书研究的对象并非名词意义的行政公告，而是行为学意义上的行政公告，仅限于行政主体主动向公众发布违法信息的行为，而不包括行政主体依申请发布违法信息的行为。从法律用语出发，兼采规范和实践的共性，针对研究的主题，选取具有涵盖性的"行政公告"一词进行表述。

---

① 翟文明、李治威：《现代汉语辞海（2）》，光明日报出版社 2002 年版，第 376~377 页；龚学胜主编：《当代汉语词典》（国际华语版），商务印书馆国际有限公司 2007 年版，第 594 页；阮智富、郭忠新：《现代汉语大词典》，上海辞书出版社 2009 年版，第 404 页。

② 施立栋指出，在当前我国规范和学理上，"公告"一词已具有相对确定的内涵。从行为的方式来看，"公告"往往仅指主动的信息发布行为。例如，《民事诉讼法》上关于"公告送达"的规定便是明证。与之相对，"公布"则可以同时容纳行政机关主动发布信息和依申请发布信息两种情形。参见施立栋：《行政上的公布违法事实活动研究》，浙江大学 2012 年硕士学位论文，第 8 页。

③ 中央人民政府政务院："关于统一发布中央人民政府及其所属各机关重要新闻的暂行办法"，载《山东政报》1950 年第 1 期。

(3) 违法信息行政公告

正如学者所说,"所有行为,不论是行政的行为与个人的行为,均以信息取得作为前提。面对信息社会,行政与行政法,不论是在消极或积极面均备受挑战。新的信息技术不仅改变了行政程序法的个别构成要件,也改变了行政的风格与自我定位"①。信息社会,政府将自己收集和制作的信息对外公开,就是要公开问题、解决问题和预防问题。违法信息行政公告,是行政主体依法履行法定职责,借助一定的媒介,尤其是通过当下快速便捷的网络媒体,通过公告的形式,将行政相对人违法的事实和行为公之于众,在向社会公众提供信息服务的同时,实现特定的行政管理目标。从信息公开的角度看,这是一种典型的主动依职权公开信息的行为。这种主动的信息公开,可以加强社会公众对行政决策的认识和理解,不但有助于提升管理效率,实现管理目标,还可以促进民主化进程,提升政府形象,促成法治政府、信息政府、服务政府的建立。在对这种主动信息公开行为进行描述的时候,既要考虑到其提供信息服务的意涵,又要兼顾其规制管理的功能,两者缺一不可,共同构成行为的双重内涵。基于此,本书采取违法信息行政公告的表述,以求能更完整和准确地对行为内涵予以揭示。②

综上所述,本书研究的违法信息行政公告,是指行政主体基于公共利益的考量,将其在行政执法过程中收集和制作的行政相对人违反行政法规定的相关信息,通过报刊、网络、电视等媒体,主动向社会公众予以公布的行为。

2. 违法信息行政公告的内涵及特征

进一步对违法信息行政公告的内涵进行分析,我们可以发现这一行为具有以下六个特征。

---

① [德] 施密特·阿斯曼:《秩序理念下的行政法体系建构》,林明锵等译,北京大学出版社 2012 年版,第 325 页。

② 正如施立栋所说,"公共警告""风险警示"等称谓则明显偏向于向社会公众提供信息这一面向;而"通报批评""行政曝光"等表述则又过分注重表达对被公布方的规制作用力,均失之偏颇。参见施立栋:《行政上的公布违法事实活动研究》,浙江大学 2012 年硕士学位论文,第 8 页。

(1) 主体的职权性

信息社会，信息不但是非常重要的资源，也是人们日常进行各种选择的重要参考和依据。因此，不同的主体随时都在发布不同的信息，有权发布违法信息的主体也很多。例如，法院对外发布案件判决结果的公告，上市公司依法主动对外披露公司的违法情况，[①] 消费者协会依法披露商家损害消费者合法权益的信息[②]等。但违法信息行政公告的主体，只能是行政主体，即依法享有相应行政权的行政机关或法律法规授权组织。对此，应从两个层面加以理解。第一，除了行政主体，其他国家机关、法人、组织甚至个人将行为人的违法事实、违法行为等公之于众都不能称为违法信息行政公告。第二，即使是行政主体，也应在法定的职权范围以内，将收集和制作的行政相对人违反行政法规范的信息广而告之，这是违法信息公告合法有效的前提。正如应松年教授所说："政府信息是指行政机关在履行职责过程中制作或者获取的信息，与履行职责直接关联，可以说，有什么样的政府职责就会产生什么样的政府信息。"[③] 一旦超越了职权范围，行政主体收集行为人的违法信息并

[①] 《证券法》第67条规定："发生可能对上市公司股票交易价格产生较大影响的重大事件，投资者尚未得知时，上市公司应当立即将有关该重大事件的情况向国务院证券监督管理机构和证券交易所报送临时报告，并予公告，说明事件的起因、目前的状态和可能产生的法律后果。下列情况为前款所称重大事件：（一）公司的经营方针和经营范围的重大变化；（二）公司的重大投资行为和重大的购置财产的决定；（三）公司订立重要合同，可能对公司的资产、负债、权益和经营成果产生重要影响；（四）公司发生重大债务和未能清偿到期重大债务的违约情况；（五）公司发生重大亏损或者重大损失；（六）公司生产经营的外部条件发生的重大变化；（七）公司的董事、三分之一以上监事或者经理发生变动；（八）持有公司百分之五以上股份的股东或者实际控制人，其持有股份或者控制公司的情况发生较大变化；（九）公司减资、合并、分立、解散及申请破产的决定；（十）涉及公司的重大诉讼，股东大会、董事会决议被依法撤销或者宣告无效；（十一）公司涉嫌犯罪被司法机关立案调查，公司董事、监事、高级管理人员涉嫌犯罪被司法机关采取强制措施；（十二）国务院证券监督管理机构规定的其他事项。"

[②] 《消费者权益保护法》第32条规定："消费者协会履行下列职能：（一）向消费者提供消费信息和咨询服务；（二）参与有关行政部门对商品和服务的监督、检查；（三）就有关消费者合法权益的问题，向有关行政部门反映、查询，提出建议；（四）受理消费者的投诉，并对投诉事项进行调查、调解；（五）投诉事项涉及商品和服务质量问题的，可以提请鉴定部门鉴定，鉴定部门应当告知鉴定结论；（六）就损害消费者合法权益的行为，支持受损害的消费者提起诉讼；（七）对损害消费者合法权益的行为，通过大众传播媒介予以揭露、批评。各级人民政府对消费者协会履行职能应当予以支持。"

[③] 应松年："转变职能创新机制推进政府信息公开"，载《中国行政管理》2012年第8期。

发布公告就丧失了应有的正当性。

（2）对象的广泛性

违法信息行政公告是行政主体将行为人的违法信息公开告知社会公众的行为。不同于一般的具体行政行为，这一公告行为的对象是不确定的社会公众，而非特定的行政相对人或利害关系人。违法信息行政公告的这一特性，使之与对象特定的违法信息通告、通报行为相区别，[①] 也与对象特定的违法信息通知行为相界分，[②] 更与行政主体所实施的系统内部信息共享行为，如抄送、抄告等行为有了明显的界限。为了确保信息为公众所知晓，行政主体可以通过政府公报、报刊、网络、电视、电台、微博等各种媒体对违法信息进行广泛传播。无论采取何种渠道，行为方式均为公开。

（3）行为的单方性

违法信息行政公告是一种单方行政行为，是单向的信息发布行为。作为一种影响性工具和引导性工具，信息发布的目的就是将公众、社会和政府所面临的问题以及政府将要采取的措施和意图告知公众，通过影响公众的认识和判断，来引导公众的行为选择，最大限度地达致治理的目的。简言之，行政主体公告行为人的违法信息，是一种单纯的信息披露、信息曝光，仅仅是

[①] 例如，《环境保护法》第 31 条规定："因发生事故或者其他突然性事件，造成或者可能造成污染事故的单位，必须立即采取措施处理，及时通报可能受到污染危害的单位和居民，并向当地环境保护行政主管部门和有关部门报告，接受调查处理。可能发生重大污染事故的企业事业单位，应当采取措施，加强防范。"《海洋环境保护法》第 17 条规定："因发生事故或者其他突发性事件，造成或者可能造成海洋环境污染事故的单位和个人，必须立即采取有效措施，及时向可能受到危害者通报，并向依照本法规定行使海洋环境监督管理权的部门报告，接受调查处理。沿海县级以上地方人民政府在本行政区域近岸海域的环境受到严重污染时，必须采取有效措施，解除或者减轻危害。"《大气污染防治法》第 20 条第 1 款规定："单位因发生事故或者其他突然性事件，排放和泄漏有毒有害气体和放射性物质，造成或者可能造成大气污染事故、危害人体健康的，必须立即采取防治大气污染危害的应急措施，通报可能受到大气污染危害的单位和居民，并报告当地环境保护行政主管部门，接受调查处理。"上述规定均属于对象特定的违法信息通告、通报，不属于本书研究的违法信息行政公告的范畴。

[②] 例如，《治安管理处罚法》第 83 条规定："对违反治安管理行为人，公安机关传唤后应当及时询问查证，询问查证的时间不得超过八小时；情况复杂，依照本法规定可能适用行政拘留处罚的，询问查证的时间不得超过二十四小时。公安机关应当及时将传唤的原因和处所通知被传唤人家属。"这一规定均属于对象特定的违法信息通知，不属于本书研究的违法信息行政公告的范畴。

单纯地向社会公众提供有关违法事实的信息资料，并不需要公众或违法行为人以积极作为相配合。

(4) 内容的针对性

在行政管理的过程中，根据管理需要，行政主体可以公告的事项很多，但唯有专门针对违法信息进行的公告才能称为违法信息行政公告。违法信息行政公告的内容主要包括三个部分：一是对违法行为人的违法行为、违法情节、违法原因、违法动机、违法后果等违法事实的披露；二是行政主体对违法行为人的处置措施等查处情况的公布；[①] 三是违法行为人的相关个人信息（如果行为人系法人或组织，则为法人、组织的相关信息）[②] 的披露。简言之，违法信息行政公告所公开的违法信息涵盖了过程信息和结果信息，也包括违法行为人的个人信息。通常情况下，如果行政主体来不及作出处理决定，为了警示公众而作出的违法信息行政公告，其内容就仅有违法事实，没有处理决定。此外，个人信息的披露必须慎重，需要根据个案进行筛选和定夺，不能一概而论。本书将在第四章对这一问题进行详细论述。

(5) 效力的间接性

相对于传统的行政处罚、行政强制等刚性的执法模式，违法信息行政公告是一种典型的柔性行政方式，虽然可以视为一种"信息惩罚"，却没有强制约束力，不会对利害关系人的权利义务造成直接的减损或增加，旨在帮助

[①] 例如，《证券法》第184条规定："国务院证券监督管理机构依法制定的规章、规则和监督管理工作制度应当公开。国务院证券监督管理机构依据调查结果，对证券违法行为作出的处罚决定，应当公开。"实践中的违法信息行政公告也有很多公告查处情况的例子，如2012年2月9日，济南市公安局交警支队举行新闻通报会，交警部门向媒体公布了2012年1月1日至1月31日间，查处的260名"酒驾"名单。实名曝光的内容主要包括驾驶人姓名、驾驶证号、号牌种类、违法行为类型以及违法的时间和地址，以及交警处理结果和法院判决结果。参见余东明、王家梁："济南交警详解出台酒驾新规台前幕后"，载新浪网 http://news.sina.com.cn/c/2012-02-18/095723953429.shtml，访问日期：2013年8月15日。

[②] 例如《饲料和饲料添加剂管理条例》第32条规定："国务院农业行政主管部门和县级以上地方人民政府饲料管理部门，应当根据需要定期或者不定期组织实施饲料、饲料添加剂监督抽查；饲料、饲料添加剂监督抽查检测工作由国务院农业行政主管部门或者省、自治区、直辖市人民政府饲料管理部门指定的具有相应技术条件的机构承担。饲料、饲料添加剂监督抽查不得收费。国务院农业行政主管部门和省、自治区、直辖市人民政府饲料管理部门应当按照职责权限公布监督抽查结果，并可以公布具有不良记录的饲料、饲料添加剂生产企业、经营者名单。"旨在帮助

或影响社会公众进行更佳行为选择，以维护社会公共利益。日本学者认为："公告可以说没有强制力，但是对于被害者是一种间接强制，其目的性功能是为了在危险阶段不发生损害的预防——防患于未然的功能。此外，尤其是向市场大批量提供商品、服务的企业，由于公告的方式会使其名誉受到不利影响，而使其实质上遭受经济上的损失，因此可以说它具有预防——抑制功能、预防——防止再发生功能的目的性功能。此外，从公告可以被人看到的角度来看，可以说有满足被害者情感的功能，有作为目的性功能的报应功能。公告效果的大小取决于企业与市场的距离，与限制事业相比，效果要差些。"[①] 实际上，违法信息行政公告不但可以起到公共警示的作用，还可以借助声誉机制和道德谴责以示惩戒，有效阻却潜在违法行为。但其能否发挥实效，能在多大程度上达到警示、预防、阻却的效果，显然既取决于公众对公告的态度和反应，也要看违法行为人自身对待声誉机制和道德谴责的态度。"曝光"虽然带有针对性和目的性，也可以引发公众对违法行为人的道德谴责与抵制，但倘若违法者本身毫不介意，其实效就会大打折扣。因此，在某种程度上讲，违法信息行政公告充其量只能算是一种"威慑"手段。通过图1-1，我们可以清楚地看到，行政主体的违法信息行政公告行为是直接面向社会公众作出的，作出之后并不会直接产生任何法律效果，只有当公众接收这一信息，对违法行为人甚至其他利益相关人（例如，同行业、同地区其他企业）采取积极的道德谴责和交易抵制，才能使违法行为人以及其他利益相关人的名誉、与经济利益挂钩的交易机会等受到事实上的减损。简言之，违法信息行政公告作出之后，不能直接产生法律效果，仅能产生间接的社会效果。正如美国联邦最高法院大法官史蒂芬·布雷耶（Stephen Breyer）所说："只有公众能理解被披露的信息，或可以以信息为依据自由地选择，或者相信信息与选择之间具有实质的关联性时，披露只有（才有）可能起作用。"[②]

[①] ［日］城山英明、村山明生、山本隆司、川出敏裕、舟木贵久："安全法制度设计中加害者惩罚的相关问题——供参考的方法及其评价"，见《宪政与行政法治评论》（第五卷），龚姝译，中国人民大学出版社2011年版，第46~47页。

[②] ［美］史蒂芬·布雷耶：《规制及其改革》，李洪雷等译，北京大学出版社2008年版，第241页。

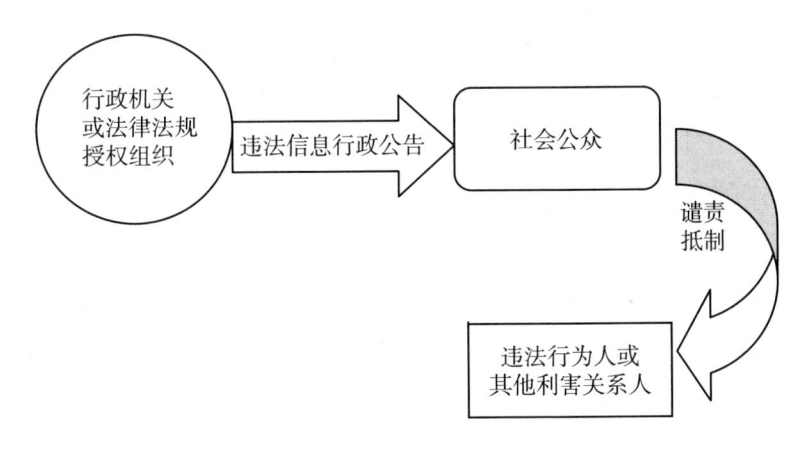

图 1-1 违法信息行政公告的行为效果图示

（6）性质的双重性

不论是价值取向还是行为方式，规制行政（秩序行政）与服务行政（给付行政）都大相径庭。[①] 诚如巴斯夏所言："国家不是、也不可能只有一只手。它有两只手，一只管拿，一只管送——换句话说，它有一只粗暴之手，也有一只温柔之手。"[②] 一方面，国家要满足人民的各种需求；另一方面，要通过税收等强制性手段来进行管理，这两者似乎是彼此冲突的。但实际上，在现代行政管理中，规制行政的"粗暴之手"和服务行政的"温柔之手"一起成为政府的左右手，两者缺一不可，还需相互交融、双管齐下。从行政实施的全过程来看，行政是一个动态的过程，行政管理部门为履行管理职责会实施一系列、前后衔接的行政行为。这些行为既包括了服务行政的举措，也包含了规制行政的举措。任何一个服务型政府，都无法彻底舍弃规制行政，这是强调生产经营者责任、保证产品安全和价格合理、保障公平交易、防止

---

① 规制行政（秩序行政）作为自由法治国时期的基本行为方式，体现着行政法的核心理念和特征，是国家运用行政权力，通过处罚、强制、征收等负担性行政行为干涉和限制人民行使其自由权，以维护社会秩序，保障国家安全。服务行政（给付行政）则强调国家应积极为公民提供福利或者公共服务，通过供给、支付、保障、救助等授益行政行为，提供公共服务、增进国民福利。禹竹蕊：《柔性行政方式：推动法治政府和服务型政府建设的重要抓手——兼评莫于川教授主编的〈柔性行政方式法治化研究〉》，载《河南财经政法大学学报》2012 年第 4 期。

② ［法］弗里德里克·巴斯夏：《财产、法律与政府——巴斯夏政治经济学文粹》，秋风译，贵州人民出版社 2003 年版，第 187 页。

过度的和破坏生产的竞争、保护消费者、维护社会和谐的需要。① 简言之，规制行政和服务行政虽然具有各自独立的存在价值和意义，却不能完全割裂，加以区分只不过是为了根据不同的行政作用划分大致的作用范围，以确定适用不同的调整原则。②

违法信息行政公告作为一种柔性行政方式，是现代服务型政府必不可少的信息规制工具，但这一行为是在利用信息的传播提供信息服务的同时实现行政规制的。换言之，违法信息行政公告借助现代媒体和声誉机制，治理市场乱象、实现市场监管、弥补市场失灵、提高行政管理效率、维护社会秩序，具有显性的规则功能。但同时也要看到，政府信息公开本身就具有服务功能，③主动公开和传播违法信息是行政机构提供公共服务的一种手段和方式，其实施不但利于确保公众的知情权，使公众及时了解与其切身利益有关的违法信息，进行正确的行为选择；还有利于公众了解行政主体对违法行为的查处情况，实施评价和监督。此外，通过公开和传播与社会公众切身利益相关的违法信息，还可以警示公众趋利避害，保护公众的生命健康、人身安全和财产安全（关于这一点，本书将在第二章进行详细论述），充分发挥政府信息在

---

① ［英］安东尼·奥格斯：《规制：法律形式与经济学理论》，骆梅英译，中国人民大学出版社 2008 年版，第 1～77 页；［美］肯尼思·F. 沃伦：《政治体制中的行政法》（第三版），王丛虎等译，中国人民大学出版社 2005 年版，第 127～142 页。

② 就如姜明安教授所说："服务与规制的关系可以这样表述：从理念和本质上讲，规制是手段，服务是目的；从'公共物品'提供的方式上讲，规制与服务都是政府的职能。"参见姜明安：《加强对服务型政府建设的理论研究》，见姜明安主编：《行政法论丛》（第 13 卷），法律出版社 2011 年版，第 11 页。

③ 莫于川教授指出：在信息时代，政府部门掌握的大量信息都是非常宝贵的资源，对社会主体的发展可能产生极大的促进作用。公开这些信息，让社会各方面主体充分利用这些信息资源，有助其生存发展，这也是建设服务型政府的题中应有之义。《中华人民共和国政府信息公开条例》第 1 条规定："为了保障公民、法人和其他组织依法获取政府信息，提高政府工作的透明度，促进依法行政，充分发挥政府信息对人民群众生产、生活和经济社会活动的服务作用，制定本条例。"这充分说明，政府信息公开不但可以保障行政相对人依法获取政府信息，实现其对政府工作的知情权、参与权和监督权，还能有效发挥政府信息对人民群众生产、生活和经济社会活动的服务作用。参见莫于川："行政公开法制与服务型政府建设——略论《政府信息公开条例》确立的服务宗旨和便民原则"，载《法学杂志》2009 年第 4 期；莫于川："政府信息公开法制若干问题再思考"，载《行政论坛》2009 年第 6 期；莫于川："政府信息公开法的基本理念、立法目的和指导原则再检讨——兼从年度报告看政府信息公开法的基本理念、立法目的和指导原则的实现情形"，载《河南省政法管理干部学院学报》2009 年第 6 期。

生产、生活中的服务作用。简言之，违法信息行政公告的目的是借助违法信息的传递达致行政规制的目标。因此，违法信息行政公告对于行为的直接对象，即社会公众而言，具有突出的服务功能，但对于行为的第三方（信息所属人）具有明显的规则功能，这种行政行为兼具规制行政与服务行政的双重属性，① 是典型的"具有第三方效果"② 的行政行为，不能简单地将其定格于秩序行政。又因违法信息行政公告是行政主体直接面向社会公众作出的，其行为对象为社会公众，其行为表象是为公众提供信息服务，所以在一定程度上将其纳入给付行政的范畴更为合适。

（二）与相关行为辨析

要想准确理解和把握违法信息行政公告的概念，还有必要将其与政府信息公开、媒体曝光、行政指导、通报批评、公共警告等关联性、相似性较强的行为进行比较和区别。

1. 违法信息行政公告与政府信息公开

进入信息时代，随着社会发展，信息的公开性、公共性、流通性、利用性、支配性日渐受到普遍重视。正如美国学者伯尔曼所说："没有公开则无所谓正义。"③ 个人掌握的信息量多少决定了其在社会生活中实际竞争力的大小，信息不对称容易导致机会差异，甚至导致社会不公。为了维护社会的公平正义，建设服务型政府的首要之举就是逐步抛弃以往传统的独揽资讯、依靠信息的不对称进行社会管理的模式，全面推行政府信息公开。依据《政府

---

① 当然，正如施立栋所说，信息提供与行政规制两个方面的作用，犹如公布违法事实活动的"两翼"，不可分割地贯穿于该项活动中。例如，在环保领域公布污染企业的名单，既能够提醒社会公众注意特定的环境污染信息，同时也能够起到督促污染企业停止排放污染物的作用。只不过在某些场合下，其中的一个方面可能并不显著。例如，《税收征收管理法》第45条规定的税务机关定期公告欠缴税款的措施，主要作用在于督促纳税人履行义务的措施，虽然同时也向社会公众公布了税款的欠缴信息，但是由于与他们的生产、生活等并不直接相关，公众对于这些信息的需求并不会显得非常强烈。参见施立栋：《行政上的公布违法事实活动研究》，浙江大学2012年硕士学位论文，第10～11页。

② 德国学者认为：具有双重法律效果的行政行为是指具有部分负担性和部分授益性效果的行政行为。如果针对同一个人，则称为效果的混合；如果针对不同的人，则称为具有第三方效果。参见［德］汉斯·J. 沃尔夫、奥托·巴霍夫、罗尔夫·施托贝尔：《行政法》（第二卷），高家伟译，商务印书馆2002年版，第47页。

③ ［美］哈罗德·J. 伯尔曼：《法律与宗教》，梁治平译，三联书店1991年版，第48页。

信息公开条例》第2条①的规定，政府信息的内涵非常广泛，泛指行政机关在行政执法过程中制作、获取的，以相应形式记录和保存的所有信息。从这个角度看，违法信息属于政府信息的范畴。故而，违法信息行政公告属于政府信息公开的范畴，其本质是政府信息藉由行政管理部门向社会公众进行传递的动态过程。此外，依据《政府信息公开条例》的明确规定，政府信息公开分为两种情况，即依职权主动公开②和依申请公开③。违法信息行政公告是行政主体基于公共利益的考量，将其在行政执法过程中收集和制作的行政相对人违反行政法规定的相关信息，主动向社会公众予以公布的行为，这显然属于典型的依职权主动公开政府信息，属于给付行政的范畴。图1-2比较直观地反映出违法信息行政公告与政府信息公开的关系。

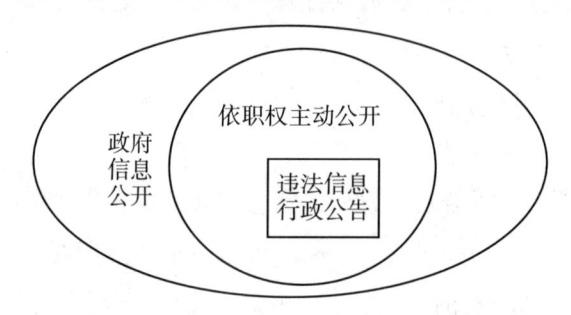

图1-2 违法信息行政公告与政府信息公开的关系图示

2. 违法信息行政公告与媒体曝光

坊间俗称的"曝光"，一般是指将被公众忽略、被人为掩盖的某种事实

---

① 《政府信息公开条例》第2条规定："本条例所称政府信息，是指行政机关在履行职责过程中制作或者获取的，以一定形式记录、保存的信息。"

② 《政府信息公开条例》第9条、第10条、第11条、第12条、第15条、第16条、第17条、第18条、第19条等条款对行政机关主动公开政府信息进行了规定。例如，第9条规定："行政机关对符合下列基本要求之一的政府信息应当主动公开：（一）涉及公民、法人或者其他组织切身利益的；（二）需要社会公众广泛知晓或者参与的；（三）反映本行政机关机构设置、职能、办事程序等情况的；（四）其他依照法律、法规和国家有关规定应当主动公开的。"

③ 《政府信息公开条例》第13条、第20条、第21条、第22条、第23条、第24条、第25条、第26条、第27条、第28条等条款对行政机关依申请公开政府信息作出规定。例如，第13条规定："除本条例第九条、第十条、第十一条、第十二条规定的行政机关主动公开的政府信息外，公民、法人或者其他组织还可以根据自身生产、生活、科研等特殊需要，向国务院部门、地方各级人民政府及县级以上地方人民政府部门申请获取相关政府信息。"

置于公众关注之下。① 作为大众传播媒介，媒体在信息传播方面具有不可比拟的优势。媒体的传播功能又可以分为政治功能、经济功能和社会功能，其中社会功能就是协调社会各部分的关联和传递社会文化等，媒体的社会责任正是其社会功能的延伸。所谓媒体曝光，就是指媒体基于自身天然的社会监督责任，凭借自身的公开性、广泛性、即时性等特点，自主地对违反社会公德、损害公共利益的行为或事件进行报道，谴责和揭露违法、悖德，警示公众，净化社会风气。虽然行政主体公告违法信息与媒体曝光一样，都是将行为人的违法事实予以公开、予以"曝光"，且违法信息行政公告往往会借助各类媒体作为公开的平台，但两者却是完全不同的概念。

（1）行为主体不同

违法信息行政公告的行为主体为公权力主体，享有相应的行政管理职能，即只有行政主体方能实施。媒体曝光则由媒体实施，行为主体是大众传播媒介组织，而非公权力机关。违法信息行政公告的方式和手段较多，行政主体借助媒体进行公开是常见的一种方式，但此时是公权力主体将在行政执法过程中收集、制作的政府信息委托给媒体公开。这些关于行为人违法的信息并不是媒体主动收集和制作而成的，这样的公开也不是媒体自主进行的。

（2）行为性质不同

违法信息行政公告是一种行政行为，具有公法上的效力，旨在实现特定的行政管理职能，维护行政管理秩序。而媒体曝光是一种舆论监督行为，是大众媒体基于职业道德，发挥社会监督功能的结果，这种行为不具有公法上的效力。如果媒体因接受公权力机关委托而发布、曝光相应信息，依据行政委托的原理，行为主体应为公权力机关，行为性质属公权力行为。

（3）行为内容不同

违法信息行政公告的针对性很强，内容紧紧围绕行为人的违法事实、查处情况等进行陈述，主要包括违法行为、违法情节、违法原因、违法动机、

---

① "曝光"通常用作比喻把隐私的事情（多指不光彩的）披露出来，让众人知道；或是先前被隐瞒的某一内幕、消息等被公开披露。参见龚学胜主编：《当代汉语词典》（国际华语版），商务印书馆国际有限公司 2007 年版，第 70 页；《当代汉语词典》编委会编：《当代汉语词典》，中华书局 2009 年版，第 60 页。

违法后果、处置措施等。而媒体曝光所选取的多是违反社会公德、损害公共利益的行为或事件,相比违法事实,其内容更为广泛。例如,媒体披露某单身男歌星生活腐化,同时与多名女性未婚同居。这一被曝光的事件虽然有悖社会公德,应受到道德谴责,但本身不属于违法信息。实际上,今天的"曝光"一词并不完全是贬义,有时候很可能是中性词。因此,媒体曝光的内容实则更加丰富。很多媒体为了吸引眼球,喜欢披露公众人物(包括明星、名人、高官)的个人隐私,这些内容绝大部分与违法信息无关。

(4)侵权责任不同

作为一种行政行为,一旦因违法信息行政公告违法或不当而侵犯私人合法权益,就会产生行政侵权责任,进行公告的行政主体将依法承担相应的行政赔偿责任或行政补偿责任。而媒体曝光倘若不实或违法,也会侵犯利害关系人的隐私权、名誉权等合法权益,依据《民法通则》《侵权责任法》等法律法规的规定,媒体需要承担相应的民事侵权责任。同时,根据《刑法》第246条①的规定,如果媒体曝光系捏造事实诽谤他人,情节严重的,则可能构成诽谤罪,除承担相应的民事侵权责任之外,还需承担相应的刑事责任。

综上,作为违法信息公开的一种方式,违法信息行政公告与媒体曝光之间有一定的勾连,且信息社会,违法信息行政公告往往会借助现代媒体这一平台来广泛传播信息。但违法信息公告和媒体曝光的行为主体、行为性质、行为方式和侵权责任都不相同,两者是完全不同的行为与概念,图1-3反映了两者的关系。

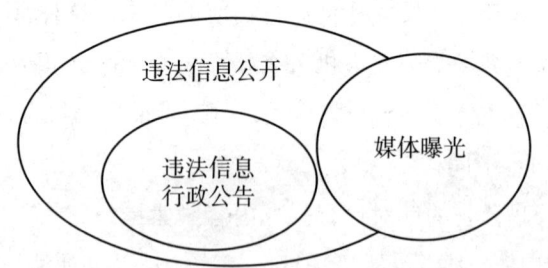

图1-3 违法信息行政公告与媒体曝光的关系图示

---

① 《刑法》第246条第1~2款规定:"以暴力或者其他方法公然侮辱他人或者捏造事实诽谤他人,情节严重的,处三年以下有期徒刑、拘役、管制或者剥夺政治权利。前款罪,告诉的才处理,但是严重危害社会秩序和国家利益的除外。"

3. 违法信息行政公告与行政指导

所谓行政指导，是指行政主体为实现一定的行政目的，在法定职权范围内，依法及时、灵活地采取说服、教育、劝告、建议、协商、提醒、示范、鼓励、政策指导等非强制方式，引导行政相对人作出或不作出某种行为的活动。[1] "二战"结束以后，以美国为首的盟军司令部经常向日本政府提交备忘录、书信，发布指示、警告，提出劝告、建议。这些手段看似温和，实则却不容违反。[2] 日本的行政机关受到启发，开始在行政管理中积极运用建议、劝告、教育、指导、提醒、鼓励等方式来管理市场和企业，行政指导应运而生。虽然都是行政主体在法定职权范围内依法所做的行为，目的都是维护社会管理秩序、维护社会公共利益，但违法信息行政公告与行政指导在行为对象和行为方式上有着非常明显的区别。

（1）行为对象不同

根据日本《行政程序法》和我国台湾地区"行政程序法"给予行政指导的明确定义，可以看出，行政指导的行为对象是特定的行政相对人。[3] 而违法信息行政公告的行为对象是不特定的社会公众。在行政指导中，法律关系发生在行政主体与被指导的行政相对人之间，双方会有沟通、互动，是典型的双边关系。而违法信息行政公告本身并不直接对违法行为人等第三方产生法律效果，往往是公众的反应和行为选择波及第三方的切身利益，这是一种典型的三边关系。

---

[1] 莫于川等：《法治视野中的行政指导》，中国人民大学出版社2005年版，第10页；莫于川主编：《行政法与行政诉讼法》，中国人民大学出版社2012年版，第204页；杨建顺主编：《行政法总论》，中国人民大学出版社2012年版，第240页。

[2] ［日］南博方：《行政法》（第六版），杨建顺译，中国人民大学出版社2009年版，第84页。

[3] 日本平成五年的《行政程序法》第2条第6项对行政指导作出定义："是指行政机关在其职权或者所管辖事务的范围内，为实现一定的行政目的，要求特定人为一定的作为或不作为的指导、劝告、建议以及其他不属于处分的行为。"参见［日］盐野宏：《行政法总论》（第四版），杨建顺译，北京大学出版社2008年版，第133页。我国台湾地区1999年通过的"行政程序法"第165条将行政指导定义为："行政机关在其职权或所掌实务范围内，为实现一定之行政目的，以辅导、协助、劝告、建议或其他不具法律上强制力之方法，促请特定人为一定行为或不作为之行为。"参见翁岳生编：《行政法》（下），中国法制出版社2009年版，第901页。

(2) 行为方式不同

行政指导的行为方式很多，常见的有说服、教育、劝告、建议、协商、提醒、示范、鼓励、政策指导等方式。即使是信息服务性指导[①]，也是先告知行政相对人相关信息，再提出明确的建议、劝告等。而违法信息行政公告的行为方式就是将违法信息广而告知，无须再做进一步的观点阐释，具体手段主要是张贴布告或通过媒体公开等。

(3) 行为功能不同

行政主体作出行政指导，明确地向行政相对人提出建议、劝告等，旨在说服行政相对人采纳其意见，作为或不作为。而违法信息行政公告的作出虽然也是为了完成一定的行政管理任务，但这样的行政公告具有多重功能，其通过向公众传递信息而提供信息服务，可以起到惩戒违法、间接强制执行等作用，这些是行政指导所不具备的社会功效。

实践中，泾渭分明的违法信息行政公告与行政指导往往交织在一起使用。即行政主体为了实现行政管理目的，往往会采取管理措施"组合拳"，在公告违法信息的同时也会对特定人群进行相应的行政指导、建议、提醒其作或不作一定行为。[②] 例如，行政机关公告不合格药品名单，并建议消费者不要购买名单上面的药品，就是典型地将违法信息行政公告与行政指导混合使用。随着柔性行政方式在公共治理中的兴起，违法信息行政公告与行政指导这一对"好朋友"在日常行政管理中，愈加的形影相随。当然，从行政过程论的角度看，这就是在行政实施的动态过程中综合运用了行政指导和违法信息行政公告等多种行政行为，其前后衔接可以确保行政的实效。

4. 违法信息行政公告与公共警告

所谓公共警告，是指公权力部门向社会公众发布警示，提醒公众注意某

[①] 按照莫于川教授等人的观点，从功能分析的角度可以将行政指导分为两大类，往下再划分为若干层次，一类为助成性指导，包括信息服务性指导和技术帮助性指导；另一类为规制性指导，包括有具体法律依据的指导和协调解纷型指导。参见莫于川等：《法治视野中的行政指导》，中国人民大学出版社2005年版，第34页。

[②] 如日本学者指出："公布违反事实，其本身构成了信息公开制度的一环，通过和劝告等相结合，发挥着确保劝告实效性的作用。"参见［日］盐野宏：《行政法总论》，杨建顺译，北京大学出版社2008年版，第160页。

种特定危险以便正确应对之行为的总称。① 有史以来，防御风险、确保安全都是人类共同的任务，公共警告自古有之，其雏形便是政府发布重大自然灾害预警信息。今天，社会发展、科技进步的同时，各种风险也随之加大，除了自然因素，各种人为因素造成的风险更是不可小觑。人类社会向风险社会转型的过程中，各国政府为加强风险规制，在各个领域广泛运用公共警告。公共警告和违法信息行政公告具有很强的相似性，都是政府职能部门单方面、主动发布信息的资讯行为，对象都是社会公众，行为最终目的都是维护社会管理秩序、维护社会公共利益。但两者也有区别，并不能简单等同。

违法信息行政公告作为一种政府资讯行为，是行政机关依职权主动进行的信息公开，公开的内容是行为人的违法事实，包括违法行为、违法情节、违法原因、违法动机、违法后果等各种违法信息。而公共警告虽然也是公权力部门主动发布信息的资讯行为，但资讯内容是披露某种需要公众警惕的特定危险。尽管诸如生产、销售伪劣产品，排放有毒物质污染饮用水等违法事实都有可能诱发潜在风险，危害社会，对公众的人身、财产造成损害，但是，不可否认的是，特定危险也可能是自然灾害，还可能是非违法行为导致的人为灾害。例如，地震的预警、船舶漏油污染河床的预警，这些公共警告的内容都与违法信息毫无关系。当然，相当一部分违法信息行政公告都具有警示作用，行政主体公开行为人的违法信息也是要警示社会公众趋利避害。从这一点上看，违法信息行政公告与公共警告有所重合。但是，并非所有的违法信息行政公告都是为了警示，例如，交管部门定期公告交通违规车辆的信息，仅仅是为了通知当时驾驶车辆的驾驶员到交管部门接受处理。② 这样的违法信息行政公告类似通知，仅仅是一种程序性行为。

---

① 参见［德］哈特穆特·毛雷尔：《行政法学总论》，高家伟译，法律出版社 2000 年版，第 393 页；钞天真、李志翀："试论'公共警告'行为"，载《理论界》2005 年第 10 期；朱春华、罗鹏："公共警告的现代兴起及其法治化研究"，载《政治与法律》2008 年第 4 期；徐信贵："公共警告：一种新兴的公共治理方式"，载《四川理工学院学报》（社会科学版）2010 年第 1 期；徐信贵："政府公共警告制度研究——以我国公共警告制度宏观构建为研究主线"，载《太原理工大学学报》（社会科学版）2010 年第 3 期。

② 合肥市公安局交通警察支队："2012 年交通违法曝光第 88 期"，载合肥汽车网 http://qiche.hefei.cc/wquery.php?f=cx&id=15186，访问日期：2013 年 8 月 15 日。

可见，违法信息行政公告与公共警告的关联性较强，尤其是当公共警告所警示的危险源于行为人的违法行为时，两者的行为主体、行为对象、行为目的等一致，出现竞合现象。也即，当行为人的违法行为可能产生某种社会危害时，违法信息行政公告和公共警告出现竞合，两者是手段与目的的关系。行政机关通过公告违法信息，警示公众注意特定危险。离开这一领域，违法信息行政公告与公共警告是相互独立的行为，两者之间不能画等号，其关系图见图1-4。

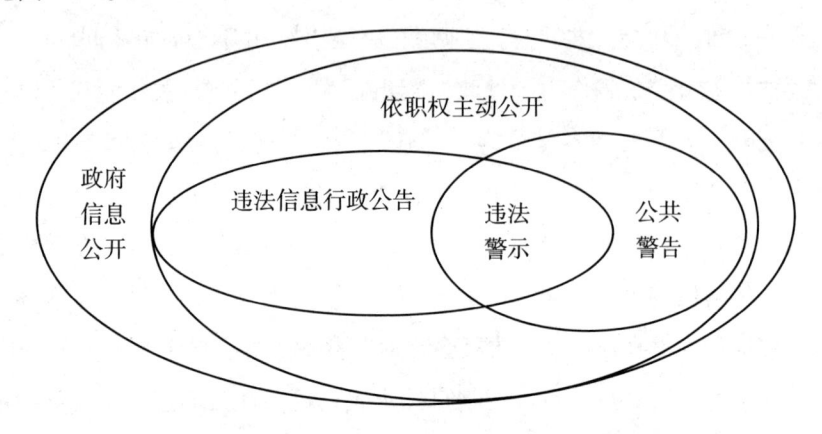

图1-4 违法信息行政公告与公共警告的关系图示

5. 违法信息行政公告与通报批评

通报即通知、报告，作为动词，一般特指上级把有关情况通告下级单位；作为名词，多指上级向下级传达信息的公文。① 各级党政机关和单位在工作中均可使用各种通报。从内容上看，通报一般分为表彰先进、批评错误、传达重要精神和交流情况四种类型。作为通报的一种，通报批评是指主管部门采用书面形式公开对违法违纪行为予以批评、谴责，在教育和惩戒违法违纪者避免再犯的同时，还具有一般社会预防功能。笔者对2012年版《法律法规全书》中记载的259部法律及法律性文件（包括240部法律、3部有关法律问题的决定以及16部法律解释）和612部行政法规进行梳理，发现明确规定

---

① 中国社会科学院语言研究所词典编辑室编：《现代汉语小词典》，商务印书馆1980年版，第549页；翟文明、李治威：《现代汉语辞海（2）》，光明日报出版社2002年版，第1156页；阮智富、郭忠新：《现代汉语大词典》，上海辞书出版社2009年版，第1766页。

了通报批评的法律仅有 11 部，行政法规仅有 42 部（分别占现行法律的 4.2% 和行政法规的 6.9%），但通报批评在实践中应用非常广泛。例如，新闻出版总署 2001 年通报批评《科学时报》等 32 家报社的发行违规行为[1]；工业和信息化部 2010 年通报批评北京奇虎科技有限公司和深圳市腾讯计算机系统有限公司的不正当竞争行为[2]；作为会员制团体法人的深圳证券交易所 2013 年通报批评西王食品、控股股东西王集团及相关当事人的违规占款行为[3]等。关于通报批评的性质，我国学界的主流观点认为其属于行政处罚中的声誉罚（申诫罚）[4]，但也有人对这一观点持反对态度，认为"不论是从法律的设定上还是实际运作上来看，通报批评都不应被视为行政处罚"[5]。实际上，行政处罚是一种具体行政行为，是行政主体依法给予违反行政法规范但尚未构成犯罪的行政相对人的行政制裁。[6] 行政处罚的对象是特定的行政相对人，制裁本身针对违法的行政相对人作出。但各级党政机关和单位均可使用通报，故而通报批评并不一定都是由行政主体实施的。同时，通报批评是

---

[1] 新闻出版总署："关于对《科学时报》等 32 家报社给予行政警告并通报批评的决定"（新出报刊〔2001〕1674 号），载《传媒》2002 年第 2 期。

[2] 工业和信息化部：《关于批评北京奇虎科技有限公司和深圳市腾讯计算机系统有限公司的通报》（工信部电管函〔2010〕536 号），载中华人民共和国工业和信息化部网 http://www.miit.gov.cn/n11293472/n11293832/n11293907/n11368223/13499351.html，访问时间：2013 年 8 月 15 日。

[3] 王雪青："大股东违规占款西王食品遭深交所通报批评"，载搜狐网 http://stock.sohu.com/20130403/n371595125.shtml，访问时间：2013 年 8 月 15 日。

[4] 姜明安主编：《行政法与行政诉讼法》（第五版），北京大学出版社、高等教育出版社 2011 年版，第 275 页；莫于川主编：《行政法与行政诉讼法》，中国人民大学出版社 2012 年版，第 163 页；杨建顺主编：《行政法总论》，中国人民大学出版社 2012 年版，第 193 页。

[5] 作者还指出：《行政处罚法（草案）》对行政处罚种类的规定是采取学理上的类别分类法，即规定了申诫罚、财产罚、资格罚和人身自由罚四类。其中在申诫罚中就包括了通报批评。而在正式出台的《行政处罚法》不但变更了草案的分类方法（改为逐一列举的方式），而且把通报批评从处罚的种类中予以剔除。通过这种立法方式的变更，我们就不难揣测立法机关的意图。这种变更实际上表明了立法机关从立法的高度否定了通报批评为行政处罚的可能。参见谢祥为："冲突与选择：通报批评在行政法中的命运"，载《行政与法》2004 年第 1 期。

[6] 应松年主编：《行政法学新论》，方正出版社 2004 年版，第 258 页；胡建淼：《行政法学》（第三版），法律出版社 2010 年版，第 285 页；莫于川主编：《行政法与行政诉讼法》，中国人民大学出版社 2012 年版，第 160 页；杨建顺主编：《行政法总论》，中国人民大学出版社 2012 年版，第 192 页；吴庚：《行政法之理论与适用》，中国人民大学出版社 2005 年版，第 294 页；翁岳生编：《行政法》（上），中国法制出版社 2009 年版，第 792 页；李震山：《行政法导论》（修订九版），三民书局股份有限公司 2011 年版，第 391 页。

在一定范围将行为人的违法事实予以公开,让一定范围的人群了解主管单位或部门对违法行为人予以批评和谴责的态度,避免其他人再犯类似的错误。从这个角度看,通报批评的内容虽然是批评特定的、违法的行政相对人,但通报的对象却不限于违法行为人本身,将其纳入行政处罚的范畴确实存在问题。这里姑且先不论通报批评的行为属性,毕竟这不是本书研究的重点,但可以肯定的是,通报批评必然涉及对违法违纪信息的公开,因此,与违法信息行政公告有一定的关联性。只是,两者也有明显的差别。

(1) 行为主体不同

违法信息行政公告只能由具备相应行政管理职能的行政主体实施。而通报批评的行为主体更为广泛,依据现行法律法规的明确规定,除了行政主体,部队①、事业单位②等各级党政机关和单位均可作出通报批评。

---

① 《中国人民解放军文职人员条例》第5条规定:"中国人民解放军总政治部主管全军的文职人员工作;团级以上单位的政治机关负责本单位的文职人员工作"。第32条规定:"军队各级机关应当按照职责分工,加强对文职人员聘用和管理等工作的监督检查。对聘用单位违反本条例规定聘用文职人员或者侵害文职人员权益的,应当给予通报批评,责令改正。"《民兵武器装备管理条例》第4条规定:"全国的民兵武器装备管理工作在国务院、中央军事委员会领导下,由中国人民解放军总参谋部(以下简称总参谋部)主管。军区、省军区(含卫戍区、警备区,下同)、军分区(含警备区,下同)、县(含自治县、不设区的市、市辖区,下同)人民武装部和乡(含民族乡、镇,下同)人民武装部、企业事业单位人民武装部,负责本地区或者本单位的民兵武器装备管理工作。"第5条规定:"地方各级人民政府必须加强对民兵武器装备管理工作的领导,督促有关单位做好民兵武器装备管理工作。地方各级人民政府有关部门,应当协助军事机关做好民兵武器装备管理工作,解决有关问题。企业事业单位应当按照当地人民政府和本地区军事机关的要求,把民兵武器装备管理工作纳入管理计划,做好各项工作。"第44条规定:"有本条例第四十三条所列行为之一的单位,除对主管负责人员和直接责任人员给予行政处分、行政处罚或者依法追究刑事责任外,应当对该单位给予通报批评,并限期改正。"

② 《国家自然科学基金条例》第36条规定:"依托单位有下列情形之一的,由基金管理机构给予警告,责令限期改正;情节严重的,通报批评,3至5年不得作为依托单位:(一)不履行保障基金资助项目研究条件的职责的;(二)不对申请人或者项目负责人提交的材料或者报告的真实性进行审查的;(三)不依照本条例规定提交项目年度进展报告、年度基金资助项目管理报告、结题报告和研究成果报告的;(四)纵容、包庇申请人、项目负责人弄虚作假的;(五)擅自变更项目负责人的;(六)不配合基金管理机构监督、检查基金资助项目实施的;(七)截留、挪用基金资助经费的。"第37条规定:"评审专家有下列行为之一的,由基金管理机构给予警告,责令限期改正;情节严重的,通报批评,基金管理机构不得再聘请其为评审专家:(一)不履行基金管理机构规定的评审职责的;(二)未依照本条例规定申请回避的;(三)披露未公开的与评审有关的信息的;(四)对基金资助项目申请不公正评审的;(五)利用工作便利谋取不正当利益的。"国家自然科学基金管理机构为国家自然科学基金委员会,是国务院直属事业单位。

(2) 行为对象不同

违法信息行政公告的对象是社会公众，即行为面向全社会作出，以便让公众都能知晓。而通报批评往往是各级党政机关和单位在一定范围内作出的，如在单位内部、系统内部或相关的特定人群中进行通报（一般是上级主管部门向下级传达，或向利害关系人传达），并不需要面向全社会。

(3) 行为内容不同

违法信息行政公告的主要内容就是行为人的违法事实、查处情况等。很多时候行政主体仅仅是单纯地公开违法信息，让社会公众知晓，并不需要再作任何评价。而且有时候因为情况紧急，为了公共安全，为了公众利益，行政主体在来不及对违法行为人作出处理决定的情况下，往往只公告违法行为人的违法事实。但通报批评的内容不但可以是行为人的违法事实，还可以是违纪情况，且都附有否定性评价。

正是因为上述三点差异，违法信息行政公告和通报批评虽同属于违法信息公开，具体适用中却大相径庭，不能相互转换和代替。在传统模式中，通报批评一般采用公函的方式传达信息。但随着信息社会的来临，政府信息公开力度的加大，通报批评的信息传递方式也悄然发生了变化。现在很多部门，尤其是政府职能部门为了追求事半功倍的管理效果，在公函传达的同时，还可能会选择网上公告的方式，以便利害关系人查阅信息。例如，前文提到的针对 2010 年北京奇虎科技有限公司和深圳市腾讯计算机系统有限公司的不正当竞争行为，工业和信息化部就在其门户网站上将所作的通报批评进行了公告。[1] 实践中这种采取公告来进行通报批评的行为方式，使得行政主体所作的某些通报批评和违法信息行政公告的界限变得模糊，甚至出现了竞合和交叉。

---

[1] 工业和信息化部：《关于批评北京奇虎科技有限公司和深圳市腾讯计算机系统有限公司的通报》（工信部电管函〔2010〕536 号），载中华人民共和国工业和信息化部网 http://www.miit.gov.cn/n11293472/n11293832/n11293907/n11368223/13499351.html，访问日期：2013 年 8 月 15 日．

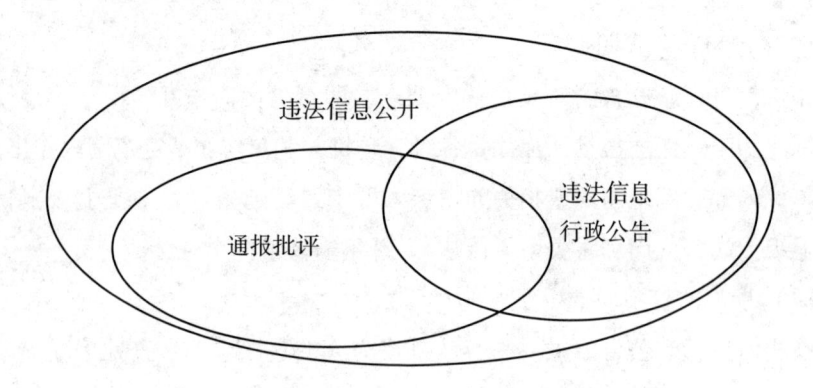

图1-5 违法信息行政公告与通报批评的关系图示

与此类似的还有实践中通报的演变，也需要加以注意。目前的法律法规关于行政机关通报违法行为的规定主要有两种情况，一种是明确规定由主管部门向有关部门或特定人群通报相关信息；[1] 另一种则只规定了主管部门可以通报，却并未指出通报的对象。[2] 针对后一种情况，为了更好地起到惩戒、警示作用，提升行政管理效果，近年来，很多行政机关在实践中广泛采用新

---

[1] 例如，《食品安全法》第33条规定："国家鼓励食品生产经营企业符合良好生产规范要求，实施危害分析与关键控制点体系，提高食品安全管理水平。对通过良好生产规范、危害分析与关键控制点体系认证的食品生产经营企业，认证机构应当依法实施跟踪调查；对不再符合认证要求的企业，应当依法撤销认证，及时向有关质量监督、工商行政管理、食品药品监督管理部门通报，并向社会公布。认证机构实施跟踪调查不收取任何费用。"《进出口商品检验法》第19条规定："商检机构对本法规定必须经商检机构检验的进出口商品以外的进出口商品，根据国家规定实施抽查检验。国家商检部门可以公布抽查检验结果或者向有关部门通报抽查检验情况。"《乳品质量安全监督管理条例》第51条规定"省级以上人民政府畜牧兽医主管部门、质量监督部门、工商行政管理部门依据各自职责，公布乳品质量安全监督管理信息。有关监督管理部门应当及时向同级卫生主管部门通报乳品质量安全事故信息；乳品质量安全重大事故信息由省级以上人民政府卫生主管部门公布。"

[2] 《商标法》第45条规定："使用注册商标，其商品粗制滥造，以次充好，欺骗消费者的，由各级工商行政管理部门分别不同情况，责令限期改正，并可以予以通报或者处以罚款，或者由商标局撤销其注册商标。"《产品质量监督试行办法》第14条规定："获得国家质量奖或优质产品标志的产品，如质量下降、不符合优质条件，标准化管理部门有权责令该产品生产企业停止使用国家质量奖或优质产品标志，并限期达到原有质量水平；逾期未达到的，提请有关主管部门取消优质荣誉称号，收回国家质量奖或优质产品证书、标志，并予通报。"

闻发布会、网络公开等形式对违法信息公开进行通报,① 这就使得此类通报在实质上转化为了违法信息行政公告。

6. 违法信息行政公告与强制披露

强制披露是美国在行政管理中大肆推广的一种监管模式,要求信息披露人给予披露对象相关的信息,从而使披露对象能够更明智地作出选择,也使披露人不能够滥用其优势地位。强制性信息披露的内容和目的各有不同,有的是告知人们相关的权利和成本,有的是警告人们危险的产品、不可靠的人,甚至是提醒他们自身可能会出现的不谨慎。总体而言,强制披露是为了寻求促进、说服和教育。②

表面看,违法信息行政公告与强制披露都是将某些信息公开,但两者截然不同。违法信息行政公告是由行政主体实施的,属于政府信息公开的范畴,而强制披露是由企业、服务者依据法律规范的要求主动披露相应信息,以帮助行为人理智作决定,这不属于政府信息公开。而且,违法信息行政公告的内容是违反行政法规范的信息,而强制披露的信息更多属于某个领域的专业知识,并非违法信息。

三、行为性质

(一) 行政的行为形式理论之反思

行政行为是行政机关或法律法规授权组织为履行行政职责而实施的各种

---

① 例如,2013 年 2 月 1 日,国家外国专家局在其网站上发布《关于对有关 9 名外籍聘用人员违法违规行为处理情况的通报》,通报了 9 名外籍聘用人员的违法违规行为及处理决定,载国家外国专家局网站 http://www.safea.gov.cn/content.shtml?id=12746016,访问日期:2013 年 8 月 17 日;2012 年 8 月 28 日,国家质检总局召开新闻发布会,通报 30 类产品质量国家监督抽查结果等情况,载中国政府网 http://www.gov.cn/gzdt/2012-08/28/content_2212422.htm,访问日期:2013 年 8 月 17 日;福建省工商行政管理局办公室 2013 年 3 月在其门户网站上发布《福建省工商局关于 2012 年度十件典型商标案例的通报》,载福建省工商行政管理局网 http://www.fjaic.gov.cn/xxgkzl/gkml/201303/t20130328_67743.htm,访问日期:2013 年 8 月 17 日;2008 年 11 月,鸡西市房产管理局在其门户网站上发布《关于鸡冠区 5 家物业服务企业违规行为的情况通报》(鸡政房字〔2008〕127 号),载鸡西市房产管理局网 http://www.jxfgj.gov.cn/Govsite/Active/36/633622663487500000.htm,访问日期:2013 年 8 月 17 日。

② [美] 欧姆瑞·本·沙哈尔、卡尔·E. 施奈德:《过犹不及强制披露的失败》,陈晓芳译,法律出版社 2015 年版,第 1~58 页。

行政管理活动的总称。① 作为行政权的载体，行政行为是联系行政主体与行政相对人的纽带。对行政行为的研究因而成为整个行政法理论研究的基础。19世纪，德国学者奥托·迈耶（Otto Mayer）以"行政行为"为核心建构行政法学体系，成为整个大陆法系行政法学的标杆。受大陆法传统的影响，我国的行政法学也围绕行政行为这一核心范畴建立起整套理论，行政法学理论各个组成部分的研究都围绕着行政行为而展开。学者们不断地在复杂的现实世界和抽象实践的各种行政活动中，归纳、概括形成整体性的系统，并进一步地将概念化、抽象化后的行政行为类型化或者模式化，准确地定位于体系之中。这就是建立在"定型理念"和"体系理念"基础上之行政的行为形式理论。② 行政的行为形式理论肩负的主要任务，就是藉由厘清各种行政活动的内涵和外延，将其概念化、类型化，并将行为形式与法律效果相联系，以便科学地认识和掌握行政行为的合法要件、程序要求、监督救济等问题，确保将行政活动纳入法治的轨道，促进行政主体依法行政，从而保障民众的合法权益。正如学者所言："行政法学对行政活动的法形式的归纳整理，不仅是宪法上法治国家原则的形式性要求，而且在方法论上是保障法治国家合理性的要求。这是因为，通过对各种行为形式基准的设定，才能实现法律适用的平等性、法的预测可能性。"③ 简言之，"经由形式化走向法治化"就是行

---

① 行政行为一词最初并不是立法者制定的名词，而是学者们在讨论行政时所使用的学术概念。这一词汇最早出现在法国行政法学中，由德国行政法学家奥托·迈耶率先将其提炼成一个特定的理论概念。奥托·迈耶认为："行政行为在具体情况中决定臣民的权利义务。"此后，各国在行政管理和行政法学研究中都广泛使用行政行为这一概念，但认识却并不一致。日本现在通常是在强调与民法上的法律行为相对比的意义上使用狭义的概念，认为行政行为"是指行政活动之中，在具体场合具有直接法效果的行政的权力性行为"。在法国，行政行为是作为行政机关的活动手段之一——法律手段而被确立的。这种行为必须符合一定的法律制度，否则可能被行政法院宣告无效或撤销。可见，行政行为概念与行政诉讼管辖范围相同一。德国学者所提的行政行为仅限指行政主体的具体行为，不包括制定行政规范之类的抽象行为。联邦德国于1976年制定的《行政程序法》第35条规定："行政行为是指国家行政机关在公法领域调整具体事务的且对外直接产生法律效果的命令、规定或其他行政处分。"参见莫于川主编：《行政法与行政诉讼法》，中国人民大学出版社2012年版，第106~107页。
② 张锟盛："行政法学另一种典范之期待：法律关系理论"，载《月旦法学杂志》2005年第6期。
③ ［日］人见刚："ドイツ行政法学における法关系论の展开と现状"，载《东京都立大学法学会杂志》第32卷第10号；转引自鲁鹏宇：《行政法学理构造的变革——以大陆法系国家为观察视角》，吉林大学2007年博士学位论文，第57页。

政的行为形式理论之预设。

概括起来,行政的行为形式理论主要具有两大功能:(1)制度化功能。行政行为是行政法制的基础,规范行政权的各种法律法规均以规范相应行政行为为落脚点。而行政行为在形式化之后具备了一定的稳定性,为创建制度提供了条件,也为其他未形式化行政行为提供了类推模型,便于公众更好地理解行政活动,从而使公众监督成为可能。(2)衔接功能。行政的行为形式理论实现了行政行为的体系化,并使类型化后的行政行为成为诸多行政活动的"集合体"。行政行为作为整个行政行为体系坐标中的"网上纽结",一方面它本身就是一个行为体系或系统,另一方面它又是大系统中的子系统。[①]因此,形式化的行政行为一方面与相应的法律效果相衔接,另一方面与次级的行为形式相衔接。换言之,行政活动在行政行为体系中的坐标,决定了其行为类型、法律效果等相关因素。可见,行政的行为形式理论自产生之初就散发着理性的光芒。这套充斥着法教义学的理论,使用固定法律专业术语,从法律的视角出发,在实践中抽象出法律概念,以法律为前提进行逻辑演绎,最终找出解决实际问题的法律方法。行政的行为形式理论强调行政法学的系统性、贯通性和秩序性,通过将公权行政的法律形式系统化、概念化,力图为行政法学建构起一套完整的、封闭自足的理论体系。

不可否认,行政的行为形式理论建基于形式法治国理念之上,有着积极的意义,尤其是对于行政法学的研究者和学习者而言,这套理论有助于其全面而系统地研习形形色色的行政活动,发现若干活动的共性,勾勒其行为模式,分析其法律容许性、法律效果等。同时,对于实务工作者而言,行政的行为形式理论有助于他们在执法实践中准确把握各种特定行政行为的特征、合法要件和程序要求,可以帮助他们提高正确适用法规范的能力。但是,姑且不论借助概念体系来涵盖公权行政的方方面面是否可行,行政的行为形式理论都具有显而易见的缺陷:(1)行政的行为形式理论强调行政行为体系内部的逻辑统一,对外相对封闭自足,在一定程度上无法及时回应社会的发展

[①] 姜明安主编:《行政法与行政诉讼法》(第五版),北京大学出版社、高等教育出版社2011年版,第158页。

与变化，也大大阻碍了行政法学与关联学科的往来、互动。(2) 行政的行为形式理论主要关注高权行政，以各种行政活动为研究对象，对行政相对人、利害关系人的关注和研究不够充分，不符合现代民主的要求。(3) 行政的行为形式理论力图将所有行政行为纳入法秩序的轨道，强调行政行为作出后静态的后果，缺乏对完整的行政过程的考察。一旦遭遇复杂的行政活动（多种行政行为相互交织），往往无法实现整体把握。

尽管离开了行政行为的分类，就难以建立起行政法学的相关原理和制度，但实际上，法学不应是封闭的体系，恰好相反，法学应是一种既与现实世界保持距离、又维持开放的体系。"行政法不是仅进行形式上的、论理的法解释学探讨便可以完结的……必须对行政法的活生生的丰富的实际内容及其存在基础予以必要的重视，并进行相应的探讨。"① 20 世纪以降，随着全球范围内服务行政的博兴，行政法的价值取向和基本内容都发生了重大的变革。服务行政强调政府应积极为公众提供福利或公共服务；强调公众参与、共同治理；提倡行政行为方式的革新，大量的、非强制性的柔性行政行为开始走上前台，闪耀出独有的光彩。在各地相继进行社会管理创新的过程中，诸如违法信息行政公告、行政指导、行政调解这样的非强制性的、柔性的行政行为的运用日渐广泛。这类行为可塑性较强、对抗性较低、成本低廉，事半功倍，深得行政主体青睐。但在传统行政行为的框架下，此类行为却面临着难以准确定性的尴尬局面，更缺乏健全的控权机制去有效防止行政主体随心所欲地实施行为、避免侵犯行政相对人和利害关系人的合法权益。

由此可见，社会变迁催生了行政的行为形式之发展与变化，致使传统的、具有局限性的行政的行为形式理论面临着巨大的挑战。一方面，行政法学要保有自己的特殊性和独立性，不能只进行宏大叙事。另一方面，行政法学应对自身的理论体系进行检视，加强与外界环境、相关学科的良性互动，对社会生活中的新问题、热点问题及时予以正面回应，避免行政法学逐步丧失统摄社会生活的能力，沦为一个只有严密的逻辑符号的形式体系。更重要的是，

---

① Stephen G. Breyer & Richard B. Stewart, Administrative Law and Regulatory Policy, Little Brown and Company,1992. pp. 4 ~ 5.

我们应从行政实施的全过程来对各种行政行为进行全盘把握，对交织在一起、共同发生作用的各种行政行为进行研究和设置，真正确保行政的实效。当然，对行政的行为形式理论进行反思，我们还是应该看到，以行政行为为核心而建构的这套理论，在新时代仍然具有鲜活的生命力，在行政行为形式的发展过程中仍然继续发挥着其原初的功能。但是，我们不能只关注传统的、已经类型化的行政行为，还应及时对新时代背景下大量涌现的柔性行政行为方式进行深入的研究，将其纳入法制轨道，避免行政行为形式理论"经由形式化走向法治化"的预设出现太大动摇。

（二）违法信息行政公告的定性

大陆法系国家则依据行政的行为形式理论，对行政行为进行了分类。虽然德国、日本和我国台湾地区的语言表述略有差异，但基本分类比较接近。在此通过图1-6、图1-7和图1-8进行对比。

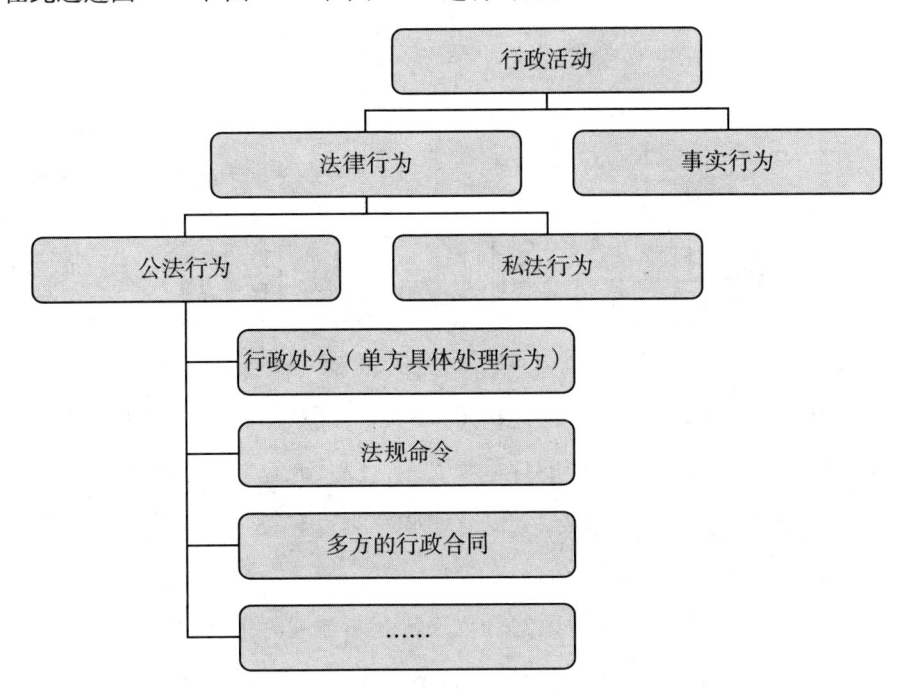

图1-6　德国行政行为分类的基本图示

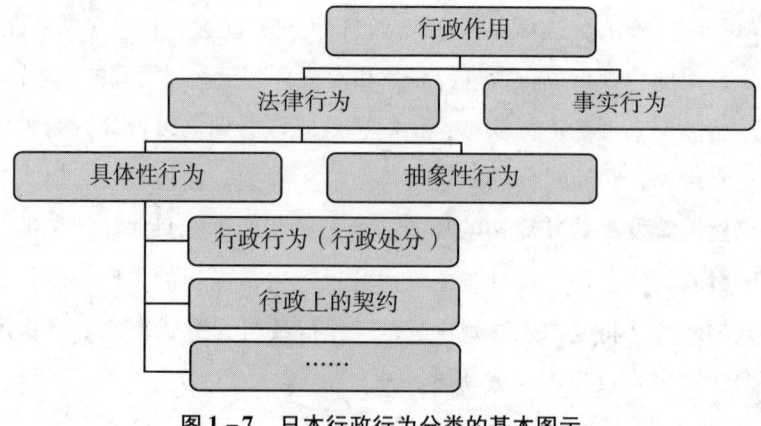

图1-7 日本行政行为分类的基本图示

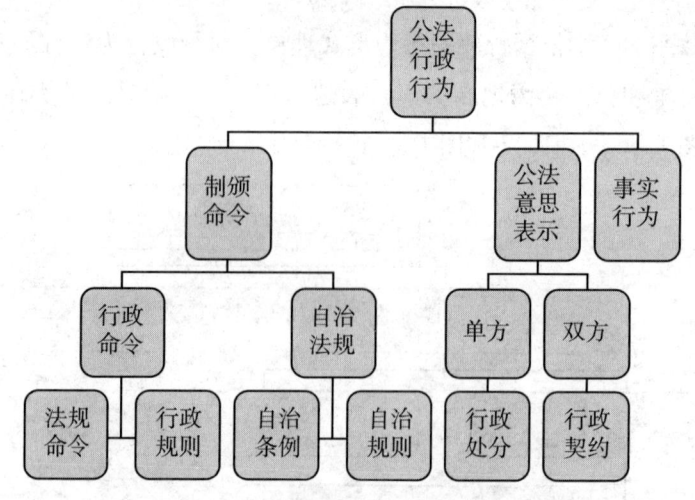

图1-8 我国台湾地区行政行为分类的基本图示

逻辑严密的概念体系的理性建构历来不是普通法系的长项，他们一贯秉持实用主义，更偏重行政程序的打造和完善，以及通过司法审查救济和保护个体权利。尽管普通法系在理论上没有明确定义行政行为的概念和分类，但在实践中也用到了这一概念。[①]

新中国成立以后，大陆地区的行政法学起步较晚。王名扬先生等老一代

[①] 例如，美国的《联邦行政程序法》（1946年制定，1978年修订）规定："'行政行为'包括行政规章、裁决令、决定、许可、制裁和救济行为的全部或一部分；行政机关采取的其他类似的行为及其否定行为和不作为的全部或一部分。"这一规定说明，美国将制定规则的抽象行为也纳入行政行为的范畴。参见胡建淼：《行政法学》（第三版），法律出版社2010年版，第147页。

学者借鉴法国行政法学的研究成果,在我国第一部公开出版的行政法学著作——《行政法概要》中明确指出"行政行为,是国家行政机关实施行政管理活动的总称"①。经过多年的积累,在学习、借鉴和摸索中,大陆地区的行政法理论研究取得了长足的进步和发展,学界对于行政行为的概念与分类基本达成了共识。目前通说的"广义说"认为,行政主体运用行政权、实现行政管理目的,直接或间接产生法律效果的一切活动都可以称为行政行为,②其基本分类如图1-9所示。

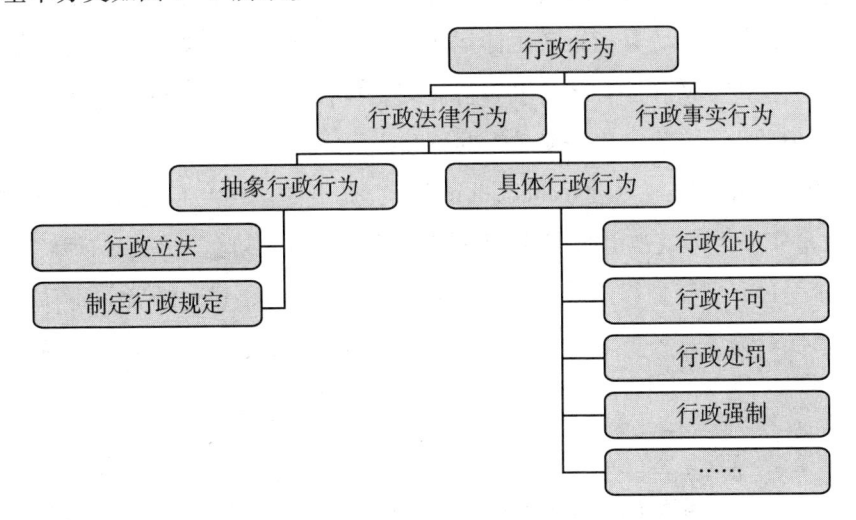

图1-9 我国大陆地区行政行为分类的基本图示

---

① 王珉灿主编:《行政法概要》,法律出版社1983年版,第97页。
② 应松年主编:《行政法学新论》,方正出版社2004年版,第124页;胡建淼:《行政法学》(第三版),法律出版社2010年版,第147页;叶必丰主编:《行政法与行政诉讼法》(第三版),中国人民大学出版社2011年版,第40页;姜明安主编:《行政法与行政诉讼法》(第五版),北京大学出版社、高等教育出版社2011年版,第152页。实际上,关于行政行为的概念,目前影响最大的观点有两种。上述学者的主张称为"广义说",是法国和中国行政法学界当下较为通行的观点。此外还有"狭义说",即将"行政行为"的外延基本等同于实定法上的"具体行政行为",认为行政行为是"享有行政职权的行政主体运用行政职权作出的具有法律意义的行为",这也是当前德国、日本和我国台湾地区行政法学上的通说。我国学界也有部分学者赞同这一定义。参见罗豪才主编:《行政法学》,北京大学出版社2001年版,第74页;薛刚凌主编:《行政法与行政诉讼法》,中国人民大学出版社2007年版,第79页;应松年主编:《行政法与行政诉讼法学》,中国人民大学出版社2009年版,第122页;胡建淼、江利红:《行政法学》,中国人民大学出版社2010年版,第148页;方世荣、石佑启主编:《行政法与行政诉讼法》(第二版),北京大学出版社2011年版,第117~118页;莫于川主编:《行政法与行政诉讼法》,中国人民大学出版社2012年版,第107页;杨建顺主编:《行政法总论》,中国人民大学出版社2012年版,第177~178页。

虽然违法信息行政公告这一行为在实践中早已存在，但大陆地区的理论研究并未深入，学者们对于这种行为的性质在认识上也存在严重分歧。① 违法信息行政公告到底是何种行政行为？其在行政行为体系中的坐标点究竟应该在哪里？这需要我们从行政行为形式理论出发，以行政行为的分类为前提进行辨析。

作为所有高权行政活动的上位概念，行政行为泛指行政主体为履行行政职责而实施的一切行政管理活动，分为行政法律行为和行政事实行为两大类。其中，行政法律行为是指行政主体运用行政权设定、变更或者消灭行政相对人权利义务的行政作用。行政事实行为则是指行政主体运用行政权实现行政目的，但并没有产生相应法律效果的行政作用。② 虽然早在魏玛共和国时代，随着德国学者耶律纳克（Walter Jellinekze）提出"单纯高权行政"的概念，"行政事实行为"就被引入了行政法领域，③ 但学者们对这一概念的理解一直未曾统一过，即使是德国学界的看法也未尽一致。④ 不过，学者们都认识到行政事实行为是一种重要的行政行为，随着时代发展，在行政法学的舞台上

---

① 例如，王周户、李大勇则认为违法信息行政公告"是强迫行政相对人履行责令停止或改正违法行为义务的一种执行手段"，参见王周户、李大勇："公告违法行为之合理定位"，载《法律科学》（西北政法学院学报）2004年第5期；邓三认为公开违法信息是"非权力性事实行为"，参见邓三："卫生违法行为信息公开探研"，载《中国卫生法制》2008年第4期；章志远、鲍燕娇则指出"依托行政行为形式化原理，可对公布违法事实的法律属性作声誉罚、公共警告、行政处罚结果公开形式及行政强制执行手段的区分"，参见章志远、鲍燕娇："公布违法事实的法律属性分析"，载《山东警察学院学报》2011年第6期。

② 叶必丰主编：《行政法与行政诉讼法》（第三版），中国人民大学出版社2011年版，第40页；姜明安主编：《行政法与行政诉讼法》（第五版），北京大学出版社、高等教育出版社2011年版，第153页。

③ 耶律纳克首先将行政分为公行政与国库行政，再将公行政分为官方高权行政与单纯高权行政。其中，诸如建设街道、铺设绿地、垃圾焚化炉的兴建或交通事故之排除等即为"单纯高权行政"，也就是现在的"行政事实行为"。参见翁岳生编：《行政法》（下），中国法制出版社2009年版，第887页。

④ 以德国具有代表性的学者沃尔夫（Woff）等所著的教科书为例，先后见解也不完全相同。第六版将事实行为定义为"直接向外产生事实上效果，在一定条件下亦可能产生法律效果"；而在第七版及第八版则视事实行为为"直接只产生事实效果，在一定条件下亦可能产生法律效果"；而在第九版则认为事实行为尚包含"所不欲产生，便可能产生之效果"。德国另一学者平特纳则认为事实上的行政活动等于"单纯主权活动"或"纯行政活动"。参见杨勇萍："行政事实行为比较研究"，载《法学评论》2002年第2期。

愈加不可替代。①

一直以来，德国学界比较一致地认为行政机关公告违法信息只产生"事实上的结果"，是一种行政事实行为。② 2002 年，针对著名的"警告葡萄酒掺乙二醇案"，德国联邦宪法法院作出判决，也认为政府公开发布掺有乙二醇葡萄酒的名单是一种提供资讯的行为，是一种事实行为，没有直接产生法律后果，没有直接影响经营葡萄酒的酒厂的权利义务。③ 这一观点历来为其

---

① 对此，我国台湾地区学者的观点很有代表性。如学者吴庚指出："时至今日，国家职能扩张，行政活动随之增加，除行政处分、行政契约外，事实行为亦属于一种主要行为之模式，殆无疑问。"吴庚：《行政法之理论与适用》，中国人民大学出版社 2005 年版，第 285 页。学者陈春生认为："近来由于行政事务的持续扩张与行政实务的发展，使事实行为于行政法学上越来越扮演重要角色。其原因来自于目前社会、国家向给付行政与资讯社会发展，行政不只是直接执行法律与计划便足够。行政的事实行为使国民的生存照顾与未来照料具体化而不改变持续的法律关系，尤其于所谓私经济国家与环境国家中的事实行为，更显示出其多样化功能。其原因，一方面在于事实行为有助于发挥行政的有效性与弹性，他方面来自于行政固有的执行实效不足。"翁岳生编：《行政法》（下），中国法制出版社 2009 年版，第 887~888 页。

② 毛雷尔教授就将"联邦卫生部公告某些葡萄酒含乙二醇，有害健康；斯图加特大区政府警告切勿食用腐烂面食品"等公布违法信息、作出公共警告的行为明确定性为行政事实行为。参见〔德〕哈特穆特·毛雷尔：《行政法学总论》，高家伟译，法律出版社 2000 年版，第 393 页。埃贝哈德·施密特等学者也认为"政府对所谓腐败面食的告诫，联邦卫生部对药品透明度名单的公布，地方环保当局对丢弃包装的告诫或者建议，在行政法上都是评价为事实行为"。参见〔德〕埃贝哈德·施密特—阿斯曼等著，乌尔海希·巴迪斯编选：《德国行政法读本》，于安等译，高等教育出版社 2006 年版，第 260 页。

③ 1985 年春天，德国有消息称市场上有人销售掺入乙二醇的葡萄酒。首先发现疑似并确认的，是奥地利的行政机关针对奥地利出产的一些特定的葡萄酒。1985 年 5 月，德国联邦政府由一项新闻简讯得知此消息，即向奥地利主管葡萄酒进口之奥地利商务代表索取资讯，并将所得资讯，传达各邦主管监督葡萄酒的机关且请求作成必要的措施并将获得的认识，通知联邦青少年、家庭及健康部。在葡萄酒掺入乙二醇的规模渐渐清楚之后，对一些德国出产的葡萄酒，特别是对奥地利的葡萄酒，都全面按照分析容量作了检验。1985 年 6 月底，联邦青少年、家庭及健康部发行了一份"在德国确认掺有 Diethylenglykol（DEG）乙二醇之葡萄酒和其他产品之暂时全部名单"，此名单最后一次更新在 1985 年 12 月 17 日。经营葡萄酒的酒厂后提出宪法诉愿，抨击联邦政府发行和公开发表掺有乙二醇葡萄酒名单以及所有三审级法院的判决，主张其违背基本法，侵犯其基本权利，包括职业自由权、财产权和名誉权等。2002 年，德国联邦宪法法院作出判决，认为政府公开发布掺有乙二醇葡萄酒的名单，是一种提供资讯的行为。这样的信息公开可能会损害相关人的职业自由权，但只要行政机关能确保在其职权范围内所公布的信息准确且有事实依据、"关系市场重大因素"，那么即使公开的信息会给市场竞争带来负面影响，这种公开行为也没有侵犯相关人的宪法权利。虽然发布名单影响到诉愿人销售葡萄酒的可能，却不涉及基本法第 14 条第 1 项所保障的财产。基本权利的行使不能用以阻止散播市场上真实且含食物内容对参与市场者的竞争行为可能具有重要性的资讯，即使其内容会对个别主体的竞争地位产生不利效果。因此，政府公开发表掺有乙二醇葡萄酒名单和被指责的法院判决，没有侵害宪法诉愿人根据基本法第 12 条第 1 项第 1 句、第 14 条第 1 项第 1 句、第 3 条第 1 项以及第 2 条第 1 项享有之基本权利。参见杨子贤：《政府提供资讯行为法制化之研究》，台湾中正大学 2004 年硕士学位论文，第 55~64 页。

他国家学者所赞同。如韩国学者金东熙认为"违法事实的公布"本身"是不发生任何法的效果的事实行为","不会给相对人的权利、利益带来变动……"①我国台湾地区的学者也认为行政机关无拘束力的提供资讯或通报的行为是一种事实行为。② 但 2009 年以来德国发生了曝光"恶心餐馆名单"的事件,有学者的观点发生了转变,认为配上违法事实图片的曝光,更生动地间接劝说消费者不要前去消费,超越了行政机关信息公开的底线,其实质是"警告"的具体行政行为。③ 这一观点显然得到了一定程度的认可和支持,④ 使得违法信息行政公告的行为性质愈加扑朔迷离。

1. 是否是行政处罚

行政处罚,是行政主体依法给予违反行政法规范,但尚未构成犯罪的行政相对人的行政制裁。⑤ 从图 1-9 中可以看出,行政处罚是一种具体行政行为,属于行政法律行为的范畴。行政处罚的行为对象应该是特定的,即行政

---

① [韩] 金东熙:《行政法Ⅰ》(第 9 版),赵峰译,中国人民大学出版社 2008 年版,第 336~337 页。

② 翁岳生编:《行政法》(下),中国法制出版社 2009 年版,第 890 页;李震山:《行政法导论》(修订九版),三民书局股份有限公司 2011 年版,第 242 页。

③ 2009 年 3 月以来,德国柏林市 Pankow 区定期在网上公布对餐饮业的检查结果,包括餐馆名称、地址、检查时间和违法事实,并配上证据图片,曝光违法餐馆,称为"恶心餐馆名单",同时公布的还有一份"笑脸餐馆"名单,列出了在检查中表现良好的餐馆。有学者认为,这样黑白分明的名单明显是给消费者施加心理压力,特别是配上违法事实的图片,更生动地间接劝说消费者避免去"恶心餐馆"消费,上了黑名单的餐馆营业额必定会受到影响,因此行政机关已经超越了信息公开的底线,实质上作出了"警告"的具体行政行为。参见何丽杭:《食品安全行政'曝光'的法律分析——与德国案例的研究对比》,载《东方法学》2010 年第 5 期;叶俊荣:《行政法案例分析与研究方法》,三民书局股份有限公司 1999 年版,第 306 页。

④ 例如,章志远、鲍燕娇就指出公布违法事实的法律属性分为四种,即声誉罚、公共警告、行政处罚结果公开形式及行政强制执行手段。并进而指出"《行政处罚法》第 8 条行政处罚种类规定中的'警告'就属于作为声誉罚的公布违法事实。其他有关行政处罚方面的法律、法规中也有不少关于声誉罚的规定,如《义务教育法》第 15 条中的'批评教育',《审计法》第 41 条中的通报批评等。这些法律规定就是作为声誉罚的公布违法事实的形式判断标准"。参见章志远、鲍燕娇:《公布违法事实的法律属性分析》,载《山东警察学院学报》2011 年第 6 期。

⑤ 应松年主编:《行政法学新论》,方正出版社 2004 年版,第 258 页;胡建淼:《行政法学》(第三版),法律出版社 2010 年版,第 285 页;莫于川主编:《行政法与行政诉讼法》,中国人民大学出版社 2012 年版,第 160 页;杨建顺主编:《行政法总论》,中国人民大学出版社 2012 年版,第 192 页;吴庚:《行政法之理论与适用》,中国人民大学出版社 2005 年版,第 294 页;翁岳生编:《行政法》(上),中国法制出版社 2009 年版,第 792 页;李震山:《行政法导论》(修订九版),三民书局股份有限公司 2011 年版,第 391 页。

主体在每一起违法事件中，制裁的是违反行政法规范尚未构成犯罪的行政相对人。而违法信息行政公告的对象是不特定的，行政主体是面向社会公众作出的行政公告，从这一点上看，违法信息行政公告不应该是行政处罚。对此，也许有人会援引我国台湾地区"行政罚法"第 2 条①的规定进行反驳。实际上，关于这条规定中所提及的"公布姓名或名称、公布照片或其他相类似之处分"到底能不能被视为其他种类的行政处罚，台湾地区的学者和实务部门一直持审慎的态度。例如，洪家殷教授就曾对"行政罚法"第 1 条和第 2 条所规定的行政处罚的种类进行检讨，认为有"重行考量之必要"，并建议"可就实务上经常使用之处罚分成三种类型：1. 营业自由：勒令歇业、停止营业。2. 财产权：罚锾、没入。3. 警告"。李震山教授也认为这一条"所例示之裁罚性之不利处分固可作为重要参考，但并非绝对，仍需就个别法律之用语及其关联性，从前述积极与消极性定义中去推求，才能断定一不利行政处分是否具裁罚性"②。也就是说，作为一种行政制裁手段，行政处罚应该兼具确认、干涉和预防三大功能，③ 要判断一个行为是否是行政处罚，应该综合考量，而不能仅以所谓的法条为参考。台湾地区"法务部"在"法律字第 0950002645 号函"中所作的阐述也充分说明了这一点。④ "法律字第 0950002645 号函"清楚地表明，台湾地区的实务部门认为，如果行政机关将行为人的违法信息

---

① 台湾地区"行政罚法"第 2 条规定："本法所称其他种类行政罚，指下列裁罚性之不利处分：一、限制或禁止行为之处分：限制或停止营业、吊扣证照、命令停工或停止使用、禁止行驶、禁止出入港口、机场或特定场所、禁止制造、贩卖、输出入、禁止申请或其他限制或禁止为一定行为之处分。二、剥夺或消灭资格、权利之处分：命令歇业、命令解散、撤销或废止许可或登记、吊销证照、强制拆除或其他剥夺或消灭一定资格或权利之处分。三、影响名誉之处分：公布姓名或名称、公布照片或其他相类似之处分。四、警告性处分：警告、告诫、记点、记次、讲习、辅导教育或其他相类似之处分。"

② 李震山：《行政法导论》（修订九版），三民书局股份有限公司 2011 年版，第 404 页。

③ 我国台湾地区学者洪家殷指出，制裁应该同时具有三项功能：（1）确认功能，即确认相对人之违法行为；（2）干涉功能，即使其承担因此而生之不利益；（3）预防功能，即阻止其将来再度违反。参见洪家殷：《行政罚法论》（增订二版），五南图书出版社 2006 年版，第 11 页。

④ 台湾地区的"消费者保护法"第 37 条规定："直辖市或县（市）政府于企业经营者提供之商品或服务，对消费者已发生重大损害或有发生重大损害之虞，而情况危急时，除为前条之处置外，应即在大众传播媒体公告企业经营者之名称、地址、商品、服务或为其他必要之处置。"如果仅从形式上看，这一条规定中的"公告企业经营者之名称、地址、商品、服务"似乎应该理解为影响名誉之制裁性处分，但是台湾"法务部"2006 年 1 月 26 日作出的"法律字第（接下页）

予以公开，不是为了制裁违法者，而是为了警示公众以确保公众的合法权益，这样的公告行为不属于行政处罚。

换言之，违法信息行政公告的行为对象不特定，行为目的是通过特定的政府信息公开向社会公众提供公共服务，切实保障公众的知情权、监督权、人身权、财产权等合法权益。虽然这种行为和声誉机制、道德惩罚相勾连，带有一定的惩罚性，有时行为实施会给第三方（信息所属人）造成一定的权益克减，对其名誉权、隐私权等造成实际影响，但是违法信息行政公告的行为目的并非制裁违法者，这不过是行为本身所具有的第三方效果。因此，本书认为违法信息行政公告无法被纳入行政处罚的阵营，是一种与行政处罚完全不同的行政行为。

2. 是否是行政事实行为

目前学界的通说认为，要判断一个行政行为是行政法律行为还是事实行为，应该从两个方面去重点把握：一是考察行政主体实施行为的客观效果，即行为作出之后是否直接产生法律效果、直接规制行政相对人的权利、义务，这是区分行政法律行为和行政事实行为的主要标准。台湾地区行政法院针对"祥香食油行"案的判决也清晰地表明其判断行政行为是行政法律行为还是行政事实行为的焦点就在于行政行为是否直接对外发生法律效果。[1]二是考察

（接上页）0950002645 号函"则称"按行政罚法（以下简称本法）第二条各款所列之其他种类行政罚，均系指对于违反行政法上义务之行为所为不属于刑罚、惩戒罚或执行行为，而具有制裁性质之不利益行政处分（本法第一条、第二条立法说明）始足当之，本件旨揭'私劣酒品查缉措施'第五点第二项第九款规定，如确系以保障消费者权益并及时提醒消费者勿购买、饮用私劣酒品，而不以制裁产制销售私劣酒品行为为目的者，即不属于本法第二条第三款规定之其他种类行政罚。"参见李震山：《行政法导论》（修订九版），三民书局股份有限公司2011年版，第404～405页。

[1] 1989年3、4月间，台中县外埔乡卫生所稽查人员发现该乡有疑似多氯联苯中毒病患，并查出其中部分病患固定向祥香食油行购买食用油。行政院环保署获知情况后，于同年4月15日发布疑为多氯联苯中毒事件新闻，呼吁社会大众勿购买地下油行生产或来源不明之食用油。同年5月5日，行政院卫生署证实并无多氯联苯中毒事件，应祥香食油行的请求，行政院环保署对外公开澄清。祥香食油行于1990年4月2日向行政法院提起诉愿，认为在未经证实的情况下，行政院环保署认为其所销售的油品含有氯联苯，为有毒油品，错引毒性化学物质管理法第16条的规定查封其油品，发布查封新闻，致使其声誉受损，油品无法销售，请求法院撤销原处分。台湾地区行政法院八十一年度裁字第二一六号裁定认为，作为主管机关，行政院环保署在获知有疑似多（接下页）

行政机关实施行为的主观目的，即作出行为之时是否有产生法律效果的意思表示。①只有同时具备这两个条件，该行政行为才属于行政法律行为，否则应为事实行为。也就是说，有的事实行为虽然旨在产生事实上的后果，但在一定条件下也可能会间接产生法律效果，只要行政主体行为时没有相应的意思表示，就不能认定其为行政法律行为。通过前文的分析，我们已经知道，违法信息行政公告具有主体的职权性、对象的不特定性、行为的单方性、内容的针对性、效力的间接性等特点。即违法信息行政公告是由享有行政权的行政主体依法单纯地提供违法信息的资讯行为，行为对象是社会公众，行为本身没有任何处理的意图，只是确认、公开已经存在的某种事实，旨在传递信息，警示公众谨慎选择、远离危险，或告诫公众，避免犯错。正如美国联邦最高法院大法官史蒂芬·布雷耶（Stephen Breyer）所说："信息披露并不禁止购买者获得产品，也不禁止生产者生产产品。"②换言之，违法信息行政公告的行为目的是在追求一种社会效果、事实上的效果，而非法律效果。这种行为在某种程度上虽然带有"信息惩罚"的意味，却没有强制约束力，并不会直接产生、变更或消灭行政法律关系，也没有对某个特定对象的权利、义务进行相应的设置。确切地说，这种行为是政府应服务行政的要求，主动与公众分享信息，向公众提供信息服务，从而维护社会公共利益。被公开相关

（接上页）氯联苯中毒病患后，研判多氯联苯可能来源于食用油，发布新闻并呼吁社会大众勿购买地下油行生产或来源不明之食用油，这是行政机关向一般人民提供资讯，并未因此发生法律上权利义务的效力，这种行为属于事实行为，而非行政处分。祥香食油行对之提起诉愿，于法不合，不应受理。而且行政院环保署并未对诉愿人生产的油品采取封存措施，诉愿人主张被告依毒性化学物质管理法第16条的规定查封其油品，亦与事实不符。因此，行政法院从程序上驳回其诉愿。祥香食油行后来提起再诉愿及行政诉讼，行政法院皆以同一理由驳回。参见杨分贤：《政府提供资讯行为法制化之研究》，台湾中正大学2004年硕士学位论文，第18页。

①大陆法系的学者普遍认为，法律行为在概念上虽可不同于意思表述，但意思表示乃法律行为之本质。许多德国学者认为，"法律行为与事实行为的核心区别在于后者不依赖于行为人的意图而产生其法律后果；而前者的法律后果之所以产生恰恰是因为行为人表示了此种意图，即法律使其成为实现行为人意图的工具"。德国现代民法学者弗罗姆等人认为：产生法定后果的法律事实和产生意定后果的法律事实，这两者间的区别是本质性的，"法律行为之所以能发生法律效力系基于法律对表意人'意思自决'价值认许之结果，至于其他非基于法律行为所产生之法律关系其效力则系'法律本身'价值考虑之结果"。参见董安生：《民事法律行为——合同、遗嘱和婚姻行为的一般规律》，中国人民大学出版社1994年版，第95~115页。

②［美］史蒂芬·布雷耶：《规制及其改革》，李洪雷等译，北京大学版社2008年版，第240页。

信息的违法行为人，并非公告行为的对象，即使因违法劣迹"曝光"而社会评价降低、利益受损，也是因为公众行为的介入才导致的间接结果，① 行政管理部门自身无法左右或决定这一结果的当然发生。因此，违法信息行政公告是一种典型的行政事实行为。

可能也有人会用实践中发生的案例来反驳这一结论。例如，1999年，上海市黄浦区人民法院在"上海味利皇食品有限公司不服上海市卫生局卫生监督通报案"的判决中，曾经认定"通报行为是行政主管部门作出的一种职务行为，是行政机关履行法定管理职责，为维护广大消费者合法权益而作出的行政管理行为，符合具体行政行为的特征。应当视为一种可诉的行政确认行为，属于人民法院行政诉讼司法审查的范围"②。从判决书的内容可以看出，上海市黄浦区人民法院之所以将本案中上海市卫生局的卫生监督通报行为认

---

① 参见图1-1 违法信息行政公告的行为效果图示。
② 1998年9月28~29日，上海市卫生局所属食品卫生监督所和浦东新区食品卫生监督部门分别接到上海国际技术进出口公司徐某某、消费报社朱某某和市民王某某的投诉，反映上述人员和王某全家数十人食用了味利皇食品公司生产的无糖月饼后发生腹泻现象。卫生监督部门接到举报后，即对部分腹泻病人及生产单位进行调查取证，并由食品卫生监督所对投诉人提供的样品进行了检测。根据初步调查及检验结果，卫生管理部门确认这是一起因生产单位在无糖月饼中加入的食品添加剂山梨糖醇超过国家规定的标准而引起的食物中毒事件。浦东新区卫生管理部门于同年9月30日对味利皇食品公司作出了责令公告收回食品添加剂超标且已销售的无糖月饼的决定。上海市卫生局卫生监督所也于当天向全市众多报刊、电台、电视台等新闻媒体发出第64期卫生监督简报《关于上海味利皇食品公司生产的无糖月饼引起食物中毒的通报》，通报了这起食物中毒事件的起因、症状及卫生监督部门采取的控制措施，并通过媒体告诫市民，凡已购买味利皇公司9月18日~9月24日生产的无糖月饼的消费者，可向原购买单位退货。有关新闻单位接到64期简报后，纷纷刊登了市卫生监督所的通报内容。味利皇公司对浦东新区卫生监督部门作出的责令公告收回无糖月饼的决定及卫生监督所的通报行为不服，分别向上海市卫生局申请复议。被告市卫生局对不服通报行为的复议申请进行审查后，认为通报不属具体行政行为，故裁决不予受理。味利皇公司遂于同年12月底向法院提起诉讼，要求确认通报行为违法。1999年7月，法院经审查认为，首先，通报行为是行政主管部门作出的一种职务行为，是行政机关履行法定管理职责，为维护广大消费者合法权益而作出的行政管理行为，符合具体行政行为的特征。其次，作为反映通报情况的载体——《卫生监督简报》，其送达的单位是全市各新闻媒体，通报目的是通过新闻传媒，告知消费者原告生产的无糖月饼已引起食物中毒事件，并告诫已购买原告生产的此种月饼的消费者，可向原购买单位退货。故该通报并非一种内部反映情况的通报，而是由被告作出的面向全社会的一种外部管理行为，行为后果直指原告。再次，通报的内容确认了原告生产的无糖月饼引起食物中毒的特定事项，并实际设定了原告必须接受消费者退货的义务，直接涉及企业的名誉和财产权益，符合《行政诉讼法》第11条规定的受理条件。据此，通报行为应当视为一种可诉的行政确认行为，属于人民法院行政诉讼司法审查的范围。参见上海市黄浦区人民法院〔1999〕黄行初字第3号行政判决书。

定为具体行政行为，有一个重要的原因是上海市卫生局在通过媒体发布的通报中告诫广大消费者，如果购买了上海味利皇食品有限公司 9 月 18~24 日生产的引起食物中毒的无糖月饼，可以到原购买单位退货，换言之，上海市卫生局不但公开了上海味利皇食品有限公司的违法信息，还明确说明上海味利皇食品有限公司有接受消费者退货的义务。从表面上看，这样的违法信息行政公告（本案的通报）似乎不再是单纯的行政事实行为，而是直接影响权利义务、具有法律效果的具体行政行为。但实际上，违法信息行政公告的内容既包括与违法行为人的违法事实有关的违法信息，包括违法行为、违法情节、违法原因、违法动机、违法后果等，也包括行政主体对违法行为人的处置措施等查处情况。① 从行为实施的全过程来看，在本案中，浦东新区卫生管理部门在 9 月 30 日作出处理决定，责令上海味利皇食品有限公司公告收回食品添加剂超标且已销售的无糖月饼；随即，上海市卫生局卫生监督所在向新闻媒体发出的卫生监督简报中，在通报上海味利皇食品有限公司的违法行为的同时，也明确说明其有义务接受消费者退货。可见，在通报之前，浦东新区卫生管理部门已经对违法行为人作出了处理决定。上海市卫生局所作的通报属于违法信息行政公告行为，虽然内容涉及行政主体的处置情况，但通报的目的并不是处置，也不是通过通报来对违法行为人的权利义务进行设定。该通报只是将行政主体的处置情况广而告之，明确宣布之前的处理决定中规定违法行为人有相应的退货义务，目的是提醒广大消费者不要购买和食用有毒月饼，此前购买了也可以前去退货，挽回经济损失。因此，该通报本身没有设定违法行为人的权利义务，只是公告内容包含了之前行政处罚决定的内容而已。从行政过程论的角度看，行政主体前后实施了两种不同的行政行为，即行政处罚和旨在公共警示的行政事实行为。② 这两种行政行为前后交替、

---

① 例如，《证券法》第 184 条明确规定："国务院证券监督管理机构依法制定的规章、规则和监督管理工作制度应当公开。国务院证券监督管理机构依据调查结果，对证券违法行为作出的处罚决定，应当公开。"

② 王贵松副教授在论文中也指出：在上海无糖月饼案中，从通报的目的和内容表述来看，它是要"告诫市民"；在通报的同时还采取了责令公告收回的措施，并在 1999 年 3 月 24 日对味利皇公司作出了行政处罚，这表明卫生局并没有以通报替代行政处罚等措施，它属于警示性公告，而非制裁性公告。参见王贵松："食品安全风险公告的界限与责任"，载《华东政法大学学报》2011 年第 5 期。

相辅相成，共同确保了行政的实效。

四、行为类型

作为研究问题的一种方法，类型化早在 20 世纪前半叶就在大陆法系得以盛行。德国法学家考夫曼（Arthur Kaufman）曾经强调"对事物的本质的思考是一种类型学的思考"。作为方法论，类型化以事物的本质特征为标准划分研究对象的类属，将外部特征大致相同的经验事实和社会现象按一定标准细分为"内在要素强弱不同、深浅不一"的各种类型，进而组成统一的类型体系。法学的目标是认识世界、规范世界。认识世界，是从具体到抽象的过程，经由经验到概念，借助类型化来提炼概念；而规范世界，是从抽象回到具体的过程，再次从概念到经验，藉由类型化来解释概念。因此，格雷指出："分析法学的任务就是分类，包括定义，谁能够对法律进行完美的分类，谁就能获得关于法律的完美的知识。"①

（一）类型化的现实需求

高权行政活动量多面广、内容庞杂、千姿百态。即使在行政的行为形式理论之基础上，概括、提炼成不同的行政行为的概念，要想深入分析也还有一定的难度。类型化恰好可以很好地弥补法律概念抽象化的不足，便于我们深入地对某一种行政行为进行研究。任何一种行政行为模式都是多种行政活动的集合体。行政法理论的一大任务，就是将同一种行政行为模式下的各种行政活动予以类型化，并制定相应的制度对同一类型的行政活动进行规范。社会的发展变迁促使行政活动不断发生变化，旧的行为方式悄然转变，新的行为方式不断涌现。为了便于合理地定位、推理和规范，每一种行为模式下集合的若干种行政活动也需要再次比较、概括，运用法学的方法进行归类，提炼出每一类型所共有的法律特征，"并通过不断的锤炼和加工使同类行政行为的典型特征固定化、稳定化，从而也为行政行为的法典化和经典注释提

---

① 郝晶："对我国行政行为类型化研究的一点思考"，载《前沿》2010 年第 16 期。

供了一种通用的标准性工具和前提"①。

长期以来，学界对于行政法律行为的关注远远超过行政事实行为，行政行为的理论研究也主要围绕各种行政法律行为展开。违法信息行政公告作为一种行政事实行为，即使早已是行政执法中惯用的一种管理手段、规制工具，却迟迟没能进入大部分学者的"法眼"。近年来因法制的不健全，违法信息的发布条件、发布程序并不明确，加之信息管理不到位，导致不少行政主体在实践中仍属"创造性"适用违法信息公告，暴露出违法信息收集不系统、制作和发布不及时、分布不对称、错误信息纠正和撤回不规范等各种问题，引发了不少争议。究其原因，还是现有的理论研究过于薄弱，无法指导实践，片面的、"一刀切"似的做法和评论缺乏理性，无法实现法治化的目标。实际上，无论是法律规范的规定还是实践操作，违法信息行政公告都可以分为不同的类型，且不同类型违法信息行政公告的特点、功能、对利害关系人权益影响的大小均有所不同。要想准确把握违法信息行政公告的内涵，正确规范这种行为，就有必要对其进行类型化，从功能的角度提供分析、研究行为的不同视角，明确行政主体适用每一类违法信息行政公告的依据、条件、职能分工、程序、管控方式和力度，真正确保违法信息行政公告的高效运行。

（二）行为分类：基于功能视角的分析

对违法信息行政公告进行类型化，首先应确保分类与行为概念、内涵的一致性，其次应确保分类具有相对独特的社会功能，满足一定的社会需求。否则，所谓多角度的行为剖析就是毫无意义，甚至错误的。基于此，本书选取功能视角的进路，结合规范分析和实证分析，按照不同的行为功能，对违法信息行政公告进行科学的分类。

行政主体依法履行法定职责，借助一定的媒介，尤其是通过当下快速便捷的网络媒体，通过公告的形式，将行政相对人违法的事实和行为公之于众，是为了实现特定的行政管理目标。那么，这些行政管理目标到底包含哪些内容？违法信息行政公告的行为目的和具体功能到底有哪些呢？经过详尽的梳

---

① 姜明安主编：《行政法与行政诉讼法》（第五版），北京大学出版社、高等教育出版社2011年版，第159页。

理，笔者发现在259部法律及法律性文件（包括240部法律、3部有关法律问题的决定以及16部法律解释）和612部行政法规中，明确规定违法信息行政公告（包括前文所述的实践中因行为方式转变而转化为违法信息行政公告的通报行为）的法律有36部，行政法规有72部，分别占全部法律的13.9%和行政法规的11.8%。而这些规定中，除了《关于中央人民政府所属各机关发表公报及公告性文件的办法》[1]和《政府信息公开条例》[2]以外，其他的法律和行政法规均是针对违法信息行政公告的适用情况作出的相对具体的规定。考察规范条文，并结合实践中实务部门的做法，我们可以发现，违法信息行政公告的行为功能主要包括通知、强制执行、公共警示和惩戒。据此，本书将违法信息行政公告分为通知型违法信息行政公告、执行型违法信息行政公告、公共警示型违法信息行政公告和惩戒型违法信息行政公告。需要说明的是，有时候在实务工作中，行为的具体目的并不单一，行为的实效也可能同时兼具几种功能，分类时应该考量违法信息行政公告的主要目的和功能。

1. 通知型违法信息行政公告

美国的Ernest Gellhorn教授明确指出"不利公开宣传"的基本功能之一就是通知，他认为政府进行"不利公开宣传"旨在将政府计划和政策通知公众和受规制的对象，以便他们在行为安排（作为直接行为人）或政治选择（作为选民）上都可以使用这些信息。[3] 从现行法律规范的规定和实践操作来看，因违法行为人无法确定或人数众多，行政主体将相关违法信息公布于众，旨在通知违法行为人在规定期限内前往有关部门，接受后续处理，此种违法信息行政公告就是通知型违法信息行政公告，属于一种程序性的行为。《海

---

[1] 《关于中央人民政府所属各机关发表公报及公告性文件的办法》主要是对"中央人民政府及其所属各机关的一切公告及公告性新闻，均应交由新华通讯社发布，并由《人民日报》负责刊载"作出原则性规定，这一规定同样适用于由行政机关发布的违法信息行政公告。

[2] 《政府信息公开条例》是我国政府信息公开的原则性规范，里面针对政府部门依职权主动进行的信息公开的规定同样适用于违法信息行政公告。

[3] "More particularly, such agency publicity seeks to inform the public and regulated persons about government programs and policies so that they can use this information substantively (as direct users) or politically (as voters)." See Ernest Gellhorn, Adverse Publicity by Administrative Agencies, Harvard Law Review, 86(8), 1973, p. 1382.

关行政处罚实施条例》第 62 条①、《公路安全保护条例》第 72 条②和《价格违法行为行政处罚规定》第 16 条③等所规定的违法信息行政公告，都属于通知型违法信息行政公告。从行政实施的过程来看，通知型违法信息行政公告通常隶属于行政处分，是诸如行政处罚等具体行政行为的一个必经的程序环节。

虽然现行法律和行政法规关于通知型违法信息行政公告的规定并不多，但实践中这样的行为并不少见，最常见的就是各地交管部门定期公告交通违规车辆的信息，通知广大违章驾驶车辆的驾驶员到交管部门接受处理。④

2. 执行型违法信息行政公告

某些违法信息行政公告具有间接强制执行的功能，这是国内外学者已经达成的共识。在日本，违法信息行政公告一般称为"违反义务行为的公布"或"公布违反事实"。学者南博方和盐野宏都认为这是一种行政上确保义务履行的制度，⑤ 城山英明等学者认为，"公告可以说没有强制力，但是对于被

---

① 《海关行政处罚实施条例》第 62 条规定："有下列情形之一的，有关货物、物品、违法所得、运输工具、特制设备由海关予以收缴：（一）依照《中华人民共和国行政处罚法》第二十五条、第二十六条规定不予行政处罚的当事人携带、邮寄国家禁止进出境的货物、物品进出境的；（二）散发性邮寄国家禁止、限制进出境的物品进出境或者携带数量零星的国家禁止进出境的物品进出境，依法可以不予行政处罚的；（三）依法应当没收的货物、物品、违法所得、走私运输工具、特制设备，在海关作出行政处罚决定前，作为当事人的自然人死亡或者作为当事人的法人、其他组织终止，且无权利义务承受人的；（四）走私违法事实基本清楚，但当事人无法查清，自海关公告之日起满 3 个月的；（五）有违反法律、行政法规，应当予以收缴的其他情形的。海关收缴前款规定的货物、物品、违法所得、运输工具、特制设备，应当制发清单，由被收缴人或者其代理人、见证人签字或者盖章。被收缴人无法查清且无见证人的，应当予以公告。"

② 《公路安全保护条例》第 72 条规定："造成公路、公路附属设施损坏，拒不接受公路管理机构现场调查处理的，公路管理机构可以扣留车辆、工具。公路管理机构扣留车辆、工具的，应当当场出具凭证，并告知当事人在规定期限内到公路管理机构接受处理。逾期不接受处理，并且经公告 3 个月仍不来接受处理的，对扣留的车辆、工具，由公路管理机构依法处理。公路管理机构对被扣留的车辆、工具应当妥善保管，不得使用。"

③ 《价格违法行为行政处罚规定》第 16 条规定："本规定第四条至第十三条规定中的违法所得，属于价格法第四十一条规定的消费者或者其他经营者多付价款的，责令经营者限期退还。难以查找多付价款的消费者或者其他经营者的，责令公告查找。"

④ 合肥市公安局交通警察支队："2012 年交通违法曝光第 88 期"，载合肥汽车网 http://qiche.hefei.cc/wquery.php? f = cx&id = 15186，访问日期：2013 年 8 月 15 日。

⑤ ［日］南博方：《行政法》（第六版），杨建顺译，中国人民大学出版社 2009 年版，第 121～131 页；［日］盐野宏：《行政法总论》（第四版），杨建顺译，北京大学出版社 2008 年版，第 160 页。

害者是一种间接强制……"①韩国学者也将违法信息行政公告称为"违法事实的公布","是指对于违反、不履行行政法上的义务,行政厅向大众公布其事实,并根据由此的社会批评这一间接的、心理的强制,来确保履行义务的制度"②。我国也有学者认为违法信息行政公告可以作为"强迫行政相对人履行责令停止或改正违法行为义务的一种执行手段"③。

如果行政主体向社会公众公布违法信息,同时强调如果违法行为人在规定期限内再不履行其应该履行的行政法义务就将对其实施强制执行,那么此类违法信息行政公告显然是希冀带给违法行为人一种心理压迫,间接规劝违法行为人服从行政法规范、履行行政法义务,这是典型的执行型违法信息行政公告。例如,《产品质量法》第 17 条④、《行政强制法》第 44 条⑤和《企业年度检验办法》第 19 条⑥的规定,就是执行型违法信息行政公告。实践中,各地行政机关针对违章建筑所发出的强制拆迁行政公告非常常见,虽然这种行政公告形式上看似乎是在通知当事人有关部门即将对其实施强制拆迁,但其行为目的和行为功能的侧重点在于迫使违法行为人在规定期限内自觉履

---

① [日]城山英明、村山明生、山本隆司、川出敏裕、舟木贵久:"安全法制度设计中加害者惩罚的相关问题——供参考的方法及其评价",见《宪政与行政法治评论》(第五卷),龚妹译,中国人民大学出版社 2011 年版,第 46~47 页。
② [韩]金东熙:《行政法Ⅰ》(第 9 版),赵峰译,中国人民大学出版社 2008 年版,第 336 页。
③ 王周户、李大勇:"公告违法行为之合理定位",载《法律科学》(西北政法学院学报)2004 年第 5 期;章志远、鲍燕娇:"公布违法事实的法律属性分析",载《山东警察学院学报》2011 年第 6 期;章志远:"作为行政强制执行手段的违法事实公布",载《法学家》2012 年第 1 期。
④ 《产品质量法》第 17 条规定:"依照本法规定进行监督抽查的产品质量不合格的,由实施监督抽查的产品质量监督部门责令其生产者、销售者限期改正。逾期不改正的,由省级以上人民政府产品质量监督部门予以公告;公告后经复查仍不合格,责令停业,限期整顿;整顿期满后经复查产品质量仍不合格的,吊销营业执照。"
⑤ 《行政强制法》第 44 条规定:"对违法的建筑物、构筑物、设施等需要强制拆除的,应当由行政机关予以公告,限期当事人自行拆除。当事人在法定期限内不申请行政复议或者提起行政诉讼,又不拆除的,行政机关可以依法强制拆除。"
⑥ 《企业年度检验办法》第 19 条规定:"企业不按照规定接受年度检验的,由企业登记机关责令其限期接受年度检验。属于公司的,并处以 1 万元以上 10 万元以下的罚款。属于分公司、非公司企业法人及其分支机构、来华从事经营活动的外国(地区)企业,以及其他经营单位的,并处以 3 万元以下的罚款。属于合伙企业、个人独资企业及其分支机构的,并处以 3000 元以下的罚款。企业在责令的期限内未接受年检的,由企业登记机关予以公告。自公告发布之日起,60 日内仍未接受年检的,依法吊销营业执照。"

行义务，因此不应划入通知型违法信息行政公告，而应属于执行型违法信息行政公告。当然，这种执行型违法信息行政公告通常需要和行政强制等具体行政行为一起实施，方能确保行政的实效。

3. 公共警示型违法信息行政公告

诸如生产、销售伪劣药品、食品，排放有毒物质污染饮用水等违法行为，不但直接损害公众的生命健康、人身安全以及财产利益，还可能诱发潜在的巨大风险，危害社会公共安全，因而当下各国政府都加强了食品安全、药品安全、产品质量安全、环境保护等领域的行政监管，并将这些领域的违法犯罪行为作为重点防范和打击的对象。如果行政主体公开行为人的违法信息是为了警示公众趋利避害，旨在保护公众的生命健康、人身安全和财产安全，维护社会公共安全，那么此类行为属于公共警示型违法信息行政公告。《食品安全法》第17条①、《农产品质量安全法》第21条②、《食品安全法实施条例》第39条③、《乳品质量安全监督管理条例》第51条④的规定都属于公共警示型违法信息行政公告。实践中，各类行政执法部门也频频作出违法信息行政公告，警示公众，远离危险，加强防范。例如，各地质监部门、药监部门近年来都加大了对上架食品和药品的抽检力度，并及时曝光不合格食品、

---

① 《食品安全法》第17条规定："国务院卫生行政部门应当会同国务院有关部门，根据食品安全风险评估结果、食品安全监督管理信息，对食品安全状况进行综合分析。对经综合分析表明可能具有较高程度安全风险的食品，国务院卫生行政部门应当及时提出食品安全风险警示，并予以公布。"

② 《农产品质量安全法》第21条规定："对可能影响农产品质量安全的农药、兽药、饲料和饲料添加剂、肥料、兽医器械，依照有关法律、行政法规的规定实行许可制度。国务院农业行政主管部门和省、自治区、直辖市人民政府农业行政主管部门应当定期对可能危及农产品质量安全的农药、兽药、饲料和饲料添加剂、肥料等农业投入品进行监督抽查，并公布抽查结果。"

③ 《食品安全法实施条例》第39条规定："向我国境内出口食品的境外食品生产企业依照食品安全法第六十五条规定进行注册，其注册有效期为4年。已经注册的境外食品生产企业提供虚假材料，或者因境外食品生产企业的原因致使相关进口食品发生重大食品安全事故的，国家出入境检验检疫部门应当撤销注册，并予以公告。"

④ 《乳品质量安全监督管理条例》第51条规定："省级以上人民政府畜牧兽医主管部门、质量监督部门、工商行政管理部门依据各自职责，公布乳品质量安全监督管理信息。有关监督管理部门应当及时向同级卫生主管部门通报乳品质量安全事故信息；乳品质量安全重大事故信息由省级以上人民政府卫生主管部门公布。"

药品名单①，警示广大消费者在购买时需慎重选择。

4. 惩戒型违法信息行政公告

美国学者通过实证研究证明，包括违法信息在内的不利信息的曝光会给公民、法人或组织带来各种痛苦性后果，包括声誉受损等重大不利影响。②很多时候行政主体公告违法信息就是将公告作为一种"信息惩罚"③，执法部门采用这样的行为方式，是刻意想引发公众的道德谴责和行为抵制，通过惩罚本身带来的"不快乐"去威慑违法，促进法律规范的实施和贯彻。惩戒型违法信息行政公告是最常见的一种违法信息行政公告，是指行政主体向社会公众公布违法行为人的违法信息，旨在借助声誉机制和道德谴责以示惩戒，避免其再次违法。此外，惩戒型违法信息行政公告还具有一般社会预防功能，在教育和惩戒违法行为人的同时，可以有效阻却其他人的潜在违法行为。

---

① 山东省质监部门于 2012 年第三季度组织对省内白酒、肉制品、蔬菜制品、罐头、糕点、糖果等六大类重点节日食品进行了大范围省级抽检，并于 2013 年年初公布了 180 批次不合格的食品名单。参见佚名："山东省食品抽检 180 批次不合格曝光相关产品名单"，载新华网 http://news.xinhuanet.com/food/2013－01/07/c_124196204.htm，访问日期：2013 年 8 月 20 日。广东省食品药品监督管理局 2013 年 5 月公布了《2012 年第四季度广东省药品质量公告》，曝光 19 家药品经营单位或医疗机构经营假劣药品，同时还公告了假劣药品所标示的生产企业。参见赵冬芹："天津药业等 19 药企被曝药品不合格入广东黑名单"，载新浪网 http://finance.sina.com.cn/consume/puguangtai/20130508/071915383480.shtml，访问日期：2013 年 8 月 20 日。

② 实证研究表明，"曝光"惩罚无论针对自然人还是公司或组织，都会引发多种痛苦性后果。当惩罚针对自然人时，会造成名誉的贬损，违法者可能降低自尊，承受精神痛苦，长期处于对未知晓自己污点的人选择是否隐瞒及担心被发现的心理压力中；同时，可能引发社会对违法者的疏远，造成其未来收入水平的显著下降，以及择业、申请证照与择偶的困难等多种不利后果。这些实证研究虽然局限于美国，但可以推断在人类社会中声誉受损都会带来重大不利影响。当惩罚针对公司时，会造成商誉的丧失、财产的巨大损失，包括人力成本支出增加、市场份额的丢失、股值的下降等。参见朱春华："公共警告与'信息惩罚'之间的正义——'农夫山泉砒霜门事件'折射的法律命题"，载《行政法学研究》2010 年第 3 期。

③ 哈特在关于"法律惩罚"的经典定义中指出：（1）惩罚必定涉及痛苦或其他通常认为是不快乐的结果；（2）惩罚必定是因为违反法律规则而发生；（3）惩罚必定是因为违法行为而施加于实际的或假定的违法者；（4）惩罚必定是由他人而不是违法者有意的执行；（5）惩罚必定是由违法行为所触犯的法律制度确定的权威来施加和执行。参见朱春华："公共警告与'信息惩罚'之间的正义——'农夫山泉砒霜门事件'折射的法律命题"，载《行政法学研究》2010 年第 3 期。由此可见，惩罚的核心定义包括必定涉及痛苦或其他通常认为是不快乐的结果，并且由他人有意执行（惩罚来自外部，而非自我惩罚），惩戒型违法信息行政公告完全符合这两条标准，可以视为一种"信息惩罚"。

《专利法》第 63 条①、《科学技术进步法》第 70 条②、《中外合资经营企业合营各方出资的若干规定》第 5 条③和《娱乐场所管理条例》第 34 条④的规定都属于惩戒型违法信息行政公告。而实践中,惩戒型违法信息行政公告层出不穷,⑤ 达到了很好的管理效果。前几年各地酒驾成风,造成了多起惨烈的车祸悲剧,作为配合"酒驾入刑"的措施,各地警方纷纷曝光酒驾者名单,很好地制止了此类行为的蔓延,净化了社会风气。

当然,惩戒型违法信息行政公告也有警示作用,但与公共警示型违法信息行政公告相比,此类行为教育、惩戒、预防的社会功能更为突出,且公共警示型违法信息公告主要适用于食品安全、药品安全、产品质量安全等涉

---

① 《专利法》第 63 条规定:"假冒专利的,除依法承担民事责任外,由管理专利工作的部门责令改正并予公告,没收违法所得,可以并处违法所得四倍以下的罚款;没有违法所得的,可以处二十万元以下的罚款;构成犯罪的,依法追究刑事责任。"

② 《科学技术进步法》第 70 条规定:"违反本法规定,抄袭、剽窃他人科学技术成果,或者在科学技术活动中弄虚作假的,由科学技术人员所在单位或者单位主管机关责令改正,对直接负责的主管人员和其他直接责任人员依法给予处分;获得用于科学技术进步的财政性资金或者有违法所得的,由有关主管部门追回财政性资金和违法所得;情节严重的,由所在单位或者单位主管机关向社会公布其违法行为,禁止其在一定期限内申请国家科学技术基金项目和国家科学技术计划项目。"

③ 《中外合资经营企业合营各方出资的若干规定》第 5 条规定:"合营各方未能在第四条规定的期限内缴付出资的,视同合营企业自动解散,合营企业批准证书自动失效。合营企业应当向工商行政管理机关办理注销登记手续,缴销营业执照;不办理注销登记手续和缴销营业执照的,由工商行政管理机关吊销其营业执照,并予以公告。"

④ 《娱乐场所管理条例》第 34 条规定:"文化主管部门、公安部门和其他有关部门应当建立娱乐场所违法行为警示记录系统;对列入警示记录的娱乐场所,应当及时向社会公布,并加大监督检查力度。"

⑤ 例如,2007 年 1 月,环保总局通报了 82 个严重违反环评和"三同时"(建设项目中的水土保持设施,必须与主体工程同步设计、同时施工、同时投产)制度的项目,这些项目涉及钢铁、电力、冶金等领域,投资达 1123 亿元。参见顾瑞珍:"环保总局通报 82 个项目违法违规投资 1123 亿",载搜狐网 http://news.sohu.com/20070110/n247532113.shtml,访问日期:2013 年 8 月 20 日。2007 年,国土资源部公布查处土地违法违规专项行动、查处商业贿赂案件、开展土地专项督察的有关情况。参见国土资源部:"关于查处土地违法违规专项行动、查处商业贿赂案件、开展土地专项督察的有关情况",载中国政府网 http://www.gov.cn/gzdt/2007 - 07/27/content_699031.htm,访问日期:2013 年 8 月 20 日。2008 年,国家税务总局向社会公布"利剑二号"专案等 5 起涉税违法案件。参见佚名:"国家税务总局曝光五起涉税违法案件",载中国经济网 http://www.ce.cn/cysc/zjxw/200806/21/t20080621_15909515.shtml,访问日期:2013 年 3 月 20 日。2012 年 3 月,国家统计局网站新设立了"曝光台·回音壁"栏目,并曝光了重庆永川区和山西河津市干预统计数据上报的案例。马文婷:"国家统计局曝光重庆永川与山西河津数据造假",载腾讯网 http://news.qq.com/a/20120317/000338.htm? pgv_ref = aio,访问日期:2013 年 8 月 20 日。

社会公共安全的领域，该类行为具有显著的防范风险的社会功能。当然，有时候这两种类型的违法信息行政公告会出现竞合，应该从行政过程论的角度，从时间和空间上进行整体把握。

五、宪法价值

汉密尔顿曾一语中的："人们对一个政府的信任和服从，通常是与行政的好或坏成比例的。"① 20世纪末期，随着我国政府机构的飞速膨胀，行政权力异化的现象越来越突出，个人权益和自由的保障常常被忽视，公众的怨言越来越多，社会矛盾积聚，政府不得不开始思考职能转变。"深化行政管理体制改革，进一步转变政府职能……运用法治思维和法治方式推动发展，全面提高党依据宪法法律治国理政、依据党内法规管党治党的能力和水平"②成了执政党和各界有识之士的共识。在管理型政府向服务型政府转变的过程中，行政活动的理念和方式首当其冲地发生了巨大的变化。在服务理念的指导下，"有限政府"取代了"全能政府"，"生存照顾"开始胜于"秩序维护"，"个人权利本位"替代了"公共利益本位"，依法运行的行政权变得谦抑而民主，这些都标志着传统的规制行政正在逐步向服务行政转变。③

服务行政的兴起带动了柔性行政方式的广泛应用，多元主体的参与、灵活的行为方式，甚至服务与规制的相互结合，都使这样的行为方式展示出不同于以往刚性行政方式的魅力。倡导"以人为本"，处处服务优先，使柔性行政方式散发出不可抗拒的亲和力。毫无疑问，在大力提倡柔性行政方式的今天，信息工具已经成为各国政府治理的首选措施。政府将掌控的各种信息最大限度地提供给公众，使公众据此作出判断和选择，并自我决定接下来采

---

① ［美］汉密尔顿、杰伊、麦迪逊：《联邦党人文集》，程逢如等译，商务印书馆1980年版，第80页。
② 参见《中国共产党第十八届中央委员会第五次全体会议公报》。
③ 陆伟明博士指出：在中国，行政类型的演变主要是从管理型政府的管理行政，发展为服务型政府的服务行政。行政活动在理念和方式上都发生了诸多的变化。从强调政府是消极的"守夜人"，发展为政府是无所不能的"超人"，再到强调政府权能的有限性；从政治统治和秩序维护的目的，发展到突出对公民个体的"生存照顾"；从公共利益的本位发展到以个人权利为本位；从单纯的强制性规制行政，发展出非强制性方式行政；从公法方式的行政发展出私法方式的行政。参见陆伟明：《服务行政法论》，中国政法大学出版社2012年版，第1页。

取何种措施和行动,从而避免政府的过度干预,树立起亲民、为民的形象。从这一角度看,信息公开作为一种典型的柔性行政方式,在某些领域开始逐步代替以往强制色彩较重的刚性行政方式。更为重要的是,行政的实施是一个动态的、复合的过程,这个过程往往是由一系列行政行为前后衔接而成,违法信息行政公告作为系列行政行为当中的一种,对于确保行政实效发挥着不可小觑的作用,故而得到了越来越广泛的运用。

尽管违法信息行政公告这种历史悠久的行为方式缺乏强制力,但其可以灵活地借助现代媒体无处不在、传播迅速的优势和声誉机制的特殊"惩罚"功能,将其效力发挥到最大限度,比较圆满地完成行政管理任务,因而得到了不同执法部门的青睐,被广泛应用在各个行政执法领域。行政主体基于行政管理职能所作的违法信息公告虽然具有一定的规制功能,却更加具有相应的服务功能和特定的宪法价值,这便是这种行为实施的正当性①基础。

(一)对基本权利的尊重保障

人权是人作为人所应该享有的权利,是人为了满足生存和发展的需要而应当享有的权利。"人权概念"由格劳秀斯首次提出,其在名著《战争与和平》中专章论述了"人的普遍权利"。霍布斯、洛克、卢梭等学者都对人权进行了大量的论述。德国宪法学区分了人权与基本权的概念,用"基本权"指代宪法上的权利。我国学界的通说也认为,宪法作为根本法,作为社会共同体的价值体系,所规定的公民的基本权利是人权的核心组成部分。② 社会进步促使我国公民的宪法意识和权利意识普遍提高。根据新形势下党和国家事业发展的要求,2004年3月14日,我国第十届全国人大二次会议审议通过宪法修正案,"国家尊重和保障人权"正式入宪,不仅标志着我国人权宪

---

① 正当性的概念在行政法理论中仍然是相当模糊的,是一个可以容纳学者对行政权最急切之关注的容器。作为批评,不具有正当性这一诘责体现了某些方面的抱怨,包括缺少直接的政治责任以及与权力分立原则不兼容。行政法对正当性的传统关注在今天体现于周期性地要求取消某些具体行政机关的呼吁中,体现于周而复始地要求禁止授权学说的吁求中,或者是体现于围绕司法机关审查行政行为之适当标准的激辩中。就其根本而言,正当性可以被理解为公众对行政权的接受。[美]朱迪·弗里曼:《合作治理与新行政法》,毕洪海、陈标冲译,商务印书馆2010年版,第331~332页。

② 韩大元主编:《比较宪法学》(第二版),高等教育出版社2008年版,第55页。

法保障的完善，也标志着"人权保障"一跃成为我国立法、执法和司法的核心理念。前文已经提及，违法信息行政公告属于依职权主动公开信息的范畴，行为直接面向社会公众作出，行为对象是社会公众，① 因此，这一行为的实施不但可以确保公众知情权、监督权等基本权利的实现，而且也可以保障公众的人身权、财产权不受侵犯，进而促进责任政府、民主决策等价值的实现。

1. 保障知情权和监督权

知情权，是指公民所享有的了解国家机关及其工作人员所掌握的相关信息的权利。② 20 世纪 60 年代伊始，公民参与运动兴起，紧接着 80 年代展开的新公共管理活动，一步步地在全球范围内推广协商、参与、民主的理念，最终于 90 年代成功地将治理引入了公共管理领域。治理强调公众参与，强调民主协商，强调平等对话。显而易见，治理实现的前提就是公民在事前能否及时获取足够的、准确的有关信息。也就是说，知情权是公众参与的前提，也是确保公众参与质量的关键。同时，随着科技进步，人类社会碎片化现象日趋严重，尤其是知识的高度碎片化，使得我们无法成为各个领域的行家，只能通过获取相应的足够信息来确保能对与自己切身利益相关的领域保有基本认知，从而为行为选择作出恰当的安排。从这个意义上讲，知情权也是确保我们行动正确、合法利益免受损失的前提。1946 年，联合国大会通过的第 59 号决议正式宣布将知情权作为一项基本人权。1948 年 12 月 10 日，联合国大会通过第 217A（Ⅲ）号决议并颁布《世界人权宣言》，第 19 条③明确对表达自由予以了规定，其中涉及知情权的内容。至此，各国宪法开始直接或间接将知情权确认为公民基本权利之一。④

---

① 对于这一问题的详细论述，请参见本书"第一章二（一）概念界定"以及"图 1 - 1 违法信息行政公告的行为效果图示"。

② 伍华军："事例 1：微博反腐之'杨达成案'——政治自由、政治参与的宪法思考"，见胡锦光主编：《2012 年中国十大宪法事例评析》，法律出版社 2013 年版，第 16 页。

③ 《世界人权宣言》第 19 条规定："人人有权享有主张和发表意见的自由；此项权利包括持有主张而不受干涉的自由；和通过任何媒介和不论国界寻求、接受和传递消息和思想的自由。"载新华网 http://news.xinhuanet.com/ziliao/2003 - 01/20/content_698168.htm，访问日期：2013 年 8 月 21 日。

④ 马生安：《行政行为研究》，山东人民出版社 2008 年版，第 356 页。

监督权,是指公民出于维护公共利益的目的,依法享有的对国家机关及其工作人员行使职权、履行职责的行为进行监督检查的权利。① 我国宪法第 2 条②明确了我国公民参与行政管理的权利,第 41 条③则明确将"监督权"规定为我国公民的一项基本权利。宪法学者们指出,"倘若期待这种监督权能切实发挥超越传统请愿权的实效性,则要求对知情权这一作为行使监督权之前提条件的宪法权利予以有效的保障……"④ 唯有如此,才能真正确保公民对公权行为进行有效监督和评论,有效防止腐败、专断,有效预防恣意。2008 年 5 月 1 日起实施的《政府信息公开条例》正是确保知情权、监督权得以实现的规范。这部行政法规对政府信息公开提出了明确要求,⑤ 其中第 9 条⑥对作为政府信息公开一翼的依职权主动公开进行了概括性规定。从中可以看出,凡是涉及公众切身利益和公众参与的政府信息,行政管理机构都应主动公开;此外,为便于公众监督,行政执法部门还应主动公开其行政职能、执法程序等。2013 年 7 月,国务院发布《当前政府信息公开重点工作安排》,对当前重点领域政府信息公开工作作出部署,表明了中央政府大力度推进政

---

① 伍华军:"事例 1:微博反腐之'杨达成案'——政治自由、政治参与的宪法思考",见胡锦光主编:《2012 年中国十大宪法事例评析》,法律出版社 2013 年版,第 7 页。

② 《宪法》第 2 条规定:"中华人民共和国的一切权力属于人民。人民行使国家权力的机关是全国人民代表大会和地方各级人民代表大会。人民依照法律规定,通过各种途径和形式,管理国家事务,管理经济和文化事业,管理社会事务。"

③ 《宪法》第 41 条规定:"中华人民共和国公民对于任何国家机关和国家工作人员,有提出批评和建议的权利;对于任何国家机关和国家工作人员的违法失职行为,有向有关国家机关提出申诉、控告或者检举的权利,但是不得捏造或者歪曲事实进行诬告陷害。对于公民的申诉、控告或者检举,有关国家机关必须查清事实,负责处理。任何人不得压制和打击报复。由于国家机关和国家工作人员侵犯公民权利而受到损失的人,有依照法律规定取得赔偿的权利。"

④ 韩大元、林来梵、郑贤君:《宪法学专题研究》,中国人民大学出版社 2008 年版,第 473 页。

⑤ 例如,《政府信息公开条例》第 1 条规定:"为了保障公民、法人和其他组织依法获取政府信息,提高政府工作的透明度,促进依法行政,充分发挥政府信息对人民群众生产、生活和经济社会活动的服务作用,制定本条例。"

⑥ 《政府信息公开条例》第 9 条规定:"行政机关对符合下列基本要求之一的政府信息应当主动公开:(一)涉及公民、法人或者其他组织切身利益的;(二)需要社会公众广泛知晓或者参与的;(三)反映本行政机关机构设置、职能、办事程序等情况的;(四)其他依照法律、法规和国家有关规定应当主动公开的。"

府信息公开、打造"廉政透明"的服务型政府的坚定决心。① 由此可见，采集和制作信息成为行政管理机构提供公共服务的基础和前提，公开和传播信息则是行政主体提供公共服务的手段和方式。行政民主的精髓在于行政公开与公众参与，依职权主动公开正是民主参与浪潮下保障公民知情权的举措，违法信息行政公告的实施不但利于公众及时了解与其切身利益有关的违法信息，进行正确的行为选择；还有利于公众了解行政主体对违法行为的查处情况，实施评价和监督，可以有效防止行政执法的恣意，防止行政权滥用，杜绝暗箱操作。可见，违法信息行政公告对切实保障公民的知情权、行使监督权有着积极的意义。

2. 保障人身权和财产权

中国古代，官府就已经意识到在遭遇突发或特殊事件时，告示榜文快速而有效率的传播更能突显出较强的应变功能，使官府可以在最短时间内，向百姓告知突发事件发生的经过情形，并稳定民心，然后迅速妥善处置与善后。② 而今，科技进步使得人类活动范围扩大、活动频率增强，人类自身的决策和行动对自然界和社会生活的干预范围和深度明显增加，所造成的影响也逐步增大。社会进步的阴暗面经过长时间的积累开始暴露出各种问题，其破坏性日渐加大，人类社会正式进入风险社会。人类实践所导致的风险远远超越自然风险，给人类自身的生存和发展带来严重威胁。"外部风险③所占的主导地位转变成了被制造出来的风险④占主要地位。"⑤ 虽然各种事件的爆发促使我们的风险意识不断增强，但专业知识的匮乏使得公众越来越依赖政府，

---

① 冯琦："政府信息公开再提速 2015 年前中国市县政府须全面公开'三公'"，载人民网 http://politics.people.com.cn/n/2013/0710/c70731-22153524.html，访问日期：2013 年 8 月 22 日。
② 连启元：《明代的告示榜文——讯息传播与社会互动》（下），花木兰文化出版社 2010 年版，第 193~194 页。
③ 英国学者安东尼·吉登斯认为，外部风险就是来自外部的、因为传统或者自然的不变性和固定性所带来的风险。参见［英］安东尼·吉登斯：《失控的世界》，周红云译，江西人民出版社 2001 年版，第 22 页。
④ 英国学者安东尼·吉登斯认为，所谓被制造出来的风险，指的是由我们不断发展的知识对这个世界的影响所产生的风险，是指我们在没有多少历史经验的情况下所产生的风险。参见［英］安东尼·吉登斯：《失控的世界》，周红云译，江西人民出版社 2001 年版，第 22 页。
⑤ ［英］安东尼·吉登斯：《失控的世界》，周红云译，江西人民出版社，2001 年版，第 23 页。

寻求政府的帮助以应对突发风险、躲避灾难，确保生命健康和财产安全。违法信息行政公告显然可以起到这样的积极作用。

对于普通公民而言，生存与发展是其作为人享有的各项人权中最基本的内容。唯有拥有生命、身体健康，人才能生存和发展，才可能论及其他基本权利的实现。[1] 因此，虽然很多国家的宪法中并没有明文规定生命权和健康权，但这两项基本权利作为自然法的意涵却受到普遍承认。[2] 我国宪法的条文中也可以解读出生命权、健康权的依据和规范内涵。[3] 且从广义上讲，除

---

[1] 在《意大利宪法》第32条中，健康被认为是一项公民的基础性权利和共同体的利益。参见［意］GIAMPAOLO ROSSI：《行政法原理》，李修琼译，法律出版社2013年版，第8页。

[2] 在联合国承认的193个主权国家中，目前至少有154个国家的现行宪法以各种方式规定了生命权，高达80%，还有一些国家虽然在宪法中没有明确规定生命权，但在违宪审查的实践中通过宪法解释，将生命权确定为一项宪法基本权利。特别是自20世纪90年代以来，全球先后有85个国家通过制定新宪法或修改宪法规定了生命权。可以说，宪法保障生命权已经成为一种全球化的潮流。正是基于生命的神圣，"在《公民权利和政治权利国际公约》中，生命权是唯一一种被明确称之为每一个人固有权利的人权"。1966年联合国大会通过的《公民权利和政治权利国际公约》第6条第1项明确规定"人人有固有的生命权"，放在《公民权力和政治权利国际公约》第三部分所规定的具体权利的最前面。而且，该公约在第4条明确将生命权列为即使在国家宣布紧急状态之下也不得克减的第一项权利，正如联合国人权事务委员会1982年通过的《关于生命权的第6号一般性意见》所指出的，《公民权利和政治权利国际公约》第6条所阐明的生命权，"是甚至当威胁到国家存亡的社会紧急状态存在时，也绝不允许克减的最重要权利"。参见上官丕亮："生命权宪法保障的理论基础研究"，载《环球法律评论》2007年第6期。继1946年在《世界卫生组织章程》中得到法典化后，健康权作为一项与生俱来的、绝对的基本人权，被写入国际和区域性人权公约与文件、国内宪法中，成为国际社会与许多国家致力于保护的基本权利之一。《世界人权宣言》第25条、《经济、社会及文化权利公约》第12条、《消除一切形式种族歧视国际公约》第12条、《消除对妇女歧视宣言》第12条、《儿童权利公约》第24条、《欧洲社会宪章》第11条、《欧洲人权公约》第3条和第8条、《非洲人权宪章》第16条均含有健康权的规定。最早在宪法中承认健康权的是1919年德国的《魏玛宪法》，它规定了保障健康权的保险制度，智利则在1925年最早地把卫生方面的国家义务纳入宪法。之后，其他国家纷纷效仿，以各种形式确立健康权的宪法基本权利地位。健康权以积极性肯定性为主、兼有消极性否定性的宪法权利属性表明其基本内容至少包括两项：一是禁止非法干预。"尊重"健康权的义务本质上是不作为的消极义务。二是获得健康服务。健康权的实现不能仅依赖于国家的不作为，它需要国家以作为的形式履行自己的义务，采取必要的步骤包括颁布法律、制定政策和战略、建立基本制度以保障公民的健康权。参见杜承铭、谢敏贤："论健康权的宪法权利属性及实现"，载《河北法学》2007年第1期。

[3] 例如，焦洪昌教授撰文指出，健康权在我国宪法上的依据及其规范内涵有：第一，公民健康不受侵犯（《宪法》第33条第3款、第36条第3款）。第二，公民在患病时有权从国家和社会获得医疗照护、物质给付和其他服务（《宪法》第33条第3款、第45条第1款）。第三，国家应发展医疗卫生事业、体育事业、保护生活和生态环境，从而保护和促进公民健康（《宪法》第21条、第26条第1款）。参见焦洪昌："论作为基本权利的健康权"，载《中国政法大学学报》2010年第1期。

了人身自由、人格尊严以外，人类对自己身体所享有的各种权利都可以归属于人身权，因此，生命权、健康权当属公民人身权的范畴。而人身权，自然是宪法和法律所要保障的公民基本权利。同时，作为公民谋求自身发展不可或缺的基本要件，作为市场经济秩序中的一大法律支柱，财产权的确立与保护也是各国宪法的共识。① 当下，日益积聚的各类风险已经成为生命权、健康权和财产权的最大威胁，风险管理变成了各国政府的首要任务之一。信息社会的到来，无疑对风险管理提出了更高要求。一方面，经济条件、技术条件的制约，使得某些人群沦为了现代社会的"信息弱势群体"，不能及时获取相关信息，也无法有效理解和利用相关信息。而专业知识的欠缺、专业术语的使用也在公众与各种食品、药品、产品之间，在公众与专业行政管理之间构筑起无法打破的技术壁垒，信息不对称的现象一时无法避免，防御风险的能力得不到有效提高。另一方面，信息技术的发展，使得信息的产生和传播日渐便捷，但自媒体②的发达与泛滥也使得大量的各种信息充斥网络空间，真假难辨。政府作为主要的责任主体，其信息路径具有相对的功能优势：③（1）垄断性的强制力，这使得政府不但可以直接收集、处理信息并向社会无偿提供，还能以法律形式要求相关者对情况予以说明，更能对违法者进行查处；（2）综合信息能力优势，这种优势使得政府的综合信息收集能力和处理能力一般要强于私主体；（3）成本优势，这能有效降低社会整体的信息成本；（4）公信力优势，政府权威的存在使其提供的信息具有很强的公信力；

---

① 从立宪主义的历史来看，1789年的法国《人权宣言》被认为是宣告了近代社会之诞生的宪法性文件，在其第17条中就隆重宣称"所有权神圣不可侵犯"。而1776年美国《弗吉尼亚权利法案》首先强调的就是"取得并拥有财产的权利"。参见韩大元、林来梵、郑贤君：《宪法学专题研究》，中国人民大学出版社2008年版，第400～401页。《宪法》第13条也规定："公民的合法的私有财产不受侵犯。国家依照法律规定保护公民的私有财产权和继承权。国家为了公共利益的需要，可以依照法律规定对公民的私有财产实行征收或者征用并给予补偿。"

② 自媒体（WeMedia）是普通大众经由数字科技强化、与全球知识体系相连之后，一种开始理解普通大众如何提供与分享他们本身的事实、他们本身的新闻的途径。自媒体包括但不限于个人微博、个人日志、个人主页等。有别于由专业媒体机构主导的信息传播，自媒体是由普通大众主导的信息传播活动，由传统的"点到面"的传播，转化为"点到点"的一种对等的传播概念。在自媒体时代，各种不同的声音来自四面八方，"主流媒体"的声音逐渐变弱，人们不再接受被一个"统一的声音"告知对或错，每一个人都在从独立获得的资讯中，对事物作出判断。

③ 应飞虎：《信息、权利与交易安全》，北京大学出版社2008年版，第108～111页。

(5) 财政优势，财政的支持将政府向公众无偿提供信息变为了可能；(6) 公共利益优势，与经营者、生产者、消费者、社会中介组织、媒体一样，政府提供信息也要追求一定的利益，但其价值取向是公共利益。正是因为这六大功能优势，使得政府收集、制作信息具有了绝对优势，也使政府信息公开成为解决上述问题的重要手段。早在 2004 年，国务院出台的《全面推进依法行政实施纲要》就提出"在继续加强经济调节和市场监管职能的同时，完善政府的社会管理和公共服务职能。建立健全各种预警和应急机制，提高政府应对突发事件和风险的能力，妥善处理各种突发事件，维持正常的社会秩序，保护国家、集体和个人利益不受侵犯……"[①]《政府信息公开条例》第 10 条[②]明确规定政府应该主动公开突发公共事件的应急预案、预警及应对情况的信息和环境保护、公共卫生、安全生产、食品药品、产品质量的监督检查信息。2013 年 7 月，国务院发布的《当前政府信息公开重点工作安排》，也明确指

---

① 参见《全面推进依法行政实施纲要》(国发〔2004〕10 号文件)"……四、转变政府职能，深化行政管理体制改革 6. 依法界定和规范经济调节、市场监管、社会管理和公共服务的职能。推进政企分开、政事分开，实行政府公共管理职能与政府履行出资人职能分开，充分发挥市场在资源配置中的基础性作用。凡是公民、法人和其他组织能够自主解决的，市场竞争机制能够调节的，行业组织或者中介机构通过自律能够解决的事项，除法律另有规定的外，行政机关不要通过行政管理去解决。要加强对行业组织和中介机构的引导和规范。行政机关应当根据经济发展的需要，主要运用经济和法律手段管理经济，依法履行市场监管职能，保证市场监管的公正性和有效性，打破部门保护、地区封锁和行业垄断，建设统一、开放、竞争、有序的现代市场体系。要进一步转变经济调节和市场监管的方式，切实把政府经济管理职能转到主要为市场主体服务和创造良好发展环境上来。在继续加强经济调节和市场监管职能的同时，完善政府的社会管理和公共服务职能。建立健全各种预警和应急机制，提高政府应对突发事件和风险的能力，妥善处理各种突发事件，维持正常的社会秩序，保护国家、集体和个人利益不受侵犯；完善劳动、就业和社会保障制度；强化公共服务职能和公共服务意识，简化公共服务程序，降低公共服务成本，逐步建立统一、公开、公平、公正的现代公共服务体制。"

② 《政府信息公开条例》第 10 条规定："县级以上各级人民政府及其部门应当依照本条例第九条的规定，在各自职责范围内确定主动公开的政府信息的具体内容，并重点公开下列政府信息：(一) 行政法规、规章和规范性文件；(二) 国民经济和社会发展规划、专项规划、区域规划及相关政策；(三) 国民经济和社会发展统计信息；(四) 财政预算、决算报告；(五) 行政事业性收费的项目、依据、标准；(六) 政府集中采购项目的目录、标准及实施情况；(七) 行政许可的事项、依据、条件、数量、程序、期限以及申请行政许可需要提交的全部材料目录及办理情况；(八) 重大建设项目的批准和实施情况；(九) 扶贫、教育、医疗、社会保障、促进就业等方面的政策、措施及其实施情况；(十) 突发公共事件的应急预案、预警信息及应对情况；(十一) 环境保护、公共卫生、安全生产、食品药品、产品质量的监督检查情况。"

出要重点推进 9 个方面的政府信息公开,其中就包括了食品药品安全信息、环境保护信息、安全生产信息的公开。① 《中共中央关于全面深化改革若干重大问题的决定》也要求对环境等领域的信息要及时公布。② 这些信息对于风险防控显然非常重要。作为公权力载体,政府必须建立起风险防控综合体系,才能维护公共利益,切实保障公民的生命健康权和财产权。政府提供的公共服务应该包括积极地行使行政权构建预警机制,通过各种途径及时、准确、客观地公开和传播各种权威信息,有效防范风险;同时,加强公共管理、行政规制,有效控制风险,将损失降至最低。违法信息行政公告,尤其是公共警示型违法信息行政公告,是警示公众各类风险的有效途径之一,通过公开和传播与社会公众切身利益相关的违法信息(例如,环境保护、药品安全、食品安全、产品质量等领域危害人身安全和健康、侵犯财产权的违法信息),既可以减免信息不对称造成的悲剧,也可以打破专业知识障碍带来的技术壁垒,还可以警示公众趋利避害,为促进公众有效、合理安排其行动提供了重要的工具性价值。从这一视角看,违法信息行政公告通过公众的积极参与和协作来防范和抵御风险,保护公众的人身安全和财产安全,维护社会公共安全,实现了人权保障的宪政诉求。

(二) 对公平正义的妥善维护

市场经济早已成为诸多国家的选择,但作为配置资源的有效方式和途径,市场并不能堪称完美,市场机制也无法彻底避免失灵现象③。虽然传统经济学理论主张最有效的市场是理性市场,但这样的理性市场需要建立在完全理性和完全信息的基础上,这就意味着市场是完全竞争,市场行为人是理性的,且所有的信息都必须公开和透明,交易主体在获得充分信息的前提下可以对自己的交易决策作出准确的判断。显然,这种理论上所主张的完全理性和完

---

① 冯琦:"政府信息公开再提速 2015 年前中国市县政府须全面公开 '三公'",载人民网 http://politics.people.com.cn/n/2013/0710/c70731-22153524.html,访问日期:2013 年 8 月 22 日。
② 《中共中央关于全面深化改革若干重大问题的决定》。
③ 所谓市场失灵,是指源于市场机制本身的某些缺陷和外部条件的某种限制,而使得单纯的市场机制无法把资源配置到最优的状态。参见伍伯麟:《社会主义经济学教程》,复旦大学出版社 1996 年版,第 317 页。

全信息在实践中几乎不可能存在。作为一种民主经济，市场经济天生具备自由和平等这两项民主品格，因而其提倡的自由竞争可能导致垄断，以致出现资源配置的低效率；某些公共物品的供给如果要完全依赖市场可能根本得不到妥善解决；外部不经济[①]问题更是市场自身难以消除的"魔障"，为追求经济发展而不惜以破坏生态环境为代价就是外部不经济问题的一大恶果。因此，政府通过积极的经济干预、行政规制来弥补市场调节的缺陷，避免市场失灵，给予市场竞争中的弱势群体最低社会保障，维护社会经济秩序，维护公共利益，维护宪法所倡导的公平、正义，逐步成为各国的共识。[②] 在对市场进行监管时，执法者逐渐发现传统的行政处罚、行政强制等刚性行政方式往往会受到行政相对人不同程度的抵触，甚至引起公众的反感，执法效果并不理想。要想有效阻却违法者继续违法，让其他人不以身试法，维护良好的社会秩序，产生更好的经济效益和社会效益，执法者必须转变思维，更新执法方式。正如本书第一章所说，违法信息行政公告虽然直接向社会公众作出，却也会间接对第三方（信息所属人）产生影响，这种行政事实行为兼具规制与服务的双重属性，在让公众及时了解市场出现的各种违法事实、谨慎选择交易对象、避免受骗上当和遭受损失的同时，也可以惩戒违法、稳定交易秩序、提高行政效率，无疑成为实现市场监管、弥补市场失灵的首选柔性行政方式。

一方面，违法信息行政公告可以降低行政管理成本，提高行政管理效率。传统的针对市场的执法方式投入成本较高，管理效率却并不理想，规制方式与规制目标的不匹配导致执行成为一大难题，有限的监管力量和资源根本无

[①] 所谓外部性，就是某个经济主体在生产或消费过程中所产生的一种外在于市场体系的外在影响或效应关系。外部性分为积极的外部性和消极的外部性，消极的外部性又称为外部不经济性，其典型情况之一是工厂排污会对附近居民或其他企业造成损害，这样的外部不经济性一般不可能通过市场价格表现出来，很难通过市场交换的途径得以纠正。因此，外部不经济性和短期负效应一样，都是市场自身的产物，与市场相伴而生，市场无法有效解决这样的问题。参见周小亮："市场失灵及其制度矫正的两种经济理论分析"，载《当代经济研究》2002年第2期。

[②] 《宪法》第15条规定："国家实行社会主义市场经济。国家加强经济立法，完善宏观调控。国家依法禁止任何组织或者个人扰乱社会经济秩序。"《中共中央关于全面深化改革若干重大问题的决定》明确指出："必须积极稳妥从广度和深度上推进市场化改革，大幅度减少政府对资源的直接配置，推动资源配置依据市场规则、市场价格、市场竞争实现效益最大化和效率最优化。政府的职能和作用主要是保持宏观经济稳定，加强和优化公共服务，保障公平竞争，加强市场监管，维护市场秩序，推动可持续发展，促进共同富裕，弥补市场失灵。"

法应对层出不穷的问题。随着经济社会的再度活性化，世界各国开始重新认识和反思许可等规制监督行政，不规制运动、规制缓和改革几乎成为法治发达国家共同的课题。① 信息时代的来临意味着信息技术的全面革新，也意味着信息传递愈加便捷、便宜。信息规制因成本低、效率高、影响广、震慑力强、方式灵活等优势逐渐成为各国政府和行政机关首选的规制手段。尽管没有强制约束力，不会直接产生任何法律效果，但任何类型的违法信息行政公告，都会随着信息的广泛传播，在客观上带给违法行为人一定的负面影响。公众对违法信息的知晓和道德批判势必会减损违法行为人名誉，降低其社会综合评价，减少其和经济利益直接挂钩的交易机会。违法行为人为了避免这些不利后果，避免经济上遭受损失，就会被迫加强自律、履行法定义务，不再违法。其他人则能从已经发生的个案中吸取教训，不再以身试法。相关职能部门也能从这些公开的违法信息中及时、全面地了解情况，确保行政执法的连续性、协调性和统一性。可见，违法信息行政公告通过违法信息的公开和传播，整合社会舆论监督的力量于无形，与行政监管形成一种强大的合力，可以有效缓解行政主体的执法压力，在宣传法律规范的同时，确保市场管理任务的实现，促使行政管理效率大大提升。"这种公示的价值在一个分工与交易发达的市场体制社会中尤其重要，其对法律实施的促进作用在很多情形下是单纯的罚款工具所无法比拟的，并且市场经济发展越成熟，这种方式就越有效。"② 违法信息行政公告借助社会力量来达致管理目标，行为本身蕴含着深刻的成本收益考量，不但有助于降低执法成本，还有助于减缓因违法行为众多而带来的巨大执法压力，更有助于大幅提升执法绩效。

另一方面，违法信息行政公告可以促进行业自律和市场良性竞争。对企业而言，处罚是否真正能够起到作用应该从罚款的支出、交易机会的减少和品牌价值减损等多个作用层面进行考量。③ 单纯的罚款对于经济实力雄厚的

---

① 杨建顺：《行政规制与权利保障》，中国人民大学出版社2007年版，第355页。
② 应飞虎、涂永前："公共规制中的信息工具"，载《中国社会科学》2010年第4期。
③ 吴元元指出：能否实现对企业恰当的"严罚"，应当系统地考虑以下多个作用层面：(1) 罚款形式的直接支出；(2) 因遭受处罚丧失的当期交易机会；(3) 因消费者长期抵制购买导致的未来交易机会减少甚至完全丧失；(4) 品牌价值减损甚至完全丧失。参见吴元元："信息基础、声誉机制与执法优化——食品安全治理的新视野"，载《中国社会科学》2012年第6期。

企业往往收效甚微，起不到真正的惩戒作用。显然，从这一角度出发，与声誉机制和道德谴责相勾连的违法信息行政公告的社会实效远甚于传统的行政处罚。正如美国学者所说："A clear pre-requisite for corporate self-regulatory codes to be effective is disclosure."（信息披露是确保企业自律章程得以有效实现的明确的前提条件。）[①] 对企业来说，企业的名誉是一种重要的无形资产，众多企业的高层都将企业名誉、商业信誉与市场竞争能力紧密联系在一起，视作培育和保护的重要对象。违法信息一旦公开，面对公众的道德谴责和舆论压力，违法企业往往会强化管理、改过自新、守法经营。相关企业也能受到警诫，从而规范自己的生产、销售和服务行为。例如，受国家工商总局广告司委托，中国广告协会定期通报违法广告案件查处的落实情况，并定期公开点评涉嫌违法违规广告，从而有效地通过大众媒体和社会公众的监督共同促进广告行业的自律工作。[②] 此外，作为公共服务的重要内容，违法信息的公开与传播有助于社会公众进行价值判断和行为选择，有助于社会公众保护自己的合法权益。尤其是有利于企业、团体今后选择诚实守信、遵纪守法的商家作为交易对象和合作伙伴，在保护自己合法权益的同时增强应对市场的能力。可见，作为市场监管的重要手段，信息规则在一定程度上促进了市场淘汰机制的形成，有利于市场的良性竞争，有利于创建公平、开放和透明的市场规则，弥补了市场失灵。违法信息行政公告的作出通过向公众提供相应的违法信息，实现公众的自我判断和自我选择，实现市场主体的自我规制和自我约束，可以有效预防民事纠纷，实现政府对市场的间接调整。

由此可见，违法信息行政公告作为信息规制工具，主动将公权机构对市场的管理置于公众监督之下，增强了行政执法的透明度，便于公众参与和舆论监督，防止暗箱操作和行政腐败，可以实现对市场的高效监管，可以促进行业自律和市场良性竞争，可以预防和纠正违法，从而维护国家法制尊严，维护市场经济秩序，促进社会的公平正义，增进人民福祉。同时，这种柔性

---

① David Graham, Ngaire Wood, Making Corporate Self-Regulation Effective in Developing Countries, World Development, Vol. 34, 2006, pp. 876~878.
② 周萍："致力广告行业自律　维护市场公平发展"，载《工商行政管理》2009年第17期。

行政方式的运用,还可以减缓传统刚性行政方式引发的执法冲突,化解官民矛盾,增强行政管理实效,促进社会治理方式的多元化。

(三) 对人民主权的积极回应

随着西方近代民族国家的兴起,主权理论开始崭露头角。法国古典法学家让·博丹作为这一理论的首创者,提出主权具有最高性、永久性和统一性的特征。[1] 洛克则强调作为最高国家权力的立法权在行使时不能违背人民的意志和利益。而作为人民主权思想的集大成者,卢梭强调国家是社会契约的产物,政府的统治源于人民的委托,人民通过"公共意志"的表达来完成这种委托。基于"公意"理论,卢梭进一步论证了人民主权的两个基本特征,即人民主权的不可分割性和不可转让性。[2] 当代德国思想家哈贝马斯则提出了一种程序性的民主理论。他认为人民主权并不意味着每个人都要参与到政治决定中,也不仅仅体现在代议机构由人民掌控,而是应该强调市民社会中个人和团体之间的"交往互动"。[3]

违法信息行政公告是行政主体依职权主动公开违法信息,属于政府信息公开的范畴。而信息公开,正是对人民主权理念的回应。正如汉密尔顿和麦迪逊所说:"人民是权力的唯一合法泉源和原始权威。"[4] 人民主权理念的核心思想就是承认国家的主人是人民,国家的一切权力属于人民,政府只有得到人民的授权才具备对国家进行治理的正当性。而政府出于管理职能的需要,

---

[1] 让·博丹认为主权具有三个特征:(1) 最高性,即主权除了受神法和自然法的约束外,不受法律和其他政治权力的制约,而且在整个国家范围内可以支配一切。(2) 永久性,即主权是永恒存在的,并不因主权者的死亡而消灭,是一种永久性的权力。(3) 统一性,即主权不可分割也不可转让。参见韩大元主编:《比较宪法学》(第二版),高等教育出版社2008年版,第54页。

[2] 卢梭认为人民主权具有两个基本特征:(1) 人民主权的不可分割性。因为主权是公意的具体体现形式,而公意又是人民整体的公共意志,是不可分割的,所以主权当然也不能被分割。(2) 主权的不可转让性。因为主权者是一个集体的生命,它只能由自己来代表自己。如果转让主权就意味着转让意志,而转让意志就是出卖自由、出卖生命,这是主权者所绝对不能允许的。参见韩大元主编:《比较宪法学》(第二版),高等教育出版社2008年版,第55页。

[3] 韩大元主编:《比较宪法学》(第二版),高等教育出版社2008年版,第55页。

[4] [美] 汉密尔顿、杰伊、麦迪逊:《联邦党人文集》,程逢如等译,商务印书馆1980年版,第257页。

在对国家进行治理的过程中必然会涉及对各种信息的收集、制作和处理。①这些信息，从本源上说，也属于全体人民所有，政府只能按照人民的授权妥善收集、制作、使用和保管信息，政府不能也不应垄断各种信息，更不能刻意封锁任何与公众切身利益相关的信息。就像学者所说，互联网时代，从信息传播的角度看，以往中国金字塔形的社会结构正在逐步演变成为一种平坦的"罗马角斗场"结构。这是"一种围观结构，是众人对个体展开的凝视和控制"。政府作为社会管理者，其管理方式、管理手段充分暴露在众目睽睽之下，依靠信息不对称进行公共管理已然失去了作用并"遭受到前所未有的危机"。②除了关涉国家安全、个人隐私等的特殊信息以外，人民有权要求政府提供内容正确、数量充足的各种信息以便作出行为选择，如果政府拒绝信息公开就与民主原理背道而驰。

20世纪以来，经济、科技、文化的飞速发展，使得人与人之间、社会组织之间、人与社会组织之间、人与国家之间、地区与地区之间甚至国家与国家之间的交往日趋频繁，公共管理需求大幅增加。③服务行政的兴起，意味着行政管理和行政法制的实践中必须更多地注入民主的因素。在一个高度多元化的社会里，公共行政与服务行政的第一要义，就是要承认价值和利益的多元，畅通利益表达的途径，以便公共决策在作出时可以兼顾各种正义理想，并积极化解其中的对立和矛盾，切实提供公共服务，保障公共利益、公民福利。从某种程度上说，采集和制作信息是政府职能部门提供公共服务的前提。与此同时，信息的传播也意味着协商与交换，违法信息行政公告可以在行政执法部门与公众之间产生一种积极的理解与互动关系。从这个角度讲，信息不仅是政府治理的对象，更是政府治理的方式与手段。政府信息的公开，不

---

① 对此，日本学者盐野宏有比较精辟的论述，他认为："行政过程，着眼于信息的话，可以说是信息的收集、积蓄、利用、提供的过程。以行政立法为代表的行政的法的行为形式就是所积蓄的信息的利用，宣教则是信息的提供，公开有时则是作为行政上的义务履行确保手段的信息的利用。行政调查则正是信息的收集。"参见[日]盐野宏：《行政法总论》，杨建顺译，北京大学出版社2008年版，第216页。

② 喻国明：《中国社会舆情年度报告》(2010)，人民日报出版社2010年版，第1~2页。

③ 莫于川："行政指导行为的合法性研究"，载《重庆大学学报》(社会科学版)2002年第1期。

但有利于公众理智选择行为,有利于公众对公共政策达成共识,还能通过信息的交流与反馈真正达致哈贝马斯提倡的"交往互动",将民主政治落到实处。换言之,违法信息行政公告在提供信息服务、规制市场的同时,更为重要的是将政府职能部门发现的违法事实、处置违法行为的措施、防控违法行为的举措等主动置于公众监督之下,这种行为所强调的是宏观民主政治体制的运作。虽然行为的实施切实地保障了公众的各项基本权利,履行了服务职能,但是其终极目标应该是对民主政治的回应。[①]

六、小结:违法信息行政公告具有显著的规制功能和宪法价值

违法信息行政公告,是指行政主体基于公共利益的考量,将其在行政执法过程中收集和制作的行政相对人违反行政法规定的相关信息,通过报刊、网络、电视等媒体,主动向社会公众予以公布的行为。翔实的史料证明,违法信息行政公告行为具有悠久历史,而今随着人类步入信息化时代,随着服务行政的崛起,借助现代媒体大举复兴。违法信息行政公告作为行政执法部门依据《政府信息公开条例》等相关规定主动依职权公开政府信息、传递信息、提供信息服务的一种手段,运用于行政管理实践中更多地是被视作一种信息规制工具。在行政实施的过程中,行政主体往往将违法信息行政公告与其他行政行为一起综合运用,从而确保行政的实效。但违法信息行政公告本身并不具有强制约束力,不直接产生法律效果,是一种典型的行政事实行为。此外,违法信息行政公告具有多重的信息规制功能,以行为不同的社会功能为标准,可以分为通知型违法信息行政公告、执行型违法信息行政公告、公共警示型违法信息行政公告和惩戒型违法信息行政公告。

违法信息行政公告具有一定的宪法价值,其实施不但可以确保公众知情权、监督权等基本权利的实现,而且也可以保障公众的人身权、财产权不受

[①] 涂四溢指出,政府信息公开能够保证公民的基本权利——积极的知情权——的实现,而积极知情权的实现有助于充分发展个性和建立一种基于公民身份的尊荣和自豪感,但政府信息公开不是建立在这种个体权利的视角之上的,它强调的是一种宏观的政治体制——民主政治体制——的运作。保证公民的积极知情这一点,也是应该为这种宏观的目标服务的。参见涂四溢:"《政府信息公开条例》的价值缺陷",载《行政法学研究》2010 年第 1 期。

侵犯，进而促进责任政府、民主决策等价值的实现。同时，违法信息行政公告作为首选的实现市场监管、弥补市场失灵的柔性行政方式，可以削减行政管理成本，提升行政管理效率，促进行业自律和市场良性竞争，还可以预防和纠正违法，从而维护国家法制尊严，维护市场经济秩序，促进社会的公平正义，增进人民福祉。当然，违法信息行政公告在提供信息服务、规制市场的同时，更为重要的是将政府职能部门发现违法事实、处置违法行为的措施、防控违法行为的举措等主动置于公众监督之下，这是对宏观民主政治体制运作的强调，也是对民主政治的回应。

第二章 违法信息行政公告的控制诉求

一、实践难题

从社会学、经济学、政治学的视角观察，违法信息行政公告简单易行、灵活简便、成本低廉、效果突出；作为公共服务措施，违法信息行政公告可以维护公众的合法权益；作为规制方式，违法信息行政公告可以维护社会秩序、维护公共安全。但是，违法信息行政公告也不是完美的。作为一种行政事实行为，作为一种柔性行政方式，违法信息行政公告有着天生的缺陷，加之目前法制不完善、规范不足，也使得实际运行中状况百出，突出的负面效应使这一行为毁誉参半，备受争议。

（一）依赖无法消解：效果有限

作为一种柔性行政方式，违法信息行政公告具备通知、间接强制执行、公共警示、惩戒等社会功能，可以为公众提供一种构建社会现实的价值框架。借助声誉机制，违法信息行政公告通过对违法行为的负面描绘，藉由信息的广泛传播，可能导致社会给予违法者普遍差评，打击违法行为人的自尊和降低其在群体中的社会地位，缩减违法行为人的交易机会，迫使其作出守法的选择，同时有效阻却其他人潜在的违法行为，缓解职能部门的执法压力。但作为一种行政事实行为，违法信息行政公告没有强制约束力，其效力具有间接性。违法信息行政公告的行为对象，即直接受众是社会公众，违法信息行政公告能否发挥对第三方的规制实效，能在多大程度上起到警示、预防、阻却的效果，既取决于公众对公告的态度、是否接受违法信息并采取相应行动，也取决于违法行为人本身对待声誉机制和道德谴责的态度。换言之，违法信息行政公告社会效果的实现至少建立在三个假设的基础之上。即,(1) 公众对于不法行为普遍关注,并积极给予道德谴责和行为抵制。(2) 违法行为人非常在意其合作者或更广大范围内的社会群体对他们的看法与评价,对违法信息的公开非常敏感。(3) 违法行为人相信一旦自己的违法信息被公开,受到公众关注,自己的名誉会实际上受到损害。

总体而言,违法信息行政公告的社会功能的发挥情况取决于下面三个因素:(1) 社会公众接触到违法信息的及时程度。当下的违法信息行政公告不但借用报刊、电视、广播等传统媒体进行传播,还通过网络等现代媒体进行传播。但倘若行政主体公告不及时,或媒体因故集体"失声",都可能导致违法信息无法被及时传递给公众,行政主体所追求的社会效果和管理目的就不能很好地得以实现。(2) 社会公众对违法信息的反应程度,即公众对不法行为的谴责和抵制程度。如果公众在接收到行政机构发布的违法信息之后,反应平淡,对这样的违法事件可能导致的后果无所谓、不在乎,甚至对行政机构发布的信息本身持怀疑态度,不仅不对违法行为人采取积极的道德谴责和交易抵制,也不提高警惕,慎重进行行为选择,那么违法信息行政公告的初衷显然也无法得到落实。(3) 违法行为人对名誉的重视程度。如果违法行为人根本不在意自己的名誉,对社会谴责和道德批判充耳不闻,那么违法信息行政公告的实际效果将大打折扣。例如,2013年8月26日,北京市专项行动指挥部办公室公告了拒绝配合执法机关进行调查处理的5位违建业主的信息,要求违法建设人在公告发布之日起15日内自行拆除违法建筑,否则将予以强制拆除。虽然事后有3位违建业主在规定期限内前往有关部门配合开展了调查工作,但还是有2位违建业主对公告"视而不见、置之不理",依然没有前往有关部门接受调查。① 可见,如果违法行为人本身对被披露无动于衷,违法信息行政公告就难以达致相应的社会效果。北京公众环境研究中心主任马军也指出,并不是所有的企业都会在意违法信息被公开。他在工作中发现,"公开环境违法信息,对于在意自己品牌形象的大企业起作用,对

---

① 耿诺:"北京市5处公告违章建筑中有2处自拆3处强拆",载中国网 http://news.china.com.cn/2013-08/30/content_29878437.htm,访问日期:2013年9月5日。

于大量的中小企业而言,却缺乏威慑力。中国大量以贴牌生产为主的企业,对于公众的环保压力并不敏感,他们更在意来自客户企业的压力"①。日本学者则指出,公告效果的大小取决于企业与市场的距离,只有在企业是大批量向市场供应商品、服务的事业者等的情况下,公告的不利性才会较大。只有在具有较大不利条件的安全领域中,公告才会有良好效果。②

综上所述,作为一种不能直接产生法律效果的行政事实行为,违法信息行政公告在实施中具有无法消解的依赖性,其所追求的社会效果往往受到各种外在因素的制约。这种难以克服的依赖性使得违法信息行政公告有时难以发挥出相应的功效,从而使行政管理目标的实现带有一定的不确定性。

(二) 矛盾难以避免:价值冲突

人文知识的对象是人以及人的博弈,人不仅会根据"关于人的知识"有意无意地调整自身的策略和行动,而且人的各种意见之间也存在着不断变化的互动关系,因此,关于人的知识不可能是客观的,而必定是博弈性的。③规则和制度都是长期博弈所形成的均衡,立法、执法和司法均不会单纯维护某种利益,而是寻求社会利益的平衡。故而,行政管理从决策到实施,都充斥着管理者的价值衡量和抉择。在诸多场景中行政行为的实施,更是无法避免价值判断。法律规范过于原则,现实状况又千变万化,执法者在具体实施某种行政行为时,都需要在多种相互竞争,甚至相互冲突的价值之间进行特定的拣选,将各种价值按情势排列优先次序,并予以一定权衡和妥协。而这其中,毫无疑问,最常见的价值冲突莫过于公共利益与私人权益的冲突。

对公共利益的提倡和维护,不但是现代国家的积极任务,还是政治权力运行的一大目标。世界各国的给付行政都强调公共服务,其本质就在于对公

---

① 刘亮:"环境信息公开:砸向企业环境违法的重拳",载《中国新时代》2010 年第 1 期。
② [日] 城山英明、村山明生、山本隆司、川出敏裕、舟木贵久:"安全法制度设计中加害者惩罚的相关问题——供参考的方法及其评价",见王贵松主编:《宪政与行政法治评论》(第五卷),中国人民大学出版社 2011 年版,第 47 页。
③ 赵汀阳:《每个人的政治》,社会科学文献出版社 2010 年版,第 5 页。

共利益的承诺,这也是行政管理的正当性来源。① 虽然我们都明确公共利益的公共性是指公共理性与公共价值,但对于公共利益本身无法给予一个明确且有说服力的定义。正如郑贤君教授所言,"公共利益与国家主权相联结的本质决定立法者只能依据宪法规范在具体法律中规定一般的概括条款,而不能就此确立一个普遍标准"。公共利益的界定从比较具体的层面看应该属于宪法分权的问题,由立法机关、行政机关和司法机关共同进行。其中,立法机关做概括性规定,行政机关制定具体的判断标准,司法机关则建立标准予以检验。② 作为一种带有整体性的事物,立法者很难给予公共利益一个准确、具体的界定,而且所有企图进行界定的努力几乎在实践中均无法真正给予执法者有用的指导。因此,最终只能由职能部门在执法中对"什么是公共利益"进行具体衡量。而私人权益是自然人、法人和其他经济实体依法天然具有的权利和应得利益,以及通过社会活动取得的合法权利及利益的总称。私人权益中最重要的不是利益,而是私人依法享有的受到保护的权利,即私人实现利益、取得利益的资格。公共利益的维护和实现有利于社会的整体进步,进而促进私人权益的实现;而私人权益的保障和落实、个人价值的充分表达,则是公共利益(公共服务)的一种社会责任。公共利益与私人权益的冲突,实质就是不同的利益主体在利益交换方式和交换条件方面的矛盾表现。

  违法信息行政公告的作出一方面是为了通过及时公开政府信息而提供公共服务,为了保障私人权益的实现而进行的行政给付,另一方面则是行政主体以公共利益为核心,为了维护公共安全和公共秩序而对社会生活进行的行

---

① 薛刚凌主编:《行政补偿理论与实践研究》,中国法制出版社2011年版,第35页。
② 郑贤君教授指出,"公共利益与国家主权相联结的本质决定立法者只能依据宪法规范在具体法律中规定一般的概括条款,而不能就此确立一个普遍标准"。公共利益的界定从比较具体的层面看应该属于宪法分权的问题,由立法机关、行政机关和司法机关共同进行。"在较为具体的层面,公共利益的界定属于一个宪法分权问题,是由立法机关、行政机关和司法机关共同分享的。立法者只能对此作出概括性规定,具体的判断标准则由行政机关来行使。唯在出现纠纷和冲突时,法院才予介入,对两造各执的理由进行判断,确定争执的问题是否属于'公共利益'。且三机关在确定'公共利益'标准的过程中分别依照各自机关和权力的属性,依据不同的程序及价值标准来确定'公共利益'。而在更为具体的意义上,由法院对争议中的问题确立一套标准予以检验。"参见郑贤君:"'公共利益'的界定是一个宪法分权问题——从Eminent Domain的主权属性谈起",载《法学论坛》2005年第1期。

政规制。违法信息行政公告作为一种信息规制工具，因为与声誉机制和道德谴责相勾连，故而带有特殊的"制裁"性质，这是无法回避的事实。有时候，违法信息行政公告也会披露违法行为人的相关个人信息（如果行为人系法人或组织，则为法人、组织的相关信息）[1]，这就使得无论初衷为何意，即使不直接发生法律效果，违法信息行政公告都好似锋利的双刃剑，在规范行为、维护秩序的同时，也会与利害关系人的权益产生冲突。也就是说，违法信息行政公告虽然直接面向社会公众作出，但其不但可能侵犯接收违法信息的社会公众的权益，而且可能会使其他利害关系人（包括违法行为人和同行业被牵连的第三人等）因违法信息被公开而招致公众的道德谴责与行为抵制，进而权益受损。一旦使用不当、程序不法或超出必要界限，违法信息行政公告就将损害利害关系人的合法权益，包括个人的隐私和名誉、企业的商业信誉和与经济利益直接挂钩的交易机会等。这种矛盾冲突的实质就是一种价值冲突。

我们不妨通过违法信息行政公告与隐私权[2]保护之间的悖论，来一探端倪。实际上，隐私权作为一个具有严格法学意义的词汇，在世界范围内也不过只有百年多的历史。1890 年，路易斯·D. 布兰戴斯和萨缪尔·D. 沃伦在《哈佛法学评论》上发表了著名的《隐私权》一文，被视为隐私权理论研究的开端。[3] "作为一项独立的人格权，隐私权是指自然人享有的私人生活安宁与私人信息秘密依法收到保护，不被他人非法侵扰、知悉、搜集利用和公开的一种人格权，而且权利主体对他人在何种程度上利益介入自己的私生活，

---

[1] 例如，《饲料和饲料添加剂管理条例》第 32 条规定："国务院农业行政主管部门和县级以上地方人民政府饲料管理部门，应当根据需要定期或者不定期组织实施饲料、饲料添加剂监督抽查；饲料、饲料添加剂监督抽查检测工作由国务院农业行政主管部门或者省、自治区、直辖市人民政府饲料管理部门指定的具有相应技术条件的机构承担。饲料、饲料添加剂监督抽查不得收费。国务院农业行政主管部门和省、自治区、直辖市人民政府饲料管理部门应当按照职责权限公布监督抽查结果，并可以公布具有不良记录的饲料、饲料添加剂生产企业、经营者名单。"

[2] 当然，需要说明的是，此种讨论仅限于违法行为人是公民的情况。换言之，只有公民才享有隐私权，当其违法信息被行政公告时，才会出现这样的价值冲突。

[3] 张新宝：《隐私权的法律保护》（第二版），群众出版社 2004 年版，第 28 页。

对自己是否向他人公开隐私以及公开的范围和程度等具有决定权。"① 具体来说，隐私的内容涉及若干方面，② 且随着社会发展，其外延已从真实的物理空间延伸至虚拟的网络空间，这使得对隐私内涵的界定愈发困难。自从人类社会进入信息时代以后，无论工作还是生活都更加依赖个人信息③，学界普遍认为应将部分个人信息纳入隐私的范畴，同时也主张公民对自己个人信息

---

① 张新宝：《隐私权的法律保护》（第二版），群众出版社2004年版，第12页。隐私权是人类进入文明社会后所发展出的一项权利。目前很多国家都将隐私权上升为受宪法保护的基本权利。美国自1965年通过格里斯沃尔德判例（Grisword v. Connecticut 1965）将隐私权上升为一种宪法上的权利后，加里福尼亚州、华盛顿州、路易斯安那州、佛罗里达州等州的宪法都明确规定要保护公民的隐私权，《欧洲人权公约》和《欧盟基本权利宪章》也对隐私权进行了规定。我国宪法中虽然没有明确写明隐私权，但学界通说认为《宪法》第38条所规定的"中华人民共和国公民的人格尊严不受侵犯。禁止用任何方法对公民进行侮辱、诽谤和诬告陷害"是可以解释出人格权包含隐私权在内的。此外，《宪法》第39条规定的"中华人民共和国公民的住宅不受侵犯。禁止非法搜查或者非法侵入公民的住宅"，也完全可以视为对包括隐私权在内的公民人格权保护的一种延伸。

② 张新宝教授指出隐私包含以下具体内容：（1）自然人得保有姓名、肖像、地址、住宅电话、身体肌肤形态（尤其是性器官）的秘密，未经本人许可，不得加以刺探、公开或传播。（2）自然人的个人活动，尤其是在住宅内的活动不受监视、监听、窥视、摄录像，但依法监视居住者除外。（3）自然人的住宅不受非法侵入、窥视或者骚扰。（4）自然人的性生活不受他人干扰、干预、窥视、调查或公开。（5）自然人的储蓄、财产状况不受非法调查或公布，但是依法需要公布财产状况者除外，司法部门依正当程序进行的调查除外。（6）自然人的通信、日记和其他私人文件（包括储存于计算机内的私人信息）不受刺探或非法公开，自然人的个人数据不受非法收集、传输、处理、利用。（7）自然人的社会关系，包括亲属关系、朋友关系等，不受非法调查或公开。（8）自然人的档案材料、个人数据，不得非法公开或扩大知晓范围、用于不当用途。（9）自然人不向社会公开的过去或现在的纯属个人的情况（例如，多次失恋、被罪犯强奸、患有某种疾病或者曾经患有某种疾病等），不得进行收集或公开。（10）自然人的任何其他纯属私人内容的个人资料、数据，不得非法加以收集、传输、处理和利用。张新宝：《隐私权的法律保护》（第二版），群众出版社2004年版，第7~8页。

③ 个人信息主要包括自然人的姓名、出生年月日、身份证统一编号、特征、指纹、婚姻、家庭、教育、职业、健康、病历、财务情况、社会活动及其他足以识别特定个人的资料。参见台湾地区"电脑处理个人资料保护法"第3条。日本在《行政机关个人信息保护法》中将个人信息定义为"能够识别特定个人的、关于生存着的个人的信息"。参见［日］南博方：《行政法》（第六版），杨建顺译，中国人民大学出版社2009年版，第119页。而欧盟议会和欧盟理事会1995年10月24日关于涉及个人数据处理的个人保护以及此类数据自由流动的指令（95/46/EC）则将"个人数据"（个人信息）定义为"与一个身份已被识别或者身份可识别的自然人（数据主体）相关的任何信息"。其立法目的在于保护自然人的基本权利和自由，特别是他们与个人数据处理相关的隐私权。参见中国人民大学信息法研究中心编：《个人数据保护 欧盟指令及成员国法律、经合组织指导方针》，陈飞等译，法律出版社2006年版，第25页。

的掌控，即资讯自决权与隐私密切相关，① 台湾地区司法院 2005 年 9 月 28 日颁布的"大法官议决释字"第 603 号解释也明确指出资讯隐私权包含"个人自主控制个人资料"②。因此，在这里，我们必须先弄明白的是，违法信息是否属于个人信息，又是否属于隐私的范畴？

　　首先，各国的信息公开法都旨在促进政府信息公开，促进公众监督和民主法治。但公开政府信息的同时，不少国家和地区也出台了个人信息保护法，对个人信息进行保护。可见，虽然政府信息与个人信息在某种情况下可能出现交叉，但两者本质上属于不同的范畴，在法律上具有不同的属性，一个是行政机关应当主动向社会公开的信息，一个却是依法受到保护、不能随意公开的信息。其次，虽然在一般语境下，尤其是在世界各国已有的关于个人信息保护的立法中，个人信息、个人数据与隐私的概念都被作为法律名称使用，且法律所保护的实质内容基本一致，③ 但是从形式逻辑出发，个人信息和个

---

　　① 哈佛法学院宪法教授 Charles Fried 曾经说过："隐私并不仅限于不让他人获得我们的个人信息，更为重要的是，我们对于自己个人信息的控制。"（Privacy is not simply an absence of information about us in the mind of others; rather it is the control we have information about ourselves.）美国克林顿政府信息基础特别小组（IITF）将隐私权定义为"个人对控制个人信息范围的请求权，在这一范围内主体自主收集、披露和利用确认自己的信息"。1974 年联邦隐私权法是美国国会通过的第一个隐私保护法案，对于联邦政府处理及使用个人信息进行详细的规范。到目前为止，美国已有十个州的宪法明文承认隐私权。德国《联邦个人数据保护法》于 1991 年修订后，将信息自决内容置于个人信息保护法制中，欧洲各国乃至世界各国的信息保护法制皆受到信息自决权的深刻影响。参见禹竹蕊：《论行政机关的违法信息披露》，载《广西法学学报》（哲学社会科学版）2012 年第 6 期。

　　② 台湾地区"司法院"2005 年 9 月 28 日颁布的"大法官议决释字"第 603 号解释指出："维护人性尊严与尊重人格自由发展，乃自由民主宪政秩序之核心价值。隐私权虽非'宪法'明文列举之权利，惟基于人性尊严与个人主体性之维护及人格发展之完整，并为保障个人生活私密领域免于他人侵扰及个人资料之自主控制，隐私权乃为不可或缺之基本权利，而受'宪法'第二十二条所保障（本院释字第五八五号解释参照）。其中就个人自主控制个人资料之资讯隐私权而言，乃保障人民决定是否揭露其个人资料及在何种范围内、于何时、以何种方式、向何人揭露之决定权，并保障人民对其个人资料之使用有知悉与控制权及资料记载错误之更正权。惟'宪法'对资讯隐私权之保障并非绝对，国家得于符合'宪法'第二十三条规定意旨之范围内，以法律明文规定对之予以适当之限制……"载台湾法律网 http://www.lawtw.com/article.php?article_category_id=1607&article_id=38858&job_id=86136&parent_path=,1,2169,1484,&template=article_content，访问日期：2013 年 8 月 28 日。

　　③ 目前，世界各国制定的个人信息保护法律，就法律名称使用的概念主要有三个，分别是"个人数据""个人信息"和"隐私"。概念的不同主要是源于不同的法律传统和使用习惯，实质上并不影响法律的内容。参见周汉华：《中华人民共和国个人信息保护法（专家建议稿）及立法研究报告》，法律出版社 2006 年版，第 28～30 页。

人隐私并不能直接画等号，两者之间是一种包含关系，即个人信息包含个人隐私，个人隐私是个人信息的下位概念，属于个人信息的范畴。换言之，并不是所有的个人信息都涉及个人隐私，只有那些核心的个人信息才能称为个人隐私。[1] 实际上，"隐私"一词在最一般的意义上是指不愿告诉他人或不愿公开的个人信息；严格按法律的要求解释，隐私就是与公共利益无关的个人私生活秘密。[2] 而且，各国法律对个人信息的保护，是对具有满足"识别性"条件的全部个人信息进行全面保护，并不仅仅停留在保护隐私这一个方面。[3] 以是否涉及个人隐私为标准，个人信息可以分为敏感个人信息和琐细个人信息（trivial data）。敏感个人信息就是涉及隐私的个人信息。[4] 对敏感个人信息的收集与处理，一般需要法律给予特殊的保护，尤其是对敏感个人信息的利用更需要法律加以特殊的限制条件。但从现有的立法来看，各国对于敏感信息的定义并不一致，甚至差别较大。例如，在英国，行为人的罪行及相应的诉讼信息，被明确纳入了敏感个人信息的范畴，在美国却未被列入。[5] 美

---

[1] 例如，美国的《信息自由法》[U.S. Department of State Freedom of Information Act(FOIA), 552(b).]就明确规定"人事、医疗档案及类似档案，其公开将对个人隐私构成显然无理的侵害的"（Personnel and medical files and similar files the disclosure of which would constitute a clearly unwarranted invasion of personal privacy），应该豁免公开。

[2] 李新天、郑鸣："论中国公众人物隐私权的构建"，载《中国法学》2005年第5期。

[3] 齐爱民：《私法视野下的信息》，重庆大学出版社2012年版，第105页。

[4] 齐爱民：《私法视野下的信息》，重庆大学出版社2012年版，第126页。

[5] 根据英国法的规定，敏感个人信息是指有关种族或道德起源、政治观点、宗教信仰或与此类似的其他信仰、工会所属关系、生理或心理状况、性生活、罪行以及与此有关的诉讼等诸如此类的个人信息。英国资料保护法第2条是关于敏感个人信息的规定。根据该条的规定，敏感个人信息包括：（1）信息主体的种族起源；（2）信息主体的政治观点；（3）信息主体的宗教信仰或者其他类似信仰；（4）信息主体是否是工会成员；（5）信息主体的身体或精神健康状况；（6）信息主体的性生活；（7）信息主体的罪行或被指称的罪行；（8）针对信息主体进行的刑事诉讼以及法院的判决。爱尔兰2003年《资料保护（修正）法》第2条规定，"敏感性个人资料"是指关于如下的个人资料：（1）资料主体的人种或种族起源、政治观点或宗教或哲学信仰，（2）资料主体是否为工会成员，（3）资料主体的身体、精神健康状况或其性生活，（4）资料主体的犯罪行为或者受指控的犯罪行为，（5）资料主体的犯罪行为或者受指控犯罪的任何诉讼，诉讼的处理过程以及就此过程法院作出的判决。但也有一些国家并没有将信息主体的罪行或被指称的罪行以及针对信息主体进行的刑事诉讼以及法院的判决列入敏感个人信息，如美国。根据《美国—欧盟的隐私安全港原则》"选择权"条款的规定，敏感信息包括：（1）医疗与健康；（2）人种与种族出身；（3）政治观点、宗教或哲学信仰；（4）贸易组织的成员资格；（5）与某个人的性生活有关的各种个人信息。参见齐爱民：《私法视野下的信息》，重庆大学出版社2012年版，第127页。

国佛罗里达州的棕榈滩市专门建造了相对封闭的"奇迹村"供曾经的性犯罪者居住改造，居住者过去的犯罪史对外并不是秘密。① 美国的《梅甘法》甚至明确要求有关部门定期向公众披露因性侵犯罪而被定罪人员的姓名、年龄、住处等个人信息，以保护公众特别是儿童及易受伤害成年被害人免遭性犯罪者侵害。② 可见，各国对隐私的界分标准并不统一，这种分歧不但存在于理论研究中，也存在于实践工作中。但可以肯定的是，行政管理部门在履行职责的过程中获取或制作的，以一定形式记录和保存的政府信息，确有部分属于直接或通过简单比照即能识别自然人具体身份的个人信息，这部分个人信息甚至可能涉及隐私。按照我国现行法律规范的规定，邮件和电子信件隐私、健康医疗信息隐私、储户存款信息隐私，以及未成年人的信息隐私等属于个人信息中的个人隐私。③

违法信息是关于行为人违反法律规定的一切客观事实的表征，是有关行为人的违法行为、违法情节、违法原因、违法动机、违法后果等客观资料的集合体。违法信息可能是职能部门在执法过程中自动发现、查获的，也可能

---

① 张文智："美'奇迹村'里性犯罪扎堆改造"，载《Vista看天下》2013年第24期。
② 1995年，新泽西州通过了首项所谓《梅甘法》（Megan's Law）。这个法律要求执法机构登记并公开通告因性侵犯罪而被定罪人员的姓名、年龄、住处等信息，并按危险程度分级，程度轻的要通告学校和社区，程度重的还要通告他们所在的邻里。新泽西州《梅甘法》制定后，美国国会于1996后通过了联邦《梅甘法》，1996年5月17日，克林顿总统签署了联邦《梅甘法》以修订《雅各·威特灵法令》，联邦《梅甘法》提供了一套新的全面的、最低标准的性犯罪者登记和信息披露准则。与美国的《梅甘法》不同的是，其他各国法律对于《梅甘法》给予了广泛的关注并结合本国实际为保护儿童及易受伤害被害人免遭性犯罪制定了类似《梅甘法》相关的制度，但非采用美国式《梅甘法》即将性犯罪者资料在社区通告，其披露范围较大、限制较少。而其他国家或地区是为维护公共利益及社会安全之目的，于登记期间得供特定人员!特定机构查阅。最主要的原因则是他们认为：为了保障性犯罪者的隐私权益，以及为了公众利益而让他们改过自新和重新融入社会，查核性犯罪者的资料及对该资料的使用和披露也应该受到适当的限制。参见易利：《美国性犯罪者登记和信息披露法研究》，湖南师范大学2009年硕士学位论文，第5~6页、第18~19页。
③ 周汉华教授指出：行政机关记录的个人情况，不是全部构成个人的隐私权。个人隐私寓于个人信息之中，行政机关只对涉及个人隐私权的信息可以拒绝公开。根据我国现行法律的规定，个人信息方面的隐私至少包括以下领域：邮件和电子信件隐私、健康医疗信息隐私、储户存款信息隐私以及未成年人的信息隐私等。参见周汉华：《中华人民共和国个人信息保护法（专家建议稿）及立法研究报告》，法律出版社2006年版，第41~48页。

是经公众举报后查获、收集的，根据《政府信息公开条例》第 2 条[①]的规定，行政主体在职权范围内收集、制作、取得的，储存于一定媒介物之上的这些信息，可以通过听、读、看等方式或辅以技术手段所了解和掌握，对于执法者而言的确属于政府信息的范畴。但全面的违法信息还包括违法行为人的姓名、住址等比较常见的信息，这些信息显然具有"识别性"，也应该算作个人信息。[②] 且从违法行为人个人的角度看，违法是其个人的事情，违法信息当然地属于其不愿向社会公开的隐私信息。虽然《政府信息公开条例》第 14 条第 4 款[③]对这一情况下行政主体所做的政府信息公开作出了指引，明确要求以"个人隐私"和"公共利益"作为判断能否公开的双重标准，但是此类信息本身所具有的双重性质，不但加大了判断的难度，也导致了实践中的矛盾冲突无法避免。正如美国最高法院在判决中所说，"个人并不因为个人信息成为公共纪录的一部分而丧失对其享有的隐私权益"[④]。隐私权意味着公民对于那些不愿意别人知悉的个人信息享有加以掩饰、进行隐瞒、排除他人干涉的权利，这种资讯自决权体现了对自由价值的追求，与违法信息行政公告所追求的秩序价值并不一致。行政主体在行政管理过程中大量收集、制作和

[①]《政府信息公开条例》第 2 条规定："本条例所称政府信息，是指行政机关在履行职责过程中制作或者获取的，以一定形式记录、保存的信息。"

[②] 对此，有学者指出违法行为信息中通常蕴含个人信息："行政机关为了实施行政管理无时无刻不在进行着对个人信息的收集、制作、储存、流通和使用，而由此形成的政府信息常常'公私'间杂。对于行政机关掌握的违法行为的信息尤其如此。这些违法行为的信息，有的是指向相对人的违法行为，有的是指向行政机关的违法行为，还有的是指向相对人和行政机关的违法行为。无论是何种情形，这类信息都具有一个共同的特征：个人信息和公共信息常常是兼而有之，并非截然分开。"参见许莲丽："论违法行为信息公开中的隐私权保护——重庆高考'加分门'事件引发的思考"，载《行政法学研究》2010 年第 1 期。

[③]《政府信息公开条例》第 14 条第 4 款规定："行政机关不得公开涉及国家秘密、商业秘密、个人隐私的政府信息。但是，经权利人同意公开或者行政机关认为不公开可能对公共利益造成重大影响的涉及商业秘密、个人隐私的政府信息，可以予以公开。"

[④] 在"U1S1Dept1 of Justice v1 Reporters Committee for Freedom of Press"一案中，最高法院认为：个人对联邦调查局持有的刑事犯罪前科记录中有关个人的信息享有隐私权益，根据信息自由法中免除公开范围的规定，该记录信息免除公开。并在判决理由中对这一问题的论述旁征博引："普通法认为，个人并不因为个人信息成为公共纪录的一部分而丧失对其享有的隐私权益"；"仅因为信息可以在公共记录中发现并不意味着该信息在没有重大公共利益时也应该广泛的公开"。参见许莲丽："论违法行为信息公开中的隐私权保护——重庆高考'加分门'事件引发的思考"，载《行政法学研究》2010 年第 1 期。

利用各种信息,并对相关违法信息予以公告,这一方面促进了信息的流通,在确保公众知情权的同时起到保障公共利益、维护公共秩序和公共安全的作用,但另一方面,违法信息的曝光加大了违法行为人隐私权受损的风险,妨碍了违法行为人资讯自决权的行使,这势必影响公民的隐私权对私权追求的最大化。

当然,这其中还穿插了权利与权利的冲突。前文已述,违法信息行政公告的宪法价值之一就是尊重和保障公众的包括知情权、监督权、人身权和财产权在内的基本人权。而知情权和监督权的实现是以政府信息公开(包括双重属性的个人信息)为前提的,防范风险、保障公民人身安全和财产安全也要求政府必须及时公开有关违法信息,这显然同隐私权所追求的个人信息自我隐匿和个人信息自我掌控相冲突。虽然我们知道,权利与权利之间不是绝对平等的,权利之间也有位阶,[①]但这种位阶带有"非整体确定性",有时不是那么鲜明,需要在个案中,按照不同权利的"分量",即不同权利对于个体和社会的重要性来进行衡量。然而,衡量本身就是一个实践难题,各种权利,尤其是各种基本权利到底孰轻孰重,本就是仁者见仁,智者见智。这样的价值冲突不但纠缠在违法信息行政公告与公民的人身权、财产权、知情权、监督权之间,还使得违法信息行政公告与法人、组织竭力要维护的商业信誉和交易机会矛盾重重。在政治国家与市民社会分化的二元社会格局下,推动社会发展、制度进步的两种基本力量分别是代表公共利益的政府和追求私人利益的公众。但这两种力量并不是只形成合力,也会在特定情况下产生交锋。更确切地说,这两种力量在某种程度上,从一开始就处于此消彼长、相互掣肘的紧张之中。随着我国公民权利意识的崛起,随着价值日趋多元化,价值与价值之间的冲突愈演愈烈。而立法也好、执法也好,都与利益密不可分。霍尔巴赫说过,"人们所谓的利益,就是每个人按照他的气质和特有的观念把自己的安乐寄托在那上面的那个对象;由此可见,利益就只是我们每个人

[①] 林来梵教授就认为,"可以说,在权利的体系中,权利位阶的存在基本上是一个不争的事实"。同时,他还指出权利位阶具有"非整体确定性",即"尽管权利体系中存在一定的权利位阶,但是,权利位阶并不具有整体的确定性,不可能形成像'化学元素表'那样先在的图谱"。参见林来梵、张卓明:"论权利冲突中的权利位阶——规范法学视角下的透析",载《浙江大学学报》(人文社会科学版)2003年第6期。

看作对自己的幸福所必不可少的东西"①。既然利益是"人们个别地或通过集团、联合或亲属关系,谋求满足的一种需求或愿望,因而在安排各种人们关系和人们行为时必须将其估计进去"②,那么,毋庸置疑,现实中各种利益关系盘根错杂,必将深刻地影响、制约或推动着行政执法的价值判断与选择。不能否认,违法信息行政公告的作出是站在公共利益的高度,但这样的行为实施要达致行政管理目标、保障公共安全和公共秩序,就难免对利害关系人的私人权益造成克减,行为过程必定蕴含着公共利益和私人权益之间的冲突。而且这种矛盾无法彻底消解,试图寻求一个平衡点绝非易事。尤其当执法部门滥用权力,不加限制地在公告中过度曝光违法行为人的个人信息,非法侵犯公民的隐私权和名誉权、侵害企业的商业信誉时,公共利益和私人权益之间的冲突将显现得更加激烈。同时,除了维护公共利益,违法信息行政公告还应将尊重和保障人身权、财产权、知情权、监督权等基本权利奉为己任。当行政主体公告违法行为人的违法信息时,所要保障的公众的各项基本权利自然就会和违法行为人的隐私权、名誉权之间发生不可避免的权利冲突。图2-1直观地反应了违法信息行政公告实施中所存在的不可避免的价值冲突,这再次证明,根本价值之间无法妥协的冲突才是一个社会真正的法律难题。对待这样的难题,单纯地分析法律关键词和非语境化的推演法律规则,势必束手无策。③

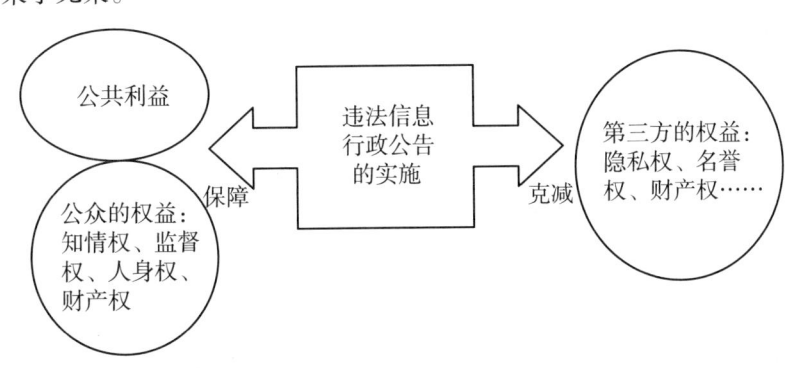

图2-1 违法信息行政公告实施中存在的价值冲突

---

① [法]霍尔巴赫:《自然的体系》(上),管士滨译,商务印书馆2007年版,第259~260页。
② [美]罗斯科·庞德:《通过法律的社会控制》,沈宗灵译,商务印书馆2008年版,第33页。
③ 冯象:《木腿正义》(增订版),北京大学出版社2007年版,第26页。

（三）风险无形放大：隐患增多

任何一种规制工具，在管理的过程中都会有潜在的风险。因为任何工具都不可能堪称完美，而缺陷就意味着隐患。违法信息行政公告亦然！在信息技术飞速发展的今天，违法信息行政公告本身所可能导致的风险正在被逐步放大。

首先，随着违法信息的公开，违法行为人的违法事实、有关情况陆续被公众知晓，负面评价和道德谴责席卷而来。公众的口口相传，不但使铺天盖地般的否定性评价轻易就给违法行为人贴上了"失信""不法""危险"等标签，还会给违法行为人带来更多的法律之外的非规范性评价，而且这样的评价往往会因为网络的持续报道被无限放大，完全超越违法行为本身所存在的时空。违法信息行政公告的本意是要借助信息公开，起到通知、执行、警示、惩戒的作用。而在行政执法中，惩戒、教育、预防是相互依存的。惩戒不是目的，通过教育并达致社会预防，有效阻却其他人的潜在违法行为，有效维护社会秩序，这才是行政执法的最终目的。可是，面对这样强大的舆论压力，面对持续的谴责，那些并非恶意、亦非恶习，仅仅是无心犯错且有心改过的违法行为人，也会受到社会排斥，可能再也抬不起头，即使改过自新，也再也没有机会重新融入社会，再也得不到公众的信任，有可能真的彻底沉沦，走向违法犯罪。违法行为人再次违法的风险加大，这显然与违法信息行政公告的初衷相悖，使得政府的教育和预防职责无法落实。

其次，行政主体作出公告时如果表述不当或不够清晰，容易将违法行为导致的风险放大，导致公众产生过度反应，不但会使被公告的违法行为人名誉受损，还会使其交易机会、经济利益等在无形中统统受到打击。例如，20世纪70年代，美国食品及药物管理局（FDA）曾发布公告，指出斯珀林与施瓦茨公司进口的餐具中重金属（铅）含量过高，对人体有害。随即，公司召回了市场上的这批产品。但后来FDA又发布了第二个报告，指出这些餐具并没有前一个报告描述得那么有害，这些所谓重金属超标的餐具只有在盛放酸性食物或者饮料时才会对人体造成伤害。但此时的补充解释说明，显然已经无法挽回斯珀林与施瓦茨公司的损失。① 可见，由于缺乏事先通知，被公告的违法行为人没有足够的时间进行回应，即使行政主体发现公告有误、及时纠正，业已发生的损害也具有不可挽回性。2006 年我国的雅士利奶粉事件也是一个例证。② 此外，由于传播者，包括中间网站可以随心所欲地链接、转载行政执法部门的公告，为博眼球甚至大肆采用误导公众的标题、删减和篡改行政公告的内容，使得违法信息的传递比以往更为随意，发生错误的风险无形中增大，且错误可以轻松地繁殖。虽然借助发达的网络和现代媒体，公众有了更多的机会在第一时间接收到违法信息，但也正是网络和现代媒体的不规范性、随意性，在无形中使公众误读、误解或者曲解行政公告的机会增大，使公众的过度反应或错误反应产生滚雪球效应。这不仅对被公告的违法行为人不公，使其利益受损，还会扭曲市场竞争，妨碍资源的最佳配置，更会阻碍信息社会的健康发展。

再次，网络时代社会特有的"围观"结构，使得众人得以对个体展开凝视。但这种围观很容易导致"媒体审判"，从而加大执法部门处理不公的风险。实践中，出于事件的紧迫性，行政主体往往在查获违法行为后，作出处理前就会将违法信息予以公告，目的是警示公众，避免造成大范围的食品安全、药品安全、环境安全等事件，以保障公众的生命、健康和财产免受损失。这样的违法信息行政公告，不但引得公众侧目，还会引起公众热议，网络讨论激烈。一个事件一旦引起广泛关注，公众从自身利益出发，可能要求严惩违法行为人，而公众不是执法者，他们的判断和呼吁不一定合法合理。真正支持用事实和法律而非社会情绪说话的，往往是少数具有独立思考人格的群

---

① Lisa M. Willis. , No Cranberries for Thanksgiving: The Impact of FDA Adverse Publicity (2005 Third Year Paper) , pp. 8 ~ 9, http//:nrs. harvard. edu/urn - 3; HUL. InstRepos:8889457.

② 2006 年，国家工商总局公开点名雅士利中老年奶粉不合格，导致消费者感到惶然，各大卖场也纷纷将雅士利奶粉撤市、下架。记者走访中发现，大部分消费者，包括经销商，对于这次"雅士利中老年奶粉不合格"的具体原因都不清楚，但只要一听到"不合格"，就首先神经过敏地"拒绝"。一些商家出于谨慎考虑，主动将所有雅士利的奶粉撤架。后来，虽然国家工商总局发表声明，雅士利中老年奶粉不合格的原因主要是铁、维生素 B1 实际含量超出标示值，且标签不合格，奶粉质量本身并没有问题，但雅士利奶粉还是受到了市场的抵制，其婴幼儿奶粉也被波及，销量大减。参见欧志葵："雅士利奶粉事件曝光 凸现警示信息发布缺陷"，载中国经济网 http://www. ce. cn/cysc/main/right/jsxw/200609/07/t20060907_8455394. shtml，访问日期：2013 年 8 月 28 日。

体。但媒体抓热点新闻的"天性"会促使其不断追踪报道，渲染事件的是非曲直，可能会使"小事变大"，引起公众恐慌，阻碍公正判断。面对公众舆论压力，为树立执法形象，执法部门可能对违法行为人作出较为严厉，甚至是不公的处理，这显然有悖于法治精神。

最后，正如前文所述，政府作为主要的责任主体，其信息路径具有相对的功能优势，但在制度缺失、规范不足的情况下，却很可能出现"信息垄断"和公开不及时的情况，进而导致公众因为不知情，无法作出准确判断和行为选择，最终导致合法利益受损。2008年，震惊全国的三鹿奶粉事件就是这样的典型案例。早在2008年3月，厂家就开始接到有关质量问题的投诉，却没有引起高度重视。8月初，石家庄市有关部门虽然查出三鹿奶粉存在质量问题，并责令企业对问题奶粉进行召回，然而遗憾的是，企业并没有采取切实行动，相关部门也没有及时将这一违法信息进行披露，这就造成很多消费者继续购买和食用问题奶粉，给消费者特别是婴幼儿的身体健康造成了极大危害，最终造成了严重的社会影响。这一事件充分说明，"信息垄断"和公开不及时也是违法信息行政公告所存在的一大风险，这一风险不但违背了违法信息行政公告预防和调控社会风险、保障基本人权的初衷，还会对政府的公信力、执行力造成巨大的冲击和影响。

二、控制诉求

行文至此，我们已经可以发现，从正当性和证成性[①]两个不同的角度审视违法信息行政公告，会得出不同的结论。

第一，从正当性的角度看，违法信息行政公告是行政主体为维护公共秩

[①] 在概念层面上，正当性是一种"回溯性"的概念，它关注的是权力的来源和谱系。也就是从"发生的进路"去评价权力或国家；而作为"前瞻性"概念的证成性，关注的是权力的效用和达成的目的，也即从"目的的进路"去评价权力或者国家。虽然我们可以在概念上区分正当性与证成性，但不可否认两者同样存在千丝万缕的联系。一个政治权力拥有再多的证成性，也无法推出它就拥有正当性，但是一个原本具备正当性的政治权力，如果缺乏足够的证成性，就一定会削弱它的正当性。从这个意义上说，"目的性进路"甚至在逻辑上优先于"发生的进路"，也就是说证成性在逻辑上优先于正当性。参见周濂：《现代政治的正当性基础》，三联书店2008年版，第41~43页。

序、保障公共利益，依据法律授权，在职能范围内所采取的一种柔性行政方式。这种行为具备特定的宪法价值，具有一定的社会功能，权力来源具备正当性。此外，违法信息行政公告兼具规制行政与服务行政的双重属性，它直接面向社会公众作出，却会产生第三方效果，其行为表象是在为公众提供信息服务的同时也对不法行为进行规制。这样的一种行政干预手段是否具有正当性，应分别检视基本权利所保护的法益和干预手段所保护的法益的重要性程度，并将两者进行比较。① 现代政治与管理的正当性早已不再是一个自我赋予的概念，其重点在于获得被统治者或被管理者的承认，因此，从被统治者或被管理者的政治义务和法定义务的角度出发去考查正当性，在逻辑上更具优先性。② 违法信息行政公告作为服务行政旨在保护公众的知情权、监督权、人身权、财产权等各项重要的基本权利，保障公共秩序和公共利益，其作为规制行政进行干预可能侵犯的是利害关系人（主要是违法行为人）的隐私权、名誉权（商业信誉）、财产权（交易机会与经济利益直接挂钩，属于潜在的财产权）等基本权利。通过法益衡量，我们可以看出，违法信息行政公告作为服务行政所要保护的法益相较于其作为规制行政所可能侵犯的法益具有更大的重要性，而且利害关系人对违法信息行政公告所要维护的公共利益有着应尽的法定义务，违法信息行政公告作为干预手段具备正当性。

第二，从证成性的角度看，违法信息行政公告在实践中，不可避免地会对利害关系人，尤其是被公告的违法行为人的权益造成克减。作为信息时代复兴的规制工具，违法信息行政公告目前尚未受到法律的严格规范，个别执法部门在选择使用时难免带有规避法律约束、树立执法形象或强化行政职权的动机。实践中，表述不当或表述模糊的违法信息行政公告不但会损害利害关系人的合法权益（有时不仅是违法行为人本身，甚至可能连累一个产业受

---

① 按照阿历克西的观点，法益衡量的结果可以导出一个"附条件的优先关系"（conditional relation of precedengce），而根据这个"附条件的优先关系"，则可以得出基本权利的适用规则。See Robert Alexey, A Theory of Constitutional Rights, trans. By Julian Rivers, New York: Oxford Univ. Press, 2002, p. 52. 转引自胡锦光主编：《2009 年中国十大宪法事例评析》，法律出版社 2010 年版，第 120 页。

② 赵汀阳：《每个人的政治》，社会科学文献出版社 2010 年版，第 134 页。

到致命的打击),还可能造成不必要的社会恐慌,给整个社会带来不可估量的损失,与违法信息行政公告的初衷相去甚远。而大量名为公告实为制裁的、滥用违法信息行政公告的案例则更让人对其证成性产生了疑问,甚至怀疑立法机关控权的意图也受到了一定程度的损害。

鉴于此,考虑到信息社会特有的高度关联性,会将权益受损的问题加倍放大,促使我们聚焦违法信息行政公告的立法、执法与司法的现状,从权力控制与权利保障的视角认真审视其中存在的问题,希冀从法律控制的角度对违法信息行政公告加以改善,使之更加符合民主法治和权利保障的要求。

(一)备受质疑的执法现状

网络时代的兴起为违法信息行政公告的生命注入了新鲜的血液,使之焕发出新的活力。但遗憾的是,虽然违法信息行政公告随社会发展开始复兴,但相应的法律规范未能及时完善。经过对259部法律及法律性文件(包括240部法律、3部有关法律问题的决定以及16部法律解释)和612部行政法规的详尽梳理,我们可以看出,明确规定违法信息行政公告(包括第一章所述的实践中因行为方式转变而转化为违法信息行政公告的通报行为)的法律有36部,行政法规有72部,仅占全部法律的13.9%和行政法规的11.8%。而这些规定中,除了《关于中央人民政府所属各机关发表公报及公告性文件的办法》[①]和《政府信息公开条例》[②]以外,其他的法律和行政法规均是针对违法信息行政公告的适用情况作出的相对具体的规定。但研读法条,还是遗憾地发现这些规定依然不够精细,存在不少漏洞。有关行政机关发布违法信息的条件、程序,现有法律法规的规定并不清晰,无法给予执法实践有效的指导,这导致不少行政管理部门在实务工作中仍属"创造性""探索性"地适用违法信息公告,暴露出违法信息收集不系统、制作和发布不及时、发

[①] 《关于中央人民政府所属各机关发表公报及公告性文件的办法》主要是对"中央人民政府及其所属各机关的一切公告及公告性新闻,均应交由新华通讯社发布,并由《人民日报》负责刊载"作出原则性规定,这一规定同样适用于由行政机关发布的违法信息行政公告。

[②] 《政府信息公开条例》是我国政府信息公开的原则性规范,里面针对政府部门依职权主动进行的信息公开的规定同样适用于违法信息行政公告。

布信息不对称、错误信息纠正和撤回不规范等各种问题。

盘点近年来国内发生的事例,我们可以发现实践中引起公众争议和不满的违法信息行政公告层出不穷。其中,特别典型的有:(1)2003年前后,各地警方为反扒窃将小偷的信息广而告知,公示小偷(包括未成年人)照片;① (2)2005年,衡阳市公安局珠晖分局站前派出所给宰客店铺挂"黑店"牌匾;② (3)2006年,深圳福田警方公开宣布对卖淫嫖娼人员的行政处罚决定;③ (4)2006年,雅士利奶粉事件;④ (5)2007年,三亚市工商部门给宰客水果商挂"黑心店"牌;⑤ (6)2008年,三鹿奶粉事件;⑥ (7)2009年,

---

① 2003年前后,深圳、东莞、广州、成都、重庆、长春、天津等城市纷纷出现警方公告小偷个人信息的做法。广东省汽车站也出现小偷"上榜"事件,在20名被张贴公示照片的小偷中,包括6名未成年人,其中最小的仅13岁。参见王海涵:"13岁小偷照片该不该公示",载新浪网 http://news.sina.com.cn/c/2003-11-18/09311140036s.shtml,访问日期:2013年8月28日。

② 衡阳火车站周边治安混乱状况由来已久,一些店铺专宰外地旅客,群众对火车站周边的治安状况反映强烈。2005年7月下旬,湖南省衡阳市公安局珠晖分局站前派出所开展了一次集中整治行动,给其中4家宰客的店铺挂上了"黑店"牌匾。由派出所制挂的"黑店"牌匾白底黑框黑字,正是偌大的"黑店"两字,上面写有"站前派出所授",下方还留有举报电话,格外醒目。挂牌同时,这4家店被取缔,相关人员受到治安处分。派出所的"创举"虽然取得了实效,但也招来不少异议。首届全国十佳律师秦希燕认为,尽管派出所授挂"黑店"牌匾出发点是好的,但法律并未明确授予公安机关这样的权力,更没有相应的程序对此进行规范,因此这一行为被质疑是必然的。参见佚名:"衡阳4家店铺宰客 警方挂'黑店'牌匾惹众怒",载乐途旅游网 http://www.lotour.com/snapshot/2005-8-26/snapshot_23335.shtml,访问日期:2013年8月28日。

③ 自2006年11月24日开始,一场"扫黄"风暴席卷深圳福田。2006年11月29日下午,福田警方分别在上沙下沙、沙嘴召开两场公开处理大会,对在开展专项行动中抓获的100名涉嫌操纵、容留、强迫妇女卖淫,路边招嫖卖淫嫖娼,派发色情卡片等违法犯罪人员公开宣布处罚决定。参见丰雷、毛寿斌:"深圳公开处理百名卖淫女和嫖客 千人观看",载搜狐网 http://news.sohu.com/20061130/n246717025.shtml,访问日期:2013年8月28日。

④ 欧志葵:"雅士利奶粉事件曝光 凸现警示信息发布缺陷",载中国经济网 http://www.ce.cn/cysc/main/right/jsxw/200609/07/t20060907_8455394.shtml,访问日期:2013年8月28日。

⑤ 2007年,海南省三亚工商部门为了加强对水果市场的监管,由红旗工商所与经营者和市场开办者联名签订《文明水果摊经营责任状》,对消费者投诉案件,一经查实,实行重罚,并在该摊点前悬挂"黑心店"牌进行警示。经过整顿,三亚市水果市场的欺客现象也确实有所好转。但这一悬挂"黑心店"牌的做法,却在全国范围内引起激烈争论。公众的疑问主要是对于违法违纪的黑店挂"黑心店"牌是否符合法律规定。参见杨燕生:"三亚工商部门给宰客水果商挂黑心店牌引发争议",载腾讯网 http://news.qq.com/a/20070528/001204.htm,访问日期:2013年8月28日。

⑥ 李记:"以三鹿奶粉事件反思信息公开权威及时",载青岛新闻网 http://www.qingdaonews.com/content/2008-09/12/content_7920841.htm,访问日期:2013年8月28日。

农夫山泉"砒霜门"事件;①（8）2009年，郑州警方在扫黄活动中拍小姐裸照并公之于众;②（9）2009年以来，各地警方频频曝光醉驾名单，在民间引起很大争议。③ 这些事例中折射出的问题，使人们对违法信息行政公告的执法现状不抱乐观态度。实际上，即使是西方法治发达国家也存在类似的情况，例如，美国著名的"蔓越莓恐慌"（The Cranberry Scare）案。1959年感恩节前夕，正是蔓越莓销售的顶峰季节，美国食品及药物管理局发现在华盛顿和

---

① 2009年11月24日，海口市工商局发布关于农夫山泉含"砒霜"的消费警示，造成农夫山泉销量锐减，损失预计达10亿元。后经中国检验检疫科学研究院综合检测中心复检，农夫山泉和统一企业的3种抽检产品全部合格。海南省工商局2010年1月6日称，根据21天的深入调查，确认检测机构初检结果有误，仪器老化方法不标准成为主要原因，海口市工商局在工作过程中存在程序不当的地方。事后，农夫山泉公司董事长钟睒睒公开指责工商部门的做法存在"三宗罪"：（1）抽样检测程序违法；（2）信息公布程序违规；（3）信息公布权限违规。农夫山泉公司怀疑这一事件存在幕后交易，钟睒睒甚至直接称"这一事件是继前段时间'水源门''假捐门'之后又一起经过蓄意策划和操纵的恶性事件"，认为这一系列事件策划和推广手法极其类似：首先买通个别行政执法机关的个体，继而利用强大的法权体系中存在的监督漏洞向个别媒体披露负面信息，最后通过网络媒体扩大形成广泛报道，造成恶劣影响。参见陶斯然："农夫山泉：'砒霜门'后一周 销量陡降5成"，载中国经济网 http://www.ce.cn/cysc/sp/info/200912/08/t20091208_19940349.shtml；程娇："海南公布农夫山泉'砒霜门'结果：仪器老化致失误"，载网易网 http://news.163.com/10/0106/12/5SBJ46RL0001124J.html；胡笑红："农夫山指责工商部门'三宗罪'质疑遭幕后黑手陷害"，载中国经济网 http://www.ce.cn/cysc/sp/info/200912/01/t20091201_19935854.shtml，访问日期：2013年8月28日。

② 2009年10月28日晚，在郑州市第二次大巡防集中行动中，郑州市公安局出动300余名警力集中开展打击涉黄涉赌专项行动，对全市的小浴池、小旅社、美容美发屋等公共复杂场所进行突击清理清查，抓获违法犯罪人员9人。在行动后的报道视频及照片中，有一张照片是一名暗访的光头民警一把揪住赤身裸体的小姐的头发，将她的脸往上抬。这幅照片公布后，在网上引起了巨大争议。参见孟澍菲："郑州扫黄警方公布小姐裸照'光头卧底'引关注"，载华声在线网 http://www.voc.com.cn/article/200911/200911030843258176.html，访问日期：2013年8月28日。

③ 王金植："福建泉州交警首次曝光26名'醉驾'人员"，载中国新闻网 http://www.chinanews.com/sh/news/2009/08-28/1839630.shtml；袁爽："浙江部分醉酒驾驶被拘的国家机关工作人员被曝光"，载中国新闻网 http://www.chinanews.com/gn/news/2009/09-08/1856044.shtml；来建强："福州'伏击'酒驾者 开出实名曝光'醒酒汤'"，载搜狐网 http://news.sohu.com/20090828/n266298503.shtml；卢杰、周斌："实名曝光酒驾者被质疑侵犯隐私 济南警方回应：公布酒驾者属政府信息公开范畴"，载 http://www.legaldaily.com.cn/executive/content/2012-02/16/content_3354559.htm?node=32120；黄冠："曝光醉驾者，行政机关当慎行"，载《新华每日电讯》，2009年11月10日；杜文戈："媒体曝光醉驾是'二次处罚'"，载《检察日报》2009年11月11日；徐伟、林燕："公安交管部门曝光醉驾者名单引发热议 权威专家认为此举不违法"，载《法制日报》2009年11月12日；墨帅："处罚结果公开与曝光不能混同"，载《检察日报》2009年12月2日。

俄勒冈州的蔓越莓种植过程中广泛使用了氨噻唑啉（一种在剂量较大的情况下能够导致老鼠发生癌症的杀虫剂）。实际上，美国其他地区蔓越莓的种植并没有此类情况（最终证实全美只有不到1%的蔓越莓受到了此种杀虫剂的危害），科学家们也认为此类被污染的蔓越莓造成危害的可能性仅仅是可疑的，因为它们只是在很短的时期内、很低水平地接触过这种药物。尽管如此，1959年11月9日，美国健康教育福利部部长阿瑟·弗莱明还是召开了一个大型的新闻发布会，劝告公众不要食用被污染的蔓越莓。结果，这一信息的发布直接造成1959年美国全境蔓越莓的销量大幅度减少，对蔓越莓市场产生了深远的影响，许多无辜的、没有遭受污染的蔓越莓也遭受了惨烈的损失。[①]

分析一个个鲜活的个案，我们可以发现问题主要集中在以下三个方面。

第一，行政管理部门执法动机不纯。正如美国学者所说，行政机关公告违法信息并不都是为了维护公共利益，有时他们不过是借助媒体公开来强化自己的行政职权或对其他政府机构施加压力；有时，则是行政官员利用这样的新闻报道以增进选民集团对其的信任。[②] 而从我国的实践来看，有时候行政管理部门刻意回避具有正式法律法规授权的制裁手段而选择违法信息行政公告作为规则工具，就是因为现行法律法规对违法信息行政公告的规定不够完善，操作起来更为方便，可以不受太多规范的束缚，同样达到制裁的效果。不管是2005年，衡阳市火车站宰客店铺被挂"黑店"牌匾，还是2007年，三亚市宰客水果商被挂"黑心店"牌，不同的行政机关不约而同地采取这样

[①] Leon Liu, The FDA's Use of Adverse Publicity, Food & Drug Law (1998 Third Year Paper), pp. 18 – 19, http://nrs.harvard.edu/urn – 3：HUL.InstRepos：8965582.

[②] 行政机关有时会借助媒体公开来强化自己的行政职权（只要不超越法定权限）。例如，据报道，因对就业歧视的法定处罚太轻，均等就业机会委员会（EEOC）就曾用不利信息公开来作为一种补充的处罚措施。同样的，尽管缺乏明确的法定权力，食品及药物管理局（FDA）也可以引导一系列"自愿"的可疑食品召回，因为公司知道如果他们拒绝合作，就将遭到不利信息公告。行政官员还可利用新闻报道来增进选民集团对其的信任，或对其他政府机构施加压力。环境保护局（EPA）第一次创建时，就大力宣传了一系列提起司法起诉的污染事件，其意图很明显，就是要树立其作为一个强势的执法机构的形象（或许还想借此使得司法部无法放弃对这些案件提起公诉）。See Ernest Gellhorn and Ronald M·levin, Administrative Law and Process（影印本），法律出版社，2001，p. 177.

的措施，皆是认为此种管理手段比罚款等处罚措施更能达到制裁效果和管理目的，且所受约束相对更小。

第二，前置程序缺失，法定制约机制短缺，行政执法随心所欲。按照正当程序原则的要求，行政许可、行政处罚等刚性行政行为方式，在最终行政处理决定作出前，通常以听证作为前置程序。而违法信息行政公开这种柔性行政方式，却没有此类前置程序的约束，利害关系人的权益保障无法落实。一方面，实体法没有明确违法信息行政公告的条件和标准；另一方面，程序缺少又使得违法信息行政公告的时机不明确，这就造成了部分案件中行政机构该公告的违法信息迟迟没有公告，导致公众无法合理规避风险，致使合法权益受损。加之，作为一种行政事实行为，法律法规并没有明确行政机关对错误的违法信息行政公告负有赔偿责任，这就导致行政主体即使进行了不当公告，利害关系人也很难通过司法救济的途径挽回损失。更何况，名誉与经济利益直接挂钩的交易机会等因行政公告所受的广泛影响也不是司法审判可以挽回的。行政管理部门在缺乏有效约束的情况下，"创造性""探索性"地适用违法信息公告，执法不规范、不统一，随意性很大，容易侵犯利害关系人的合法权益。我国 2006 年的雅士利奶粉事件和 2009 年的农夫山泉"砒霜门"事件，以及美国的"蔓越莓恐慌"事件和 FDA 公告斯珀林与施瓦茨公司进口餐具中重金属（铅）含量过高的案例都充分暴露出这样的问题。

第三，刻意追求公开曝光的效果，加大了滥用的潜在可能。作为一种以声誉机制为核心的信息规制手段，违法信息行政公告将导致违法者的名誉受损，进而影响并降低其社会评价，间接损害交易关系、带来经济上的不利后果。正是因为与"声誉罚"类似，违法信息行政公告可以产生威吓、震慑作用，成为不少行政管理部门当下首选的管理手段。透过公布小偷信息、张贴小偷照片、公开宣读对卖淫嫖娼人员的处罚决定、曝光醉驾人员名单等事例，我们可以看出，不少行政主体进行违法信息公告是刻意在追求公开曝光的效果，是希望通过强大的社会舆论去迫使违法行为人不再违法、改邪归正，并警示其他人不要以身试法。但很多时候，这样的一种刻意难免会带有"滥用"甚至"违法"的嫌疑，产生的破坏性很强，不但可能将一个公民重新走回正道的希望破灭，还可能将某些产品和公司彻底淘汰出生存空间，从而招致公众对行政执法公信力的质疑和批判，引发社会矛盾。

（二）令人堪忧的发展趋势

早在 1973 年，美国行政法学者 Ernest Gellhorn 就在 *Adverse Publicity by Administrative Agencies* 一文中指出"不利公开宣传通常是一种具有强大力量而又难于驾驭的非法律制裁。如果滥用，它能够毁掉公司或个人的名誉和事业，损害行政效能，以致失去公众的信任。通过谨慎的控制，它可以成为准确、有效和公平行政的试金石"[1]。这篇文章通过多个案例的实证分析，清楚地揭示了不当的不利公开宣传是如何摧毁产品、公司甚至整个产业的。同年，联邦行政会议（Administrative Conference of the United States，ACUS）在针对《美国联邦法规》（Code of Federal Regulations，TITLE 1. CHAPTER III. SUBCHAPTER A. §305.73-1）提出的立法建议中也明确指出，"当不利公开宣传出现错误、产生误导、超过限度或用于其他未被授权的机构目的时，它是不受欢迎的"[2]；"不同的机构有关不利公开宣传的实践差别很大。有些机构将不利公开宣传作为主要执法手段；有些机构将其视为正式制裁性措施的附加行为。机构很少建立有关不利公开宣传的程序或标准，并且不利公开宣传几乎从来没有受到过有效的司法审查"[3]。不约而同地，Gellhorn 教授和联邦行政会议都建议不利公开宣传应有一定的标准和程序；Gellhorn 教授还建议法院应该对行政机构作出的不利公开宣传进行司法审查。

---

[1] "Adverse agency publicity is a powerful and often unruly nonlegal sanction. When misused it can destroy reputations and businesses, impair administrative performance, and abuse public confidence. When carefully controlled it can be the touchstone of accurate, efficient, and fair administrative regulation." See Ernest Gellhorn, Adverse Publicity by Administrative Agencies, Harvard Law Review, Vol. 86, No. 8, 1973, p. 1441.

[2] "However, adverse agency publicity is undesirable when it is erroneous, misleading or excessive or it serves no authorized agency purpose." See http://www.law.fsu.edu/library/admin/acus/305731.html.

[3] "Agency practices regarding adverse publicity vary widely. Some agencies use adverse publicity as the primary method of enforcement; for some others it is merely action incidental to formal sanctions. Agency rules seldom establish procedures or standards for the use of adverse agency publicity, and it is almost never subject to effective judicial review." See http://www.law.fsu.edu/library/admin/acus/305731.html.

然而，几十年过去了，上述问题并没有得到有效解决，且当下的违法信息行政公告呈现出的发展趋势更是让人堪忧。[1]

第一，随着民主法治的发展，行政管理部门的日常执法过多地被正当程序和各种监督所羁绊，违法信息行政公告成本低廉、效果显著，可以缓解行政执法压力，本身对行政执法者就具有极大的"诱惑"。加之，违法信息行政公告不但没有缺乏明确的适用标准和条件，缺乏严格的程序规定，且各国法院也没有对行政机关在公告违法信息时所拥有和行使的裁量权进行有效的制约，对因此产生的行政争议大多既不审查，也不救济，使得行政机关愈发青睐违法信息行政公告这种规制工具，甚至在没有法律法规授权的前提下也大胆运用，并变相地将其作为制裁或惩罚措施。这不但有损行政管理部门的形象，降低行政执法的公信力，还影响了法律法规授权的正式制裁、惩罚措施的功能的正常发挥，威胁到立法机关控权目标的实现。

第二，随着网络的博兴和新媒体的出现，行政管理部门公告违法信息的途径越来越多。智能手机的普及和华丽演变成为上网终端[2]，更使得博客、微信、手机短信等加入了传播工具的行列。各种自媒体的发展，网络言论的随心所欲，使得违法信息的行政公告比以前更为便捷，但也加大了违法信息传递的随意性。事实上，大部分的违法信息曝光并非是行政执法者引起的，很多时候是媒体出于自己的社会责任而主动跟踪、积极报道。这些违法信息之所以会引起大规模的关注，主要是公众对自己的切实权益愈加重视，对此类问题兴趣逐渐变大。这也使得很多自媒体喜欢链接、复制此类违法信息，但在传播过程中容易出错，甚至有人为吸引眼球，增加关注度而刻意编纂虚假消息。面对网络上泛滥的各种信息，公众有时候难辨真伪，无法判断信息

---

[1] See Nathan Cortez. Adverse Publicity by Administrative Agencies in the Internet Era, Brigham Young University Law Review, 2011, pp. 1371~1454.

[2] 根据中国互联网络信息中心（CNNIC）发布的第32次《中国互联网络发展状况统计报告》显示，截至2013年6月底，我国网民规模达到5.91亿人，互联网普及率为44.1%。在2013年上半年的互联网发展中，手机作为上网终端的表现抢眼，不仅成为新增网民的重要来源，在即时通信、电子商务等网络应用中均有良好表现。参见中国互联网络信息中心："第32次中国互联网络发展状况统计报告"，载中国互联网络信息中心网 http://news.xinhuanet.com/tech/2013-07/17/c_125023329.htm，访问日期：2013年8月28日。

是否经过删减、嫁接，容易误读、错判，不利于正确的行动选择，从而造成秩序混乱。久而久之，就连行政主体所作的违法信息行政公告，公众也会不信任，报以听之任之的心态，使行政管理部门的规制目标和行为预期落空。

第三，网络的便捷性和关联性大大提升了公众对违法信息的反应速度和范围，如果行政主体所作的公告不成熟、过度甚至完全错误，或者公众自己误读、曲解了违法信息行政公告，其快速的反应和广泛的影响，如道德谴责和行为抵制，都将给利害关系人带来不可估量，甚至是不可逆转的损失。

违法信息行政公告在实践中所呈现出来的上述发展趋势促使我们不得不重新对其进行审视，思考如何才能有效对其进行法律控制，防止恣意妄为，以回应权利保障的现实需要。

三、控制路径

罗尔斯将正义视为社会制度的首要价值，他认为对于法律和制度而言，不管如何有效率、有条理，只要为非正义，就必须加以改造和废除。[1] 面对实践中违法信息行政公告暴露出来的各种问题，面对其令人堪忧的发展趋势，面对典型事例招致的各种批评和质疑，我们不得不思考如何将这一行政行为引入法治的轨道。违法信息行政公告作为一种典型的"具有第三方效果"[2]的行政事实行为，对其实施法律控制的目的就是在保障公共利益的同时也保护第三方的合法权益，从各国立法的情况来看，不但要明确哪些涉及第三方利益的信息不得公开，还要求在公开的程序上设置第三方参与程序，并在诉讼中建立预防性行政诉讼等，这些规定既涉及实体法，也涉及程序

---

[1] [美] 罗尔斯：《正义论》，何怀宏、何包钢、廖申白译，中国社会科学出版社1988年版，第1页。

[2] 德国学者认为：具有双重法律效果的行政行为是指具有部分负担性和部分授宜性效果的行政行为。如果针对同一个人，则称为效果的混合；如果针对不同的人，则称为具有第三方效果。参见[德]汉斯·J.沃尔夫、奥托·巴霍夫、罗尔夫·施托贝尔：《行政法》（第二卷），高家伟译，商务印书馆2002年版，第47页。

法，还涉及诉讼法。① 毕竟，从阶段性构造来看，行政过程包括了行政立法、政策制定等行政目标和标准的设定、行政行为实施，以及纠纷解决三个阶段。若能考量行政过程这三个阶段的不同特点，全力建构三维的法律控权机制，实体法控制、程序法控制和救济法控制三管齐下（见图2-2），就能充分发挥违法信息行政公告相应的服务功能和特定的宪法价值，合理规避这种行为本身所具有的风险，减少对利害关系人的权益侵害。

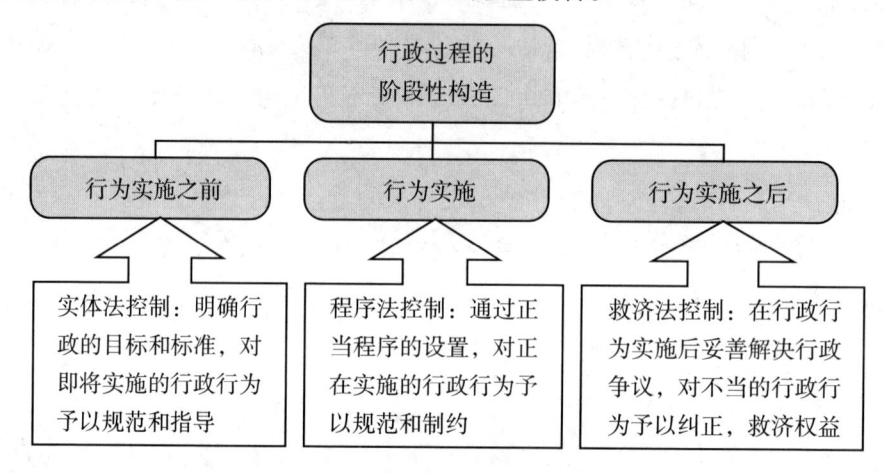

```
                    ┌─────────────────┐
                    │   行政过程的    │
                    │   阶段性构造    │
                    └────────┬────────┘
           ┌────────────────┼────────────────┐
           ▼                ▼                ▼
    ┌────────────┐   ┌────────────┐   ┌────────────┐
    │ 行为实施之前│   │  行为实施  │   │ 行为实施之后│
    └──────┬─────┘   └──────┬─────┘   └──────┬─────┘
           ▼                ▼                ▼
    实体法控制：明确行   程序法控制：通过正   救济法控制：在行政行
    政的目标和标准，对   当程序的设置，对正   为实施后妥善解决行政
    即将实施的行政行为   在实施的行政行为予   争议，对不当的行政行
    予以规范和指导       以规范和制约         为予以纠正，救济权益
```

图2-2 行政行为的法律控制

（一）加强实体法控制

实践中，违法信息行政公告无章可循的重要原因即是因为法律规范的模糊与缺失。虽然《政府信息公开条例》第9条②界定了主动公开的政府信息

---

① 李广宇法官指出，最大限度公开政府信息固然是信息权的核心意义，但信息权的行使亦应尊重他人的权利或名誉。各国政府信息公开立法在为信息权行使提供各方面便利程序的同时，也普遍重视对申请人之外的第三方权利的保障。考察各国立法例，对第三方权益的保护主要体现在以下六个方面：法律将需要保密的第三方利益明确规定为公开的例外；将披露信息的意向以书面形式通知第三方并为其提供陈述意见的机会；除非涉及重大公共利益，一般应当尊重权利人的信息自决权；即便必须公开也尽量对敏感部分予以分割删除；将最后决定通知第三方并说明理由；在作出决定和实施公开之间留出适当的"犹豫期"，以便利第三方在"既成事实"之前得以寻求"预防性"救济。参见李广宇："反信息公开与预防性权利保护"，见中华人民共和国最高人民法院行政审判庭编：《行政执法与行政审判》，中国法制出版社（2012年第2集），第53~56页。

② 《政府信息公开条例》第9条规定："行政机关对符合下列基本要求之一的政府信息应当主动公开：（一）涉及公民、法人或者其他组织切身利益的；（二）需要社会公众广泛知晓或参与的；（三）反映本行政机关机构设置、职能、办事程序等情况的；（四）其他依照法律、法规和国家有关规定应当主动公开的。"

的范围，但这个界定并不明确，用语显得比较模糊，每一项规定都能从不同的角度给出不同的解释。这就使得实践中各类主动公开的政府信息的裁量标尺无法彻底统一，行政主体拥有较大的自由裁量权，行政权滥用的可能性无形中增大。因此，实体法控制的目标就是要明确行政主体公告违法信息的权限，明确不同类型的违法信息行政公告的适用条件和适用标准，其中，标准要涉及行政公告的内容及其限度。这样才能从行政行为实施的事前就加以法律控制，真正为违法信息行政公告的实践提供指导，使其走上法治的轨道。

（二）加强程序法控制

目前，我国的违法信息行政公告没有受到正当程序的制约，实践中行政管理部门的行为实施显得有些随心所欲。要想改变这一局面，就应该完善程序机制，不但应明确违法信息行政公告的时机，还应规定公告前需进行利益衡量，某些类型的违法信息行政公告应设置相应的第三方参与程序，还应规定公告有误时如何撤回等。加强程序法控制，方能有效约束违法信息行政公告的实施过程，防止权力滥用，确保行政目标的实现。

（三）加强救济法控制

违法信息行政公告不可避免地会对利害关系人，尤其是被公告的违法行为人的权益造成影响，要想使违法信息行政公告真正走上法治的轨道，就要加强救济法控制，通过事后的纠纷解决对违法信息行政公告的依法行政形成倒逼机制。除了信访和行政救济，司法救济是最重要也是最后的权利保障机制。违法信息行政公告属于政府信息公开的范畴，对于违法信息是否可以公开、如何公开、公开哪些内容，目前行政主体享有较大的自由裁量权。作为一种创造性、形成性活动，行政执法的过程就是适用法律对个案正义作出判断的过程，这种裁量权或判断权的本身构成了现代国家"依法行政"的应有之义。"二战"以后，各国学者已普遍认识到"行政法的精髓在于裁量"[1]。然而，在民主法治社会，行政裁量权的行使不能不受约束，这就要求加大司法审查的力度。要想使违法信息行政公告真正走上法治的轨道，也应加强司

---

[1] 杨建顺："行政裁量的运作及其监督"，载《法学研究》2004年第1期；周佑勇、邓小兵："行政裁量概念的比较观察"，载《环球法律评论》2006年第4期。

法审查，至少将对利害关系人合法权益影响较大的、某些类型的违法信息行政公告（例如，惩戒型违法信息行政公告）纳入司法审查的范围。根据不同个案的情况，审查行政主体所进行的公开是否有明确的法律法规授权、公开的事项是否符合其合法权限、公开的信息是否有误等；并设计相应制度，使利害关系人通过及时的行政诉讼，可以使行政主体公告的违法信息得以更正或撤回。此外，违法信息行政公告难免给社会公众或第三方的合法权益造成侵害，利害关系人应该可以通过行政赔偿和行政补偿来实现权利救济。但目前我国的制度建设还有很大问题，需要进一步完善。只有建构合理的司法救济机制，才能切实保障利害关系人的合法权益。

四、小结：法律控制有助于提升违法信息行政公告的正能量

违法信息行政公告兼具规制行政与服务行政的双重属性，在利用信息的传播提供信息服务的同时实现行政规制。从正当性的角度看，违法信息行政公告可以回应人民主权、保障基本权利、维护公平正义，具有一定的宪法价值。同时，从执法现状来进行证成性分析，违法信息行政公告也具有一定的缺陷。作为一种行政事实行为，违法信息行政公告有着无法消解的依赖性，实施时难免会对私人权益造成影响，随着网络的发展，其潜在的各种风险更是被无形放大。从发展趋势来看，违法信息行政公告的适用范围和随意性都在增大，在误用、过度、越权等情况下，不但会给利害关系人的合法权益带来不可逆转的损失，甚至会给整个行业带来毁灭性打击。面对种种问题，我们不能因噎废食，简单粗暴地对违法信息行政公告予以全盘否定，[①] 而应把焦点集中在如何对其进行法律控制，竭力将其引上法治的轨道，降低其负面影响，积聚和提升其正能量，使之真正成为现代行政管理、行政规制的重要抓手。

[①] 正如沈岿教授所说，一项制度的存与废，不能简单地取决于其瞬间暴露的面目是善的还是恶的。虽然情绪和直觉可能会直指正确的判断，但未经慎重思考和论证的情绪和直觉却难以服众，也难免会成为顷刻这样、顷刻那样的祸首。参见沈岿："食品免检制之反思——以风险治理为视角"，载《法商研究》2009年第3期。

"一种制度如果不受到批评，就无法得到改进。"① 要想通过改革或改造使违法信息行政公告扬长避短、产生矫正性效果，就应该清醒地认识到，在后形而上学时代，行政行为的正当性只能来自合法性，② 法律制度本身的建设与完善是非常重要的。从行政过程的阶段性构造来看，只有完善实体法、程序法和救济法等法律制度，建立实体法控制、程序法控制和救济法控制的三维控权机制，事前、事中和事后的法律控制三管齐下，才能有效制约行政裁量，防止权力滥用，使违法信息行政公告更好地为社会服务、为管理服务、为公众服务。

---

① ［英］边沁：《政府片论》，沈叔平等译，商务印书馆1995年版，第99页。
② 按照哈贝马斯的理论，在后形而上学的多元社会里，国家不可能建立在厚版本的价值共识之上，法律从而成为国家实施正当化统治的唯一工具。同时，由于现代法律的基本特点是实证性，其正当性源泉无法诉诸神学或者各种形而上学的理论，而只能直接来自于法律形式本身。参见赵汀阳：《每个人的政治》，社会科学文献出版社2010年版，第198页。

第三章 违法信息行政公告的实体法控制

一、实体法控制的重要性

依法行政的要旨就是行政权的行使必须服从法律规范（主要是代表人民意志的权力机关制定的法律）的要求，这不但可以避免行政执法的混乱无序，更可以实现对行政权的监督和掌控，有效避免行政的恣意和权力的异化。因此，要将违法信息行政公告引入法治轨道，加强实体法控制是首要之举。

（一）加强实体法控制是依法行政的需要

所谓实体法是指以规定和确认法律关系主体的权利义务为主要内容的法律规范，其相关规定即为法律责任的确立标准。实体法与程序法有着不可割裂的关系，两者并重方为法治之道。不过，一般通说认为，实体正义是法的最高要求，程序正义则是确保实体正义的手段和保障。程序的启动应以实体法的实现为目标，程序运作的终点则是实体法目标最大限度的实现。换言之，评价程序运作情况的标准就是实体正义在多大程度上得到实现以及实现的代价大小。离开了实体正义，或者说离开了实体法的规定，程序法所追求的程序正义就会变成虚无缥缈的东西。对于规范执法而言，实体法更是发挥了不可替代的作用。

自我国提出"依法治国"的方略以来，行政法制的建设就将"做到有法可依"作为了目标，[①] 一系列适应新形势和新情况、具有更多调节功能和更

---

① 1978年12月22日通过的《中国共产党第十一届中央委员会第三次全体会议公报》指出："为了保障人民民主，必须加强社会主义法制，使民主制度化，使这种制度和法律具有稳定性、连续性和极大的权威，做到有法可依，有法必依，执法必严，违法必究。"

广调整领域的法律规范陆陆续续出台，一系列符合社会发展需要的行政管理制度相继创建，促进行政管理逐步由无序变为有序，逐步走上了法制化道路。2004年，国务院出台的《全面推进依法行政实施纲要》提出"全面推进依法行政"，要求"政府提供的信息全面、准确、及时，制定的政策、发布的决定相对稳定，行政管理做到公开、公平、公正、便民、高效、诚信"；并指出"合法行政"是依法行政的基本要求之一，即"行政机关实施行政管理，应当依照法律、法规、规章的规定进行；没有法律、法规、规章的规定，行政机关不得作出影响公民、法人和其义务的决定"①。2010年，国务院出台的《国务院关于加强法治政府建设的意见》在第三部分"加强和改进制度建设"也明确提出"提高制度建设质量。政府立法要符合经济社会发展规律，充分反映人民意愿，着力解决经济社会发展中的普遍性问题和深层次矛盾，切实增强法律制度的科学性和可操作性……"② 十八大报告提出推进政治建设和政治体制改革就需要全面推进依法治国，"推进依法行政，做到严格规范公正文明执法"；还需要建立健全权力运行制约和监督体系，"坚持用制度管权管事管人，保障人民知情权、参与权、表达权、监督权，是权力正确运行的重要保证。要确保决策权、执行权、监督权既相互制约又相互协调，确保国家机关按照法定权限和程序行使权力"③。十八届三中全会决定则再次强调要推进法治中国建设，指出"建设法治中国，必须坚持依法治国、依法执政、依法行政共同推进，坚持法治国家、法治政府、法治社会一体建设"④。要想规范行政行为，就必须充分发挥法的指引、评价、教育、预测和强制等规范作用，而且，对于行政执法而言，上述规范作用的实现在很大程度上有赖于实体法规则对行政主体实务工作的指导。因此，加强实体法控制，有助于将"依法行政"真正落到实处，有助于规范行政执法行为，有助于切实保障人

---

① 《全面推进依法行政实施纲要》（国发〔2004〕10号）。
② 《国务院关于加强法治政府建设的意见》（国发〔2010〕33号）。
③ 参见2012年11月8日，时任中共中央总书记的胡锦涛同志代表十七届中央委员会向中共第十八次代表大会作的题为《坚定不移沿着中国特色社会主义道路前进为全面建成小康社会而奋斗》的报告。
④ 《中共中央关于全面深化改革若干重大问题的决定》（2013年11月12日中国共产党第十八届中央委员会第三次全体会议通过）。

权，有助于推进法治政府建设。

(二) 加强实体法控制是规范违法信息行政公告的需要

从行政过程的阶段性构造来看，实体法的制定有助于在行政实施前明确行政的目标和标准，有助于在事前对即将实施的行政行为予以规范和指引。当下，违法信息行政公告在行政执法中运用日趋广泛，但相应的法律规范并不完善，谁可以公告违法信息、公告哪些违法信息，在很多行政领域一直是不明确的。甚至，应该由什么样的法律规范对违法信息作出权威性规定，也模糊不清。法律规范无法给予执法实践有效的指导，导致不少行政主体在实务工作中仍属"创造性""探索性"地适用违法信息公告，暴露出各种问题，例如，(1) 执法动机不纯。行政管理部门为减少规范的束缚，刻意回避具有正式法律法规授权的制裁手段而选择违法信息行政公告作为规则工具，甚至在没有法律法规授权的前提下也大胆运用，并变相地将其作为制裁或惩罚措施。有的时候，行政管理部门一味采取违法信息行政公告，只是为了作为树立部门的执法形象。(2) 执法不规范、不统一，随意性很大，容易侵犯利害关系人的合法权益。在缺乏有效约束的情况下，行政管理部门的执法显得有些随心所欲，公告违法信息收集不系统、制作和发布不及时、发布信息不对称、错误信息纠正和撤回不规范等各种问题层出不穷。(3) 刻意追求公开曝光的效果，加大了滥用的潜在可能。在误用、过度、越权等情况下，违法信息行政公告不但会给利害关系人的合法权益带来不可逆转的损失，还会产生极大的破坏性，甚至给利害关系人带来毁灭性打击，招致公众对行政执法公信力的质疑和批判。

立法不但是对社会利益的权威性分配，还是规制执法的重要手段。鉴于种种令人堪忧的执法现状，国内外学者纷纷提出建议，呼吁完善立法。如美国的 Ernest Gellhorn 教授指出为防止滥用、侵犯相关人的合法权益，应该从内部控制和外部控制两方面来加强对不利公开宣传的规范。内部控制的措施包括：作出公开决定前的利益衡量、完善程序机制如建立内部申诉程序等。而外部控制的措施主要是加强司法审查和改进规范，即强调公开必须有明确的法律授权、公开的事项符合行政机关的合法权限。① Leon Liu 撰文分析美国食品及药物管理局（FDA）所作出的不利公开宣传时，也指出应该扩大《联邦侵权法》对于被公开人的保护范围，或者修改《食品药品化妆品法案》授予 FDA 召回有害商品的职权，并对 FDA 可以进行不利信息公开的相关情形进行限制。② 英国学者 Nathan Cortez 则提出了建立明确的公开标准、规范公开程序等建议。③ 我国学者章志远、鲍燕娇、朱湘宁等人提出，法律规范应对行为的行使要件作出明确规定，以便从源头上实现对权力的有效控制。④ 肖亮建议："完善实体内容，明确信息公开和保密制度的关系和界限，细化依职权信息公开的内容，对行政信息进行分级、归类，建立依职权信息公开的补充、回应机制。"⑤ 邓三指出要明确界定应主动公开的违法信息的范围，并将公开范围限于可能受到违法行为影响的区域。⑥ 由此可见，学者们的认识比较一致，法律规范不够明确是导致违法信息行政公告执法混乱的根本原因。

而要想改变混乱的执法现状，在行政实施前就加强实体法控制无疑是有效途径之一。但要加强实体法控制就必须先加强实体法的制度建设。制度建设是一个根本性、全局性和长期性的问题，实体法的建设乃是制度建设的一大重点和难点。如果立法能细化违法信息行政公告的操作口径，明确行政主体公告违法信息的权限，明确不同类型的违法信息行政公告的适用条件和适用标准，明确个人隐私、商业秘密的界定标准，明确行政公告的内容及限制，明确个人信息的公开限度，就能切实增强法律规范的可操作性，为违法信息

---

① Ernest Gellhorn, Adverse Publicity by Administrative Agencies, Harvard Law Review, Vol. 86, No. 8, 1973, pp. 1380～1441.

② Leon Liu, The FDA's Use of Adverse Publicity, Food & Drug Law (1998 Third Year Paper), pp. 1～34, http://nrs.harvard.edu/urn-3:HUL.InstRepos:8965582.

③ Nathan Cortez. Adverse Publicity by Administrative Agencies in the Internet Era, Brigham Young University Law Review, 2011, pp. 1371～1454.

④ 章志远、鲍燕娇："公布违法事实的法律属性分析"，载《山东警察学院学报》2011 年第 6 期；章志远："作为行政强制执行手段的违法事实公布"，载《法学家》2012 年第 1 期；章志远、鲍燕娇、朱湘宁："作为公共警告的行政违法事实公布"，载《河南司法警官职业学院学报》2012 年第 2 期。

⑤ 肖亮："政府应依法规范依职权信息公开——兼评'砒霜门'事件"，载《黑龙江省政法管理干部学院学报》2010 年第 3 期。

⑥ 邓三："卫生违法行为信息公开探研"，载《中国卫生法制》2008 年第 4 期。

行政公告的实践提供统一指导，防止权力滥用，保障私人权益，维护公共利益，使其真正走上法治的轨道。

二、现有实体法的规范分析

经过对国务院法制办公室 2012 年编纂的《法律法规全书》中记载的 259 部法律及法律性文件（包括 240 部法律、3 部有关法律问题的决定以及 16 部法律解释）和 612 部行政法规进行详尽梳理，笔者发现有 36 部法律和 72 部行政法规对违法信息行政公告（包括实践中因行为方式转变而转化为违法信息行政公告的通报行为）有所提及，分别占全部法律的 13.9% 和行政法规的 11.8%。而这些规定中，除了《关于中央人民政府所属各机关发表公报及公告性文件的办法》和《政府信息公开条例》以外，其他的法律和行政法规均是针对违法信息行政公告的适用情况作出的相对具体的规定。但研读法条，笔者遗憾地发现上述规定依然不够精细，而且存在不少问题。

（一）法律保留的困境

按照依法行政原则的要求，一个行政行为能否成立，首先需要检视其法律容许性，即这个行为是否为法律规范所允许。众所周知，通过实体法设置公众对合理损害的容忍义务是一种必要的法律规范技术。[1] 任何公民依法对社会、对公共福祉都负有一定的义务，国家机关合法行使公权力有时难免会对公众的权益造成一定的损害，如果这种损害是合理的且在社会义务的范围之内，公众应该容忍合理损害。但这种对合理损害的容忍应该是有限的，即法律规范要求公众容忍的合理损害必须是非常轻微的，否则有违公平原则。[2]

---

[1] 在实体法上设置容忍合理损害的义务是一种必要的规范技术，无论是在民法、刑法还是行政法中，都普遍存在这种法律现象。民法中容忍合理损害义务是利益的普遍冲突及其协调的需要，确立容忍合理损害的义务是解决权力和利益冲突的一种方法。参见李友根："容忍合理损害义务的法理——基于案例的整理与学说的梳理"，载《法学》2007 年第 7 期；张旭勇："为我国行政事实行为救济制度辩护"，载《法商研究》2012 年第 2 期。

[2] 王利明教授等人指出："从量上来看，损害虽已产生，但必须达到一定程度，在法律上才是可补救的。这是因为人们在社会共同体中生活，彼此之间不可避免地要产生各种摩擦和纠纷，损害的产生在所难免。为了维持社会生活的安定，法律常常要求人们容忍来自他人行为的轻微损害，或使行为人对造成他人的轻微损害后果不承担责任。"参见王利民、杨立新编著：《侵权行为法》，法律出版社 1996 年版，第 56 页。

作为给付行政，违法信息行政公告藉由传递信息提供公共服务，提示公众规避风险，维护公共安全和公共秩序，保障公共利益。但违法信息行政公告也带有规制行政的属性，其行为实施会对第三方（信息所属人）的权益造成实际影响，导致违法行为人的名誉权等受到损害。基于公共利益和社会义务的考量，这种损害在何种程度上属于合理损害，应该如何界定何谓真正的"合理"，"合理"与"不合理"的范围到底在哪里，法律规范应该明确示之。[①]再进一步，法律更应该明确规定公权力行使时哪些做法超出了合理容忍义务的范畴，被法律所禁止。而要讨论违法信息行政公告的法律容许性，就必须探讨这一行政行为是否需要法律保留。

1. 法律保留原则的理论演变

作为法治原则的下位概念，依法行政是行政领域秉持的首要原则，也是行政权合法运行的制度保障。各国对依法行政的理解略有差异，强调的重点也略有不同。美国将正当程序视为行政的第一要义，英国大力主张越权无效，德国则将法律优位与法律保留放在首位。法律优位原则只是消极地要求行政机关的行政行为不得与法律相冲突，法律保留原则却是要求行政机关只有在法律有明确规定的情况下才能作出积极的行政行为，否则就构成违法。

1886年奥托·迈耶出版《法国行政法原理》，首次提出法律保留（Vorbehalt des Gesetzes）的概念，他指出行政权必须依附在法律之下，只有得到议会制定的法律的授权，行政才能干涉人民的自由与财产。[②] 待各国陆续接纳社会国思想后，奥托·迈耶遂对这一理论进行了修正。在1895年和1896年出版的两卷本《德国行政法》中，他完善了将法律保留纳入法治的构成要件，指出在行政自行作用的范围以外，议会制定的法律是行政的必要基

[①] 类似的规定很多。例如，2011年10月29日第十一届全国人民代表大会常务委员会第二十三次会议通过的《全国人民代表大会常务委员会关于修改〈中华人民共和国居民身份证法〉的决定》扩大了警察查证的范围。该决定第15条第4项规定，"在火车站、长途汽车站、港口、码头、机场或者在重大活动期间设立的市级人民政府规定的场所"，人民警察可以检查有关人员的身份证。这里所说的查验身份证行为虽然会给被检查者带来麻烦或其他轻微的不利影响，但其是行政机关维护日常社会公共安全所需要的常规手段，法律不能允许对查验身份证的行为单独提起行政诉讼。在此法律实际上是规定公民有协助行政检查、调查的义务。参见张旭勇："为我国行政事实行为救济制度辩护"，载《法商研究》2012年第2期。

[②] 陈新民：《德国公法学基础理论》，山东人民出版社2001年版，第75～77页。

础，行政只有获得议会法律的授权，才能干涉公民的基本权利与自由。[1] 此即适用于行政领域一般权力关系的"侵害保留说"。1949 年的《德意志联邦共和国基本法》确立了法治国原则，也将"法律保留原则"确立为"一般法律原则"，有学者质疑"侵害保留说"，提出了"全面保留说"，认为法律保留原则应全面适用于一切行政领域，[2] 在当时得到了很多人的支持。20 世纪以来，服务行政的兴起大大丰富了行政法理论。但在服务行政领域，无论是"侵害保留说"还是"全面保留说"的严格适用，都可能导致政府不作为。法律保留原则再次遭遇挑战。学者们相继提出了否定说、肯定说和折衷说三种不同的理论。[3] 联邦宪法法院则从 1972 年的刑罚执行案开始，通过系列判例在服务行政领域建构起"重要事项说"。在 1978 年的喀尔卡核电站案的判决中，联邦宪法法院更是明确指出，"任何显著影响公民自由和平等的行政

---

[1] 奥托·迈耶改变了先前对行政的法律依附性的认识，认为行政有其自行作用的领域——主要是国家没有干涉个人自由与财产的"政府行为"（如当时正在兴起的社会保险方面的行政）以及特别权力关系；而法律保留，就是指在行政自行作用的范围以外，议会法律是行政的必要基础，行政只有获得议会法律的授权，才能干涉公民的基本权利与自由。参见邓毅："德国法律保留原则论析"，载《行政法学研究》2006 年第 1 期。

[2] 1949 年《德意志联邦共和国基本法》第 20 条第 3 项确立了法治国原则，将"法律保留原则"作为一项"一般法律原则"，并得到联邦宪法法院的肯定。其次，法律保留原则中的"法律"不再仅指议会所制定的狭义的法律，而是包括行政机关的行政立法在内的广义的法律。随着司法审查的范围扩大，《德意志联邦共和国基本法》通过第 80 条第 1 项的规定，"议会授权联邦内阁、联邦部长或各州政府颁布法规命令必须明确授权的内容、目的与范围"，使法律保留原则首次在宪法上具有了约束议会的立法法律保留的意义。但在理论界，传统的以"侵害保留"为特征的行政法律保留原则却受到了挑战。德国有学者提出了"全面保留说"，从不同方面论述了法律保留原则应全面适用于一切行政领域的必要性。参见邓毅："德国法律保留原则论析"，载《行政法学研究》2006 年第 1 期。

[3] 对于给付行政领域是否适用法律保留，否定说认为服务行政（给付行政）并未侵害公民的自由和权利，如果将法律保留的范围扩大到这一领域，有可能使公民彻底丧失要求给付的法律依据，这一领域应彻底否定法律保留原则。肯定说则主张服务行政（给付行政）领域也适用法律保留原则，因为服务行政（给付行政）也涉及利益分配问题，如果对公民请求给付的基本权利和自由造成侵害，行政法却无能为力，法律制度亦就丧失意义。折衷说在德国，又有传统和现代之分，传统的折衷说被称之为"扩大的传统保留""限缩的全面保留"，认为倘若给付行政对公民权利有侵害或不利益，则须适用法律保留原则，如附负担的行政给付则须保留；反之，单纯的给付行政则无须保留。宪法法院提出的"重要性理论"则为现代的折衷论，跳出了传统法律保留之争的框架，直接以国家事务对"基本权利行使或实现"是否重要为标准，来判断法律保留的范围。参见喻少如："论给付行政中法律保留原则的适用"，载《武汉大学学报》（哲学社会科学版）2011 年第 2 期。

行为，都必须基于法律"①。换言之，"重要事项说"基于法治国家原则和民主原则，主张在给付行政领域同样适用法律保留原则，所有涉及基本权利的行使与实现，涉及公共利益尤其是影响共同生活的"重要的基本决定"，都应由法律规定，或者说必须要有法律的授权。② 在理论的演进中，"权力保留说"诞生，学者们主张区分权力性行为和非权力性行为，并以此来界定法律保留原则的适用范围。该说认为，行政主体凡是采取权力性行为方式、单方面决定人民的权利和义务，不管是侵害人民的权利和自由，还是授予人民权利、免除人民义务，都必须得到法律的授权才能进行。③ "权力保留说"一经提出就得到广泛支持，逐步演变为德国、日本乃至大陆法系其他国家和地区的通说。但随着20世纪80年代"新公共管理运动"和"合作政府"的兴起与推广，"权力保留说"的固有缺陷④开始显现并逐渐式微。面对社会变革，"机关功能说"及时出现，顺应了行政发展的新趋势，打破了传统法律保留理论的僵化与保守。"机关功能说"亦称"功能结构取向的解释方法"，主张在个案中以"符合功能之机关结构"作为行政行为是否合法的具体判断标准。⑤

---

① 邓毅："德国法律保留原则论析"，载《行政法学研究》2006年第1期。
② 杨建华："服务政府理念下的法律保留原则"，载《山西高等学校社会科学学报》2010年第11期。
③ 杨建顺：《行政强制法18讲》，中国法制出版社2011年版，第125~132页。
④ "权力保留说"在独立探讨行政各个活动的时候，确实可以得出妥当的结论。但是在为了实现一定的政策或者事业，大规模进行行政活动的情况下，也只能根据该政策及事业的一部分是否能够发现权力性要素来决定，这显然不太合理。参见杨建顺：《行政强制法18讲》，中国法制出版社2011年版，第129~130页。
⑤ 根据"机关功能说"：第一，国家活动的诸多领域，以法律设置根据更为理想的事项，行政机关不应立即实施，应当等待法律的制定。但对于那些从国民利益的角度考虑有必要尽早着手的事项，行政应当积极地行动起来。第二，对于没有法律根据，行政也应当积极作为的事项，例如，涉及国民的生命、健康和财产安全等危险的事项，为了预防、制止或者消除该危险，就必须对行政所能实施的行为范围予以最大限度的广泛解释，尽量使行政能够为防止危险活动而有所作为，绝不应拘泥于职权范围之类的规定而限制相关行为。第三，对于作为紧急的措施或者暂定的、部分的、试行的措施而推进的行政，则应当根据事务的性质不同，弱化解释有关形式上的法律根据要求。不过，其具体的适用必须不违反法治主义的要求，因而行政主体负有慎重推进的注意义务。参见杨建顺：《行政强制法18讲》，中国法制出版社2011年版，第130~131页。德国联邦宪法法院也曾经指出：对国家之决定而言，不仅以最高度的民主合法性为依归，尤须要求尽可能正确，也就是说，依照机关之组织、编制、功能与程序方式观察，由具备最优良条件的机关来作国家决定。亦即有关权力的区分与不同功能配置不同机关，其主要目的无非在于要求国家决定能够达到"尽可能正确"的境地，换言之，即要求国家决定应当在内部结构、组成方式、功能与决定程序等各方面均具备最佳条件的机关来担当作成。参见翁岳生编：《行政法》（上册），中国法制出版社2009年版，第195页。

可见，此说在行政改革创新领域更具适用性。

当下，"侵害保留说""全面保留说""重要事项说""权力保留说"和"机关功能说"并列构成了法律保留原则的基本理论。各国行政实践中，适用率最高的当属"侵害保留说"和"重要事项说"。

2. 违法信息行政公告面对法律保留的困惑

作为一种信息规则工具，违法信息行政公告需要借助声誉机制和道德谴责来达到其预设的社会效果，故而带有特殊的"制裁"性质，这是无法回避的事实。违法信息行政公告在提供信息服务、维护公共利益的同时也会起到规制的功能，往往会与利害关系人的权益产生冲突。从实际效果审视，对于违法行为人和同行业被牵连的利害关系人而言，违法信息行政公告的确是一种"损益性"行为，违法信息曝光通常会招致公众的道德谴责和行为抵制，会对其各项权益造成克减。从法治原则和依法行政的要求来看，违法信息行政公告理应遵循法律保留原则。然而，经过对法律规范的梳理我们可以发现，目前国内明确对违法信息行政公告作出规定的法律仅有 36 部，此外还有 72 部行政法规作出了相关规定，实践中，各地行政机关和法律法规授权组织更多地是依据行政规章和位阶更低的行政规范性文件来进行执法，且这些行政规章和行政规范性文件的规定都缺乏明确的法律授权，这显然有违法律保留的基本精神。

但对于违法信息行政公告的作出是否应该遵循法律保留原则，学者们的观点也不一致。我国有学者"赞同在公布违法信息等新型确保行政实效性手段上无须遵循严格的法律保留制度"[1]；也有学者认为，"作为间接强制手段的违法事实公布应以法律或行政法规为依据"[2]；有学者却明确提出行政法规、地方法规和行政规章无权设定公告违法行为；[3] 还有学者认为违法信息

---

[1] 汪厚冬："论公布违法信息——以工商行政管理为例"，载《天津行政学院学报》2013 年第 2 期。

[2] 章志远："作为行政强制执行手段的违法事实公布"，载《法学家》2012 年第 1 期。

[3] 持这一观点的学者认为，行政法规、地方法规和行政规章无权设定公布违法事实之手段。当法律明确设定后，行政法规、地方法规及行政规章可以就违法事实公布行为的具体实施程序加以规定，但其不能对法律规定的违法事实公布行为的对象、适用范围、条件、方式以及实施机关作出变更或补充规定。参见梁亮："行政机关公布违法事实行为的法律问题分析"，载《河北法学》2013 年第 4 期；王周户、李大勇："公告违法行为之合理定位"，载《法律科学》（西北政法学院学报）2004 年第 5 期。

属于政府信息，行政机关可以自由裁量是否公开。① 国外学者对此的看法也不一致。美国的 Ernest Gellhorn 教授强调公开必须有明确的法律授权、公开的事项符合行政机关的合法权限。② 韩国学者金东熙认为"违法事实的公布"本身"是不发生任何法的效果的事实行为"，"不会给相对人的权利、利益带来变动，从这一点来说，即便没有法律依据，也是可以允许的"③。日本学者南博方先生认为："发布告示，是行政权的当然权能，不需要有特别明文的根据。"④ 盐野宏也指出公布违反事实是信息公开的一环，不适用严格的法律保留原则，条例也可以创设依据。但根据法治主义，制裁性意义上的公布违反事实应该由法令来创设（必须要有法律根据）。阿布泰隆则持相反观点，他指出为制裁和督促守法而对违法行为进行公告，以损毁违反者的信用名誉来间接保障行政规制的遵守，理论上要求必须遵守法律保留原则。⑤

实际上，本书第一章已经指出，违法信息行政公告作为一种柔性行政方式，在利用信息的传播为公众提供信息服务的同时，也实现对市场的监管和行政规制。由于违法信息行政公告是行政机构直接面向社会公众作出的，行为对象为社会公众，行为表象是为公众提供信息服务，虽然兼具规制行政与服务行政的双重属性，但将其纳入给付行政的范畴更为合适。按照通说，给付行政在法律依据的要求上，相对于规制行政更为宽松，立法机关制定的法律可以作为行为依据，行政机关制定的行政立法、甚至规范性文件也可以作为行为依据。换言之，给付行政并不需要适用严格的"法律保留"。并且，违法信息行政公告可以分为通知型违法信息行政公告、执行型违法信息行政

---

① 如毛鹏举指出，"根据《政府信息公开条例》第 10 条第 14 条，治安违法信息属于政府信息，治安违法行为信公安机关可以自由裁量是否公开"。参见毛鹏举："公开治安违法行为信息的利益平衡及制度设计"，载《四川警察学院学报》2012 年第 1 期，第 73～74 页。

② Ernest Gellhorn, "Adverse Publicity by Administrative Agencies", Harvard Law Review, Vol. 86, No. 8, 1973, pp. 1380～1441.

③ [韩] 金东熙：《行政法I》（第 9 版），赵峰译，中国人民大学出版社 2008 年版，第 336～337 页。

④ [日] 南博方：《行政法》（第六版），杨建顺译，中国人民大学出版社 2009 年版，第 68 页。这里南博方将告示定义为"行政机关将其决定的事项或者其他的一定事项，正式通知一般公众的措施（公示）"。

⑤ 王贵松："食品安全风险公告的界限与责任"，载《华东政法大学学报》2011 年第 5 期。

公告、公共警示型违法信息行政公告和惩戒型违法信息行政公告，而不同类型的违法信息行政公告行为对利害关系人权益造成的侵害可能性不同，侵害程度不同、侵害大小不同，是否一律严格适用法律保留原则，这本身就是值得思考的问题。时代的进步促使社会管理必须迈上新的台阶以适应民主法治的进程，大量柔性行政方式的出现也正契合了当下行政管理的要求。如果行政主体积极采取刚柔相济的规制方式却缺乏法律制度的支撑，就会招致"非法"的质疑。但旨在追求公共利益的社会管理创新往往因理念的转变会突破法制底线，对现有管理机制和体制同时进行变革，严格的法律保留无疑会异化为一道枷锁，桎梏创新的步伐，使改革寸步难行。因此，面对要求各异的"侵害保留说""全面保留说""重要事项说""权力保留说"和"机关功能说"，应该选择适用何种理论，有效化解两者之间的悖论，这也是令人困惑的问题。

按照卡尔·拉伦茨的观点，"法律漏洞是指法律对其调整范围内的特定案件类型缺乏适当的规则，或者立法者有意保持沉默，对应该规定的规则不予规定，或者依规则的意义及目的，其不宜适用于某具体案例，而导致的计划上的不圆满性"[①]。现行法律鲜有涉及违法信息行政公告的法律容许性，或许是立法者基于种种困惑而刻意的留白，旨在给予执法者一定的空间，让行政管理部门能够结合社会发展实际，通过合理的法律解释制定相应的规范，灵活地依法裁量，使执法更为科学、能动。然而，这样的制度设计明显存在问题。法律不明确授予行政主体采用违法信息行政公告的权限，也不明确授权行政法规和行政规章可以规定违法信息行政公告，任由行政执法部门依据行政立法，尤其是千差万别的行政规范性文件进行执法，不但违背依法行政原则，弱化了实体法控制的功能，无法对行政权实行有效约束，还使得行政执法标准不一、裁量各异，背离规范管理的初衷。

（二）公告标准与内容不明确

行政本身所涉及的领域非常广泛，形形色色的违法行为人违反法律规范

---

① ［德］KarlLarenz:《法学方法论》，陈爱娥译，五南图书出版公司1996年版，第281页。

的情形、程度各不相同，这就导致违法信息数量庞杂、形态各异。倘若只要出现了法条中提及的违法行为、违法事实，就事无巨细、不加限制地向公众公告其违法信息，那么无疑既会加重行政主体的工作负担，也可能超出轻微违法者合理容忍义务的界限，还可能会让公众不知所措、难辨轻重，反而起不到信息规制的作用。因此，早在 1973 年，联邦行政会议（Administrative Conference of the United States，即 ACUS）在针对《美国联邦法规》（Code of Federal Regulations, TITLE 1. CHAPTER III. SUBCHAPTER A. §305.73 - 1）提出的立法建议中，就明确提出"建议机构所采纳的对不利公开宣传进行管理的规则应包括最低标准和可实践性结构"[1]。

查阅关于违法信息行政公告的 108 部法律、行政法规（包括 36 部法律和 72 部行政法规），可以发现有的法律规范明确规定了行政公告的标准（如《电子签名法》第 31 条[2]明确指出因违法被吊销电子认证许可证书应当予以公告；《发票管理办法》第 40 条[3]明确指出违法两次以上可予以公告），但也有相当一部分并未涉及违法信息行政公告的标准（例如《对外贸易法》第 36 条[4]、《国务院关于加强食品等产品安全监督管理的特别规定》第 16 条[5]、《财政违法行为处罚处分条例》第 26 条[6]）。没有规定公告标准的法条大多只列明了哪些违法行为、违法情节、违法后果等违法事实属于违法信息行政公

---

[1] "It recommends the adoption of agency rules containing minimum standards and structured practices governing the issuance of publicity."See http://www.law.fsu.edu/library/admin/acus/305731.html.

[2] 《电子签名法》第 31 条规定："电子认证服务提供者不遵守认证业务规则、未妥善保存与认证相关的信息，或者有其他违法行为的，由国务院信息产业主管部门责令限期改正；逾期未改正的，吊销电子认证许可证书，其直接负责的主管人员和其他直接责任人员十年内不得从事电子认证服务。吊销电子认证许可证书的，应当予以公告并通知工商行政管理部门。"

[3] 《发票管理办法》第 40 条规定："对违反发票管理规定 2 次以上或者情节严重的单位和个人，税务机关可以向社会公告。"

[4] 《对外贸易法》第 36 条规定："违反本法规定，危害对外贸易秩序的，国务院对外贸易主管部门可以向社会公告。"

[5] 《国务院关于加强食品等产品安全监督管理的特别规定》第 16 条："农业、卫生、质检、商务、工商、药品等监督管理部门应当建立生产经营者违法行为记录制度，对违法行为的情况予以记录并公布；对有多次违法行为记录的生产经营者，吊销许可证照。"

[6] 《财政违法行为处罚处分条例》第 26 条规定："单位和个人有本条例所列财政违法行为，财政部门、审计机关、监察机关可以公告其财政违法行为及处理、处罚、处分决定。"

告的范畴,乍一看,似乎只要是出现了法条所规定的违法行为、违法情节等违法事实,行政管理部门就可以依法行政公告。此外,有 19 部法律和行政法规的数十个法条虽然对违法信息行政公告的标准予以了规定,但多采用诸如"情节严重""重大影响""严重失实"等比较模糊的表述(见表 3-1),需要行政主体在执法中结合具体情况进行判断。尽管《政府信息公开条例》第 9 条①和第 14 条②第 3 款针对行政裁量作出了相应规定,被认为是政府信息公开(包括违法信息)行政裁量的一般性依据,但第 9 条的规定过于原则,第 14 条第 3 款的规定本身也使用了"可能对公共利益造成重大影响"的模糊表述,导致其作为判断标准的明确性大幅降低。

表 3-1 违法信息行政公告的标准统计表

违法信息行政公告的标准	法律、行政法规名称和涉及法条	总数(部)	百分比
(情节)严重	《科学技术进步法》第 70 条;《招标投标法》第 53 条、第 54 条、第 60 条;《药品管理法实施条例》第 55 条;《导游人员管理条例》第 20 条、第 22 条、第 23 条、第 24 条;《发票管理办法》第 40 条;《公路安全保护条例》第 66 条;《商业特许经营管理条例》第 26 条、第 27 条、第 28 条;《价格违法行为行政处罚规定》第 22 条;《认证认可条例》第 59 条、第 60 条、第 65 条;《水污染防治法》第 19 条	10	9.3%

---

① 《政府信息公开条例》第 9 条规定:"行政机关对符合下列基本要求之一的政府信息应当主动公开:(一)涉及公民、法人或者其他组织切身利益的;(二)需要社会公众广泛知晓或者参与的;(三)反映本行政机关机构设置、职能、办事程序等情况的;(四)其他依照法律、法规和国家有关规定应当主动公开的。"

② 《政府信息公开条例》第 14 条规定:"行政机关应当建立健全政府信息发布保密审查机制,明确审查的程序和责任。行政机关在公开政府信息前,应当依照《中华人民共和国保守国家秘密法》以及其他法律、法规和国家有关规定对拟公开的政府信息进行审查。行政机关对政府信息不能确定是否可以公开时,应当依照法律、法规和国家有关规定报有关主管部门或者同级保密工作部门确定。行政机关不得公开涉及国家秘密、商业秘密、个人隐私的政府信息。但是,经权利人同意公开或者行政机关认为不公开可能对公共利益造成重大影响的涉及商业秘密、个人隐私的政府信息,可以予以公开。"

续表

违法信息行政公告的标准	法律、行政法规名称和涉及法条	总数（部）	百分比
可能具有较高程度安全风险	《食品安全法》第17条	1	0.9%
重大影响（事故）	《政府信息公开条例》第14条；《食品安全法实施条例》第39条	2	1.9%
社会影响较大	《汶川地震灾后恢复重建条例》第72条	1	0.9%
严重失实	《认证认可条例》第62条；《规划环境影响评价条例》第33条	2	1.9%
恶劣（严重）影响	《中外合作办学条例》第56条；《国务院关于加强食品等产品安全监督管理的特别规定》第18条	2	1.9%
紧急情况	《大气污染防治法》第20条	1	0.9%

研读法条，我们还可以发现，部分法条对某类属于行政公告范畴的违法信息是否应当公告并不做明确要求，而是采用了类似"可以公布""可以公告"的表述，将是否公告的裁量权交给行政管理部门（见表3-2），这可能也会导致行政执法无法统一。毕竟，什么是"情节严重"，什么是"影响较大"，甚至"可以"与否，都是一种主观判断，并没有一个所谓的、严格的客观标准，即使是类似的违法事件，不同的行政管理部门也可能得出不同的判断，最终作出不同的、是否行政公告的裁量。可见，没有标准和条件限制的违法信息行政公告不但随意性太大，而且很可能"小题大做"，雅士利奶粉事件和"进口餐具重金属超标事件"[①] 这样的悲剧将会频频上演。

---

① 20世纪70年代，美国食品及药物管理局（FDA）曾发布公告，指出斯珀林与施瓦茨公司进口的餐具中重金属（铅）含量过高，对人体有害。随即，公司召回了市场上的这批产品。但后来FDA又发布了第二个报告，指出这些餐具并没有前面报告描述得那么有害，这些所谓重金属超标的餐具只有在盛放酸性食物或者饮料时才会对人体造成伤害。但此时的补充解释说明，显然已经无法挽回斯珀林与施瓦茨公司的损失。Lisa M. Willis., No Cranberries for Thanksgiving: The Impact of FDA Adverse Publicity（2005 Third Year Paper），pp. 8~9，http://nrs.harvard.edu/urn-3:HUL.InstRepos:8889457.

表 3-2 违法信息行政公告的裁量权统计表

关于行政裁量的规定	法律、行政法规名称和涉及法条	总数（部）	百分比
可以公布	《审计法》第 36 条；《反垄断法》第 44 条；《电力监管条例》第 28 条；《审计法实施条例》第 33 条；《进出口商品检验法》第 19 条	5	4.6%
可以予以通报	《商标法》第 45 条、第 48 条；《统计法》第 41 条	2	1.9%
可以公告	《对外贸易法》第 36 条；《财政违法行为处罚处分条例》第 26 条；《药品管理法实施条例》第 55 条；《发票管理办法》第 40 条；《价格违法行为行政处罚规定》第 22 条；《进出口关税条例》第 37 条	6	5.6%
可以公开	《政府信息公开条例》第 14 条	1	0.9%
可以公开发布	《禁止传销条例》第 23 条	1	0.9%

此外，通过梳理法条，我们还可以发现，涉及违法信息行政公告的法条几乎都没有明确规定公告应该涵盖哪些内容。在规定了违法信息行政公告的 108 部法律、行政法规（包括 36 部法律和 72 部行政法规）中，除了《政府信息公开条例》第 14 条第 4 款对政府信息公开（包括违法信息行政公告）的内容作了明确的限制性规定以外，只有《执业医师法》第 20 条[①]、《证券法》第 184 条[②]、《审计法》第 36 条[③]第 2 款、《食品安全法实施条例》第 52 条[④]、

[①] 《执业医师法》第 20 条规定："县级以上地方人民政府卫生行政部门应当将准予注册和注销注册的人员名单予以公告，并由省级人民政府卫生行政部门汇总，报国务院卫生行政部门备案。"

[②] 《证券法》第 184 条规定："国务院证券监督管理机构依法制定的规章、规则和监督管理工作制度应当公开。国务院证券监督管理机构依据调查结果，对证券违法行为作出的处罚决定，应当公开。"

[③] 《审计法》第 36 条规定："审计机关可以向政府有关部门通报或者向社会公布审计结果。审计机关通报或者公布审计结果，应当依法保守国家秘密和被审计单位的商业秘密，遵守国务院的有关规定。"

[④] 《食品安全法实施条例》第 52 条规定："食品安全监督管理部门依照食品安全法第八十二条规定公布信息，应当同时对有关食品可能产生的危害进行解释、说明。"

《药品管理法实施条例》第 59 条[①]第 1 款、《饲料和饲料添加剂管理条例》第 32 条[②]第 2 款、《反倾销条例》第 54 条[③]、《反补贴条例》第 53 条[④]等 8 个法条对公告的内容提出了比较具体的要求,其中,《审计法》第 36 条第 2 款和《政府信息公开条例》第 14 条第 4 款一样,是对公告内容作出的限制性要求。尽管结合每部法律和行政法规当中具体条款的上下文,可以判断出违法信息行政公告的基本内容就是公开违法行为人相应的违法事实,但正如前文所述,违法信息行政公告的内容主要包括三个部分:一是违法行为人的违法行为、违法情节、违法原因、违法动机、违法后果等违法事实;二是行政管理部门对违法行为人的处置措施等查处情况;三是违法行为人的相关个人信息(如果行为人系法人或组织,则为法人、组织的相关信息),在具体的事件中,行政主体作出的公告到底应该包括哪些信息,绝大部分立法没有说明。这也就不难理解为什么 2003 年前后,各地警方为反扒窃将小偷的信息广而告知,会连同小偷(包括未成年人)照片也一并公开。[⑤] 因为法律规范并没有明确哪些信息可以公开、哪些信息不能公开,警方认为照片这样的个人信息

---

① 《药品管理法实施条例》第 59 条规定:"国务院和省、自治区、直辖市人民政府的药品监督管理部门应当根据药品质量抽查检验结果,定期发布药品质量公告。药品质量公告应当包括抽验药品的品名、检品来源、生产企业、生产批号、药品规格、检验机构、检验依据、检验结果、不合格项目等内容。药品质量公告不当的,发布部门应当自确认公告不当之日起 5 日内,在原公告范围内予以更正。当事人对药品检验机构的检验结果有异议,申请复验的,应当向负责复验的药品检验机构提交书面申请、原药品检验报告书。复验的样品从原药品检验机构留样中抽取。"

② 《饲料和饲料添加剂管理条例》第 32 条规定:"国务院农业行政主管部门和县级以上地方人民政府饲料管理部门,应当根据需要定期或者不定期组织实施饲料、饲料添加剂监督抽查;饲料、饲料添加剂监督抽查检测工作由国务院农业行政主管部门或者省、自治区、直辖市人民政府饲料管理部门指定的具有相应技术条件的机构承担。饲料、饲料添加剂监督抽查不得收费。国务院农业行政主管部门和省、自治区、直辖市人民政府饲料管理部门应当按照职责权限公布监督抽查结果,并可以公布具有不良记录的饲料、饲料添加剂生产企业、经营者名单。"

③ 《反倾销条例》第 54 条规定:"依照本条例作出的公告,应当载明重要的情况、事实、理由、依据、结果和结论等内容。"

④ 《反补贴条例》第 53 条规定:"依照本条例作出的公告,应当载明重要的情况、事实、理由、依据、结果和结论等内容。"

⑤ 2003 年前后,深圳、东莞、广州、成都、重庆、长春、天津等城市纷纷出现警方公告小偷个人信息的做法。广东省汽车站也出现小偷"上榜"事件,在 20 名被张贴公示照片的小偷中,包括 6 名未成年人,其中最小的仅 13 岁。参见王海涵:"13 岁小偷照片该不该公示",载新浪网 http://news.sina.com.cn/c/2003 - 11 - 18/09311140036s.shtml,访问日期:2013 年 8 月 28 日。

也属于可以公开的违法信息的范畴，且公开照片可以更好地惩戒小偷，也可以让公众有针对性地采取防范措施，因而选择了公开。即使今天行政管理部门在进行违法信息行政公告时必须依据《政府信息公开条例》第 14 条对信息内容进行审查，用个人隐私和商业秘密等加以限制，但第 14 条本身采用的"重大影响"等模糊表述，使其的指导性、实操性大打折扣，无法有效制约行政执法。

（三）核心用语的不统一

迄今为止，我国现行法律法规并没有使用过"违法信息行政公告"这样的表述，本书用这一概念代指"行政主体基于公共利益的考量，将其在行政执法过程中收集和制作的行政相对人违反行政法规定的相关信息，通过报刊、网络、电视等媒体，主动向社会公众予以公布的行为"，旨在进行学理分析。针对研究的主题，本书从法律用语出发，兼采规范和实践的共性，并选取具有涵盖性的"公告"一词作为核心词汇进行表述，提炼出这个行为概念。

事实上，我们可以看到，与广大媒体惯用"曝光"一词指代违法信息披露不同，各地行政机关和法律法规授权组织在执法实践中采取这一柔性行政方式进行市场规制和行政管理时，所使用的核心词汇（表示行为动作的动词）并不一致，有称"公开""公告""公布"的，也有称"通告""通报""披露""发布"的。执法之所以不统一，很大程度上是因为不同的法律规范条文关于行政管理部门对外发布信息的表述并不一致。[①] 根据详细梳理，笔者发现规定了违法信息行政公告的 36 部法律对核心词汇有着不同的选择（见表 3-3）。其中，采用"公告"一词进行表述的有 14 部，占总数的 38.9%；

[①] 例如，鲍燕娇就指出，有关公布行政违法事实的规定分别使用了"报告""通报""公布""公告""发布""公开"等表述。按照一般理解，报告意味着自下而上的汇报，是上级机关收集违法事实信息的渠道，是否表明需要对外公布并不明确。因此，报告一词是表达公开之意中词性最弱的一个，但在法律文本中的使用频率却最高。表达公开之意中词性次弱的是通报。根据相关立法的规定，它在两种意义上使用：一是不同行政机关之间的信息互通；二是行政相对人向相关第三人的信息通告。就第一种意义而言，仅仅是行政主体系统内部的信息交流活动，并不要求其必须对外公布；就第二种意义而言，由于目前立法中缺乏相应的责任规定，所以也很难将其理解成一种强制性的公开义务。事实上，公布、公告、公开、发布才具有"广而告之"之意，但其出现频率明显低于词义模糊的报告和通报。参见鲍燕娇：《公布行政违法事实的法律属性分析》，苏州大学 2013 年硕士学位论文，第 6 页。

采用"公布"一词进行表述的有13部，占总数的36.1%；采用"公开"一词进行表述的有4部，占总数的11.1%；采用"发布"一词进行表述的有4部，占总数的11.1%；采用"通报"一词进行表述的有6部，占总数的16.7%；采用"告知公众"一词进行表述的有1部，占总数的2.8%。这当中，有2部法律中同时采用"公布"和"发布"进行表述①，有1部同时采用"公布"和"通报"进行表述②，有1部同时采用"发布"和"公告"进行表述③，也有1部同时采用"通报"和"公告"进行表述④，还有1部同时采用"公布"和"公开"进行表述⑤。

表3-3 违法信息行政公告的核心词汇统计简表（法律）

核心词汇	法律名称和涉及法条	总数（部）	百分比
公告	《招标投标法》第53条、第54条、第60条；《专利法》第63条；《电子签名法》第31条；《证券投资基金法》第113条；《行政强制法》第44条；《保险法》第150条；《执业医师法》第20条；《药品管理法》第66条；《农业法》第93条；《大气污染防治法》第20条；《税收征收管理法》第45条；《产品质量法》第17条、第24条；《煤炭法》第26条；《对外贸易法》第36条、第38条	14	38.9%
公布	《安全生产法》第76条；《义务教育法》第8条；《科学技术进步法》第11条；《食品安全法》第4条、第17条、第33条、第82条；《水污染防治法》第19条；《清洁生产促进法》第17条；《政府采购法》第66条；《企业国有资产法》第66条；《审计法》第36条；《农产品质量安全法》第21条、第34条；《进出口商品检验法》第19条；《反垄断法》第44条；《社会保险法》第79条	13	36.1%

---

① 《食品安全法》第4条、第17条、第33条、第82条表述为"公布"，第72条表述为"发布"；《农产品质量安全法》的第21条和第34条表述为"公布"，第7条表述为"发布"。
② 《政府采购法》第66条表述为"定期如实公布"，第71条表述为"并予通报"，第82条表述为"进行通报""予以通报"。
③ 《专利法》第21条第2款表述为"发布"；第63条表述为"公告"。
④ 《大气污染防治法》第20条第1款表述为"通报"，第2款表述为"公告"。
⑤ 《社会保险法》第79条表述为"向社会公布"，第80条则表述为"向社会公开"。

续表

核心词汇	法律名称和涉及法条	总数（部）	百分比
公开	《行政监察法》第 27 条；《证券法》第 184 条；《城乡规划法》第 54 条；《社会保险法》第 80 条	4	11.1%
发布	《食品安全法》第 72 条；《专利法》第 21 条；《突发事件应对法》第 44 条、第 53 条；《农产品质量安全法》第 7 条	4	11.1%
通报	《政府采购法》第 71 条、第 82 条；《商标法》第 45 条、第 48 条；《会计法》第 43 条、第 44 条；《大气污染防治法》第 20 条；《节约能源法》第 81 条；《统计法》第 37 条、第 38 条、第 41 条	6	16.7%
告知公众	《放射性污染防治法》第 33 条	1	2.8%

而规定了违法信息行政公告的 72 部行政法规对核心词汇的选择也有所不同（见表 3-4）。其中，采用"公告"一词进行表述的共有 36 部，占总数的 50.0%；采用"公开"一词进行表述的共有 3 部，占总数的 4.2%；采用"公布"一词进行表述的共有 26 部，占总数的 36.1%；采用"发布"一词进行表述的共有 5 部，占总数的 6.9%；采用"通报"一词进行表述的共有 7 部，占总数的 9.7%。这当中，有 3 部行政法规同时采用了"公布"和"公告"进行表述①，有 1 部行政法规中则同时出现了"公告""公布"和"发布"三个不同的词语。②

---

① 《食品安全法实施条例》第 4 条表述为"公布食品安全信息"，第 51 条表述为"联合公布"，第 52 条表述为"公布信息"，第 39 条则表述为"予以公告"；《饲料和饲料添加剂管理条例》第 11 条表述为"予以公告"，第 27 条表述为"予以公布"，第 32 条表述为"公布"；《保障措施条例》第 5 条、第 15 条、第 17 条、第 20 条、第 29 条表述为"公告"，第 9 条、第 14 条表述为"公布"。

② 《国务院关于加强食品等产品安全监督管理的特别规定》第 3 条表述为"公告"；第 7 条表述为"予以公布"，第 16 条表述为"公布"；第 18 条表述为"发布信息"。

表3-4 违法信息行政公告的核心词汇统计表（行政法规）

核心词汇	行政法规名称和涉及法条	总数（部）	百分比
公告	《关于中央人民政府所属各机关发表公报及公告性文件的办法》；《国务院关于预防煤矿生产安全事故的特别规定》第19条；《中外合资经营企业合营各方出资的若干规定》第5条、第6条、第7条、第9条；《外国企业常驻代表机构登记管理条例》第20条；《外资企业法实施细则》第30条；《工业产品生产许可证管理条例》第31条；《证券公司监督管理条例》第72条；《价格违法行为行政处罚规定》第16条、第22条；《证券公司风险处置条例》第14条、第21条；《商标法实施条例》第40条；《内河交通安全管理条例》第23条；《保障措施条例》第5条、第15条、第17条、第20条、第29条；《海关行政处罚实施条例》第62条；《进出口关税条例》第37条；《基金会管理条例》第40条；《中外合作办学条例》第56条；《反补贴条例》第19条、第25条、第26条、第28条、第30条、第34条、第39条、第49条、第53条；《中外合作经营企业法实施细则》第20条；《食品安全法实施条例》第39条；《国务院关于加强食品等产品安全监督管理的特别规定》第3条；《药品管理法实施条例》第55条；《医疗器械监督管理条例》条；《规划环境影响评价条例》第33条；《旅行社条例》42条；《导游人员管理条例》第18条、第19条、第20条、第22条、第23条、第24条；《财政违法行为处罚处分条例》第26条；《税收征收管理法实施细则》第76条；《发票管理办法》第40条；《金融违法行为处罚办法》第3条；《非法金融机构和非法金融业务活动取缔办法》第12条；《金融机构撤销条例》第6条；《公路安全保护条例》第66条、第72条；《船员条例》第8条；《饲料和饲料添加剂管理条例》第11条；《反倾销条例》第19条、第24条、第25条、第54条；《商业特许经营管理条例》第24条、第25条、第26条、第27条、第28条	36	50.0%

续表

核心词汇	行政法规名称和涉及法条	总数（部）	百分比
公开	《政府信息公开条例》第9条、第10条、第14条、第15条、第17条、第18条；《股票发行与交易管理暂行条例》第64条；《戒毒条例》第4条	3	4.2%
公布	《娱乐场所管理条例》第34条；《营业性演出管理条例》第35条、第47条、第49条；《食品安全法实施条例》第4条、第51条、第52条；《国务院关于加强食品等产品安全监督管理的特别规定》第7条、第16条；《乳品质量安全监督管理条例》第27条、第51条；《乡村医生从业管理条例》第21条；《特种设备安全监察条例》第46条、第60条；《中国人民解放军实施〈中华人民共和国药品管理法〉办法》第55条；《医疗废物管理条例》第38条；《淮河流域水污染防治暂行条例》第17条；《汶川地震灾后恢复重建条例》第69条、第72条；《电力监管条例》28；《电信条例》第43条、第56条；《国有土地上房屋征收与补偿条例》第29条；《农药管理条例》第37条；《使用有毒物品作业场所劳动保护条例》第50条；《农业机械安全监督管理条例》第39条；《兽药管理条例》第14条、第25条、第42条；《饲料和饲料添加剂管理条例》第27条、第32条；《保障措施条例》第9条、第14条；《生产安全事故报告和调查处理条例》第34条；《审计法实施条例》第33条；《认证认可条例》第47条、第48条、第58条、第59条、第60条、第62条、第64条、第65条、第66条；《工业产品质量责任条例》第16条；《矿山安全法实施条例》第51条；《煤矿安全监察条例》第13条	26	36.1%
发布	《国务院关于加强食品等产品安全监督管理的特别规定》第18条；《森林防火条例》43条；《公司登记管理条例》第58条；《合伙企业登记管理办法》第35条；《禁止传销条例》第23条	5	6.9%

续表

核心词汇	行政法规名称和涉及法条	总数（部）	百分比
通报	《产品质量监督试行办法》第13条、第14条；《全国人口普查条例》第34条、第35条；《黄河水量调度条例》第37条；《企业财务会计报告条例》40条；《地质资料管理条例》20条；《公共机构节能条例》第37条、第38条；《物业管理条例》第59条	7	9.7%

由此可以看出，现行法律规范有关违法信息行政公告的规定，在核心用语的表述上并不统一，常见的词语（指代行为动作的动词）有5~6个，按使用频率的高低排列依次是：公告、公布、通报、公开、发布、告知公众。虽然各个法条采用的动词不同，但结合上下文，从法律释义学的角度看，所要表达的意思基本是一致的，就是行政管理部门主动将违法行为人的违法信息公之于众，让公众知晓。不过，严格意义上讲，这些动词的语义是有一定差别的，有的甚至可能因相关规定导致行为的法律属性不明。其中，最具争议的当属"通报"。虽然从行为主体、行为对象、行为内容，甚至行为方式和行为目的上看，"通报"和"通报批评"都与行政公告存在差异，但随着信息社会的来临，政府信息公开力度的加大，"通报"和"通报批评"的信息传递方式也悄然发生了变化。近年来，为了更好地起到惩戒、警示作用，提升行政管理效果，很多行政机关在实践中广泛采用新闻发布会、网络公开等形式公开进行通报或通报批评，使得此类通报、通报批评和违法信息行政公告的界限变得模糊，出现了竞合和交叉，有的在实质上已经转化为违法信息行政公告。面对实践中行为的实质转换，即使仅仅是为了学术讨论，结合实践与立法初衷，将不同核心用语表述的条文一律解读为违法信息行政公告的规定，这样的学理解释也会招致质疑，毕竟到底哪些条款可以解读为违法信息行政公告，不同的人一定有不同的看法。更何况，学术研究最终目的就是要给实务工作提供可借鉴的思路和方法，但学理解释不具备法的约束力，学者的观点不能代替立法。而立法的不统一，核心用语的混乱，显然已经成为违法信息行政公告法治化的一大瓶颈。要想真正强化法律规范的制约和指导功能，还得从完善实体法上下功夫。

三、完善实体法的主要路径

众所周知，社会生活的客观需要是立法和修法的重要依据。制定和完善法律规范的目的就是要解决一定的社会问题，建立和维护相应秩序，保障人民利益、国家利益和社会利益。违法信息行政公告作为一种柔性行政方式，利用信息的传播在提供信息服务的同时实现行政规制，成为现代服务型政府必不可少的信息规制工具。只有将违法信息行政公告引入法治化轨道，对行政权加以有效制约，规范行政执法，才能使违法信息行政公告发挥其应有的功能，创造更好的社会价值。因此，完善法律规范是首要之举。针对我国现行法律规范存在的问题，本书认为应该从以下三个方面来完善相应的实体法规范。

（一）遵守法律保留、明确法律授权

发端于"侵害保留说"的法律保留是民主法治国思想兴起的产物，这一原则奠定了此消彼长的立法权和行政权的划分界限。鉴于行政管理经常采取干预人民自由和权利的措施，法律保留原则的贯彻实施不但可以防止行政仅凭自己的好恶恣意侵犯公众的合法权益，还能防止行政怠于履行职责。由于我国权力体制中，行政权历来独大，行政在追求"效率""政绩"的同时容易无视，甚至突破"合法性"的拘束，故而，法律保留原则的适用尤为重要。不过，随着社会生活日趋复杂和国家任务日渐多样化，围绕着"法律保留是否适用行政的所有领域、应适用哪些领域"的争鸣不断，理论呈现出多样性。面对不同的法律保留理论，违法信息行政公告应该如何选择适用呢？

1. 违法信息行政公告应适用"重要事项说"

台湾学者在研习了德国行政法理论后指出，对于任何一种行政行为而言，不管是采用"侵害保留说""全面保留说""重要事项说"，还是"权力保留说"或"机关功能说"，都需从以下三个方面来思考法律保留的密度：（1）法律保留的密度和行政行为对人民权利的干涉强度应呈正比；[①]（2）法

[①] 吴庚教授认为：无论奥地利之全面保留理论，或现时德国盛行之重要性理论或国会保留理论，皆允许法律保留之例外，承认有低度保留之存在，但均无法建立完全明确之区分标准，故只能谓对人民权利干涉强度高者，法律保留之密度大，反之亦然。参见吴庚：《行政法之理论与适用》，中国人民大学出版社2005年版，第58页。

律保留的密度和行政行为涉及人数的多寡应呈正比;① （3）法律保留的密度和行政行为造成影响的时间长短应呈正比。② 此外，还应考虑传统观念的影响、公共事务的重要程度等其他因素。③

借用这一理论研究成果来审视违法信息行政公告。首先，这一柔性行为方式具有给付与规制的双重属性，通过公布信息、提供公共服务，保障公众各项权益和公共利益的同时，也联合声誉机制对市场和社会秩序形成规制，对违法行为人等利害关系人的权益等造成克减；如果缺乏有效制约，越权、过度、误用的违法信息行政公告都可能严重侵犯利害关系人的合法权益，甚至造成社会混乱。尽管违法信息行政公告属于不直接产生法律效果的行政事实行为，但其面向社会公众作出，产生的社会效果不仅与公共利益密切相关，且会涉及行为的直接对象——广大社会公众的知情权、监督权、人身权、财产权等基本权利，也涉及行为第三方（信息所属人）的名誉权、隐私权、商业信誉、与经济利益直接挂钩的交易机会等，并且行为的社会影响往往会跨越一定的时间和空间。因此，从影响的权益、影响的范围、影响的时间等来看，适用法律保留原则对违法信息行政公告加以限制和约束，是其走上法治化的必经之路。其次，违法信息行政公告不但动辄造成利害关系人（主要是违法行为人）财产权、经营权或是商业信誉的重大损失，而且还与公众的多项基本权利相勾连，行为的作出也给公众的这些基本权利带来事实上的影响。众所周知，基本权利的主观面向仅仅具有防御功能，基本权利的实现往往仰

---

① 吴庚教授认为：涉及人数多寡与是否应由国会立法加以规范，有关联性：影响多数人或以一般国民为适用对象者，通常应由法律加以规范。反之，例如属私经济行政（国库行政）之行为，或签订行政契约，通常系行政主体与个别对象间之行为，而且必须与相对人之意思合致，故法律保留之密度较小。参见吴庚：《行政法之理论与适用》，中国人民大学出版社2005年版，第58页。

② 影响作用之久暂同属判断事物对公众或公共事务重要性之指标，通常越具有长期影响作用与公共事务重要性同为正比，例如有毒废弃物之堆放处所、国家能源政策，都可能影响长达数十年，甚至数代，皆为产生长期影响作用之适例。参见王子荣：《行政机关公开警告行为与人民权利救济》，台湾中正大学法律学研究所2011年硕士学位论文，第61页。

③ 吴庚：《行政法之理论与适用》，中国人民大学出版社2005年版，第58页；王子荣：《行政机关公开警告行为与人民权利救济》，台湾中正大学法律学研究所2011年硕士学位论文，第61页。

仗于国家干预手段，因此违法信息行政公告在公众参与、社会监督、风险预防等各个方面对公众多项基本权利的实现都具有不言自明的重要性。而且，违法信息行政公告在保障公众基本权利的同时，还肩负着维护社会秩序、保障公共利益的重要职能。故而，藉由"基本权利实现的重要性"及"公共利益"加以衡量，从行为影响的基本权利的种类和公共事务的重要性上，都可以证成违法信息行政公告适用"重要事项说"① 是必然的方向。即使违法信息行政公告是一种典型的行政事实行为，也因其对基本权利会产生影响和干预而必然要求行为的实施应有法律依据。②

2. 违法信息行政公告应适用"相对法律保留"

随着社会发展与转型，社会利益日渐多元化、复杂化，导致价值冲突不断。为了调和各种矛盾，以政府为代表的行政机关需要积极调整行政管理模式，及时对各种新型的社会现象进行回应，且这种回应显然比立法对社会新生事物的回应要快得多。此时，行政机关常常会发现自己陷入了两难的境地。倘若缺少法律制度的支撑，行政机关积极的管理创新势必招致"非法"的批评；如果行政机关一味机械地恪守严格的法律保留，没有法律明确授权就拒绝采取任何管理措施，又可能导致社会无序，招到"失职、不作为"的批评。违法信息行政公告作为社会管理创新中被重用的柔性行政方式和规制手段，也遭遇了这样的尴尬。"重要事项说"虽然为其指明了法律保留的路径，却没有阐释其是否需要绝对的法律保留。为此，我们还需关注德国学界所提

---

① 重要事项说为德国联邦宪法法院所采取，认为基于法治国家原则与民主原则，不仅干涉人民自由权利之行政领域，应有法律保留原则的适用，而且给付行政"原则上"亦应有法律保留原则之适用，亦即于给付行政中，凡涉及人民之基本权之实现与行使，以及涉及公共利益尤其是影响共同生活之"重要的基本决定"，应由具有直接民主基础之国会的立法者，自行以法律规定之，而不许委诸行政之行为。又在特别权力关系中，法治国家原则以及民主原则，也课予立法者负有义务对于特别权力关系中之基本的决定自己加以规定，而不得让渡予行政裁量，亦即立法者固然不必就所有具体之规律均加以规定，但就重要的决定仍必须以法律定之。参见翁岳生编：《行政法》（上册），中国法制出版社 2009 年版，第 194 页。

② 正如合法性要件适用于行政机关的其他活动一样，也完全地适用于行政事实行为。例如，行政事实行为必须与法律一致。就干预个人权利而言，事实行为的产生必须以法律为基础。参见［印］M. P 塞夫：《德国行政法——普通法的分析》，周伟译，山东人民出版社 2006 年版，第 108 页。

出的"层级化保留体系",推导出违法信息行政公告更精细化、更科学化的适用规则。

姜明安教授曾明确指出,"在法律上恪守'法无授权即禁止'的法律保留原则,职能'多只限于国防、外交、社会治安、税收和邮政寥寥数项'"[1]。换言之,绝对(严格)法律保留的适用范围是非常有限的。行政过程论也主张,行政必须在整体的、社会的统合过程中之行政过程下,而非置于形骸化之议会民主制下,才能获得行政之民主正当性根据。[2] 检视台湾地区司法院作出的判例,可以发现,"司法院"法官历来坚持以所谓的规范密度为理论基础,建立和德国一样的层级化保留体系,这也是台湾地区学者的共识。透过台湾地区"司法院"1997 年 12 月 26 日颁布的"大法官议决释字"第 443 号[3]解释,我们可以看出,这个规范密度是指"规范对象、内容或法益本身及其所受限制之轻重"。按照这一观点,"层级化保留体系"区分为以下四级:(1)"宪法"保留,限制公民人身自由的措施除应有法律依据之外,还须有正当法律程序和司法程序的规定方能实施;(2)绝对(严格)法律保留,剥夺公民生命或限制人身自由的措施,立法机关应当制定法律加以规定,

---

[1] 姜明安:"行政的'疆域'与行政法的功能",载《求是学刊》2002 年第 2 期。
[2] 陈春生:《行政法之学理与体系(二)》,元照出版公司,2007 年版,第 278 页。
[3] 台湾地区"司法院""大法官议决释字"第 443 号:"宪法所定人民之自由及权利范围甚广,凡不妨害社会秩序公共利益者,均受保障。惟并非一切自由及权利均无分轩轾受宪法毫无差别之保障:关于人民身体之自由,宪法第八条规定即较为详尽,其中内容属于宪法保留之事项者,纵令立法机关,亦不得制定法律加以限制(参照本院释字第三九二号解释理由书),而宪法第七条、第九条至第十八条、第二十一条及第二十二条之各种自由及权利,则于符合宪法第二十三条之条件下,得以法律限制之。至何种事项应以法律直接规范或得委由命令予以规定,与所谓规范密度有关,应视规范对象、内容或法益本身及其所受限制之轻重而容许合理之差异:诸如剥夺人民生命或限制人民身体自由者,必须遵守罪刑法定主义,以制定法律之方式为之;涉及人民其他自由权利之限制者,亦应由法律加以规定,如以法律授权主管机关发布命令为补充规定时,其授权应符合具体明确之原则;若仅属与执行法律之细节性、技术性次要事项,则得由主管机关发布命令为必要之规范,虽因而对人民产生不便或轻微影响,尚非宪法所不许。又关于给付行政措施,其受法律规范之密度,自较限制人民权益者宽松,倘涉及公共利益之重大事项者,应有法律或法律授权之命令为依据之必要,乃属当然。……"参见吴庚:《行政法之理论与适用》,中国人民大学出版社 2005 年版,第 70 页;李震山:《行政法导论》(修订九版),三民书局股份有限公司 2011 年版,第 60~61 页;翁岳生编:《行政法》,中国法制出版社 2009 年版,第 198~199 页。

不能授权行政机关制定法规命令①加以规定；（3）相对法律保留，凡是涉及生命和人身自由以外的其他权利、自由加以限制的措施，以及涉及重大公共利益的给付行政措施，均应由法律自行规定或由有法律明确授权的行政法规命令加以规定；（4）非属法律保留事项，有关执行的细节以及具体实施办法，或涉及专业性、技术性的问题，以及不涉及重大公共利益的行政给付措施等均不属于法律保留的范畴，立法机关应通过法律授权行政机关制定相应的行政法规命令予以规范。②可见，由于违法信息行政公告作为给付行政旨在保护公众的知情权、监督权、人身权、财产权等各项重要的基本权利，保障公共秩序和公共利益，其作为规制行政进行干预并不会剥夺公民生命或限制人身自由，仅仅是对隐私权、名誉权（商业信誉）、财产权（交易机会与经济利益直接挂钩，属于潜在的财产权）等造成克减，依据"层级化保留体系"，并不适用"宪法保留"，也不适用"绝对（严格）法律保留"，而应该适用"相对法律保留"，即由法律或有法律明确授权的法规或规章加以规定。不过，法律授权必须清楚表明授权立法的目的、立法主体、立法内容和立法范围等，行政机关在依据法律授权进行行政立法时，也必须清楚地表明授权依据，且不得与法律的规定、精神、原则相违背。③

---

① 这里所说的行政法规命令，指的是行政法规、行政规章和行政规范性文件。法规命令是台湾地区学界转译自德国法的名词。台湾学者认为，从学理上诠释，行政命令系指行政机关，或基于法律授权，或基于职权，就一般性事项，所订定发布的抽象性规范。详言之，行政命令系行政机关针对将来不特定的事实，就不特定的多数人，所为抽象的规定，而非对于当前特定的事件，所为具体的处理。因此，法规命令是类似法律的一般性、抽象性规范，性质上为行政立法。台湾地区"行政程序法"将行政命令分为法规命令与行政规则两种。其第150条第1项规定："本法所称法规命令，系指行政机关基于法律授权，对多数不特定人民就一般事项所作抽象之对外发生法律效果之规定。"第159条第1项规定："本法所称行政规则，系指上级机关对下级机关，或长官对属官，依其权限或职权为规范机关内部秩序及运作，所为非直接对外发生法规范效力之一般、抽象之规定。"参见翁岳生编：《行政法》，中国法制出版社2009年版，第486页。

② 参见吴庚：《行政法之理论与适用》，中国人民大学出版社2005年版，第70页；翁岳生编：《行政法》，中国法制出版社2009年版，第199~200页。

③ 德国基本法在第七章对联邦立法有所规定，其中第八十条第一项即规定，联邦政府、联邦阁员及邦政府，必须依据法律，发布法规命令。但是，法律必须将授权内容、目的及授权范围清楚明确地表明，行政机关订立法规命令时，也必须清楚表明授权依据。参见翁岳生编：《行政法》，中国法制出版社2009年版，第502页。《中华人民共和国立法法》第10条也规定："授权决定应当明确授权的目的、范围。被授权机关应当严格按照授权目的和范围行使该项权力。被授权机关不得将该项权力转授给其他机关。"

我们都知道，行政立法分为授权立法和职权立法，即使是职权立法也应有明确的组织法作为依据方能实施行政立法。那么，组织法是否可以当然地视为违法信息行政公告行政立法的法律依据呢？答案是否定的。组织法主要规定行政机关的职权职责、组织机构、人员构成等，属于内部法。而违法信息行政公告是行政管理部门面向社会公众作出的外部行政行为，针对这一行为进行的立法主要规范行政行为的行为要件、程序、救济等，是对行政权的一种约束，属于典型的外部法，显然不同于组织法。如果承认违法信息行政公告适用法律保留原则，却又允许行政机关没有法律（这里的法律应该是行政作用法）授权，仅依据其职权范围、自行立法，这和法律保留明显相悖。[1]因此，行政机关在组织法确定的职权范围内，得到具体的行政作用法的明确授权后，围绕违法信息行政公告进行行政立法，才符合法律保留原则的要求。德国联邦行政法院在针对行政机关公告特定药品药效之争议案件的判决中也明确表明了这种观点。[2]

3. 将《政府信息公开条例》上升为法律

再将视线聚焦到我国立法和执法的现状。虽然目前仅有 36 部法律和 72 部行政法规对违法信息行政公告作出了规定，但各级、各类行政主体却在近年来的执法实践中广泛地运用着违法信息行政公告。究其原因，是因为有了《政府信息公开条例》这把"尚方宝剑"。从某种程度上说，《政府信息公开

---

[1] 参见翁岳生编：《行政法》（上册），中国法制出版社 2009 年版，第 201 页；吴庚：《行政法之理论与适用》，中国人民大学出版社 2005 年版，第 61 页；王子荣：《行政机关公开警告行为与人民权利救济》，台湾中正大学法律学研究所 2011 年硕士学位论文，第 56～57 页。

[2] 尽管行政之意图为不发生法拘束力，以及可忽略其法拘束力，但实际上产生之效果与有法拘束力之命令相同，因为行政机关固不对特定产品如药品、酒类采取禁止之行政处分，只是警告其使用之健康上风险，但实际上常造成消费者不再购买该产品，如果机关发布禁止之处分，则为负担之行政处分，须有法律之授权，且须遵守特定行政程序，尤其须予利害关系人事前听证机会，并且对基本权利之干涉，须合乎比例原则，当事人可对该处分异议及提起撤销之诉，以法律手段停止该处分之效果。德国联邦行政法院在针对行政机关公告特定药品药效之争议案件中认为，行政机关之判断及警告，最后将影响特点产品之销路，如同发布干涉性质之行政处分，故法院认为对此种干涉之处分，须有法律上授权，如果只是有关药品检查之职务规定还不够。因此法院认为，行政机关对药品之评断，因欠缺法律上之基础而违法，而不论该评断之内容是否正确。参见陈春生：《行政法之学理与体系（一）——行政行为形式论》，三民书局股份有限公司 1996 年版，第 257～258 页。

条例》第 9 条的确可以视为违法信息行政公告的一般性规定，适用于所有的行政领域；而第 10 条①、第 11 条②和第 12 条③则可视为第 9 条的补充规定，表明县级以上人民政府及其职能部门和乡（镇）人民政府可以依据第 9 条确定其职能范围之内的违法信息行政公告。然而，就像德国学者指出的："有目的的信息发布和警告，只要涉及某一特定公民、企业等，从基本权利的学理上看，就是干预行为。由此已经可以得出结论：必须要有相应的干预基础……绝不能从向公众发布信息的一般权限中，推导出干预公民权利的权力。"④德国联邦宪法法院 2002 年在"警告葡萄酒掺乙二醇案"的判决中也指出，如果考察行为的目标和效果，国家提供资讯的行为是用以替代侵害基本权利的其他措施，那么这样的资讯行为很可能侵害基本权利，实施这样的行为应该有相应的法律依据，不能因为意图规避法律而将资讯行为作为其他

---

① 《政府信息公开条例》第 10 条规定："县级以上各级人民政府及其部门应当依照本条例第九条的规定，在各自职责范围内确定主动公开的政府信息的具体内容，并重点公开下列政府信息：（一）行政法规、规章和规范性文件；（二）国民经济和社会发展规划、专项规划、区域规划及相关政策；（三）国民经济和社会发展统计信息；（四）财政预算、决算报告；（五）行政事业性收费的项目、依据、标准；（六）政府集中采购项目的目录、标准及实施情况；（七）行政许可的事项、依据、条件、数量、程序、期限以及申请行政许可需要提交的全部材料目录及办理情况；（八）重大建设项目的批准和实施情况；（九）扶贫、教育、医疗、社会保障、促进就业等方面的政策、措施及其实施情况；（十）突发公共事件的应急预案、预警信息及应对情况；（十一）环境保护、公共卫生、安全生产、食品药品、产品质量的监督检查情况。"

② 《政府信息公开条例》第 11 条规定："设区的市级人民政府、县级人民政府及其部门重点公开的政府信息还应当包括下列内容：（一）城乡建设和管理的重大事项；（二）社会公益事业建设情况；（三）征收或者征用土地、房屋拆迁及其补偿、补助费用的发放、使用情况；（四）抢险救灾、优抚、救济、社会捐助等款物的管理、使用和分配情况。"

③ 《政府信息公开条例》第 12 条规定："乡（镇）人民政府应当依照本条例第九条的规定，在其职责范围内确定主动公开的政府信息的具体内容，并重点公开下列政府信息：（一）贯彻落实国家关于农村工作政策的情况；（二）财政收支、各类专项资金的管理和使用情况；（三）乡（镇）土地利用总体规划、宅基地使用的审核情况；（四）征收或者征用土地、房屋拆迁及其补偿、补助费用的发放、使用情况；（五）乡（镇）的债权债务、筹资筹劳情况；（六）抢险救灾、优抚、救济、社会捐助等款物的发放情况；（七）乡镇集体企业及其他乡镇经济实体承包、租赁、拍卖等情况；（八）执行计划生育政策的情况。"

④ ［德］弗里德赫尔穆·胡芬：《行政诉讼法》（第 5 版），莫光华译，法律出版社 2003 年版，第 452～453 页。

规则手段的替代品。① 违法信息行政公告包含了提供信息服务和市场规制两方面的内容，如果仅仅依据这几条所涵盖的"作出面向公众发布信息的一般权力规定"就推导出行政主体拥有公告违法信息的权力，显然是对违法信息行政公告市场规制内容的一种忽视，不利于对利害关系人合法权益的保障。因此，行政管理部门公告违法信息应该以明确、具体的有关公告权限的法律规范为依据，而非以《政府信息公开条例》上述几个法条中的一般性权力规定作为行为实施的依据。更何况，《政府信息公开条例》仅仅是一部行政法规，这几条的规定显然不能与法律授权等同视之。简言之，除了36部法律中明确提到可予以行政公告的违法信息，行政主体如果依据行政法规和行政规章，甚至是行政规范性文件去公告违法信息，则是违反"重要事项说"和"相对法律保留"的。

要想将违法信息行政公告纳入法制轨道，应该在立法、修法的同时加强法律解释。② 当下，如果针对行政的各个领域逐一制定法律或修改法律，对违法信息行政公告作出明确规定或授权行政法规、行政规章、行政规范性文件予以规定，将是一项浩大的工程，不但需要彻底梳理现行法律，还需要起草、讨论、修改方能最终出台。如此耗时耗力，显然不能满足社会管理的即时需要。因此，当务之急是修改和完善《政府信息公开条例》，并将其上升为法律。《政府信息公开条例》实施五年多来，实践中反映出各种问题，学

---

① 德国联邦宪法法院2002年在"警告葡萄酒掺乙二醇案"的判决中指出："特别是在当国家提供资讯的行为，在其确定目标和其效果上，是一项本应定位为侵害基本权利的国家措施的代替物时，即可能会妨害基本权利保障的范围。不能以选择此种功能上与侵犯相当之措施，规避法秩序之特别拘束；其毋宁是必须符合侵害基本权利所应根据的法律上要求。"参见杨子贤：《政府提供资讯行为法制化之研究》，台湾中正大学2004年硕士学位论文，第63页。

② 正如沈岿教授所说："总是把发展作为突破法律规则的正当理由，实际上是在破坏法理型统治。久而久之，必将形成守法者吃亏、违法者获益的认识，形成轻视法律、蔑视法律的大众心态，也必将使人民对创制法律、执行法律的政治系统失去信任和服从。因此，应该通过两个基本的手段或技术，保证有利于民生福利的、崭新的或者改革的做法获得合法律性，才能使政治系统既有执政绩效，又不失去人民对其法理型统治的认同。这两个手段或技术就是：及时地、适时地立法或修法；在发生合法律性纠纷时，以高超的法律解释方法，将表面上看似'违法'的做法诠释为'合法'。后一种手段或羁束，并不是虚伪、欺诈，而是通过宣扬较之普通法律规则更具有稳定性、更具统治力的原则、价值，解决法律之后性、僵硬性同发展性、灵活性之间的矛盾。维护法律的尊严和统治，就是在维护政治系统说话算话的信用。"沈岿：《公法变迁与合法性》，法律出版社2010年版，第389页。

者们近年来展开的相关研究,为将该条例上升为法律已经做好了理论准备。一方面,将《政府信息公开条例》上升为法律,不用增设专门的条款,仅仅需要结合目前条文的第 2 条①和第 9 条进行法律解释,即可弥补当下实体法的空白,为一切行政领域的违法信息行政公告提供明确的法律依据。同时,可在第 9 条后面增加一款:"各级行政机关可以依据本条,在其职责范围内就上述政府信息主动公开的情形、条件、内容等作出具体规定。"这样一来,修改后的第 9 条可以解读为一种明确的法律授权,行政机关即可以此为依据对违法信息行政公告予以相应规定,使违法信息行政公告真正拥有"合法身份",达致法律保留和法治原则的要求。另一方面,将《政府信息公开条例》上升为法律,调整、补充和修改部分存在不足的条文,可以完善政府信息公开法制,健全社会主体法律体系,全面促进依法行政。不论从哪个角度看,这都是最合时宜的两全之举,能够从源头上切实加强对违法信息行政公告的实体法控制,引领其走上法治化道路。

当然,通过将《政府信息公开条例》上升为法律,修订部分条款并结合法律解释为实践中的违法信息行政公告寻求合法身份,这不过是权宜之计。从法治发展的长远目标看,今后还是应针对不同的行政管理领域,通过不同的法律明确对违法信息行政公告予以规定,健全法制,走向法治。

(二) 制定公告标准、明确公告内容

有了明确的法律授权和法律依据,只不过是明确了在不同的行政领域,谁可以作出违法信息行政公告。接下来,实体法应该明确的是,哪些违法信息可以予以公告。

依法行政必然对明确性原则有所要求,这也是法律保留的应有之义。富勒曾指出:"明确性原则乃一般法律形式合法性的标准之一。"② 哈耶克也认为:"政府运用强制性权力对我们生活的干涉,如果是不可预见的和不可避

---

① 《政府信息公开条例》第 2 条规定:"本条例所称政府信息,是指行政机关在履行职责过程中制作或者获取的,以一定形式记录、保存的信息。"待条例上升为法律时,可修改此条的表述为"本法所称政府信息,是指行政机关在履行职责过程中制作或者获取的,以一定形式记录、保存的信息。"

② [美] 富勒:《法律的道德性》,郑戈译,商务印书馆 2005 年版,第 75 页。

免的，就会导致最大的妨碍和侵害。"① 因此，无论是法律规范本身，还是法律授权，其内容都必须明确，必须具备：（1）可了解性，即法律规范本身无论是构成要件、法律效果，还是法律授权的目的、内容、范围，以及行政行为的方式和内容，都应该使公众和行政机关能从条文中明确了解其含义；（2）可预见性，即公众了解法律规范后可以明确预测行政机关的执法行为、管理手段，可以合法、合理安排自己的行为。（3）可审查性，即法律规范所规定的具体行政管理措施有接受司法审查的可能，这样方能真正保障公众的合法权益。当然，明确性原则并不意味着法律规范完全禁止使用不确定的法律概念或概括表述，尤其是在专业性、复杂性较高的行政领域，使用模糊的法律语言赋予行政机关一定的裁量权其实是非常有必要的。但是，总体而言，法律规范的内容如果太不明确就几近空洞，无法真正指导实践。从这个角度讲，制定违法信息行政公告的标准，明确公告的内容，都是完善实体法的重要举措。

前文已述，违法信息行政公告通过公开和传播与社会公众切身利益相关的违法信息，可以警示公众趋利避害，保护公众的生命健康、人身安全和财产安全。但是各种各样的违法信息浩如烟海，如果不加限制一律公开，反倒会让公众难以把握重点，甚至会忽略或遗漏相当多的信息，包括一些非常重大的、涉及公众生命健康的违法信息，如食品安全、产品质量方面的违法信息等。制定违法信息行政公告的标准，可以促使行政管理部门公告的内容重点更为突出，针对性和选择性更强。

同样的，违法信息主要包括三个部分：（1）违法行为人的违法行为、违法情节、违法原因、违法动机、违法后果等违法事实；（2）行政管理部门对违法行为人的处置措施等查处情况；（3）违法行为人的相关个人信息（如果行为人系法人或组织，则为法人、组织的相关信息）。但在不同的情况下，行政管理部门予以公告的违法信息内容是有差别的，有的需要三个部分都予

---

① ［英］哈耶克：《自由秩序原理》（上），邓正来译，三联书店1997年版，第177页。

以公告,① 有的情况下可能只需选择其中某些内容予以公告即可。虽然《政府信息公开条例》第 14 条对公告内容作出了明确的禁止性规定,但还远远不够。而且,我国行政权历来过于强大,行政领域几乎无所不包,要想制定一个"放之四海而皆准"的条款,统一规定违法信息行政公告的标准或内容,无疑痴人说梦。毕竟各种类型、各个领域的违法信息行政公告的标准和内容都不可能完全一样。例如,对于产品安全领域的公共警示型违法信息行政公告,其内容可能会涉及管理层面的操作信息、行业标准信息、生产技术信息、检验检测信息、违法事实的风险评估信息、生产销售链信息以及市场信息等,而对于普通的通知型违法信息行政公告而言,几乎很少涉及上述内容。因此,即使是今后《政府信息公开条例》上升为了法律,也没有可能、更没有必要在条文中统一规定违法信息行政公告的标准和内容,只需在制定和修改法律规范的时候加以补充即可。而且,既然违法信息行政公告适用"重要事项说",诸如行为实施标准、行为具体内容这类执行细节问题或具体实施办法等,因各个行政领域情况不同,涉及高度的专业性、技术性,故由熟悉行政管理事务的专业人员制定规则更为合理。建议今后可以直接由相关法律或以法律授权的形式规定由行政机关在行政立法中对违法信息行政公告的标准和内容予以具体规范。如果部门法能明确罗列出行政管理部门公告的内容,明确提出需要行政公告时予以说明的情况(如食品、药品不合格到底是质量问题还是包装问题,质量不合格是某些成分超标还是不达标,超标多少,对人体有多大危害,这些都是应该需要予以说明的),② 不但可以有效降低行政管

---

① 例如,国务院 2014 年 2 月所批转的《关于依法公开制售假冒伪劣商品和侵犯知识产权行政处罚案件信息的意见(试行)》(国发〔2014〕6 号)就明确指出公开的假冒伪劣和侵权行政处罚案件信息主要是指行政处罚决定书载明的内容和依照法律、法规应当公开的其他信息,一般应当包括:行政处罚决定书文号;被处罚的自然人姓名,被处罚的企业或其他组织的名称、法定代表人姓名;违反法律、法规或规章的主要事实;行政处罚的种类和依据;行政处罚的履行方式和期限;作出处罚决定的行政执法机关名称和日期。

② 例如,《药品管理法实施条例》第 59 条规定:"国务院和省、自治区、直辖市人民政府的药品监督管理部门应当根据药品质量抽查检验结果,定期发布药品质量公告。药品质量公告应包括抽验药品的品名、检品来源、生产企业、生产批号、药品规格、检验机构、检验依据、检验结果、不合格项目等内容。药品质量公告不当的,发布部门应当自确认公告不当之日起 5 日内,在原公告范围内予以更正。当事人对药品检验机构的检验结果有异议,申请复验的,应当向负责复验的药品检验机构提交书面申请、原药品检验报告书。复验的样品从原药品检验机构留样中抽取。"此条规定,非常明确地列出了违法信息行政公告的内容,公众看后会一目了然,清楚地知道药品不合格的原因是质量问题还是包装问题,从而得出相应的正确判断。

理部门执法的随意性，还可以便于公众准确理解和判断公告所传递的信息，不至于将小问题放大，产生不必要的恐慌，也不至于误将"大事化小"，疏于防范。

我们应该借助比例原则来明确违法信息行政公告的最低标准和基本内容。

1. 比例原则的有关理论

比例原则由合法性原则引申而来，指行政执法者实施行政行为应兼顾行政目标的实现和公共利益、私人权益的保障，如果行政目标的实现可能对私人合法的权益造成不利影响，那么这种不利影响应被限制在尽可能小的范围和限度之内。这一原则涉及威权与自由之间的辩证关系，从理念上源于对正义的需求，着眼于法益的均衡，以维护和发展公民权为最终归宿，是行政法上控制自由裁量权的一项重要原则，被视为行政法的"帝王条款"。

英国大宪章中关于犯罪与刑罚应具有衡平性的规定——"人民不得因为轻罪而受重罚"，其中所蕴涵的思想被视为比例原则的最早起源。19世纪，德国警察法中首次出现了比例原则的观念，之后比例原则在理论与实践中均得到了极大的发展。按照通说的"三分法"，比例原则又分为适当性原则、必要性原则和狭义比例原则。适当性原则又称为妥当性原则、合目的性原则，是指行政执法者所采取的措施必须能够实现行政目的或至少有助于行政目的达成并且是正确的手段。必要性原则又称为最小侵害原则，是指在符合前述"适当性"原则的前提下，行政执法者在能够达成法律目的诸多方式中，应该选择对人民权利侵害最小的方式，即不存在其他可以替代的、侵害更少的措施。而狭义比例原则又称均衡原则，是指行政执法者所采取的措施与其所达到的目的之间必须合比例或相称，即"不可用大炮打小鸟"。这三项子原则分别从"目的取向""法律后果"和"价值取向"的角度规范行政权及其行使之间的比例关系。三者相互联系、不可或缺，构成了比例原则完整而丰富的内涵。由此可见，比例原则主要影响行政权的运行，是以对私人权益尽可能小的限制来保障公共利益的实现。

2. 公告的最低标准和基本内容

首先，从适当性原则出发，立法确认违法信息行政公告应该是为了维护公共利益，而不是将其视为加强行政管理的工具，不能变相地将其作为声誉处罚，更不能将其作为树立部门执法形象的手段，致使其本质发生变化。这是今后法律规范在对违法信息行政公告作出规定时必须明确的一点。其次，按必要性原则的要求，如果采取别的、相对更为温和管理手段也能达成管理目的、取得同样的社会效果，那么在相应领域，法律规范应选择其他管理手段而非违法信息行政公告。再者，按照狭义比例原则的要求，立法不能因公共利益而忽视私人权益，也不能因某类或某几类私人权益而忽视其他的私人权益，因此，针对违法信息行政公告的立法，不能忽视隐私权、名誉权等个人权益的保护问题。

本书认为，为防止原本轻微的违法事实因行政公告经由媒体传播、社会心理机制的复杂作用而被无限夸大，引发不良的过度反应，轻微的违法事实原则上不予公告。① 因此，建议违法信息行政公告的最低标准应该限制为"必须让公众知晓的、具有即刻危险的有关违法信息；或急需公众知晓的、防止公众产生误解的有关违法信息"。同时，借鉴德国联邦宪法法院 2002 年在"警告葡萄酒掺乙二醇案"的判决中所明确的信息公开的原则，即行政机关公开公民、法人和其他组织的信息，必须符合"正确性"及"客观性"的要求，② 违法信息行政公告的内容，也应在不违反限制性规定、不采用贬损性描述的前提下，以"描述的客观性③、完整性、可理解性和可判断性"为

---

① 例如，《上海市食品药品监督管理局监管信息公告管理办法》第 19 条（免予公告的情形）规定："有下列情形之一的，可以免予公告：（一）公告涉及国家秘密、商业秘密、个人隐私的信息，国家法律法规规定应该公开的除外；（二）行政检查中发现的违法行为情节轻微，未造成危害后果并及时纠正的；（三）发现产品质量问题或缺陷，实施主动召回，经评估达到预期效果的；（四）质量抽验不合格项目不涉及产品的安全性和有效性的；（五）违法广告首次发布，情节轻微并及时纠正的；（六）违法广告中宣称的产品功效与广告审批内容不符，但未超出批准的产品说明书范围的；（七）其他本机关认为不应当公告的。"从这条规定的第二项、第五项、第六项的内容可以看出，违法事实显著轻微的，行政主体没有必要予以公告。

② 杨子贤：《政府提供资讯行为法制化之研究》，台湾中正大学 2004 年硕士学位论文，第 62～63 页。

③ 德国联邦宪法法院 2002 年在"警告葡萄酒掺乙二醇案"的判决中强调了资讯公开的客观性，即"提供资讯，与任何的国家行为同，须受客观事物性的要求。于提供市场攸关资讯情形，其要求也应按使竞争能运作的需要。作评断，不得根据非客观事物性之考量。提供资讯，即使于内容真实情形，也既不得以非客观，亦不得以贬低的形式表述。此外，散播资讯，应在顾及对受影响之竞选者所可能产生的不利效果下，限于供应资讯所不可缺少者。"参见杨子贤：《政府提供资讯行为法制化之研究》，台湾中正大学 2004 年硕士学位论文，第 63 页。

最低要求。这样方能使公众从违法信息行政公告中清晰地了解到谁在违法、违法事实是什么、具有何种危害，还可以清楚地认识到到底是哪个环节出了问题，不但可以防止笼统的表述造成牵连效应，殃及无辜；[1] 还能防止对同一企业的其他合法、合格的产品产生负面的连带效应，[2] 从而确保公众正确的行为选择，减免不必要的社会恐慌，避免殃及池鱼。但对于涉及个人隐私、商业秘密的违法信息可以只在公告中注明信息概述、目录和索引，[3] 公告未成年人（当其为违法行为人时）的个人信息更应该进行适当处理隐匿，这样既便于需要的人继续查阅，也能有效避免对利害关系人的权益造成太大影响。

此外，还需强调的是，违法信息行政公告的主要内容不能仅仅是违法行为人的违法事实。毕竟，根据《政府信息公开条例》第 1 条[4]的规定，信息公开（包括违法信息行政公告）最重要的目的不是规制，而是服务，其核心

---

[1] 例如，2005 年发生的北京全面封杀潮安果脯事件。2005 年，广东省潮安县 12 家凉果类企业的产品在历次检测中因为二氧化硫含量超标而被多次认定为不合格产品，北京市食品安全办发布"封杀令"，责令潮安县所有果脯、蜜饯生产企业的产品退出北京市场。此消息一出，导致潮安果脯在全国范围内引起了超市下架、顾客抵制购买等现象，为此潮安全县的 800 多家食品企业全部受到株连。广东省食品行业协会、潮安县政府等方面对北京禁售潮安果脯、蜜饯的做法大为困惑。前者质疑该单位曝光并禁售一个地区的食品，其实并不具有执法权限；后者则认为北京方面在曝光没有预先通知企业确认，更有对广式凉果的"地区封锁"之嫌。参见麦健莹："北京全面封杀潮安果脯"，载新浪网 http://finance.sina.com.cn/roll/20050617/1020135159.shtml，访问日期：2013 年 8 月 28 日。

[2] 例如，2006 年的雅士利奶粉事件。2006 年，国家工商总局公开点名雅士利中老年奶粉不合格，导致消费者感到惶然，各大卖场也纷纷将雅士利奶粉撤市、下架。记者走访中发现，大部分消费者，包括经销商，对于这次"雅士利中老年奶粉不合格"的具体原因都不清楚，但只要一听到"不合格"，就首先神经过敏地"拒绝"。一些商家出于谨慎考虑，主动将所有雅士利的奶粉撤架。后来，虽然国家工商总局发表声明，雅士利中老年奶粉不合格的原因主要是铁、维生素 B1 实际含量超出标示值，且标签不合格，奶粉质量本身并没有问题，但雅士利奶粉还是受到了市场的抵制，其婴幼儿奶粉也被波及，销量大减。参见欧志葵："雅士利奶粉事件曝光 凸现警示信息发布缺陷"，载中国经济网 http://www.ce.cn/cysc/main/right/jsxw/200609/07/t20060907_8455394.shtml，访问日期：2013 年 8 月 28 日。

[3] 《政府信息公开条例》第 19 条规定："行政机关应当编制、公布政府信息公开指南和政府信息公开目录，并及时更新。政府信息公开指南，应当包括政府信息的分类、编排体系、获取方式，政府信息公开工作机构的名称、办公地址、办公时间、联系电话、传真号码、电子邮箱等内容。政府信息公开目录，应当包括政府信息的索引、名称、内容概述、生成日期等内容。"

[4] 《政府信息公开条例》第 1 条规定："为了保障公民、法人和其他组织依法获取政府信息，提高政府工作的透明度，促进依法行政，充分发挥政府信息对人民群众生产、生活和经济社会活动的服务作用，制定本条例。"

价值是公开透明，是要满足公众的知情权和监督权的需要，是将政府的执法行为置放在公众的监督之下，促使权力进入笼子、受到约束，阳光行政、依法行政，按法治的要求为公众服务。国务院 2014 年 2 月所批转的《关于依法公开制售假冒伪劣商品和侵犯知识产权行政处罚案件信息的意见（试行）》中也体现了这样的核心价值。① 简言之，违法信息行政公告的目的不是简单将违法行为人违法的事实广而告之，更重要的是要向公众公告，为维护社会公共利益，行政主体在执法中面对各种违法事实已经采取的行动以及将要如何行动。因此，对违法事实的处置措施和计划也是违法信息行政公告必备的内容。

（三）统一核心用语

上乘的立法不但内容恰当，用语也应该是精致的。这就要求立法者提高立法技术，谨慎选择法律用语。我们之所以能把各级、各类行政机关对外发布行为人违法信息的行为放在一起进行研究，是因为这类行为的外部特征和内部属性大致相同，所以从学理上可以提炼出一个具有涵盖性的概念——违法信息行政公告。这个行为从概念上分析是名词，但从实施上看则是动词。因此，用于表述这一行政行为的核心词汇应该是一个动词。

然而，正如前文所述，现行法律规范有关违法信息行政公告的规定，在核心用语的表述上并不统一，不但导致了理论研究的争议（到底哪些条款可以解读为违法信息行政公告，不同的学者有不同的看法），还造成了适用的混乱（例如，随信息传递方式发生转变的"通报"究竟是否属于违法信息行政公告），甚至也成了某些行政管理部门规避责任的托词，影响了这一规制手段的有效运用。

从立法技术的层面看，立法语言应该尽量准确和严谨，这样才能明确地表达立法者想要确立的法律规范的内容，才能使公众清楚地认识和理解法律规范所要传递的信息。如果同类行为，用不同的动词去表达，就会因为这些

---

① 国务院 2014 年 2 月所批转的《关于依法公开制售假冒伪劣商品和侵犯知识产权行政处罚案件信息的意见（试行）》（国发〔2014〕6 号）明确指出："行政执法机关原则上应当主动、及时公开适用一般程序查办的假冒伪劣和侵权行政处罚案件相关信息，接受人民群众监督。"

动词词义的细微差别和不同的用法产生歧义。例如"通报"。目前的法律法规关于行政机关通报违法行为的规定分为两种情况：（1）明确规定由主管部门向有关部门或特定人群通报相关信息。① 这种情况显然不属于本书探讨的违法信息行政公告。（2）规定主管部门可以通报，却并未指出通报的对象。② 由于近年来很多行政机关为了更好地起到惩戒、警示作用，提升行政管理效果，在实践中广泛采用新闻发布会、网络公开等形式公开进行通报③，这就使得此类通报在实质上转化为了违法信息行政公告。但这样的认知不过是一种学理分析，如果缺乏有效的法律解释或司法解释，在立法尚未修改之前，不可能得到实务界的广泛认同。

---

① 例如，《食品安全法》第33条规定："国家鼓励食品生产经营企业符合良好生产规范要求，实施危害分析与关键控制点体系，提高食品安全管理水平。对通过良好生产规范、危害分析与关键控制点体系认证的食品生产经营企业，认证机构应当依法实施跟踪调查；对不再符合认证要求的企业，应当依法撤销认证，及时向有关质量监督、工商行政管理、食品药品监督管理部门通报，并向社会公布。认证机构实施跟踪调查不收取任何费用。"《进出口商品检验法》第19条规定："商检机构对本法规定必须经商检机构检验的进出口商品以外的进出口商品，根据国家规定实施抽查检验。国家商检部门可以公布抽查检验结果或者向有关部门通报抽查检验情况。"《乳品质量安全监督管理条例》第51条规定"省级以上人民政府兽牧兽医主管部门、质量监督部门、工商行政管理部门依据各自职责，公布乳品质量安全监督管理信息。有关监督管理部门应当及时向同级卫生主管部门通报乳品质量安全事故信息；乳品质量安全重大事故信息由省级以上人民政府卫生主管部门公布。"

② 《商标法》第45条规定："使用注册商标，其商品粗制滥造，以次充好，欺骗消费者的，由各级工商行政管理部门分别不同情况，责令限期改正，并可以予以通报或者处以罚款，或者由商标局撤销其注册商标。"《产品质量监督试行办法》第14条规定："获得国家质量奖或优质产品标志的产品，如质量下降、不符合优质条件，标准化管理部门有权责令该产品生产企业停止使用国家质量奖或优质产品标志，并限期达到原有质量水平；逾期未达到的，提请有关主管部门取消优质荣誉称号，收回国家质量奖或优质产品证书、标志，并予通报。"

③ 例如，2013年2月1日，国家外国专家局在其网站上发布《关于对有关9名外籍聘用人员违法违规行为处理情况的通报》，通报了9名外籍聘用人员的违法违规行为及处理决定，载国家外国专家局网站 http://www.safea.gov.cn/content.shtml? id=12746016，访问日期：2013年8月17日；2012年8月28日，国家质检总局召开新闻发布会，通报30类产品质量国家监督抽查结果等情况，载中国政府网 http://www.gov.cn/gzdt/2012-08/28/content_2212422.htm，访问日期：2013年8月17日；福建省工商行政管理局办公室2013年3月在其门户网站上发布《福建省工商局关于2012年度十件典型商标案例的通报》，载福建省工商行政管理局网 http://www.fjaic.gov.cn/xxgkzl/gkml/201303/t20130328_67743.htm，访问日期：2013年8月17日；2008年11月，鸡西市房产管理局在其门户网站上发布"关于鸡冠区5家物业服务企业违规行为的情况通报"（鸡政房字〔2008〕127号），载鸡西市房产管理局网 http://www.jxfgj.gov.cn/Govsite/Active/36/6336222663487500000.htm，访问日期：2013年8月17日。

因此，建议今后在进行立法和修法活动时，对于违法信息行政公告的规定，条文在表述上应该统一核心词汇。《政府信息公开条例》因为是针对政府信息公开的，且信息公开分为依职权主动公开和依申请公开两种情况，所以动词选用"公开"没有任何问题。加之这部规范适用所有行政领域，可将其视为一般性规定，即使上升为法律，也不需要改变这一表达方式。但对于其他的法律规范，应该力争做到统一。从我国目前的法律规范文本上看，公告一词已经有着比较稳定的内涵，即指"有权机关主动发布信息的行为"，这一点也在学界达成了共识。① 且行政机关主动向公众发布违法信息的行为和行政机关依申请发布违法信息的行为是有很大差异的，在行为启动、条件、限制、程序各方面都有所不同。因此，从法律用语出发，兼采规范和执法实践的共性，本书建议选取具有涵盖性的"公告"一词进行表述。不能及时修改的法律规范，可以通过法律解释或司法解释的方法予以说明，给予执法者和公众清晰的指引，便于规范执法行为，也便于利害关系人寻求相应的行政救济。

四、小结：全方位的立法方能实现实体法控制

人们常说法不但是社会变迁的反应装置，也是社会变迁的推动装置。② 这就表明，法律规范不但真实反映了社会的发展变迁，还会深刻影响社会变迁的进程。③ 随着社会管理创新的深入，违法信息行政公告在信息社会博兴，现有法律规范无法有效制约违法信息行政公告，不但会损害利害关系人的合法权益，还会阻碍整个行政管理法治化的进程。当务之急，应该从完善实体

---

① 施立栋指出，在当前我国规范和学理上，"公告"一词已经具有了相对确定的内涵。从行为的方式来看，"公告"往往仅指主动的信息发布行为。例如，《民事诉讼法》上关于"公告送达"的规定便是明证。与之相对，"公布"则可以同时容纳行政机关主动发布信息和依申请发布信息两种情形。施立栋：《行政上的公布违法事实活动研究》，浙江大学2012年硕士学位论文，第8页。

② 法与社会变迁研究的先驱者弗里德曼（Wolfgang Friedman）教授曾提出如下命题：相对于社会变迁而言，法既是反应装置，又是推动装置；在这两种功能中，尽管法对社会的被动反应得到了更普遍的认知，但法对社会的积极推动的作用正在逐步加强。See W. Friedman, Law in a Changing Soceity, Colnmia University Press, Vol. 2, 1972, p. 11.

③ Edwin M. Schur, Law and Society, A Sociological View, Random House, 1968, p. 136.

法入手，明确法律授权与法律依据，明确不同的行政领域不同的行政机构可以实施的违法信息行政公告，明确哪些违法信息可以公告，明确公告的基本内容，加强对违法信息行政公告的法律控制，才能促进信息社会的和谐发展。

虽然违法信息行政公告是一种柔性行政方式，是一种典型的行政事实行为，但藉由"基本权利实现的重要性"及"公共利益"加以衡量，从行为影响的基本权利的种类和公共事务的重要性上，都可以证成违法信息行政公告适用"重要事项说"和"相对法律保留"。如果及时将《政府信息公开条例》上升为法律，修改和完善部分条款，可以为各个行政领域的违法信息行政公告找到明确的法律依据和法律授权依据。在今后的立法中，若能依据比例原则，明确将其实施的最低标准限制为"必须让公众知晓的、具有即刻危险的有关违法信息；或急需公众知晓的、防止公众产生误解的有关违法信息"，以及将"描述的客观性、完整性、可理解性和可判断性"作为公告内容的最低要求，并将违法信息行政公告的核心用语统一为"公告"，那么将更有利于实现对违法信息行政公告的实体法控制，真正确保违法信息行政公告的高效运行。

当然，我们还需要看到，任何法律规范都不仅只保护某一种权利，而是旨在平衡各种社会，有关违法信息行政公告的法律规范也不例外。此类规范属于政府信息公开法制，不仅要保护公民的基本权利，还要在公民的知情权、监督权、人身权、财产权等基本权利保护和第三方的隐私权、商业信誉、商业秘密、与经济利益直接挂钩的交易机会等权利保护之间寻求平衡；更要在私人合法权益保护和公共安全、公共秩序等公共利益保护之间寻求平衡。借鉴其他国家和地区的经验，这种平衡往往是通过一个制度群来实现的。如果说政府信息公开法制是违法信息行政公告法治化的重器，那么个人信息保护制度、公众参与制度等就是违法信息行政公告法治化的看门人。如今我国的公众参与制度尚未建立完善，个人信息保护制度的立法缺位，造成《政府信息公开条例》中混合了不同定位的制度，不但导致其概念混淆不清，还导致了内在的逻辑矛盾。为此，《政府信息公开条例》上升为法律后，不仅要应及时展开法律、法规、规章和行政规范性文件的清理工作，还需要加快对配套法律制度的建设，尽快出台个人信息保护法，完善保密法和档案法等，明确信息公开与保密制度的关系，全方位地对违法信息行政公告予以实体法控制。但是，我们也要清醒地认识到，立法和修法都涉及方方面面的利益博弈，短期内恐难如愿。要想尽快从法律上给予违法信息行政公告应有的回应和控制，积极的法律解释、司法解释或许更为必要和可取。从文本出发，通过法律解释、司法解释的方法暂时性填补《政府信息公开条例》等法律规范的漏洞，对行政管理部门在社会管理创新中探索运用的违法信息行政公告的合法性予以确认的同时，也对其适用条件、公告内容等予以限制，在保护和鼓励行政改革的同时，实现对社会管理创新的有效制约。同时，加快各个行政领域的立法，分领域逐一通过部门法对违法信息行政公告予以确认。

第四章　违法信息行政公告的程序法控制

一、程序法控制的意义

行政程序是行政机关为实现特定目的而采取的系列活动、步骤或方式的总称。行政权的运行、行政行为的实施都是通过一定程序得以实现的。从阶段性构造来看，行政行为的实施是行政过程中最重要的一个环节，完善的程序规定利于在事中对行政行为予以规范和指导。

（一）正当程序的价值需求

正当程序源于英国法上的"自然正义法则"，包括三个基本要素：（1）在公正的法庭前听证（听审）的权利；（2）获悉指控的权利；（3）就指控进行答辩的权利。"自然正义法则"旨在避免公权的恣意，保障人民的生命、自由和财产免受国家公权力的不合理侵害，俗称法谚——"任何人不得证其罪"和"两造兼听"，其理念被各国所认可。美国通过宪法确立了"正当程序"条款，适用范围正在不断扩大。法国法院逐渐发展出类似"自然正义法则"的"防御权"，其内容包括告知程序的存在、告知所有指控内容、给予充分的时间准备防御（答辩）、行政机关应确实斟酌当事人表达的意见等。德国基本法上规定了程序基本权，联邦宪法法院更是宣示正当行政程序乃宪法之要求。[①] 时至今日，正当程序已经成了堪与实体正义比肩的程序正义的

---

① 翁岳生编：《行政法》（下），中国法制出版社2009年版，第1006~1010页。

代名词，成了为公众提供正义的一种机制。① 作为公权力体系中最广泛、最直接涉及公众权益的行为，行政行为也是最容易滋生腐败、最容易造成权益侵害的公权行为，建立正当程序是确保行政过程公正、防止行政权滥用的重要保障。②

虽然因为程序导致不公的感受通常会被表述得很模糊，但人们还是习惯用"在一定程度上不尊重我们的个性、不把我们作为人来认真对待"之类的言辞来形容程序侵犯。③ 故而，Jerry L. Marshaw 教授认为，程序不但具有平等、参与、私人自主权等价值，更重要的是，程序因其可预测性、透明性与合理性，可以促进程序参加人的自尊感，可以保护任何当事人的自尊心。④ 可见，从人格尊严的角度看，程序的可预知也是非常重要的。这也成了程序规则制定和完善的又一动因。从某种程度上说，健全程序规则、加强程序法控制是确保正当程序和实现程序正义的前提。

（二）程序保障是规范违法信息行政公告的需要

违法信息行政公告虽然属于给付行政，却也带有规制行政的属性。行政主体一旦公告违法行为人的违法信息，就会对违法行为人的名誉、商业信誉、与经济利益直接挂钩的交易机会等造成影响，加之网络媒介的快速传播，其

---

① 正当法律程序的渊源是 1215 年英国的自由大宪章，这部大宪章的出台实际上是贵族与国王斗争的结果，而且是贵族取得胜利的结果，限制了王权。在 1314 年的自由律中进一步重申了正当法律程序，在自由大宪章与自由律中明确规定，没有经过国家的法律，没有经过正当的法律程序，不能剥夺一个人的生命、自由和财产。到后来，它写进了美国联邦宪法修正案中……在今天的美国，它的正当法律程序实际上已经不限于程序性的正当法律程序，而是超越了，成为为公民提供保护、为公民提供正义的这样一个机制。所以，程序尽管它从形式上只是呈现出方式、步骤、时间和顺序这样一些形式上的特征，但事实上一个程序步骤的背后，反映的是一个国家和一个公民的关系……参见王万华："正当法律程序和《湖南省行政程序规定》贯彻实施的影响"，载《湖南省社会主义学院学报》2008 年第 6 期。

② 姜明安教授指出："行政行为，即政府部门行使公权力的行为，在整个公权力行为中占有最大的比重，而且，行政行为是整个公权力行为中最广泛、最经常、最直接涉及公民、法人和其他组织权益和最容易产生腐败的行为。因此，行政行为也是最需要正当法律程序规范和制约的行为。"参见姜明安："正当法律程序：扼制腐败的屏障"，载《中国法学》2008 年第 3 期。

③ ［美］杰瑞·L.马肖：《行政国的正当程序》，沈岿译，高等教育出版社 2005 年版，第 175 页。

④ ［美］杰瑞·L.马肖：《行政国的正当程序》，沈岿译，高等教育出版社 2005 年版，第 186~195 页。

影响往往会迅速扩散，跨越一定的时空。从权利保障的角度看，事前预防、事中规制比事后救济更为关键，因为诸如名誉权、商业信誉等权益一旦遭受侵害，再怎么救济也不可能完全恢复到原初状态。因此，对行政管理部门公告违法信息的行为进行程序规制尤为重要。① 早在古代，官府发布告示榜文就已经有程序规定，如果不遵守相应程序，发布的告示榜文就没有公信力和法律效力。② 可见，加强程序法控制不但可以贯彻依法行政、提高违法信息行政公告的准确性、提高行政效能；也可以深化民主原则，给当事人提供参与违法信息行政公告决策的机会；还能藉由行政实施中的程序保障，降低利害关系人合法权益遭受侵害的可能性，从而降低事后争讼的概率，减轻法院的诉讼压力。

二、现有程序法的规范分析

（一）缺乏专门的行政程序法

当下，我国没有出台专门的行政程序法，从地方行政程序立法的情况看，比较有代表性的当属《湖南省行政程序规定》《凉山州行政程序规定》和《山东省行政程序规定》，三部规范都专章对行政执法的程序进行了详尽的规定。然而，《湖南省行政程序规定》第54条③和《山东省行政程序规定》第56条④都明确规定，其所规范的行政执法仅仅是行政许可、行政

---

① 杨建顺教授在谈及行政规制的法制完善问题时，就专门强调了行政规制程序的健全和法制化。参见杨建顺："论行政规制的法制完善"，载《观察与思考》2012年第9期。

② 例如，我国明代告示榜文的发布程序，大体是依照所属事务的不同，由中央或地方机关负责相关政务，然后再依行政机关层级依序转发而下。此外，无论告示榜文之发起者为何，首先都必须透过法定的官方机构许可，经过刊布或竖立石碑、木牌，使信息传达于百姓民众，然后才具有公信力或法律效力，否则属于不当或无效的告示榜文。参见连启元：《明代的告示榜文——讯息传播与社会互动》（下），花木兰文化出版社2010年版，第269页。

③ 《湖南省行政程序规定》第54条规定："本规定所称行政执法，是指行政机关依据法律、法规和规章，作出的行政许可、行政处罚、行政强制、行政给付、行政征收、行政确认等影响公民、法人或者其他组织权利和义务的具体行政行为。"

④ 《山东省行政程序规定》第56条规定："本规定所称行政执法，是指行政机关依据法律、法规、规章和规范性文件，作出的行政许可、行政处罚、行政强制、行政确认、行政征收等影响公民、法人和其他组织权利、义务的具体行政行为。"

处罚、行政强制、行政给付、行政征收、行政确认等具体行政行为，显然这一章的程序规定并不适用于作为行政事实行为的违法信息行政公告。此外，虽然《湖南省行政程序规定》和《凉山州行政程序规定》都设专章对行政公开进行规定，但与《政府信息公开条例》一样内容过于简单，相应程序规定并不完善。不过，《凉山州行政程序规定》第47条①的规定，则明确表明其所规范的行政执法行为既包括行政处罚、行政许可等行政法律行为，也包括行政指导等行政事实行为，相应的程序规定也适用于行政事实行为。因此，相对而言，《凉山州行政程序规定》是这三部地方性立法里面最能调整和规制违法信息行政公告的程序的，但遗憾的是，其针对性也不强。

（二）现有程序规定明显不足

当前法律规范中有关违法信息行政公告的规定，几乎很少提及程序方面的要求。目前仅有1部法律，即《药品管理法》②，和6部行政法规，即《证券公司风险处置条例》③《营业性演出管理条例》④《国务院关于预防煤矿生

---

① 《凉山州行政程序规定》第47条规定："本规定所称行政执法，是指行政机关依据法律、法规和规章，作出的行政许可、行政处罚、行政强制、行政给付、行政征收、行政确认、行政承诺、行政指导等影响公民、法人或者其他组织权利和义务的行政行为。"

② 《药品管理法》第66条规定："国务院和省、自治区、直辖市人民政府的药品监督管理部门应当定期公告药品质量抽查检验的结果；公告不当的，必须在原公告范围内予以更正。"

③ 《证券公司风险处置条例》第14条规定："国务院证券监督管理机构对证券公司做出责令停业整顿、托管、接管、行政重组的处置决定，应当予以公告，并将公告张贴于被处置证券公司的营业场所。处置决定包括被处置证券公司的名称、处置措施、事由以及范围等有关事项。处置决定的公告日期为处置日，处置决定自公告之时生效。"

④ 《营业性演出管理条例》第35条规定："县级以上地方人民政府文化主管部门应当充分发挥文化执法机构的作用，并可以聘请社会义务监督员对营业性演出进行监督。任何单位或者个人可以采取电话、手机短信等方式举报违反本条例规定的行为。县级以上地方人民政府文化主管部门应当向社会公布举报电话，并保证随时有人接听。县级以上地方人民政府文化主管部门接到社会义务监督员的报告或者公众的举报，应当作出记录，立即赶赴现场进行调查、处理，并自处理完毕之日起7日内公布结果。县级以上地方人民政府文化主管部门对作出突出贡献的社会义务监督员应当给予表彰；公众举报经调查核实的，应当对举报人给予奖励。"

产安全事故的特别规定》①《药品管理法实施条例》②《审计法实施条例》③《金融机构撤销条例》④，对违法信息行政公告的公告方式和程序有所提及，且大都语焉不详。实践中不少行政机构都把《政府信息公开条例》视作政府信息公开的一般性规定，大多依据条例第三章所规定的信息公开的方式和程序来进行违法信息行政公告，但这一章当中的 14 个法条的内容不但过于简单和原则，且存在很多缺陷，更为重要的是，没有考虑到违法信息行政公告自身的特点和不同类型的需求，一刀切的做法显得过于泛化。

正是由于我国迟迟没有出台行政程序法，《政府信息公开条例》当中关于信息公开程序的规定又过于简单，其他法律、行政法规中有关违法信息行政公告的规定几乎很少提及程序方面的要求，导致当下正当程序欠缺，甚至没有足够的程序机制对违法信息行政公告展开有效制约，实践中行政主体在实施这一行为时颇有些随心所欲，侵犯利害关系人权益的案件也不胜枚举。要想彻底改变这一局面，就应该完善程序机制，不但应明确违法

---

① 《国务院关于预防煤矿生产安全事故的特别规定》第 19 条规定："县级以上地方人民政府负责煤矿安全生产监督管理的部门、煤矿安全监察机构对被责令停产整顿或者关闭的煤矿，应当自煤矿被责令停产整顿或者关闭之日起 3 日内在当地主要媒体公告。被责令停产整顿的煤矿经验收合格恢复生产的，县级以上地方人民政府负责煤矿安全生产监督管理的部门、煤矿安全监察机构应当自煤矿验收合格恢复生产之日起 3 日内在同一媒体公告。县级以上地方人民政府负责煤矿安全生产监督管理的部门、煤矿安全监察机构未依照本条第一款、第二款规定进行公告的，对有关负责人，根据情节轻重，给予警告、记过、记大过或者降级的行政处分。公告所需费用由同级财政列支。"

② 《药品管理法实施条例》第 59 条规定："国务院和省、自治区、直辖市人民政府的药品监督管理部门应当根据药品质量抽查检验结果，定期发布药品质量公告。药品质量公告应当包括抽验药品的品名、检品来源、生产企业、生产批号、药品规格、检验机构、检验依据、检验结果、不合格项目等内容。药品质量公告不当的，发布部门应当自确认公告不当之日起 5 日内，在原公告范围内予以更正。当事人对药品检验机构的检验结果有异议，申请复验的，应当向负责复验的药品检验机构提交书面申请、原药品检验报告书。复验的样品从原药品检验机构留样中抽取。"

③ 《审计法实施条例》第 33 条规定："审计机关依照审计法第三十六条规定，可以就有关审计事项向政府有关部门通报或者向社会公布对被审计单位的审计、专项审计调查结果。审计机关经与有关主管机关协商，可以在向社会公布的审计、专项审计调查结果中，一并公布对社会审计机构相关审计报告核查的结果。审计机关拟向社会公布对上市公司的审计、专项审计调查结果的，应当在 5 日前将拟公布的内容告知上市公司。"

④ 《金融机构撤销条例》第 6 条规定："中国人民银行决定撤销金融机构，应当制作撤销决定书。撤销决定自中国人民银行宣布之日起生效。撤销决定应当在报纸上公告，并在被撤销的金融机构的营业场所张贴。"

信息行政公告的时机，还应规定公告前需进行利益衡量，某些类型的违法信息行政公告应设置相应的第三方参与程序，还应规定公告有误时如何更正或撤销等。

三、违法信息行政公告的一般程序

正如杰瑞·L.马肖教授所言，对正当程序具体要求的认定需要考虑三个不同的因素：（1）受政府行为影响的私人利益；（2）这种利益在已经应用的程序中被错误剥夺的风险，以及如果存在任何增加的或替代的程序保障，这种增加的或替代的程序保障可能具有的价值；（3）政府利益，包括所涉及的政府职能和增加的或替代的程序必然带来的财政与行政负担。[①] 违法信息行政公告作为一种柔性行政方式，作为一种典型的行政事实行为，虽然不直接产生法律效果，但其借助声誉机制对违法行为人违法信息（包括个人信息）的处置，会产生特定的社会效果，也会对利害关系人的合法权益造成实际影响。我们在设计相应程序制度时必须对这种特殊性予以考虑。此外，违法信息行政公告具有多重的信息规则功能，以行为不同的社会功能为标准，可以分为通知型违法信息行政公告、执行型违法信息行政公告、公共警示型违法信息行政公告和惩戒型违法信息行政公告。不同类型的违法信息行政公告对利害关系人权益影响的大小和程度显然是不一样的。因此，在进行具体制度设计的时候还应该综合考量我们所设计的理论模型是否可以容纳复杂的变量，是否足以应付实践中的各种问题。学者们经过研究，也提出了不少建议。如杨立新提出"在公布名单前应该有相关的管理部门审批"[②]，墨帅提及最终可能需要制定完备的"行政程序法"[③]。章志远、鲍燕娇、汪厚冬等人建议在程序上应引入听证制度、时限制度和信息分级制度，并适当引入评估机制和协

[①] [美]杰瑞·L.马肖：《行政国的正当程序》，沈岿译，高等教育出版社2005年版，第109页。

[②] 徐伟、林燕：“公安交管部门曝光醉驾者名单引发热议 权威专家认为此举不违法”，载《法制日报》2009年11月12日。

[③] 墨帅：“处罚结果公开与曝光不能混同”，载《检察日报》2009年12月2日。

商机制。① 毛鹏举则建议对治安违法行为实行前科制度、对治安违法行为信息实行有限公开制度，并对公开的违法信息进行必要的区分处理。② 高继超建议建立听证制度和违法信息查询期限制度。③

考虑到不同类型违法信息行政公告的特点，结合上述各种因素和建议，本书将违法信息行政公告的程序分为两大类：一类为所有类型的违法信息行政公告都需要采取的步骤，即一般程序；另一类则为某些类型的违法信息行政公告需要采取的特殊程序。每一类程序涉及不同的环节，今后的立法应有针对性地进行完善，即使短期内无法出台行政程序法，也应在具体的法律规范中有所规定。

（一）查清事实

政府对外公开信息可以实现市场监管、弥补市场失灵，因此，信息的准确性是加大市场透明度、促进行业自律和市场良性竞争的重要条件。信息内容的准确性，是市场透明和市场良性运作的基本条件。《政府信息公开条例》第6条④对政府信息公开的准确性提出了明确要求。这就说明，面对行政违法行为，执法部门必须经过深入的调查取证，全面掌握、收集和制作相应信息，并在查清违法行为、违法情节、违法原因、违法动机、违法后果等违法事实的基础上，进行精确的分析和核对，方能作出是否将违法信息予以公告的决定。可见，查清事实是违法信息行政公告的首要环节。行政管理部门无论是在管理过程中自行发现了违法行为的端倪，还是在接到举报后获得了违

---

① 章志远、鲍燕娇："公布违法事实的法律属性分析"，载《山东警察学院学报》2011年第6期；章志远："作为行政强制执行手段的违法事实公布"，载《法学家》2012年第1期；章志远、鲍燕娇、朱湘宁："作为公共警告的行政违法事实公布"，载《河南司法警官职业学院学报》2012年第2期；汪厚冬："论公布违法信息——以工商行政管理为例"，载《天津行政学院学报》2013年第2期。
② 毛鹏举："公开治安违法行为信息的利益平衡及制度设计"，载《四川警察学院学报》2012年第1期。
③ 高继超："论隐私权在治安管理领域的诉求——以违法信息的公开为视角"，载《湖南警察学院学报》2011年第5期。
④ 《政府信息公开条例》第6条规定："行政机关应当及时、准确地公开政府信息。行政机关发现影响或者可能影响社会稳定、扰乱社会管理秩序的虚假或者不完整信息的，应当在其职责范围内发布准确的政府信息予以澄清。"

法行为的线索，都应该进行调查取证、收集资料、掌控信息、查明事实、辨别是非。可以说，违法信息行政公告的前提是查清事实，而查清事实则以行政调查为基本要件。德国学者就明确指出，行政机关在作出信息干预之前有义务进行事实调查，如果没有基于与损害相称的调查工作，信息发布或警告就是违法的。①

不过，行政调查的概念在学界一直存在争议。在英美法等国家，行政调查往往被视为行政机关取得信息的一种技术手段，是一种辅助性的行政行为；而大陆法国家往往将行政调查视为一种程序性行政行为，是行政机关做某种行政行为时收集信息的程序活动。我国学界对于行政调查的认识也是见仁见智，存在特殊行政行为说、中间行政行为说、程序行政行为说、事实行为说等观点。②不同的概念界定直接导致行政调查内涵和外延的不同，也导致了这一行政活动依法应受到规制的内容出现了差异。要想加强程序法控制，还得尽早明晰概念，真正对执法机关的行政调查活动进行有效规范。

我们可以看看韩国学界在这一问题上观点的流变。长期以来，行政调查的概念混同在即时强制的概念中，在行政法学和立法中都并未形成独特的概念。韩国学者以往并没有把行政调查作为独立的行政活动，只把具有强制性质的行政调查作为"行政上即时强制的一种"，关于行政调查的概念主要存在两种观点：（1）"权力性调查说"，行政调查是指"行政机关为收集最大限度地发挥行政作用所必要的资料或信息的权力性调查活动"；（2）"包含非权力性调查说"，行政调查是指"行政机关为收集必要的信息或资料等的一切

---

① ［德］弗里德赫尔穆·胡芬：《行政诉讼法》（第5版），莫光华译，法律出版社2003年版，第452、453页。

② 例如，中国台湾地区学者的一种概括是："行政机关为达成特定行政目的，掌握现实状况和发现真实，对相关之人、处所或物品，实施询问、观察或检验等资料搜集活动，称为行政调查。"又如，中国内地学者的一种概括是："行政法上的调查是指行政主体查明案件事实、获取证据的活动。除当场作出行政行为的案件外，调查是行政程序的必经程序。"可见，行政法学者或者将行政调查归类为一种行政行为（特殊行政行为、中间行政行为、程序行政行为、事实行为等），安排为行政行为制度的内容；或者将行政调查归类为行政程序链条中的一个环节，安排为行政程序制度的内容。参见莫于川："中国行政调查制度的若干问题与完善路向"，载《学习论坛》2011年第4期。

活动。可见,"包含非权力性调查说"把非权力性调查活动也纳入行政调查的范围。但行政调查活动显然包括了大量的非权力性活动,韩国学者的观点也在碰撞中逐渐统一,大部分学者赞同"包含非权力性调查说",认为对那些非权力性活动也有进行规制的必要。学界对行政调查概念的重新探讨及对行政调查的规范问题日益引起社会各界的重视,行政调查逐步从即时强制中分离出来,在行政法上重新获得了其应有的地位。[①] 2007年8月18日,韩国的《行政调查基本法》正式实施。这部法采纳学界主流观点,采用了"包含非权力调查说",在立法中对行政调查的概念作出明确界定,[②] 对于明确行政调查的主体、权限、内容和分类,对于规范和控制行政机关严格依法实施行政调查,具有重要意义。

个人觉得采用"包含非权力性调查说"来界定行政调查的概念外延比较科学,韩国《行政调查基本法》关于行政调查的定义也比较合理。行政调查是一种特殊的行政活动,其外延既包括对实体权利义务未产生影响的事实行为,如行政管理部门为收集必要的信息或资料而进行的人口普查、统计调查;也包括行政管理部门为维护日常社会秩序所进行的例行检查;还包括行政管理部门在作出某些行政处理决定时采取的相对独立的先行程序,如行政处罚、行政强制等的调查,违法信息行政公告决定作出前的调查也属于这种相对独立的先行程序。对于违法信息行政公告,法律应该明确对行政管理部门在政府信息公开之前的调查程序和权限范围予以规定,如果法律要授权行政机关用行政立法来制定有关行政调查的执行性、细节性规定,例如,收集信息的目的、时机、强制手段等,该授权条款也应具体明确。唯有这样,方能真正规范行政主体的行政调查活动,确保行政主体在合法的前提下查明事实,掌握确切的违法信息。但目前的《政府信息公开条例》在政府信息公开的程序

---

① 康贞花:"韩国行政调查基本法的特色及对中国的立法启示",载《河北法学》2011年第10期。

② 韩国《行政调查基本法》第2条明确规定:"所谓'行政调查',是指行政机关为收集作出决策或履行职务所必要的信息或资料,进行现场调查、阅览文书、抽样等或者向被调查对象提出提交报告、提交资料以及出席、进行陈述等要求的活动。"参见康贞花:"韩国行政调查基本法的特色及对中国的立法启示",载《河北法学》2011年第10期。

规定中，根本没有提及调查程序，建议今后条例上升为法律时，可对第17条①进行修改，在最后增加一款，明确将调查程序写入法条，即"行政机关在公开前应进行必要的调查，并对政府信息进行核实审查。重大紧急情况下可于第一时间公开政府信息，并说明未予核查的原因，同时根据情况发展滚动公布相关信息和处置情况"。这样一来，可以通过程序控制确保公开的政府信息的准确性。

（二）公告评估：比例原则指导下的行政裁量

1. 公告评估的必要性

前文已述，违法信息行政公告面向社会公众作出，但行为具有第三方效果，会涉及对行为第三方（信息所属人）权益的扣减，不但会使公共利益和私权保障陷入二律背反的关系，也会造成公民的隐私权、名誉权与公民的知情权、监督权、人身权、财产权之间的冲突。虽然通过实体法设置公众对合理损害的容忍义务是一种必要的法律规范技术，且从维护公共利益的角度讲具备相应的正当性，但对这种合理损害的容忍应该是有限的，即法律规范要求公众容忍的合理损害必须是非常轻微的，否则有违公平原则。加之违法信息行政公告一旦作出，对利害关系人的权益造成的负面影响往往是不可逆转的，即使事后发表声明予以澄清也于事无补，20世纪70年代发生在美国的进口餐具重金属（铅）超标案②就是最好例证。这些特性都要求行政管理部门在决定是否行政公告之前，应先对违法信息进行评估。即针对具体个案，行政执法者应在公共利益与私人权益之间，在私人权益与私人权益之间进行衡量，以决定是否对违法信息予以公告；同时，行政执法者还需对公告的实

---

① 《政府信息公开条例》第17条规定："行政机关制作的政府信息，由制作该政府信息的行政机关负责公开；行政机关从公民、法人或者其他组织获取的政府信息，由保存该政府信息的行政机关负责公开。法律、法规对政府信息公开的权限另有规定的，从其规定。"

② 20世纪70年代，美国食品及药物管理局（FDA）曾发布公告，指出斯珀林与施瓦茨公司进口的餐具中重金属（铅）含量过高，对人体有害。随即，公司召回了市场上的这批产品。但后来FDA又发布了第二个报告，指出这些餐具并没有前面报告描述的那么有害，这些所谓重金属超标的餐具只有在盛放酸性食物或者饮料时才会对人体造成伤害。但此时的补充解释说明，显然已经无法挽回斯珀林与施瓦茨公司的损失。可见，即使行政主体发现公告有误，及时纠正，业已发生的损害也具有不可挽回性。See Lisa M. Willis. , No Cranberries for Thanksgiving: The Impact of FDA Adverse Publicity(2005 Third Year Paper) , pp. 8~9, http//:nrs. harvard. edu/urn-3:HUL. InstRepos:8889457.

质内容进行裁量，在满足"真实性、准确性、完整性、可理解性和可判断性"等最低要求的前提下，根据一定条件进行选取，以决定哪些信息应在公告中列明，哪些信息应在公告中隐去。当然，公告与否以及公告内容的选择其实都是为了保护公共利益和私人权益。①

正如日本学者所说，法治国家的基本原理要求行政法规范具备并发挥约束行政活动的良好功能，主张行政法规范能够尽量将行政活动的各种要件和形态予以定型化，尽量避免使用不确定的法律概念，赋予每个概念以一义性的涵义，尽量减少概念的争议性。遗憾的是迄今为止，现实中，各个国家都找不到这种法治主义理想成功的先例。正相反，随着法治主义原理的不断成熟，世界各国为了确保行政更好地发挥其作用，逐步丢弃了这种形而上的法治主义正义，开始逐步地扩大行政的裁量范围，行政裁量权逐渐呈现出不直接基于法律规范的具体规定也能积极作出相应政策判断的倾向。② 行政执法适用法律的终极意义在于对个案正义作出判断，而不是要求行政机关机械地执行法律。毕竟"法律不可能网罗蕴含不确定要因的现实世界的所有可能性，而行政是创造性、形成性活动，在立法政策层面，应当赋予行政在具有时间性、空间性扩张的现实世界中不断地追求公共利益的裁量权"③。这种裁量权或判断权的本身构成了现代国家"依法行政"原理的应有之义。法的适用不是简单的三段论逻辑演绎，而是在规范与事实之间往返流转的复杂过程。从法律规范的适用过程可以清楚地看到，无论是法律要件之中对不确定法律概念的解释和对案件事实的评价，还是法律效果中决定的作出和措施的选择，均存在着裁量。貌似严格的法律就是在行政执法者适用法律的过程中被必然

---

① 纵观政府信息公开的发展和实践，可以看出没有一个国家的政府信息公开制度奉行绝对公开主义，都或多或少留有不予公开的不公开事项。这些不公开事项的存在，大多并非是权宜之计或出于不正当的考虑，多数情况下不公开事项的确与正当利益直接相关。如同公开是为了保护公共利益和个人利益，在某些情况下不公开同样是为了保护公共利益和个人利益。参见杨伟东、张艳蕊："政府信息公开范围探讨"，载《山东科技大学学报》（社会科学版）2010 年第 2 期。

② ［日］雄川一郎："现代的行政与法"，见［日］雄川一郎、高柳信一编：《岩波讲座 现代法4——现代的行政》，岩波书店1966年版，第10页。转引自杨建顺："公共利益辨析与行政法政策学"，载《浙江学刊》2005年第5期。

③ 杨建顺："新世纪中国行政法与行政法学发展分析——放权、分权和收权、集权的立法政策学视角"，载《河南省政法管理干部学院学报》2006年第4期。

地松动了。行政裁量通过对复杂现实的经验把握,通过技术性知识的专业运用、政策目的的考量等而被注入行政适用法律的过程。①

那么,行政管理部门在行政执法中进行裁量的标准是什么?法律规范,这当然是裁量必不可少的合法性依据,也是裁量不能擅自跨越的"雷区"。除此之外,则应该是比例原则,这一原则是行政执法者结合个案进行裁量的合理性标准。

2. 公告评估的内容

面对违法信息,行政管理部门在评估是否公告、如何公告、公告哪些内容时,应该严格按照比例原则②来进行裁量。具体操作规则可由法律明确授权行政立法加以制定。

(1) 违法信息行政公告的目的是否正当

按适当性原则的要求,唯有为履行服务职能、达致管理目的、维护社会公益、保障公众权益而采取的违法信息行政公告,其目的方属正当。如果行政主体采取违法信息行政公告并不是为了发挥政府信息在生产、生活中的服务作用,仅仅是想借助媒体公开来强化自己的行政职权或对其他政府机构施加压力,或者选择违法信息行政公告作为规则工具、刻意回避具有正式法律法规授权的制裁手段而逃避法律约束,或者是看重违法信息行政公告的社会效果而将其代替行政处罚,都属于执法动机不纯。发生在2009年的农夫山泉"砒霜门"事件③一度引发热议,围绕这一事件的讨论更是充分说明,如果行

---

① 王贵松:"行政裁量的内在构造",载《法学家》2009年第2期。
② 《政府信息公开条例》第5条规定:"行政机关公开政府信息,应当遵循公正、公平、便民的原则。"这里的公正原则即可视为蕴含了比例原则的要求。
③ 2009年11月24日,海口市工商局发布关于农夫山泉含"砒霜"的消费警示,造成农夫山泉销量锐减,损失预计达10个亿。事后,农夫山泉公司董事长钟睒睒公开指责工商部门的做法存在"三宗罪":(1)抽样检测程序违法;(2)信息公布程序违规;(3)信息公布权限违规。农夫山泉公司怀疑这一事件存在幕后交易,钟睒睒甚至直接称"这一事件是继前段时间'水源门''假捐门'之后又一起经过蓄意策划和操纵的恶性事件",认为这一系列事件策划和推广手法极其类似:首先买通个别行政执法机关的个体,继而利用强大的法权体系中存在的监督漏洞向个别媒体披露负面信息,最后通过网络媒体扩大形成广泛报道,造成恶劣影响。参见陶斯然:"农夫山泉:'砒霜门'后一周销量陡降5成",载中国经济网 http://www.ce.cn/cysc/sp/info/200912/08/t20091208_19940349.shtml;胡笑红:"农夫山指责工商部门'三宗罪'质疑幕后黑手陷害",载中国经济网 http://www.ce.cn/cysc/sp/info/200912/01/t20091201_19935854.shtml,访问日期:2013年8月28日。

政主体将违法信息行政公告作为"权力寻租"的交易,将违法信息予以公告是为了变相打击市场的合法竞争者,那已经不能用不正当来形容,而应被称为令人发指的恶行。目的不正当的违法信息行政公告是行政权异化的产物,与法治原则相悖,使政府公信力一落千丈,使公众的法治信仰受到强烈冲击,应该被扼杀在萌芽之初。美国联邦法院在1989年的"司法部诉新闻自由报道委员会"① 一案的判决中确立了"主要目的原则",作为衡量个人隐私与公共利益的标准,其核心思想就是,信息公开的主要目的应该是将行政机关的执法监管措施面向社会公众公开,以便将行政执法置于广大公众的监督之下。② 显然,这一原则也应该成为行政主体实施违法信息行政公告的目的标准。根据《政府信息公开条例》第1条的规定,信息公开(包括违法信息行政公

---

① 美国一名记者及新闻自由报道委员会,申请提供麦迪欧家庭成员的犯罪记录,该名记者尤其指定要求取得其中四位家庭成员的前科记录。联邦调查委员会原先拒绝了上述请求,在其中三位成员死亡后,联邦调查局交付了这三位成员的前科记录,但没有提交麦迪欧的前科记录。新闻自由报道委员会提起诉讼,理由是依据信息自由法,即使该记录涉及隐私也应公开,因其关于重大公共利益——传闻麦迪欧因涉嫌行贿国会议员从而取得与国防部签订国防契约的机会。哥伦比亚地区法院以公开记录侵犯个人隐私等理由驳回了原告的诉讼请求。原告不服,提起上诉。上诉法院则推翻这一裁决,认为已公开的刑事犯罪记录,本质上为公开的信息,公开这类信息不会构成"明显不必要的隐私权侵害"。"申请者认为该犯罪记录的概要已经向公众公开,所以麦迪欧在公开由联邦调查局编辑的犯罪记录信息上的个人隐私权益压缩到零。"最高院经提审后又推翻了上诉法院的判决,认为提供该犯罪记录将构成对麦迪欧隐私权的不必要的侵害,因此联邦调查局不应提供。联邦法院认为麦迪欧对犯罪记录享有个人隐私权,公开该犯罪记录与信息自由法中强调的"公共利益"并无直接关系。该前科记录并不能证实也不能消除麦迪欧与议员非正当关系的传闻,更确切地说,该记录不能直截了当的体现该议员的不当行为,以及国防部与其签约的行为。并进一步指出,尽管在刑事犯罪记录中,尤其是与行政官员或机关有关的犯罪记录中,毫无疑问地存在一定的公共利益,但信息自由法的中心目的是保障政府的行为处于公众雪亮眼睛的审视监督之下,而不是公开由政府保管的个人信息。因此,判决认定将联邦调查局所持有的刑事犯罪记录提供给第三者,构成对隐私权的不必要侵害,不应提供。参见许莲丽:《政府信息公开诉讼》,中国人民大学2010年博士学位论文,第98~99页。

② 1989年,美国联邦法院在"司法部诉新闻自由报道委员会"(U. S Dept. of Justice v. Reporters Committee For Freedom of Press)一案中,首次将"主要目的原则"确立为衡量个人隐私与公共利益的标准。通过此案,联邦法院创设了"主要目的原则",解决了在涉及个人隐私的政府信息公开诉讼中平衡个人隐私与公共利益的实践难题。具体而言,判断"公共利益"的核心标准是"满足公众的知情权,保障政府的行为处于公众的审视之下"。这一原则发展出了主要目的理论,即"判定应否公开资讯,应以是否合于联邦资讯公开法要求资讯公开满足人民知的权利之目的具关联性",并在美国联邦最高法院的后续判决中一直沿用。参见许莲丽:《政府信息公开诉讼》,中国人民大学2010年博士学位论文,第98~99页。

告）最重要的目的不是规制，而是服务①，是满足公众的知情权和监督权的需要，是要将政府的执法行为置放在公众的监督之下，促使权力进入笼子、受到约束，阳光行政、依法行政，按法治的要求为公众服务。这是行政主体在作违法信息行政公告时必须明确的一点。

（2）违法信息行政公告是否必要

违法信息行政公告与声誉机制和道德谴责相勾连，其适用必然引发相应的社会舆论，给违法行为人带来负面的社会评价。换言之，违法信息行政公告的通知、强制执行、公共警示和惩戒等社会功能的实现是以牺牲利害关系人（主要是违法行为人）的名誉、商誉、与经济利益直接挂钩的交易机会等为代价的，因此按必要性原则的要求，行政管理部门在公告违法信息之前，必须进行衡量。如果采取别的、相对更为温和管理手段也能达成管理目的、取得同样的社会效果，那么行政管理部门应选择其他管理手段而非违法信息行政公告，尽量降低侵害利害关系人权益的可能性。尤其是对那些商业秘密和个人隐私之外的财务信息、商业信息，行政执法者必须慎重考量，一旦公开，在合理预期内会不会严重影响利害关系人的市场竞争力，有没有与比例原则的要求相悖。对那些可以用函件送达、通知违法行为人接受后续处理的，不宜采取违法信息行政公告；可以采用加处罚款或滞纳金、代履行等其他强制执行手段确保行政法义务履行的，不必采用违法信息行政公告；采用约谈、行政指导等方式足以警诫违法行为人、阻却其继续违法的，也无须再进行违法信息行政公告。

当然，在衡量违法信息行政公告是否为最小侵害手段时，私人权益被侵犯的种类和程度是首要元素，侵害发生的盖然性（可能性）也不能被忽视。尤其是违法信息行政公告用作规制手段以预防风险时，涉及的私人权益往往种类较多、程度较大，如果一概以数量多少作为判断标准，反而会

---

① 莫于川："行政公开法制与服务型政府建设——略论《政府信息公开条例》确立的服务宗旨和便民原则"，载《法学杂志》2009年第4期；莫于川："政府信息公开法制若干问题再思考"，载《行政论坛》2009年第6期；莫于川："政府信息公开法的基本理念、立法目的和指导原则再检讨——兼从年度报告看政府信息公开法的基本理念、立法目的和指导原则的实现情形"，载《河南省政法管理干部学院学报》2009年第6期。

阻碍必要性原则的落实。只有将盖然性一并考虑，进行综合判断方为合理。换言之，如果侵害发生的盖然性较低，可以相对"稀释"被侵害的私人权益的种类和程度，反之亦然。实际上，违法信息行政公告可能导致的风险，往往需要行政管理部门结合自身的专业知识才能进行正确判断，这种专业性、技术性的问题应由行政管理部门自行裁量，立法者应通过法律给予明确授权。

（3）违法信息行政公告是否打破了利益博弈的均衡

市民社会具有一定的包容性，里面充斥了各种利益和价值。但发展得再完备的市民社会也是独立不自足的，当其内部的各种利益出现矛盾、价值发生冲突时，需要公共管理机构从外部给予一定的干预和协调。① 因此，行政管理从决策到实施，都充斥着价值衡量和抉择，执法者应注重利益博弈的均衡，以平衡整个社会利益。前几年，警方公示小偷（包括未成年人）照片和公开宣布对卖淫嫖娼人员的行政处罚决定的做法之所以招致非议，就是因为这样的违法信息行政公告超出了必要限度，不合理地侵犯了违法行为人的肖像权、隐私权等。在一个法治社会里，对公共利益的保护和对个人权益的保护是同等重要的。违法信息行政公告涉及价值冲突，按照狭义比例原则的要求，不能因公共利益而忽视私人权益，也不能因某类或某几类私人权益而忽视其他的私人权益。行政管理部门公告违法信息所损害的私人权益如果高于所要保护的公共利益或私人权益，这是不合适，也不被允许的。行政管理部门在具体裁量时，应注意以下三点。

首先，公共利益与私人权益博弈的成功范例将对行政执法起到良好的示范作用，为顾及利益博弈的均衡，行政管理部门需要判断违法信息行政公告是否有利于公共利益。公共利益是一种带有整体性的事物，不管是立法者还是执法者都很难给予其一个准确、具体的界定；② 加之相互交往的发展使得现代社会的公共性逐渐隐退，私人领域逐渐社会化，公共领域和私人领域的界限有时候并不是那么明显，也加大了公共利益的判断难度。正如学者所指，

---

① 邓正来：《市民社会理论的研究》，中国政法大学出版社2002年版，第9页。
② 关于这一问题的详细论述，参见本书"第二章 一、实践难题"。

《政府信息公开条例》第8条的规定可以视为公共利益的具体内涵,[①] 行政主体可参考其内容进行判断,在实践中秉持公共受益性、公平补偿性、公开参与性等标准,对公共利益进行认定和判断。[②] 同时,由于公共利益的实现是一个极其繁复的过程,因此在实践中要允许和尊重行政管理部门根据事发时的情形进行适时判断。换言之,行政管理部门应当也只能依据事发时的具体情况来裁量违法信息行政公告是否有利于公共利益,即使事后情况发生了意想不到的变化,导致结果与当初的判断大相径庭,也不能认定行政执法者的做法违反狭义比例原则。

其次,《政府信息公开条例》第14条第4款的规定可视为法律规范对政府信息公开(包括违法信息行政公告)所作出的狭义比例原则方面的要求。这就需要行政主体对国家秘密、商业秘密、个人隐私进行判断。《国家保密法》第2条[③]和《反不正当竞争法》第10条[④]第3款分别对国家秘密和商业秘密作出了界定,使行政执法者在裁量时有明确的标准和依据。然而,现有法律并没有对个人隐私进行界定,且个人隐私的内涵非常广泛,各国的认定标准和实践做法各异。违法信息是关于行为人违反法律规定的一切客观事实的表征,是有关行为人的违法行为、违法情节、违法原因、违法动机、违法

[①] 《政府信息公开条例》第8条规定:"行政机关公开政府信息,不得危及国家安全、公共安全、经济安全和社会稳定。"据此,公共利益指的是国家安全、公共安全、经济安全和社会稳定。参见莫于川、林鸿潮:《政府信息公开条例释义》,中国法制出版社2007年版,第79页。

[②] 莫于川教授指出,公共利益作为一个高度抽象、易生歧义和弊端的概念,如果不严格限定,极易出现滥用现象。在理解和运用公共利益这个概念时,应坚持如下六条判断标准:第一,合法合理性。第二,公共受益性。第三,公平补偿性。第四,公开参与性。第五,权力制约性。第六,权责统一性。参见莫于川:"判断'公共利益'的六条标准",载《法制日报》2004年5月27日。

[③] 《国家保密法》第2条规定:"国家秘密是关系国家的安全和利益,依照法定程序确定,在一定时间内只限一定范围的人员知悉的事项。"

[④] 《反不正当竞争法》第10条规定:"经营者不得采用下列手段侵犯商业秘密:(一)以盗窃、利诱、胁迫或者其他不正当手段获取权利人的商业秘密;(二)披露、使用或者允许他人使用以前项手段获取的权利人的商业秘密;(三)违反约定或者违反权利人有关保守商业秘密的要求,披露、使用或者允许他人使用其所掌握的商业秘密。第三人明知或者应知前款所列违法行为,获取、使用或者披露他人的商业秘密,视为侵犯商业秘密。本条所称的商业秘密,是指不为公众所知悉、能为权利人带来经济利益、具有实用性并经权利人采取保密措施的技术信息和经营信息。"

后果等客观资料的集合体。同时，全面的违法信息还包括违法行为人的姓名、住址等比较常见的信息。这些信息对行政管理部门而言是毫无争议的政府信息，因为它们是职能部门在执法过程中自动发现、查获的，也可能是经公众举报后查获、收集的；但对公民个人而言，这些信息显然具有"识别性"，是典型的个人信息[1]，且违法是个人的事情，违法信息当然地属于自己不愿向社会公开的隐私信息。可见，此类信息本身所具有的双重性质，加大了判断的难度。在这种情况下，狭义比例原则的贯彻就更为重要了。行政管理部门在具体裁量的时候，必须以《政府信息公开条例》第14条第4款的规定为依据，以利益均衡为基准，以公共利益为指导，才能真正化解矛盾冲突，确保违法信息行政公告合法合理。

最后，随着社会转型，利益体系日趋复杂，多元的价值观导致价值冲突不断。行政管理部门在衡量违法信息行政公告是否符合狭义比例原则时，需要将行为实施的最低标准限制为"必须让公众知晓的、具有即刻危险的有关违法信息；或急需公众知晓的、防止公众产生误解的有关违法信息"，将"描述的客观性、完整性、可理解性和可判断性"作为公告内容的最低要求，同时注意选择最佳方式方法，切忌使用贬损、侮辱、歧视性语言。[2] 此外，行政管理部门应该结合事发时的实际情况，将行政公告作出后可以保护的公共利益的程度和基本权利的种类与行政公告作出后将要侵犯的私人权益的种类和程度，以及侵犯可能性进行对比。当公共利益与隐私权、名誉权等私人权益发生冲突时，应坚持公共利益优先的原则；当知情权、监督权、人身权、财产权和隐私权、名誉权等私人权益之间发生冲突的时候，应全面考量违法

---

[1] 对于什么是个人信息，美国联邦最高法院采取了从宽解释，认为所有"适用于特定个人"的信息都属于个人信息。张明杰：《开放的政府——政府信息公开法律制度研究》，中国政法大学出版社2003年版，第158页。

[2] 2005年3月8日，深圳市龙岗公安分局龙新派出所民警在刘屋社区悬挂了两条内容为"坚决打击河南籍敲诈勒索团伙"和"凡举报河南籍团伙敲诈勒索犯罪、破获案件的，奖励500元"的横幅，在社会上引起了不良影响。这种简单的工作方法，不但不能有效达到管理目的，还会招致公众不满，严重影响社会稳定、团结、和谐。行政执法，包括违法信息行政公告都应该引以为戒。参见丰雷、龚宣：《深圳龙岗警方为悬挂歧视河南人横幅致歉》，载新浪网 http://news.sina.com.cn/c/2005-05-03/00276551325.shtml，访问日期：2013年9月20日。

行为的危害后果和危害程度、行政公告作出后公众过度反应①可能性的大小等，对各种权益进行协调平衡。上述措施可以真正确保违法信息行政公告既具备"客观性、完整性、可理解性和可判断性"，又不超出必要限度，真正有利于整个社会利益的平衡。

（三）核实发布：准确原则约束下的行政审查

信息公开中的准确原则，是指政府信息公开必须确保信息可靠、无误。作为最权威的信息来源，政府所提供的信息理应是公众最值得信赖的，这是政府维护治理权威的基础，也是政府确保社会稳定的基础。政府信息的不准确，不但会致使政府陷入信任危机，还将导致公众无所适从、社会秩序混乱。在信息公开中贯彻这一原则，就要做好对即将发布的政府信息的核实审查工作。

1. 正式公告前的审查程序

行政主体经过评估之后，即使认为违法信息应该予以公告，也需在发布前对信息再次进行核实、审查，以免错误的信息流入市场，误导公众，给利害关系人带来无法挽回的损失。1989年发生在我国台湾地区的"祥香食油行"案②、

---

① 有人认为，依据《政府信息公开条例》第8条的要求，即"行政机关公开政府信息，不得危及国家安全、公共安全、经济安全和社会稳定"，任何一种信息行为均不应危及国家安全、公共安全、经济安全和社会稳定。然而，部分违法信息行政公告，尤其是公共警示型违法信息行政公告往往可能会引起公众的过度反应，造成社会恐慌，是否就不能发布？实际上，公众过度反应有可能是基于行政主体公告的违法信息中令人震撼的事实，也可能因为信息宣传的夸大或放大现象。前一种情形不属于违法信息行政公告自身的过错，又可能是公众自身理解偏差造成的，并不适用《政府信息公开条例》第8条的规定。但是，行政主体应在公告违法信息时应予以相应解释说明，尽量避免公众过度反应的情况的发生。

② 1989年3、4月间，台中县外埔乡卫生所稽查人员发现该乡有疑似多氯联苯中毒病患，并查出其中部分病患固定向祥香食油行购买食用油。"行政院环保署"获知情况后，在未经证实的情况下，认为其所销售的油品含有多氯联苯，为有毒油品，错引"毒性化学物质管理法"第16条的规定查封其油品，并于4月15日发布疑似多氯联苯中毒事件新闻，呼吁社会大众勿购买地下油库生产或来源不明之食用油。同年5月5日，"行政院卫生署"证实并无多氯联苯中毒事件，应祥香食油行的请求，"行政院环保署"对外公开澄清，但祥香食油行的声誉已经受损，油品无法销售。参见杨子贤：《政府提供资讯行为法制化之研究》，台湾中正大学2004年硕士学位论文，第18页。

1996 年发生在日本大阪的"O-157 食物中毒事件"① 和 2009 年发生在我国的农夫山泉"砒霜门"事件都充分说明了信息准确的重要性，也证明违法信息行政公告正式作出前核实程序的必要性。而德国联邦宪法法院 2002 年在"警告葡萄酒掺乙二醇案"的判决中也明确了信息公开的原则，即行政机关公开公民、法人和其他组织的信息，必须符合"正确性"及"客观性"的要求。② 违法信息行政公告作为信息公开的一种，与声誉机制、道德遣责相勾连，行为作出后对利害关系人（主要是违法行为人）声誉（名誉、商业信誉等等）的影响可以跨越一定的时空，甚至由当下延及未来。利害关系人的声誉一旦受损，在较长时间内都难以修复，有可能再也回不到最初的状态。因此，必须在正式公告前设置审查程序，对将要发布的信息再次进行核实，尽量降低和消除对利害关系人造成"误伤"的可能性。③

但需要注意的是，正如德国联邦宪法法院在"警告葡萄酒掺乙二醇案"的判决中指出的那样，在特定条件下，即使信息是否准确无误还没有最终确定，行政管理部门也有权予以公告。这种情况下的政府信息公开（包括违法信息行政公告）是否合法主要取决于行政执法者在公开信息前，是否已经在尽可能的范围内谨慎地、尽力地审查了信息的可靠性和真实性，并听取了第

---

① 1996 年 7 月，大阪府堺市的小学发生了因肠道出血性大肠菌 O-157 而导致的集体食物中毒事件，二名学童死亡。厚生省组织专家进行调查，并公布了调查结果，说萝卜苗的特定生产者可能是污染源。萝卜苗销量大减，生产者、销售商要求追究国家的国家赔偿责任。同年 8 月 7 日，厚生省公布中间报告指出，"不能断定萝卜苗是中毒的原因食物，但也不能否定其可能性"。9 月 2 日，公布最终报告指出，"作为原因的食物，特定企业 7 月 7 日、8 日和 9 日出售的萝卜苗可能性最高"。本案中，厚生大臣不顾调查结果尚未断定萝卜苗是否为集体食物中毒的原因，就召开记者会，也没有明示行政厅要唤起食品干系人某种注意的判断，就公布了内容暧昧的调查结果，以致于广泛引起了萝卜苗可能就是中毒原因所在的误解，严重损害了市场评价。参见王贵松：《日本食品安全法研究》，中国民主法制出版社 2009 年版，第 167~168 页。

② 杨子贤：《政府提供资讯行为法制化之研究》，台湾中正大学 2004 年硕士学位论文，第 62~63 页。

③ 对于声誉惩罚失误，即便是食品安全法治状况较为理想的欧盟国家——典型的诸如德国，也更注重由当局通过支付补偿进行事后救济，少有事前的预防机制。但是声誉罚的严厉不仅体现在当下，更延及未来。企业声誉一旦损坏，在很长一段时间内都难以修复。无论是为有效惩罚违法企业，还是公平保护守法企业，声誉机制都必须保证信息基础的可靠性。在这个意义上，核实程序必定是新闻媒体参与食品安全信用建设的有机组成部分。必须"未雨绸缪"借助事先核查机制将守法企业被"误伤"的可能性降到最低。参见吴元元：《信息基础、声誉机制与执法优化——食品安全治理的新视野》，载《中国社会科学》2012 年第 6 期。

三方的意见。如果行政执法者已经做到这样的审慎义务，那么，即使信息本身的真实性尚有风险，也是可以公开的，且这样的公开是合法的。当然，此时行政管理部门在公开信息时，应该提醒公众信息的准确性还有待进一步查证。[①] 一般认为，所谓的特殊情况指的是重大、紧急的情况，即违法信息的内容和即刻危险相关，如果不立即让公众知晓，就会造成社会秩序混乱，甚至导致难以收拾的局面，为防止事态扩大或防止公众产生不必要的误解，必须立即予以公告。对此，我国相应的法律规范也有所体现。2006年1月国务院发布的《国家突发公共事件总体应急预案》第3.4条[②]，以及2010年11月，卫生部、农业部、商务部、工商总局、质检总局和国家食品药品监管局联合发布的《食品安全信息公布管理办法》第10条[③]的规定，都表明在紧急情况下，为维护公共安全和公共秩序，行政机关可以先公告违法信息再进行初步核实。

---

① 2002年，德国联邦宪法法院在"警告葡萄酒掺乙二醇案"的判决中指出："一项资讯内容上的正确性，是其有助于市场上透明性和因此市场能运作的基本条件。惟国家权力主体于资讯之正确性尚未终局地澄清之前，在具备特定要件下，亦有权得散播该资讯。在此种情形，国家提供资讯行为的合法性，是取决于资讯散播之前，其事实是否在可能范围内，已经审慎并利用可供使用的资讯来源，可能情形也听取了受影响人的意见，且依情况，以尽力可达之可靠性予以查明。尽管如此，假如在事实方面，仍有无把握之处，但者市场参与人关于对其行为之重要情况，譬如消费者风险之获澄清，具有公共利益时，则无论如何不妨碍国家之散播资讯。在此种情形，应提示市场参与人关于资讯正确性尚留无把握之处，以使其能自行决定，欲如何对待该无把握之部分。"参见杨子贤：《政府提供资讯行为法制化之研究》，台湾中正大学2004年硕士学位论文，第62~63页。

② 《国家突发公共事件总体应急预案》3.4条（信息发布）规定："突发公共事件的信息发布应当及时、准确、客观、全面。事件发生的第一时间要向社会发布简要信息，随后发布初步核实情况、政府应对措施和公众防范措施等，并根据事件处置情况做好后续发布工作。信息发布形式主要包括授权发布、散发新闻稿、组织报道、接受记者采访、举行新闻发布会等。"按照该规范性文件第1.3条的规定，突发公共事件主要分为四类：自然灾害、事故灾难、公共卫生事件和社会安全事件。其中社会安全事件主要包括恐怖袭击事件、经济安全事件和涉外突发事件等。可见，有关社会安全事件的信息包括违法信息。

③ 《食品安全信息公布管理办法》第10条规定："发生重大食品安全事故后，负责食品安全事故处置的省级卫生行政部门会同有关部门，在当地政府统一领导下，在事故发生后第一时间拟定信息发布方案，由卫生行政部门公布简要信息，随后公布初步核实情况、应对和处置措施等，并根据事态发展和处置情况滚动公布相关信息。对涉及事故的各种谣言、传言，应当迅速公开澄清事实，消除不良影响。"

《政府信息公开条例》第 6 条①对行政机关公开的政府信息的准确性提出了明确要求。政府信息是一种公共资源，行政管理部门向公众提供政府信息是公共服务的一种方式，只有信息准确，才能给公众服好务，才能确保公众作出正确的行为选择，才能真正维护社会秩序和保障公共利益。如果在违法信息行政公告前不进行核实审查，将错误信息公之于众，不但可能导致公众的过度反应和社会恐慌，还会使政府公信力降低、陷入信任危机。为防止公众对违法信息行政公告质疑和不信任，行政管理部门的审查必须严格，经过加工、修饰、歪曲事实的信息必须还原，刻意模糊核心内容、使公众阅览后产生歧义的信息必须明确表述，只有这样才能确保违法信息行政公告向公众传递的是准确无误的信息，才能产生应有的社会效果。建议条例上升为法律时，可对仅规定了公开方式的第 17 条进行补充，即要求"行政机关在公开前应进行必要的调查，并对政府信息进行核实审查。重大紧急情况下可于第一时间公开政府信息，并说明未予核查的原因，同时根据情况发展滚动公布相关信息和处置情况"。这样一来，结合第 6 条的规定，就对政府信息收集、制作过程的准确性和公告过程的准确性同时提出了要求。前者要求查清事实环节的工作必须实事求是，而后者则要求核实发布环节的工作必须力求客观、真实，要全面、准确地反映违法事实的情况，不能夸大、限缩、隐瞒，更不能无中生有、随意加工、弄虚作假。

当然，除了对信息的真实性进行审查，还需要依据《国家保密法》《反不正当竞争法》等法律规范对拟公告的违法信息再次进行审查，看是否属于国家秘密、商业秘密、个人隐私等不应公开的政府信息。如果涉及这几类不能公开的政府信息，应按《政府信息公开条例》第 14 条的规定进行处理。

2. 正式公告

再次审查核实之后，行政管理部门就可以正式公告违法信息了。按照

---

① 《政府信息公开条例》第 6 条规定："行政机关应当及时、准确地公开政府信息。行政机关发现影响或者可能影响社会稳定、扰乱社会管理秩序的虚假或者不完整信息的，应当在其职责范围内发布准确的政府信息予以澄清。"

《政府信息公开条例》第 15 条①的规定，违法信息应该采取正式的、官方途径予以行政公告，应便于公众知晓。违法信息应该由行政主体的一个执法机构，以部门的名义来予以公告，原则上不鼓励媒体对正在参与调查程序的执法人员进行采访，且这样的个人意见和观点不能视作执法部门的正式公告。

行政主体在选择公开方式和公开载体的时候应该着重考虑以下因素：(1) 违法信息易于公众获取；(2) 公众获取违法信息的代价低廉甚至无须任何代价；(3) 不同社会群体获取违法信息的能力差异。② 为照顾弱势群体，使其也能顺利获取各种违法信息，行政管理部门除选择报刊、网络、电视等媒体传播方式之外，还可以采用免费发放纸质材料、走入社区进行宣讲等方式来进行违法信息行政公告，确保更多的人得以知晓。尤其是那些居住、生活在偏远山区和农村的人群，相对而言，他们不能及时获取各种信息，一些已被证明不宜使用或食用的产品、食品、药品，他们可能还会购买，还会深受其害。对于这类数量还不算少的"信息弱势群体"，基层有关部门要组织人员前去宣讲，及时传递各种违法信息，保障"信息弱势群体"的合法权益。

（四）时限制度：及时原则规范下的行政效率

政府信息公开中的及时原则要求政府在第一时间将有关事件以及政府处置措施的信息全面、准确地提供给公众，不延迟或滞后，确保公众及时了解事态发展的真实情况。违法信息行政公告作为一种柔性行政方式，借助声誉机制最大程度发挥其效力，以求圆满地完成行政管理任务，因为需要倚仗社会舆论，所以对时效性的要求很高，时限制度成为其程序法制中不可缺少的因素。《政府信息公开条例》第 18 条③对此作出了一般性规定，《营业性演出

---

① 《政府信息公开条例》第 15 条规定："行政机关应当将主动公开的政府信息，通过政府公报、政府网站、新闻发布会以及报刊、广播、电视等便于公众知晓的方式公开。"
② 应飞虎：《信息、权利与交易安全》，北京大学出版社 2008 年版，前言第 5 页。
③ 《政府信息公开条例》第 18 条规定："属于主动公开范围的政府信息，应当自该政府信息形成或者变更之日起 20 个工作日内予以公开。法律、法规对政府信息公开的期限另有规定的，从其规定。"

管理条例》①《国务院关于预防煤矿生产安全事故的特别规定》② 等行政法规也作出了相应的时限规定。

时限制度是对及时原则的回应，是确保行政效率的机制。效率是行政的生命，建设效率政府也是我国行政改革的一大重点。如果信息滞后、反应滞后都可能使政府在突发社会问题、重大社会问题的应对上丧失先机，也可能导致社会恐慌、公众埋怨。因此，行政管理部门应在满足准确原则的前提下，尽快公告违法信息，达致及时原则的要求，让公众能尽早了解真相，作出行为选择。尤其是和风险管理、食品安全、产品安全、环境保护有关的违法信息，因为与公众切身利益相关，涉及公众重要的生命财产安全，行政执法者更需及时向社会公告。当然，违法信息行政公告的准确性和及时性是相辅相成的，两者缺一不可，只求快、不核实信息的真实性，和花费太多时间核实信息真假、延时公告的后果其实是一样的，都可能导致谣言四起、引发社会混乱、招致公众质疑，降低政府权威。所以违法信息行政公告应兼顾准确性和及时性。但审查程序的监督制约，难免会使行政权的运行陷入公正和效率的二律背反。一旦准确性和及时性发生冲突，原则上应准确性优先。正如杨伟东教授所说，公正和效率无法两全的情况下，我国的选择是公正而非效率，这是中国当下的行政法治状态所决定的。③ 如此看来，在某些个案中，为追

---

① 《营业性演出管理条例》第35条规定："县级以上地方人民政府文化主管部门应当充分发挥文化执法机构的作用，并可以聘请社会义务监督员对营业性演出进行监督。任何单位或者个人可以采取电话、手机短信等方式举报违反本条例规定的行为。县级以上地方人民政府文化主管部门应当向社会公布举报电话，并保证随时有人接听。县级以上地方人民政府文化主管部门接到社会义务监督员的报告或者公众的举报，应当作出记录，立即赶赴现场进行调查、处理，并自处理完毕之日起7日内公布结果。县级以上地方人民政府文化主管部门对作出突出贡献的社会义务监督员应当给予表彰；公众举报经调查核实的，应当对举报人给予奖励。"

② 《国务院关于预防煤矿生产安全事故的特别规定》第19条规定："县级以上地方人民政府负责煤矿安全生产监督管理的部门、煤矿安全监察机构对被责令停产整顿或者关闭的煤矿，应当自煤矿被责令停产整顿或者关闭之日起3日内在当地主要媒体公告。被责令停产整顿的煤矿经验收合格恢复生产的，县级以上地方人民政府负责煤矿安全生产监督管理的部门、煤矿安全监察机构应当自煤矿验收合格恢复生产之日起3日内在同一媒体公告。县级以上地方人民政府负责煤矿安全生产监督管理的部门、煤矿安全监察机构未依照本条第一款、第二款规定进行公告的，对有关负责人，根据情节轻重，给予警告、记过、记大过或者降级的行政处分。公告所需费用由同级财政列支。"

③ 杨伟东教授认为：公正与效率兼顾固然是理想的选择，但在二者难以两全的情况下，我国的选择无疑应导向于公正，而不是效率。这是由中国当前的行政法治状态所决定的，这是中国行政程序立法策略选择所必须考虑的。参见杨伟东："行政程序违法的法律后果及其责任"，载《政法论坛》2005年第4期。

求公平、公正，为确保公告信息的真实可靠，及时性让步于准确性是必然的，但应有最长时限的限制。而且对于那些必须让公众知晓的、可能具有即刻危险的违法信息，或急需公众知晓的、防止公众产生误解的违法信息，为预防更大的社会风险，可以在尚未完全核实前先行公告，但行政管理部门在公告时应有一定的"技术处理"，即需要说明是"可能发生某种危害，正在进一步核实"；一旦查清情况，必须有相应的后续公告，以免误导公众或给利害关系人的合法权益造成不必要的损害。当然，为了保障法的安定性，对于那些不会引起社会波动的违法信息、不会即刻对公众生活造成重大影响的违法信息（例如，对某些违法行为人的处罚决定），今后的法律规范还可以明确规定行政公告的最长期限，一旦经过了这个期限，行政管理部门不能再将违法信息予以行政公告。

（五）更正程序

行政执法的过程非常复杂，环环相扣，相辅相成，稍有不慎就可能出现失误。错误本身不可能完全避免，这就要求我们设置一定的程序对错误予以纠正。行政执法者在收集和获取违法信息的过程中难免会得到一些失实的信息，如果审核时没有发现，就会导致违法信息行政公告出错或不当。同时，随着事态的发展，相应信息也处于不断变化之中，如果违法行为人及时纠正其违法行为，消除违法后果和影响，出于公正也应该告知民众。因此，应该在违法信息行政公告中设立更正程序，纠正或撤销错误的公告，积极进行补正，以消除错误公告带来的不利影响，维护利害关系人的合法权益。

1999年，我国台湾地区发生了风元贸易公司诉台湾地区"行政院"消费者保护委员会一案，被告台湾地区"行政院"消费者保护委员会在紧急情况下，为保护广大消费者生命、健康和财产安全，在没有详尽调查的情况下发布了原告风元贸易公司当年5月所进口的巧克力有遭受戴奥辛污染可能性的信息。事后，虽然证明这一信息有误，原告进口的巧克力并未遭受污染，但被告拒绝对媒体予以更正说明。此案先后历经台湾地区台北地方法院、高等法院和最高法院的审判，三级法院都判风元贸易公司败诉。其中最重要的一个原因是当时台湾地区的"消费者保护法"及相关规定都没有明确规定执法部门在公布营业者的名称、地址及商品后，有再对大众传播媒体更正说明的义务，法院认为这实属立法者立法时的疏漏，但在相关规定没有被修正之前，不能说明被告有更正错误信息并加以说明的法定义务，因而被告拒绝更正并不违法。①

---

① 风元贸易公司诉台湾地区"行政院"消费者保护委员会一案：1999年1月19日到1月31日，比利时发生戴奥辛污染事件，该污染源乃因比利时的Verkest油脂厂使用一批来自国外含有高浓度戴奥辛的动物脂肪，至供应少数饲料厂。1999年6月10日，比利时驻台湾地区办事处公布的新闻稿中也提及这次戴奥辛污染事件。台湾地区的风元贸易公司是进口巧克力的贸易商，平时从比利时进口相关巧克力，其进口的若干巧克力系列产品均系1999年1月之前制造、进口，并没有受戴奥辛污染的可能性。还有一批巧克力是在1999年5月进口的，系4月生产，也无被污染的可能。当台湾地区"行政院"消费者保护委员会电话联络风元贸易公司时，风元贸易公司不但对这一情况进行了说明，还提供了比利时政府出具的无污染文件及进口巧克力产品的报价单，该证明文件内详细记载了风元贸易公司进口的巧克力名称，以供被告查询。但"行政院"消费者保护委员会并没有依据风元贸易公司提供的相关文件和资讯向经济部标准检验局查证，以及调阅风元贸易公司之前进口巧克力的进口报价单、产品制造日期等文件，而是于1999年6月14日，直接通过媒体公告风元贸易公司所进口的巧克力产品有受戴奥辛污染之嫌，造成各卖场一片恐慌，立即将风元贸易公司供应的巧克力产品下架，要求风元贸易公司予以回收。因当天天气炎热，所有退货的产品无法保存而变质。"行政院"消费者保护委员会又于1999年6月15日依据经济部1999年6月11日发布的经（八八）贸字第88260613号公告中经济部标准检验局6月10日所提供的"1999年5月比利时进口乳制品厂商名册"，指称风元贸易公司进口的巧克力产品有受戴奥辛污染之嫌，命令风元贸易公司依"消费者保护法"第10条之规定，立即自动从销售点下架、停止销售，对已经出售的商品，立即成立回收管道，接受消费者退货退款。后"行政院"卫生署于1999年7月9日以卫署食字第8803639号函，通知风元贸易公司于1999年1月15日之前进口的比利时巧克力产品准予恢复上架销售。但"行政院"消费者保护委员在接到"行政院"卫生署的这一函件后，一再拒绝风元贸易公司要求的对媒体公开作出更正，说明风元贸易公司进口的巧克力产品没有受到污染。风元贸易公司认为"行政院"消费者保护委员会未经任何查证，对外发布错误消息称其进口的巧克力产品受到污染，并对其函处分，且在"行政院"卫生署作出函件证实这些巧克力产品没受污染的情况下，拒绝公开更正之前发布的错误信息，使消费者对风元贸易公司的进口产品失去信心，给风元贸易公司造成严重损失。风元贸易公司认为"行政院"消费者保护委员作出的处置具有违法疏失，严重侵害其合法权益，依据台湾地区"国家赔偿法"第2条第2项、"民法"第195条第1项的规定要求"行政院"消费者保护委员承担损害赔偿责任，并请求赔偿货物损失、仓储费用、专柜遭撤柜及资遣员工损失、营业损失、商誉损失等，并要求"行政院"消费者保护委员公开道歉以恢复名誉。此案先后历经台湾地区台北地方法院、高等法院和最高法院的审判，三级法院都判风元贸易公司败诉。其中最为核心的原因有两点，以高等法院的判决为例：第一是依据消费者保护法的相关规定，执法部门认为企业经营者提供的商品有损害消费者生命、身体、健康或财产的嫌疑时，应进行调查，调查后应该公开其经过及结果；情况紧急时，除命令企业经营者回收、销毁商品外，还应立即在大众传媒公告企业经营者的名称、地址、商品、服务或为其他必要之处置……戴奥辛污染的危害极大，的确有引发台湾地区消费者重大损害的高度可能性。原告当时提供的相关证明材料是由比利时联邦社会事务、公共卫生与环境部盖章出具，不是由比利时"中小企业暨农业部"核发的健康证明，且都是比利时原文，也没有经过驻比利时外交机构，即比利时贸易协会驻台湾办事处公布的检验单位出具和验证，被告无法自行判断这些证明材料的真伪。当时又处于时间紧迫和情况紧急的情形，被告为抢得促使消费者注意的先机，无法践行调查程序，因而信赖主管机关经济部标准检验局6月10日所提供的"1999年5月比利时进口乳制品厂商名册"及原告5月份进口巧克力产品的商品清单，没有另行调阅相关文件，仅电话确认原告确有进口上述商品的事实，就直接发布了原告进口的巧克力有受戴奥辛污染可能性的信息，这一做法没有违法的嫌疑。第二是"消费者保护法"及相关规定都没有关于执法部门在公布营业者的名称、地址及商品后，有再对大众传播媒体更正说明的义务，这实属立法者立法时的疏漏。在相关规定没有被修正之前，不能说明被告有更正错误信息并加以说明的义务，因而被告拒绝更正并不违法。参见王子荣：《行政机关公开警告行为与人民权利救济》，台湾中正大学法律学研究所2011年硕士学位论文，第149～155页。

这一案件充分说明，行政主体如果公布了错误的违法信息，可能给第三方带来巨大的损失，如果法律规范没有对相应的更正程序作出规定，那么这种错误信息所造成的恶劣影响将长时间地保持下去，不但使第三方的损失惨重，而且有违公正公平。因此，设立更正程序有助于完善程序制度，有助于权益保障。

更正程序的设置是以行政执法者的撤回义务为前提的。按照德国行政法学者的观点，行政执法者的这种撤回义务源自一般的后果清除请求权。后果清除请求权不是损害赔偿请求权或者损害补偿请求权，而是一种恢复请求权。德国学者认为，权利遭受主权性侵害的公民需要的通常不（只）限于职务责任和征收补偿的金钱补偿，也不（只）是以特殊请求权为根据的恢复原状，而是直接要求恢复侵害行为发生之前的状态。这正是后果清除请求权的作用所在。后果清除请求权的要件是：（1）存在主观性侵害行为（违法的行政活动、积极的作为造成）；（2）对主观性权利造成了违法的状态；（3）该违法状态仍然在持续。[①] 我国台湾地区的学者也认为，基本权利主要表现为一种防御功能，可以藉此转化为不作为请求权（即要求公权力不得作出侵害基本权利的行为），但当公权力对基本权利造成侵害后，这种不作为请求权就会转化为结果清除（去除）请求权，人民可以根据此项权利要求行政机关除去违法侵害状态，从而完整地发挥基本权利的防御功能。[②] 基于这样的理论，德国的布兰登堡州、萨克森州、图林根州等州的法律规范规定，如果行政机关向公众发出某项产品的安全警示信息后才发现怀疑并没有依据，在生产商提出申请的前提下，必须以与信息发布同样的方式公开说明"撤回"。[③] 美国也有类似规定，美国的消费委员会一旦发现自己在执法过程中公开披露了不正确的或有误导性的信息，以致对利害关系人造成不利影响，就会马上采取与披露此信息相同的方式并按照合理程序宣布收回该项不正确或有误导性的

[①] ［德］哈特穆特·毛雷尔：《行政法学总论》，高家伟译，法律出版社2000年版，第779～789页。

[②] 王子荣：《行政机关公开警告行为与人民权利救济》，台湾中正大学法律学研究所2011年硕士学位论文，第95～96页。

[③] ［德］哈特穆特·毛雷尔：《行政法学总论》，高家伟译，法律出版社2000年版，第397页。

信息。① 实际上，更正程序并不是现代行政的产物，我国古代对于告示榜文内容的适当性、公平性就比较看重。如果内容不当，有违公正，则牵涉告示的合法性与否。不当的告示榜文，一旦受到台谏、舆论非议之后，就会以撤榜的方式取消，② 而撤榜也需要发布告示予以说明。

遗憾的是，我国现有的法律规范鲜有对违法信息行政公告的更正程序作出规定，除了《政府信息公开条例》第 25 条③有所提及之外，仅有《药品管理法》和《药品管理法实施条例》涉及这方面的内容，这不得不说是一种很大的缺失，今后的程序立法应加以完善。从内容上看，《政府信息公开条例》第 25 条的规定并不完善，没有提及更正的方式和期限，这显然不利于对利害相关人的权益保障。结合《药品管理法》第 66 条④和《药品管理法实施条例》第 59 条⑤的内容来看，违法信息行政公告的更正并不需要利害相关人提出申请，且应注意以下四点：(1) 对违法信息行政公告予以更正，也应采取公告的形式，对更正原因予以说明并对错误信息予以更正；(2) 之前的违法信息行政公告采用了何种方式，刊登在哪些媒体上，更正公告也必须采用同种方式，刊登在同样的媒体上；(3) 更正公告的范围应和之前违法信息行政公告的范围完全一致；(4) 更正时行政执法者应及时发布公告，最好在确认

---

① 徐信贵：《美国的消费危害行政预警机制及其启示——以 CPSC 的危害信息披露实践为中心》，载《行政论坛》2011 年第 2 期。

② 连启元：《明代的告示榜文——讯息传播与社会互动》（上），花木兰文化出版社 2010 年版。

③ 《政府信息公开条例》第 25 条规定："公民、法人或者其他组织向行政机关申请提供与其自身相关的税费缴纳、社会保障、医疗卫生等政府信息的，应当出示有效身份证件或者证明文件。公民、法人或者其他组织有证据证明行政机关提供的与其自身相关的政府信息记录不准确的，有权要求该行政机关予以更正。该行政机关无权更正的，应当转送有权更正的行政机关处理，并告知申请人。"

④ 《药品管理法》第 66 条规定："国务院和省、自治区、直辖市人民政府的药品监督管理部门应当定期公告药品质量抽查检验的结果；公告不当的，必须在原公告范围内予以更正。"

⑤ 《药品管理法实施条例》第 59 条规定："国务院和省、自治区、直辖市人民政府的药品监督管理部门应当根据药品质量抽查检验结果，定期发布药品质量公告。药品质量公告应当包括抽验药品的品名、检品来源、生产企业、生产批号、药品规格、检验机构、检验依据、检验结果、不合格项目等内容。药品质量公告不当的，发布部门应当自确认公告不当之日起 5 日内，在原公告范围内予以更正。当事人对药品检验机构的检验结果有异议，申请复验的，应当向负责复验的药品检验机构提交书面申请、原药品检验报告书。复验的样品从原药品检验机构留样中抽取。"

公告有误之日起 5 日内发布。只有达到了这几项要求，更正程序才是符合程序正义的。为此，建议今后将《政府信息公开条例》上升为法律时，可对第 25 条进行修改，增加关于期限和方式的规定。即在后面增加两款，第 1 款为更正期限的规定——"已经公开的政府信息发生变化的，发布部门自确认之日起 5 日内予以更正，并说明理由"。第 2 款即为更正方式的规定——"行政机关更正已经公开的政府信息，应遵循和公开同样的范围和方式。"这样一来，修改后的第 25 条就能比较完整地将更正程序涵盖在里面了。

四、违法信息行政公告的特殊程序

不同类型的违法信息行政公告不但目的不同、功能不同，而且对利害关系人权益影响的大小也不同，因此它们在程序上的要求应该是不一样的。相对而言，公共警示型违法信息行政公告和惩戒型违法信息行政公告所涉及的违法信息与公众密切相关，作出后所受到的社会关注度更高，引发的舆论批评和道德谴责更多，对利害关系人权益的克减会更大，造成的负面影响更深更广，因此有必要作出一些特殊的程序设计，尽量避免因行政管理部门的错误公告而给利害关系人的合法权益带来不可逆转的损害。而对于通知型违法信息行政公告来说，其实质本身就是一种程序性行为，目的仅在于告知违法行为人在规定期限内前往有关部门，接受后续处理；执行型违法信息行政公告则是希冀通过带给违法行为人一种心理压迫，间接规劝违法行为人服从行政法规范、履行行政法义务。这两种类型的违法信息行政公告与公众的切身利益关系不够密切，因此作出后受到的社会关注度相对较低，对利害关系人合法权益的影响相对较小，原则上没有必要设计一些特殊的程序环节。

（一）预先告知程序

行政管理部门决定将违法信息公之于众之后，应该将这个决定提前书面告知行为第三方（信息所属人），并对其说明理由。预先告知不仅保障了行政执法的透明性，便于第三方了解行政执法者的执法目的和执法动向，而且可以开启第三方参与程序,便于利害关系人提出自己的观点和主张,避免行政恣意,保障自己的合法权益。《审计法实施条例》第 33 条①就对此作出了规定。

很多国家都根据即将公开的信息对申请人以外的第三方(信息所属人)权利影响的大小,对行政机关在信息公开中的告知义务进行了划分。如日本的《情报公开法》第 13 条第一项将行政机关的告知义务分为了任意告知义务和必须告知义务。而美国的信息公开立法则将这样的告知分为强制告知和不予告知,并对不予告知的情况予以了明确规定,不属于不予告知的则必须告知。② 这样的规定符合正当程序的要求。遗憾的是《政府信息公开条例》虽然通过第 23 条③对预先告知程序作出了规定,但这一条很不完善,不但没

---

① 《审计法实施条例》第 33 条规定:"审计机关依照审计法第三十六条规定,可以就有关审计事项向政府有关部门通报或者向社会公布对被审计单位的审计、专项审计调查结果。审计机关经与有关主管机关协商,可以在向社会公布的审计、专项审计调查结果中,一并公布对社会审计机构相关审计报告核查的结果。审计机关拟向社会公布对上市公司的审计、专项审计调查结果的,应当在 5 日前将拟公布的内容告知上市公司。"

② 按照正当程序的法理,在一般情况下,只要被请求公开的信息关涉第三方的商业秘密和个人隐私就应当启动告知程序,但如果被请求公开的信息对第三人权利影响轻微或者不构成影响,从成本效益平衡的角度出发,则不必启动反信息公开程序。因此,世界大多数国家均将行政机关在反信息公开制度中的告知义务进行了明确区分。主要有两种情况:一是划分为强制告知和任意告知,以日本为典型。二是划分为强制告知和不予告知,以美国为典型。二者的区别在于,是否给予行政机关启动告知程序的自由裁量权。任意告知赋予了行政机关在反信息公开中的程序裁量权,而强制告知和不予告知的划分明确排除了行政机关的裁量权,仅在告知与不告知之间作出选择。日本《情报公开法》第 13 条第 1 项规定,被申请公开的行政文书记载国家、地方公共团体及申请人以外的第三人的信息时,受理机关欲作出公开决定,可以书面形式通知第三人,给予其提出书面意见的机会。此为任意通知义务。该条第 2 项规定,如果公开的信息属于下列情况的,应当以书面形式通知第三人,使其具有提出书面意见的机会:(1)为保护个人生命、健康、生活或财产认为有必要公开;(2)该信息公开会损害第三方个人权利或者竞争上的利益及其他正当权益;(3)第三方以不公开为条件向行政机关提供的信息。美国的信息公开立法将告知分为强制告知和不予告知。与日本的不同之处在于,对于任意告知事项,日本没有明确列举具体范围,得由行政机关裁量决定,而美国的立法则将不予告知的情形加以了明确规定,包括:当事人已经同意公开的信息;法律明确规定应公开的信息;已有人申请公开该信息并已依法公开的信息。参见鲁鹏宇:"论反信息公开行政程序——兼评我国《政府信息公开条例》第 23 条之规定",载《国家行政学院学报》2012 年第 4 期。

③ 《政府信息公开条例》第 23 条规定:"行政机关认为申请公开的政府信息涉及商业秘密、个人隐私,公开后可能损害第三方合法权益的,应当书面征求第三方的意见;第三方不同意公开的,不得公开。但是,行政机关认为不公开可能对公共利益造成重大影响的,应当予以公开,并将决定公开的政府信息内容和理由书面通知第三方。"

有将主动公开的情形纳入其中,也没有依据信息公开对权利影响的不同程度来对告知义务进行划分。实际上,不管法律规范是否明确规定信息应该公开,从权益保障的角度讲,只要公开相应信息会对第三方的权益造成较大影响,就应该先行告知拟公开决定,便于利害关系人提出异议和主张。建议今后在将条例上升为法律时,将这一条修改为"行政机关主动公开或申请公开的政府信息涉及商业秘密、个人隐私,公开后可能损害第三方合法权益的,应当在正式公开前书面告知第三方并征求其意见;第三方可在收到通知后5日内就是否公开提出书面意见或要求举行听证。第三方不同意公开的,不得公开。但是,第三方5日内未提出异议的,或行政机关认为不公开可能对公共利益造成重大影响的,应当予以公开,并将决定公开的政府信息内容和理由书面通知第三方。行政机关就主动公开的政府信息征求第三方意见所需时间不计算在本法第十八条所规定的期限内"。这样方可切实规范包括违法信息行政公告在内的行政机关依职权主动公开政府信息的行为。

说明理由,是指执法者必须告知第三方(信息所属人)根据调查结果作出违法信息行政公告决定的事实根据和法律理由,旨在让第三方充分了解行政主体作出违法信息行政公告决定的执法依据、利益衡量和判断标准,有利于消除第三方的疑惑,能够化解潜在的对抗情绪,使公告决定更容易得到第三方的承认,获得公众的认可。说明理由,也是行政的责任之一,这种责任由人民主权原则推导而来,"是建立在实质性地确立国民主权需要之上的"。[①]国务院在2004年3月22日发布的《全面推进依法行政实施纲要》中,明确要求"行政机关行使自由裁量权的,应当在行政决定中说明理由"[②]。毛雷尔认为:"说明理由的首要作用是行政机关的自我监督,说明理由迫使行政机

[①] 朱芒指出:行政的说明责任是从宪法中的国民主权原则中推导出来的,是建立在实质性地确立国民主权需要之上的。政府接受主权者国民的信托,理应对国民负有说明自身各项活动的责任,如不能履行这项责任,那么主权者便不能称之为"被给予信息的市民"(informed citizenry),就不成其为真正的主权者。朱芒:"开放型政府的法律理念与实践(上)——日本信息公开制度",载《环球法律评论》2002年第3期。

[②] 《全面推进依法行政实施纲要》(国发〔2004〕10号文件)。

关事先充分考虑行政行为的事实根据和法律依据，并且确保其充分。"① 姜明安教授也说："执法者进行的这种法律解释实际上是在做一种'说服'工作：一方面说服行政相对人，使相对人相信相应法律规定是适应于其实施的行政执法行为所处理的事实的，相应事实是应受法律规定调整的；另一方面也是在说服执法者自己，使自己确信自己在依法行政，自己在按立法者的意志处理相应事务，立法意图在自己的执法行为中得到了实现。"② 沈岿教授则认为："实在法的执行，也应当与一个开放的过程紧密勾连。主要由政府的行政或司法分支完成的法律执行，不应当（实际上也不可能）是一个绝对严格的过程。因为，无论实在法建制如何具有开放性、参与性，其结果都无法照顾到现实生活的复杂细节；而为了能够让实在法更具灵活的适应性，立法者还经常给予执法者宽泛的裁量权力。在开放的法律执行过程中，特定当事人应该有权提出执法者需要考虑的有关事实和价值的意见，执法者应该斟酌立法者疏于细想的事实和价值问题，应该运用能动的法律解释方式，赋予规则或原则丰富的意义和生命力，应该在详细说理的基础上作出决策，甚至执法者若拥有并详细说明可确定的、极为充分的事实和价值理由，可以适当偏离实在法形式上的严格指令。在此过程中形成的政府行为，比相对机械、封闭的照章办事，更有可能具备可接受性。"③ 从这个角度讲，没有法律解释和理由说明的行政算不上完整的行政。我们可以将说明理由形象地看作一个动态的过程，这一程序旨在提供一个平台给多元利益之间进行博弈。说明理由程序的设计在自由裁量的行政措施中更是必不可少的，因为说明理由要求行政管理部门必须充分地向当事人阐释，在充满可能的多元选择中，为什么选择了这样的举措，作出了这样的决定而不是其他举措和决定。可以说，这一程序设计在某种程度上使相对处于弱势的私人权益获得了与处于强势的公共利益进行沟通与抗衡的制度保障。

可见，在违法信息行政公告中，确立预先告知和说明理由程序，可以促

---

① ［德］哈特穆特·毛雷尔：《行政法学总论》，高家伟译，法律出版社 2000 年版，第 237 页。
② 姜明安：《行政执法研究》，北京大学出版社 2004 年版，第 18 页。
③ 沈岿：《公法变迁与合法性》，法律出版社 2010 年版，第 22 页。

使行政管理部门在作出公告决定时就事实问题和法律问题进行认真考虑、谨慎决定，避免草率行政。同时，向第三方说明公告决定的法律依据、事实证据、裁量标准和判断理由，可以最大限度地满足利害关系人对程序正义的心理需求，充分确保了违法信息处理的透明性、可接受性和可靠性。正因为说明理由程序具有增强可接受性的功能，才有利于在行政执法者与利害关系人之间建立一种互相信任、相互理解和合作的新型行政关系。因而可以说，在违法信息行政公告中确立预先告知和说明理由程序顺应了现代行政发展的趋势，符合公众参与的潮流，能够加强第三方对行政裁量权的监督，确保利害关系人了解行政裁量的过程，切实保障其合法权益。实际上，设立预先告知程序还有另外一个作用，即给予违法行为人一定的缓冲期，让其了解行政主体将要采取的措施，促使违法行为人及时改正自己的错误、纠正自己的违法行为，以免违法信息真的被曝光在公众面前。对于这一点，Ernest Gellhorn 和 Ronald M. levin 在 Administrative Law and Process 一书中就曾指出："一旦受到管理的工厂对不利公开宣传极为敏感，行政机关又可利用揭发作为要挟，诱使有关工厂服从管制。"[①] 可见，对于较为轻微的违法事实，只要社会影响较小，行政执法者完全可以将违法信息行政公告作为一种"警告"的工具和手段，通过预先告知程序来"警告"违法行为人，让其改过自新，达致行政管理目的。

（二）第三方参与程序

可以说，行政程序是达成行政管理目标的手段，体现了行政执法者对事实的认知、决策和行为过程，"不同的行政程序将会对行政行为的合法性、效力、公平等价值产生不同影响"[②]。透过一个国家的公众在行政程序中所处的地位，我们可以看出这个国家的民主程度。如果公众能够作为具有独立人

[①] An administrator's decision to issue a press release, hold a news conference, grant an interview, or "leak" a story to the press is usually made informally, yet these publicity-generating activities can be as potent as a formal rule or order. See Ernest Gellhorn and Ronald M · levin, Administrative Law and Process（影印本），法律出版社，2001，p.177.

[②] 应松年："行政程序制度建设和《湖南省行政程序规定》的贯彻实施"，载《湖南省社会主义学院学报》2008 年第 6 期。

格的主体，积极、主动地参与行政决策，那么这个国家的民主程度较高；如果公众只能被动地接受行政管理部门的行政决定，则这个国家的民主程度较低。随着民主法治的发展，随着公众参与席卷全球发展成为世界性浪潮，公众参与行政权力运行逐渐成为行政程序的一种价值选择，而保障公众在行政权力运行过程中的权利也成为行政程序在实现行政管理目标之外所追求的另一个重要目标。

无可厚非，行政程序的设计对最终的行政决定会产生重大影响。综观各国行政程序法，普遍承认当事人享有接受听审的权利和阅览卷宗的权利，这两项权利使当事人在参与程序中可以知道行政主体的调查结果，进行陈述和申辩，作出有利于自己的主张。① 违法信息行政公告针对社会公众作出，却会对行为的第三方（信息所属人）产生较大的影响。因此，第三方在某种意义上讲就是违法信息行政公告的利害关系人。而第三方参与程序的设计，可以让第三方及时发现行政执法者即将作出的行政决定所存在的问题，及时沟通，提醒执法者避免错误，从而保障自己的合法权益。简言之，"参与程序的用处在于避免不受欢迎的损害结果或者要求获得一个积极结果"②。除了必须立即让公众知晓的、可能具有即刻危险的违法信息，或急需公众知晓的、防止公众产生误解的违法信息以外，在公共警示型违法信息行政公告和惩戒型违法信息行政公告的程序中，都应该设计第三方参

---

① 各国行政程序法，普遍承认当事人享有下列两项权利：（1）接受听审之权利，行政机关作出侵害人民权益之处分前，当事人有要求陈述意见之权利，行政机关则有义务给予当事人陈述意见的机会。但此项听审权，并不包括以言词审理方式为之，如已通知当事人以书面陈述意见，通常情形认为行政机关已履行其义务。但各国行政程序法（如德国和日本），又另定有在特定情形下，必须以言词审理之事件，以保障人民当面向官署以口头陈述之权利；奥地利虽将必要言词审理之事件，委托其他法规（行政实体法）加以规定，唯其一般行政程序法第45条第3项既称："应使当事人知悉调查证据之结果，及陈述其立场之机会"，行政机关自应依职权听取当事人之陈述，否则依行政法院之判例，将构成裁决不以证据为依据。若案件涉及利害相反之各造关系人时，则不得仅听一造之陈述，方才符合听审兼顾各造之原则。（2）阅览卷宗之权利，为确保在行政程序中，得作出有利于自己之主张，当事人有要求阅览与本身案件有关卷宗之权利。当事人得自行行使阅览权，或委托代理人阅览。但各国（地区）立法例又均对卷宗阅览权设有例外规定，如文件系内部作业之草案、或阅览有碍机关正常作业、或卷宗内容之公开将妨害国家利益、或有损第三人之权益者，行政机关得拒绝予以阅览。台湾"行政程序法"第一章第七节和第二章第二节规定甚详。参见吴庚：《行政法之理论与适用》，中国人民大学出版社2005年版，第344页。

② ［意］GIAMPAOLO ROSSI：《行政法原理》，李修琼译，法律出版社2013年版，第192页。

与程序。

1. 陈述与申辩

从程序正义的基本原理出发，公权力在限制和剥夺私人合法权益之时，应当受到一定的制约。① 当行政管理部门作出与其权益有关的行政行为，尤其是不利处置时，赋予利害关系人抗辩权，让其陈述自己的观点和看法，并提供相应的证据材料，进行说明和申辩、澄清事实，可以有效防止执法者的恣意，促使执法者更加全面、客观地了解情况，依据法律和事实公正地作出行政决定，减少和避免失误，这正是程序正义的体现。② 应当说，设立陈述和申辩程序的法哲学基础是英美普通法"自然正义法则"中最基本的一个程序规则——"两造兼听"，即任何权力行使可能带给别人不利影响时，必须听取利害关系人的意见；每个人都有为自己辩护和防卫的权利。③ 在参与式行政的制度安排中，行政机关实施各种行政行为，都必须全面、客观、公正地展开调查，广泛听取各方面的意见，尤其是充分听取和尊重利害关系人的意见。世界各国普遍在行政法领域中建立了陈述与申辩程序，防止行政权专横独断，保障民众合法权益。④

在违法信息行政公告中，陈述与申辩程序的设计不仅是对公众参与理念的回应，更是程序正义的基本要求。这一程序安排说明：（1）公告的第三方（信息所属人）享有陈述和申辩的权利。面对行政管理部门拟作出违法信息行政公告的决定，第三方可以举出相应的证据，陈述事实、为自己辩护，这是其享有的重要权利，通常被视为"非正式的听证权"。如果行政管理部门不给予第三方陈述和申辩的机会，不告知其享有此项程序权利，即构成程序违法。（2）行政执法者负有认真听取当事人陈述和申辩的义务。行政管理部门告知第三方将要采取违法信息行政公告，应充分听取第三方的意见，对其

---

① 徐亚文：《程序正义论》，山东人民出版社2004年版，第2页。
② 杨建顺：《行政规制与权利保障》，中国人民大学出版社2007年版，第789页。
③ 应松年主编：《行政法学新论》，中国方正出版社2004年版，第277页。
④ 例如，德国《联邦行政程序法》第58条、日本《行政程序法》第13条、瑞士《行政程序法》第30条、葡萄牙《行政程序法》第39条的规定等都对陈述和申辩程序作出了明文规定。我国《行政处罚法》第41条；《行政许可法》第7条、第36条；《行政强制法》第8条、第18条、第35条、第36条也都确定了陈述和申辩的制度。

提出的事实、理由和证据，应当进行记录和核实审查。如果第三方提出的事实、理由成立，证据合法有效，执法者应当采纳，并重新对违法信息进行公告评估。例如，美国《消费品安全法案》第 6 条就规定，在披露任何使得公众能够立即确定消费品的制造商或自有品牌商身份的信息之前，消费品安全委员会应至少提前 15 天让该制造商或自有品牌商有合理的机会就该信息向委员会提出意见，除非该消费品具有重大的产品危险且情况危急。① 根据美国法律的规定，在进行不利公开宣传时，如果即将公开的特定产品信息涉及某个具体的公司，或者对于公开宣传内容的描述能让公众直接辨别出某个具体的公司，那么消费者保护委员会（CPSC）事先应该通知不利公开宣传所涉及的公司，并提供准备公开的信息的摘要，以便公司能针对不利公开宣传提出自己的意见。② 当然，需要强调的是，在陈述和申辩程序中，行政管理部门应该依据法律和事实行使裁量权，第三方提出的不能成立的事实、理由或者证据，执法者不予采纳。换言之，行政主体必须听取陈述和申辩，但不是一定要采纳第三方的主张。建议今后《政府信息公开条例》上升为法律时，对现有法条的第 23 条进行完善，明确赋予第三方陈述与申辩的程序权利。

2. 听证

英国行政法中，听证是正当程序的一个最基本要素，并与自然正义密切相关。③ 在美国，听证是"听取利害关系人意见的程序"的泛称，④ 行政机关可以根据具体案件的性质，采取从正式的听证到非正式的会谈，以及介于二者之间的各种听证形式。⑤ 作为一种典型的事中救济机制，听证之所以能够

---

① 徐信贵："美国的消费危害行政预警机制及其启示——以 CPSC 的危害信息披露实践为中心"，载《行政论坛》2011 年第 2 期。

② "Similarly, the Consumer Protection Safety Commission (CPSC) is statutorily required to 'notify and provide a summary of the information to [the targeted company] if the manner in which such consumer product is to be designated or described in such information will permit the public to ascertain readily the identity of such [company], and shall provide [the company] with a reasonable opportunity to submit comments to the Commission.'" See Lisa M. Willis., No Cranberries for Thanksgiving: The Impact of FDA Adverse Publicity (2005 Third Year Paper), p. 16, http//: nrs. harvard. edu/urn – 3: HUL. InstRepos: 8889457.

③ 余凌云："听证理论的本土化实践"，载《清华法学》2010 年第 1 期。

④ 王名扬：《美国行政法》（上），中国法制出版社 1995 年版，第 382 页。

⑤ 王名扬：《美国行政法》（上），中国法制出版社 1995 年版，第 410 页。

得到各国的普遍承认,是因为行政诉讼、行政赔偿等事后救济机制毕竟是有限的,而且很多权益一旦受损,根本无法回复到原初的状态。在行政程序中设置听证的环节,引入类似法院审判的听审程序,不但可以降低行政成本,还可以更有效地减少错案的发生概率,切实保障利害关系人的合法权益,真正减轻诉累。

按照德国行政法学界的观点,机关之警告、推荐、资讯以及以传统宪法上法形式制定手续以外方式的行为被称为"非正式行政行为",一般纳入行政事实行为的范畴。这些行为的行政意图虽然不直接发生法之拘束力,以及可忽略其法拘束力,但实际上产生的效果与有法拘束力之命令相同。尽管行政机关不对特定产品如药品、酒类采取禁止的行政处分,只是警告其使用中具备健康之风险,但实际上常常造成消费者不再购买该产品,因此须遵守特定行政程序,尤其须赋予利害关系人事前听证的机会。① 可见,在违法信息行政公告的第三方参与程序中,应该设置听证环节。由拟公告违法信息的行政主体主持听证会,听取第三方的请求和抗辩理由,并作出是否公告违法信息的决定。建议今后《政府信息公开条例》上升为法律时,对现有法条的第23条进行完善,明确赋予第三方要求举行听证的权利。

(1)听证的范围。凡是可能对第三方合法权益产生重大影响的违法信息行政公告都必须举行听证会,就"是否公告和具体需要公告哪些信息"听取第三方的意见和建议。当然,"重大影响"是一个模糊的法律概念,可以通过立法明确列举属于"重大影响"的具体情形,并设兜底条款。不过这种操作性的技术问题,最好交由行政立法规定,也可以规定由行政管理部门根据实际情况进行裁量,但第三方应该有权就行政管理部门的裁量解释提请司法审查。

(2)听证主持人。为了保证听证程序的公正性,参与违法信息行政公告前期调查、评估等工作的人员不宜担任听证主持人,这样可以有效避免先入为主,确保听证主持人客观、全面地听取第三方的意见和建议。

---

① 陈春生:《行政法之学理与体系(一)——行政行为形式论》,三民书局股份有限公司1996年版,第246、257~258页。

（3）听证参加人。特定案件的违法行为人、其他利害关系人、证人、调查人员、办案人员、鉴定人员和翻译人员等都可以参加违法信息行政公告的听证会。违法信息行政公告的听证程序本身就是在讨论违法信息是否应该向公众公开和具体向公众公告哪些违法信息，因此，参考《最高人民法院关于审理政府信息公开行政案件若干问题的规定》第6条①的规定，听证会应结合具体情况采取适当的方式举行，原则上不允许社会公众旁听。

（4）听证的具体步骤。

①告知听证的权利。如果特定案件符合听证范围，行政管理部门应该书面告知第三方有提起听证的权利。Jerry L. Marshaw 教授就说过："很明显，听证权利的意义远不止于程序。它经常是一种改变由谁（who）决策的权利，也一直是一种改变决策什么（what）的努力。审判式听证的权利可能最终授权公民或团体让政府承担，而这些成本可能导致政府变更甚至放弃其活动。可见，程序权利影响实体结果。"②

②申请。第三方如果觉得有听证的必要，可在规定期限内向行政管理部门提出听证的书面申请。

③准备与通知。行政管理部门确定了听证主持人、听证参加人和听证召开的时间、地点、方式之后，应当提前书面通知听证参加人。鉴于《政府信息公开条例》第18条③作出的时限20日的规定，为确保行政效率，建议听证会应该在违法信息形成后10日内举行，因此，大致在听证会举行的2日前书面通知听证参加人比较合理。执法者在发出书面通知的同时，应将与案件有关的材料一并寄送给听证参加人。鉴于当事人有查阅卷宗的权利，故建议执法部门按照一案两卷原则建立案卷。其中，正卷按照有关规定在结案或者

---

① 《最高人民法院关于审理政府信息公开行政案件若干问题的规定》第6条规定："人民法院审理政府信息公开行政案件，应当视情采取适当的审理方式，以避免泄露涉及国家秘密、商业秘密、个人隐私或者法律规定的其他应当保密的政府信息。"

② ［美］杰瑞·L. 马肖：《行政国的正当程序》，沈岿译，高等教育出版社2005年版，第5页。

③ 《政府信息公开条例》第18条规定："属于主动公开范围的政府信息，应当自该政府信息形成或者变更之日起20个工作日内予以公开。法律、法规对政府信息公开的期限另有规定的，从其规定。"

终止案件调查后将案卷移交档案部门保管或者自行保管。在第三方参与程序（包括听证环节）、行政复议和行政诉讼中提供给第三方查阅的副卷可以进行一定的技术处理，隐去证人的个人信息。[①]

④举行听证会。听证会上，案件调查人员应举出违法行为人的违法事实和证据，办案人员代表执法部门介绍违法信息行政公告的法律依据和主要理由，并说明拟公告的内容。而包括违法行为人在内的利害关系人则可以举出相应的证据，陈述事实、为自己辩护。总体而言，对于违法信息行政公告而言，听证的目的是要明确是否应该采取违法信息行政公告，以及行政公告的内容应该涉及哪些违法信息，这就将听证会所辩论的焦点集中在：在特定案件中，即将采取的违法信息行政公告是否公正且与行政执法的目的是否有合理关联；违法信息行政公告是否是最小侵害手段，有没有其他更为温和的管理方式；采取违法信息行政公告是否真正有利于公共利益，是否侵犯了国家秘密、商业秘密、个人隐私；如果采取违法信息行政公告会造成公共利益与隐私权、名誉权等私人权益的冲突，是否坚持公共利益优先；如果采取违法信息行政公告会造成各种私人权益之间的权利冲突，公告内容和方式的选取是否考虑各种权益的协调平衡。听证会由记录员制作成笔录，并由听证主持人、听证参加人核对签字，最后报行政管理部门的有关负责人审核和作出最终决定。

实际上，在违法信息行政公告中采取混合式的听证方式[②]可能更符合现代行政的要求。违法信息行政公告有时效性要求，受及时原则约束，必须在有限的时间内完成调查、评估、审核、第三方参与（包括听证）等程序。而有的案件本身比较复杂，调查取证、检验检测的时间会花费得多一些，因此，

[①] 日本的《信息公开法》第6条第1款规定："被请求公开的行政文件中记录有不公开信息时，记录有该不公开信息的部分容易被区分和除去的，行政机关的首长应将已除去该部分内容后的其他部分向公开请求人公开。"参见朱芒："开放型政府的法律理念与实践（下）——日本信息公开制度"，载《环球法律评论》2002年第4期。

[②] 美国在《联邦行政程序法》规定的"评论程序"基础上，创设了一种混合式的规章听证程序，就是对行政立法听证程序革新的产物。在这种混合式的规章听证程序中，机关在评论过程中一般同时使用书面表达、正式程序的口头表达和抗辩的公众参与方法。参见于安："美国行政规章制定程序初探"，见罗豪才、应松年主编：《行政程序法研究》，中国政法大学出版社1992年版，第108～109页。

可以考虑使用书面审查和听证会相结合的方式，视情况让第三方通过书面表达或口头表达的方式提出抗辩。

3. 行使异议权的期间

对于公共警示型违法信息行政公告和惩戒型违法信息行政公告，行政管理部门在拟作出行政公告的决定后，预先告知第三方，第三方可以陈述、申辩，也可以要求听证，这是依照第三方参与程序而赋予第三方所享有的一项程序性权利——异议权。对于程序性权利，一般认为第三方应该以积极作为的方式来行使，否则将视作权利的放弃。因此，应该对异议权的行使规定一个合适的期间，如果第三方没有在法定期间内进行陈述、申辩、申请听证的，行政管理部门可视为其主动放弃异议权，在期间届满后便可自行决定是否公告违法信息。① 我国台湾地区的"政府公开信息法"第 12 条②就有类似的规定。异议权行使期限的规定可以视为对行政效率的保障，建议今后对《政府信息公开条例》第 23 条进行修改完善，增加相关内容。

(三) 正式告知程序

1. 正式公告决定的告知

当前《政府信息公开条例》的第 23 条虽然仅仅针对依申请公开的政府信息作出规定，但也明确要求行政主体在正式公布信息时应告知第三方（信息所属人）。对这一条进行修改和完善，可使其同样适用于执法部门主动公开政府信息的情形。不管第三方有没有在法定期限内行使其异议权，行政主体正式作出违法信息行政公告决定后，都要将最终的公告决定告知第三方，毕竟就算第三方放弃行使参与程序中的异议权，也不代表其放弃了最终正式公告决定的受告知权。当然，不管第三方是否行使过异议权，执法部门在告

---

① 鲁鹏宇："论反信息公开行政程序——兼评我国《政府信息公开条例》第 23 条之规定"，载《国家行政学院学报》，2012 年第 4 期。
② 我国台湾地区"政府信息公开法"第 12 条规定："政府机关应于受理申请提供政府信息之日起十五日内，为准驳之决定；必要时，得予延长，延长之期间不得逾十五日。前项政府信息涉及特定个人、法人或团体之权益者，应先以书面通知该特定个人、法人或团体于十日内表示意见。但该特定个人、法人或团体已表示同意公开或提供者，不在此限。前项特定个人、法人或团体之所在不明者，政府机关应将通知内容公告之。第二项所定之个人、法人或团体未于十日内表示意见者，政府机关得径为准驳之决定。"

知其正式公告决定的时候，仍需再次说明理由。

2. 救济途径和期限的告知

行政主体作出违法信息行政公告的正式决定后，不但应该在一定的期限内书面告知第三方最终的公告决定，还应告知第三方其享有的救济权利和相应的救济途径，以便第三方开展维权活动。《政府信息公开条例》第33条[①]规定了公众不服政府信息公开的救济途径。既然权利可以得到救济，就应该设计相应的程序，规定行政主体将这种获取救济的权利告知第三方。

行政主体在告知第三方救济权利和途径的时候，主要应告知以下内容：（1）享有救济的权利，即第三方认为违法信息行政公告侵犯其合法权益时，可以通过救济来维权；（2）实施救济的途径，如可以申请行政复议、提起行政诉讼、要求行政赔偿等；（3）救济期间，行政主体应在书面通知中明确告知第三方，自通知送达之日起的特定期间内可以提起救济。如果行政主体告知的救济期间有错误，应该用书面通知予以更正，并自通知送达之日起重新计算法定期间。鉴于《政府信息公开条例》第33条的规定尚不完善，建议条例上升为法律后，修订第33条第2款的内容，变为"公民、法人或者其他组织认为行政机关在政府信息公开工作中的行政行为侵犯其合法权益的，可以依法申请行政复议或者提起行政诉讼，并可就其损害提出行政赔偿或行政补偿。行政机关在公开政府信息的同时应书面告知其救济途径和期限"。这样，修改后的第33条就能更好地实现对救济告知程序的控制。

（四）补充公告程序

所谓补充公告程序是指在正式的违法信息行政公告作出以后，行政主体根据情况的变化，对新的信息予以公告，从而对之前的违法事实予以补充说明。

补充公告程序主要适用于两种情况。第一种情况是对于具有即刻危险、必须立即予以公告的违法信息，行政主体在来不及审核的情况下作出行政公

[①] 《政府信息公开条例》第33条规定："公民、法人或者其他组织认为行政机关不依法履行政府信息公开义务的，可以向上级行政机关、监察机关或者政府信息公开工作主管部门举报。收到举报的机关应当予以调查处理。公民、法人或者其他组织认为行政机关在政府信息公开工作中的具体行政行为侵犯其合法权益的，可以依法申请行政复议或者提起行政诉讼。"

告后，根据事后的核实情况对已经公告的信息予以补充说明。第二种情况是行政主体对于公众比较关心的、社会影响较大的违法事实，在作出违法信息行政公告后，补充公告违法事实的演进情况，包括对违法行为人的处置措施和违法行为人的改正纠错情况等。

《国家突发公共事件总体应急预案》第 3.4 条[①]、《食品安全信息公布管理办法》第 10 条[②]和《国务院关于预防煤矿生产安全事故的特别规定》第 19 条[③]，对此都有所涉及。补充公告程序不但可以确保违法信息公告更加准确，还能使公众对某一违法事实的后续情况、处置情况等有更全面的了解。更为重要的一点是，与声誉机制和道德谴责相勾连的违法信息行政公告一旦作出，可能产生两种截然相反的后果，一种是导致社会对违法行为人的彻底排斥和否定，另一种则是创造利于其矫正的环境，将其重新纳入社会。显然，不管是公共警示型违法信息行政公告还是惩戒型违法信息行政公告，行政管理部门都是以教育、预防为主，更希望实现的是社会矫正的目的。如果只是一味公告违法事实，而不补充公告违法行为人相关的更正行为，就不利于违法行为人的矫正，不利于违法行为人回归社会。因此，违法信息行政公告作出后，如果违

---

① 《国家突发公共事件总体应急预案》3.4 条（信息发布）规定："突发公共事件的信息发布应当及时、准确、客观、全面。事件发生的第一时间要向社会发布简要信息，随后发布初步核实情况、政府应对措施和公众防范措施等，并根据事件处置情况做好后续发布工作。信息发布形式主要包括授权发布、散发新闻稿、组织报道、接受记者采访、举行新闻发布会等。"按照该规范性文件第 1.3 条的规定，突发公共事件主要分为四类，即自然灾害、事故灾难、公共卫生事件和社会安全事件。其中社会安全事件主要包括恐怖袭击事件、经济安全事件和涉外突发事件等。可见，有关社会安全事件的信息包括违法信息。

② 《食品安全信息公布管理办法》第 10 条规定："发生重大食品安全事故后，负责食品安全事故处置的省级卫生行政部门会同有关部门，在当地政府统一领导下，在事故发生后第一时间拟定信息发布方案，由卫生行政部门公布简要信息，随后公布初步核实情况、应对和处置措施等，并根据事态发展和处置情况滚动公布相关信息。对涉及事故的各种谣言、传言，应当迅速公开澄清事实，消除不良影响。"

③ 《国务院关于预防煤矿生产安全事故的特别规定》第 19 条规定："县级以上地方人民政府负责煤矿安全生产监督管理的部门、煤矿安全监察机构对被责令停产整顿或者关闭的煤矿，应当自煤矿被责令停产整顿或者关闭之日起 3 日内在当地主要媒体公告。被责令停产整顿的煤矿经验收合格恢复生产的，县级以上地方人民政府负责煤矿安全生产监督管理的部门、煤矿安全监察机构应当自煤矿验收合格恢复生产之日起 3 日内在同一媒体公告。县级以上地方人民政府负责煤矿安全生产监督管理的部门、煤矿安全监察机构未依照本条第一款、第二款规定进行公告的，对有关负责人，根据情节轻重，给予警告、记过、记大过或者降级的行政处分。公告所需费用由同级财政列支。"

法行为人认错态度较好，能够在规定的期限内积极改正违法行为、履行法定义务，行政主体可以根据其悔改表现、实际效果等予以补充公告。

前文建议对《政府信息公开条例》第 17 条进行修改①，其增加的内容"根据情况发展滚动公布相关信息和处置情况"可以解读出补充公告程序。当然，最好是在部门法关于违法信息行政公告的条文中，对补充公告程序作出具体规定，像《国务院关于预防煤矿生产安全事故的特别规定》第 19 条第 2 款的规定那样突出和强调对违法行为人的改正纠错情况予以补充公告，从而创造有利于违法行为人矫正的社会环境，真正起到一般预防的良好作用。

五、小结：程序严格性应与权利侵害可能性大小成正比

程序对于法治建设的重要性不言自明，行政程序对于制约行政权滥用、促进依法行政的重要性也是世界公认。要想实现对违法信息行政公告的法律控制，必须完善程序规则，在行为实施的过程中加强程序控制。但如何认识和把握违法信息行政公告的程序结构、功能价值，还需深入研究。

不同类型的违法信息行政公告不但目的不同、功能不同，而且对利害关系人权益影响的大小也不同，在程序上的要求也应该不一样。我们在进行具体制度设计的时候应综合考量不同类型的违法信息行政公告的操作实践，考量行为实施后侵害利害关系人权益的可能性大小。与公众切身利益密切相关的、侵权可能性较大的违法信息行政公告，如公共警示型违法信息行政公告和惩戒型违法信息行政公告，程序设计应该相对更严格，通过特殊程序的控制尽量避免因行政主体的错误公告而给利害关系人的合法权益带来不可逆转的损害。而对与公众切实利益关系不大的、侵权可能性较小的违法信息行政公告，如通知型违法信息行政公告和执行型违法信息行政公告，程序设计则相对可以简化，适用一般程序即可，不必再适用特殊程序。

---

① 建议《政府信息公开条例》上升为法律时，第 17 条修改为："行政机关制作的政府信息，由制作该政府信息的行政机关负责公开；行政机关从公民、法人或者其他组织获取的政府信息，由保存该政府信息的行政机关负责公开。法律、法规对政府信息公开的权限另有规定的，从其规定。行政机关在公开前应进行必要的调查，并对政府信息进行核实审查。重大紧急情况下可于第一时间公开政府信息，并说明未予核查的原因，同时根据情况发展滚动公布相关信息和处置情况。"

第五章　违法信息行政公告的救济法控制

一、救济法控制的必要性

作为权利的核心要素,"有权利必有救济"[①]要求法律在对权利进行规范的同时,也必须匹配相应的救济途径,否则,没有救济的权利就会沦落为一纸空文。

(一)救济机制是规范行政的倒逼机制

虽然权利通常会以正面、肯定的方式出现在法律规范中,但有关权利的规定总是比较抽象,甚至缺乏可操作性。救济制度的规定从反面确立了对权利的保障,使抽象的权利变得更为具体,也使纸上的法律变成了"活法"。从阶段性构造来看,行政行为虽已实施完毕,但难免引发争议,救济法控制是事后纠纷解决过程中所必备的手段。毫无疑问,救济法控制目标明确地指向行政主体的各项义务要求,让救济法审视盘旋在行政活动之上,有助于提升行政的理性。如

[①]　在英美法中,"有权利必有救济"是普通法的一项古老原则。在英国1703年的"阿什比诉怀特案"(Ashby v. White)中,首席大法官宣称:"如果原告拥有一项权利,他就必然要有维护和保持该权利的方法,如果他在行使权利时遭到侵害则必须要有救济⋯⋯对权利的需求和对救济的需求是相互的⋯⋯一个人得到救济,也就得到了权利;失去救济,也就失去了权利。"在美国,"有权利必有救济"的原则最早出现在著名的"马伯里诉麦迪逊案"中。审理该案的马歇尔大法官除了重申普通法的这一原则之外,更将"有权利必有救济"作为法治的核心组成部分:"公民自由的本质确切无疑地存在于每个人在遭到侵害时能够获得法律保护的权利。政府的首要义务之一就是承担这种保护⋯⋯合众国政府强调自己遵循法治而非人治。但是如果合众国的法律不能够向某项遭到侵害的既定法律权利提供救济,它就不配拥有'法治'这样崇高的称呼。"参见程磊:"业主撤销业委会违法决议之诉的现实困境",载《现代物业》2008年第8期;冯健鹏:"有权利必有救济",载宁波党校网 http://www.nbdx.cn/Knowledge/newview-10484-106.html,访问日期:2013年11月10日。

果说实体法设置是为了实现对行政行为的事前规制与指引,程序机制的设置是为了实现对行政行为的事中规制,那么救济法则通过审查和监督,对不当或违法的行政行为予以纠正,化解行政争议,并对因此给利害关系人造成的权益损害进行救济,是一种典型的事后控制手段。更为重要的是,救济制度的规定还可以成功地将公权力关进笼子,使之行使的时候不敢轻易僭越应有的界限,更不敢任意践踏私权。尤其是面对随时可能异化的公权,要想真正有效制约权力扩张、错位、失控,防止其肆意处置、侵犯私人权益,救济法控制是必不可少的利器。换言之,救济法的存在可以反向规制行政执法,促进行政执法的规范化与法治化。

(二)加强救济法控制是规范违法信息行政公告的需要

违法信息行政公告作为一种典型的行政事实行为,带有较强的目的性和针对性,在声誉机制和道德谴责的共同作用下,借助社会舆论扩大影响,取得社会效果,从而达致管理目的,这个过程不可避免地会对利害关系人,尤其是被公告的违法行为人的权益造成影响。通常情况下,违法信息行政公告侵犯私人权益的情况主要有两种:一是行政主体不作为,应该主动公告的违法信息没有予以公开或没有及时公开,侵犯公众的知情权、监督权,进而导致公众无法及时规避风险,人身权、财产权受损;二是错误公告违法信息,侵犯第三方(信息所属人)的人身权(包括隐私、名誉)和财产权等。从违法信息行政公告的实施情况来看,最容易引发争议也是最容易侵害利害关系人合法权益的当属惩戒型违法信息行政公告和公共警示型违法信息行政公告。信息社会特有的高度关联性会将违法信息行政公告所导致的负面影响加倍放大,使其超越一定的区域,造成不必要的损失,因此对于违法行为人而言,这样的实际影响有时甚至是"致命"的,甚至远超行政处罚。违法信息行政公告隶属政府信息公开的范畴,违法信息是否可以公开、如何公开、公开哪些内容,目前行政管理部门享有较大的自由裁量权。要想约束行政裁量权的行使,显然不能完全寄希望于行政管理部门的"行政自制"。美国的 Ernest Gellhorn 教授就提出在可行的情况下,行政机构应当考虑建立一种内部申诉程序,允许私人团体对不利公开宣传进行申诉,以寻求救济。① 但他同时也认为这样的内部控制方式是不够的，还需加强司法审查，从外部控制的途径来有效加强对不利公开宣传的规范。② 可见，要想使违法信息行政公告真正走上法治的轨道，就要加强救济法控制。

二、现有救济法的规范分析

依据我国现有的法律制度，对于政府信息公开行为所引发的行政争议，公众寻求救济的途径主要有信访、行政救济和司法救济。在救济法上，我国与美国不同，没有设定"穷尽行政救济"原则③（见图5-1），换言之，在我国如果因政府信息公开引发争议，公众可在三种救济途径之间任意选择（见图5-2），行政复议并不是行政诉讼的前置程序。从现有的制度设计上看，无论是信访、行政救济，还是司法救济，三方面的法律规范都存在严重的不足和缺陷，尤其是受"行政事实行为不产生法律后果"思想的影响，囿于受案范围仅限于"具体行政行为"的限制，目前我国因违法信息行政公告（行政事实行为）所导致的行政争议并不能当然地申请行政复议和提起行政诉讼。而且各项救济制度中缺乏暂时性权利保护制度，受理时限与政府信息公开制度的时限规定相互冲突等，都使得现有的救济制度无法很好地对违法信息行政公告实施有效控制。

本章将分别从这三个方面展开讨论，并在每个部分对现有规范的不足进行具体阐释。鉴于学者们有关救济制度的理论研究已经比较丰硕，为避免拾人牙慧，本章仅将行文重点放在与违法信息行政公告有关的救济制度的建构与完善上。

---

① "Third, where feasible, an agency might consider creating an internal appeal procedure whereby the private party complaining of adverse agency publicity could seek redress. This suggestion is tendered cautiously, because agency processes are not enhanced merely by burdening them with another layer of administrative procedures." See Ernest Gellhorn, Adverse Publicity by Administrative Agencies, Harvard Law Review, Vol. 86, No. 8, 1973, p. 1431.

② Ernest Gellhorn, Adverse Publicity by Administrative Agencies, Harvard Law Review, Vol. 86, No. 8, 1973, pp. 1432~1434.

③ 张明：《中美日政府信息公开救济制度的比较分析》，载《图书馆工作与研究》2008年第4期；王少辉：《迈向阳光政府——我国政府信息公开制度研究》，武汉大学出版社2010年版，第217~218页；王勇："国外政府信息公开的救济制度及对我国的启示"，载《行政与法》2012年第1期。

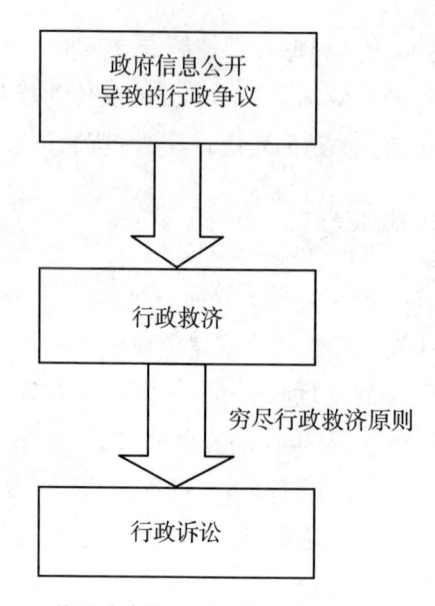

图 5－1　美国政府信息公开导致的行政争议之救济图

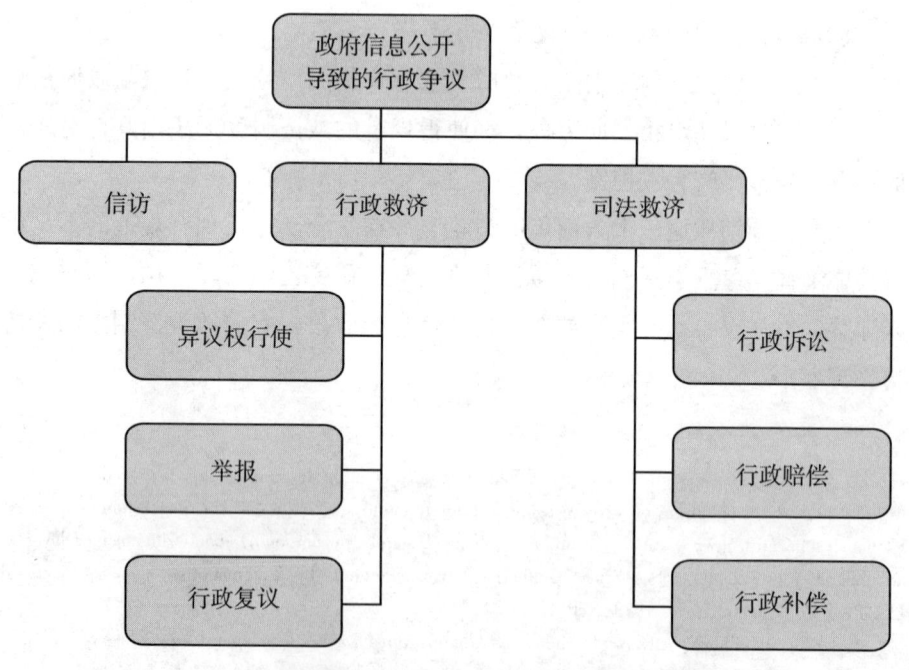

图 5－2　我国政府信息公开导致的行政争议之救济图

三、信访

信访是公众向各级政府或工作部门反映问题并寻求解决的活动。根据《信访条例》第 2 条[①]和第 14 条[②]的规定，公众只要对行政主管部门及其公务人员的职务行为不满，即可提出信访。这就说明凡是对行政主体所作出的违法信息行政公告不服的，均可以通过信访的途径寻求救济。即使仅仅针对行政主体作出的正式公告决定而非正式公告行为，如果第三方觉得这样的违法信息行政公告一旦正式作出，将侵犯自己的合法权益（如隐私权和名誉权），那么第三方也可以通过信访的途径来寻求权利救济，阻止公告决定转换为正式公告行为，从而维护自己的合法权益。

由于信访形式多样、程序简单，不受时限约束，而且信访与司法救济可以同时提起、同时进行，看似不会发生冲突，因此一旦出现行政争议，不少深受传统文化影响的人都喜欢将其选为维权手段。但是信访这种救济方式虽然比较经济、方便，没有期限的限制，却缺少严格的程序保障，矛盾和争议完全交由党政机关处理，容易有失偏颇。而且，正如多数学者所言，信访是独立于司法之外的另一套解决纠纷的机制，其大量的运用不但可能架空司法救济方式，还可能因信访的介入影响和破坏司法的独立性，[③] 导致司法的权威性受损；此外，将矛盾和争议置于上下反复的"拉力赛"还会加大管理成本，各种领导批示无形中又强化了人治思维，更容易偏离法治的轨道，有可

---

① 《信访条例》第 2 条规定："本条例所称信访，是指公民、法人或者其他组织采用书信、电子邮件、传真、电话、走访等形式，向各级人民政府、县级以上人民政府工作部门反映情况，提出建议、意见或者投诉请求，依法由有关行政机关处理的活动。采用前款规定的形式，反映情况，提出建议、意见或者投诉请求的公民、法人或者其他组织，称信访人。"

② 《信访条例》第 14 条规定："信访人对下列组织、人员的职务行为反映情况，提出建议、意见，或者不服下列组织、人员的职务行为，可以向有关行政机关提出信访事项：（一）行政机关及其工作人员；（二）法律、法规授权的具有管理公共事务职能的组织及其工作人员；（三）提供公共服务的企业、事业单位及其工作人员；（四）社会团体或者其他企业、事业单位中由国家行政机关任命、派出的人员；（五）村民委员会、居民委员会及其成员。对依法应当通过诉讼、仲裁、行政复议等法定途径解决的投诉请求，信访人应当依照有关法律、行政法规规定的程序向有关机关提出。"

③ 刘卫红指出：在现实生活中，信访部门利用信访案件的督办权和领导的批示干涉司法独立，左右司法工作人员的立场，致使司法的权威缺失，严重威胁到国家的法治建设。参见刘卫红："法治视野下信访制度的完善"，载《河北法学》2010 年第 10 期。

能使矛盾激化、争议扩大,在强调稳定的社会矛盾尖锐期,反而不利于稳定社会秩序,不利于预防和化解社会矛盾。①

但目前的问题是,违法信息行政公告作为一种典型的行政事实行为,其引发的行政争议暂时无法纳入行政复议和行政诉讼的受案范围,故而在这样的情况下,虽然信访不是解决问题的最优方式,但还是有存在的必要性。毕竟,信访为公众参与提供了途径,也为权利救济提供了保障。如果可以统一程序和标准,重新设置信访机构;建立独立的人大信访体系,加强对一府两院的监督;撤销法院的信访部门,保证司法的独立,显然都有利于建立起高效有序的信访机制,有利于权利救济。

不过,针对违法信息行政公告的特点来看,当务之急是应该在信访制度中建立起暂时性权利保护制度②,避免利害关系人的合法权益遭受不可逆转的损失。按照政府信息公开的程序要求,行政主体作出违法信息行政公告需要遵守一定的时限制度,一旦经过第三方参与程序、作出正式决定公告后,在书面告知第三方(信息所属人)的同时就会将违法信息公布于众(具体的

---

① 马怀德教授指出,作为行政救济手段,信访在解决纠纷方面,不受任何事实证据、期限、步骤、方式等确定性要求的限制,在个别时间和个别案件中又能够"一步到位",甚至"突破法律底线"解决问题,成为越来越多当事人的首选。领导出于维稳需要个别批示、法外解决,误导了广大信访人群,最终导致突破法律底线,用所谓的个案正义损害了社会的整体公平和正义……信访制度本质上是一种具有人治色彩的纠纷处理机制。正像温家宝总理所说的:"因为所谓上访,它所体现的不是法律的程序,还是寄托在人,寄托在领导人的批示,应该说在某种意义上还带有人治的封建色彩。在一个现代化的国家,应该依靠法,应该依据法律来解决这些问题。"实践证明,以信访为主的纠纷解决机制不仅架空了诉讼等法定救济途径,而且使党委政府站到了社会矛盾纠纷的第一线。比如在涉法涉诉信访案件中,法院成为一方当事人,而信访机构和党、政、人大的领导则成为信访人与法院之间的裁判者,当事人之间的争议演变为信访人与法院之间的博弈。原本行使裁判权的法院之上又出现了更高"裁判"机构,党委政府成为实际上的终局裁判机关。同样体现行政色彩的领导批示更是强化了信访纠纷解决功能,领导批示的越多,批示的越明确,信访的案件数量就会越多,最终导致各类纠纷涌向行政领导。加之公众在"信上不信下"心理驱使下,寻求无限向上的行政权威,纠纷就演变成了上下反复的"马拉松"赛,难以从根本上解决。这种纠纷解决方式只能使矛盾越解决越多,社会秩序"越维越不稳",不仅会增加行政成本,而且会强化人治思维、损害法治权威,不利于社会矛盾纠纷的预防和化解。参见马怀德:"预防化解社会矛盾的治本之策:规范公权力",载《中国法学》2012年第2期。

② 所谓暂时性权利保护亦称暂时法律保护,旨在"保护(Schutz)公民在某一程序进行期间,免受一个决定的执行或其后果的影响,或者保障(Sicherung)公民——在一个诉讼具有既判力地终结之前——所具有的某一特定权利或某一事实状态"。参见[德]弗里德赫尔穆·胡芬:《行政诉讼法》(第5版),莫光华译,法律出版社2003年版,第487页。

程序规定可参见本书第四章)。如果第三方不服违法信息行政公告决定,在其正式作出之前通过信访的途径来寻求权利救济,信访部门如果不能暂时阻止违法信息行政公告的正式作出,即使遵循《信访条例》第 21 条①和第 33 条②的时限规定按时作出处理决定,违法信息行政公告也早已正式实施,对于意图阻止其实施的第三方而言,信访的处理决定就失去了意义。因此,建议在《信访条例》第 27 条③后面增加一款:"信访期间,公民、法人或其他组织申请停止执行行政行为的,信访部门经审查认为行政行为的继续执行会造成难以弥补的损失,并且暂停执行不损害公共利益的,可以通知有关部门暂停执行。"这样一来,就在信访制度中建立起了暂时性权利保护制度,通过保全程序来冻结行政行为,使其无法实施和生效,以保障权利或事实处于一种暂时状态,从而有效避免有争议的行政行为的实施给利害关系人带来不可逆转、难以弥补的损害。

四、行政救济

简单说,行政救济是通过行政系统内部的自我监督机制予以纠错从而实

---

① 《信访条例》第 21 条规定:"县级以上人民政府信访工作机构收到信访事项,应当予以登记,并区分情况,在 15 日内分别按下列方式处理:(一) 对本条例第十五条规定的信访事项,应当告知信访人分别向有关的人民代表大会及其常务委员会、人民法院、人民检察院提出。对已经或者依法应当通过诉讼、仲裁、行政复议等法定途径解决的,不予受理,但应当告知信访人依照有关法律、行政法规规定程序向有关机关提出。(二) 对依照法定职责属于本级人民政府或者其工作部门处理决定的信访事项,应当转送有权处理的行政机关;情况重大、紧急的,应当及时提出建议,报请本级人民政府决定。(三) 信访事项涉及下级行政机关或者其工作人员的,按照"属地管理、分级负责,谁主管、谁负责"的原则,直接转送有权处理的行政机关,并抄送下一级人民政府信访工作机构。县级以上人民政府信访工作机构要定期向下一级人民政府信访工作机构通报转送情况,下级人民政府信访工作机构要定期向上一级人民政府信访工作机构报告转送信访事项的办理情况。(四) 对转送信访事项中的重要情况需要反馈办理结果的,可以直接交由有权处理的行政机关办理,要求其在指定办理期限内反馈结果,提交办结报告。按照前款(二)项至(四)项规定,有关行政机关应当自收到转送、交办的信访事项之日起 15 日内决定是否受理并书面告知信访人,并按要求通报信访工作机构。"

② 《信访条例》第 33 条规定:"信访事项应当自受理之日起 60 日内办结;情况复杂的,经本行政机关负责人批准,可以适当延长办理期限,但延长期限不得超过 30 日,并告知信访人延期理由。法律、行政法规另有规定的,从其规定。"

③ 《信访条例》第 27 条规定:"对于可能造成社会影响的重大、紧急信访事项和信访信息,有关行政机关应当在职责范围内依法及时采取措施,防止不良影响的产生、扩大。"

现救济的方式。依据《政府信息公开条例》第 23 条[①]、第 25 条[②]和第 33 条[③]，利害关系人如果对违法信息行政公告不服，可以通过异议权行使、举报和行政复议等行政救济途径来维护自己的合法权益。

(一) 异议权行使

异议权行使是目前违法信息行政公告中利害关系人首选的一种简便易行的行政救济方式，是指利害关系人对行政主体即将作出或已经作出的违法信息行政公告提出异议，要求其不得作出不当公告或纠正错误的公告，从而维护自己的合法权益。

《政府信息公开条例》第 23 条的内容虽然并不完善，但明确地对第三方（信息所属人）参与程序作出了规定。依据这一条，第三方对于行政主体所作出的违法信息行政公告的决定有提出异议的权利，不同意公开的可以陈述和申辩。第三方提出对公告决定的异议，促使行政主体再次审视公告决定和内容，若有不当，及时纠正，可以有效避免对第三方的合法权益造成损害。此外，根据《政府信息公开条例》第 25 条的规定，公众对于行政主体所公开的与自己有关的不实或错误的政府信息，还可以要求其更正，借助行政主体自我履行信息更正义务而减少或消除不准确的信息公开对其权益的不利影响。

按照德国行政法学者的观点，行政执法者对于错误的行政执法具有撤回义务，利害关系人可以基于后果清除请求权对不当的行政执法提出异议，要求将被侵害的权益恢复到原状。由此可见，这种异议权行使不但是一种程序

[①] 《政府信息公开条例》第 23 条规定："行政机关认为申请公开的政府信息涉及商业秘密、个人隐私，公开后可能损害第三方合法权益的，应当书面征求第三方的意见；第三方不同意公开的，不得公开。但是，行政机关认为不公开可能对公共利益造成重大影响的，应当予以公开，并将决定公开的政府信息内容和理由书面通知第三方。"

[②] 《政府信息公开条例》第 25 条规定："公民、法人或者其他组织向行政机关申请提供与其自身相关的税费缴纳、社会保障、医疗卫生等政府信息的，应当出示有效身份证件或者证明文件。公民、法人或者其他组织有证据证明行政机关提供的与其自身相关的政府信息记录不准确的，有权要求该行政机关予以更正。该行政机关无权更正的，应当转送有权更正的行政机关处理，并告知申请人。"

[③] 《政府信息公开条例》第 33 条规定："公民、法人或者其他组织认为行政机关不依法履行政府信息公开义务的，可以向上级行政机关、监察机关或者政府信息公开工作主管部门举报。收到举报的机关应当予以调查处理。公民、法人或者其他组织认为行政机关在政府信息公开工作中的具体行政行为侵犯其合法权益的，可以依法申请行政复议或者提起行政诉讼。"

性的权利，也是一种典型的事中救济方式，属于行政救济的范畴。

日本和韩国的信息公开制度也设有异议申请的救济制度，① 且比我国的制度设计更具体、更有操作性。建议今后将《政府信息公开条例》上升为法律时，对现有法条的第 23 条进行完善，赋予第三方陈述、申辩与要求听证的程序权利，将异议权行使的内容和期间都明确下来。此外，还要对第 25 条进行修改，明确更正的期限和方式。这一问题，本书第四章已有论述，在此不再赘述。

（二）举报

"监督权"是我国宪法第 41 条②明确赋予公民的一项基本权利，这项权利的内容包含了批评权、建议权、申诉权、控告权、检举权以及国家赔偿请求权六项具体的权利。其中，对于检举权的行使，最常见的就是举报。举报分为两种情况，一种是与行政行为有利害关系的人为了维护自身权益而向有关部门举报。另一种则是与行政行为没有利害关系的人，出于维护公共利益、

---

① 日本《信息公开法》第 18 条规定，对不服申请进行裁决或决定的行政机关，必须先向信息公开审查会咨询，然后再作裁决或决定。信息公开审查委员会是设在总理府的咨询机关，处于第三人的中立位置，负责处理行政机关对不服申请的咨询，提出咨询报告。信息公开审查委员会制度是日本信息公开制度的一大特色，虽然该机关作出的咨询建议没有法律强制力，但是具有权威性，会对行政机关的正确决策起到重要作用。这个机构共由 9 人组成，其中 3 人为专职，其余为兼职，成员人选须经两院审查通过后由首相任命，同时规定所有成员在任期内不得受雇于任何政党或政治团体，且不得积极参与政治活动。专职委员在任期间，除经首相允许外，不得兼任其他能够获取报酬的职务，不得经营任何以营利为目的的业务。这在某种程度上保证了信息公开委员会成员的超然立场，在其履行职责时不受其他因素的干扰。此外，该审查会有权依法要求相关部门或人员出具有关文书及资料，也可以指定其成员调阅相关行政文书和听取申诉人的意见，以确定其所申请的行政文书是否可以公开。也就是说，当申请人与行政机关就某项信息是否公开产生矛盾时可以提请"信息公开审查会"进行仲裁，以决定能否获取所需的信息。韩国《信息公开法》第 16~18 条对信息公开的权利救济进行了相关规定。其中，第 16 条规定了异议申请，具体为：一是请求人在请求公开信息过程中，因公共机关的作为或不作为而受到法律上的利益侵害时，在收到公共机关的决定通知之日或第 9 条第 4 项的规定可视为决定不公开信息之日起 30 日之内，可向该公共机关用书面方式提出异议申请。二是公共机关应在收到异议申请之日起 7 日之内作出答复，并及时用书面方式将其结论通知请求人。江源富：《面向信息弱势群体的政府公共服务研究》，科学出版社 2012 年版，第 116、118 页。

② 《宪法》第 41 条规定："中华人民共和国公民对于任何国家机关和国家工作人员，有提出批评和建议的权利；对于任何国家机关和国家工作人员的违法失职行为，有向有关国家机关提出申诉、控告或者检举的权利，但是不得捏造或者歪曲事实进行诬告陷害。对于公民的申诉、控告或者检举，有关国家机关必须查清事实，负责处理。任何人不得压制和打击报复。由于国家机关和国家工作人员侵犯公民权利而受到损失的人，有依照法律规定取得赔偿的权利。"

社会公德的目的而向有关部门举报。从《政府信息公开条例》第 33 条①的规定来看，这里的举报也应该包含上述两种情况，其中，利害关系人所作出的举报显然应该被视为一种行政救济方式。如果行政管理部门没有积极依法正确、及时公告违法信息，损害利害关系人的合法权益的，利害关系人皆可向有关部门举报。

不过，第 33 条虽然明确规定了受理举报的部门，却没有规定处理举报的期限，建议今后将《政府信息公开条例》上升为法律时，对第 33 条进行完善，将举报处理的期限定为 30 天。

（三）行政复议

行政复议制度是指利害关系人不服行政机关的行政行为，依法向行政复议机关提出申请，复议机关依法对行政行为进行合法性和适当性审查，并作出复议决定的一种法律制度。该制度特点是程序简便，符合效率原则，由熟悉业务的行政人员作出，适应行政案件的专门性特点。国外通常把行政复议制度称为行政救济、行政申诉、行政审查、行政诉愿或行政上诉。虽然有学者主张行政申诉与行政复议并不相同，②但个人比较赞同胡建淼教授的观点，我国有的法律法规虽然采用了诸如"复核、复验、复查、申诉、审议"等不同的表达方式，但其实质都是指行政复议。③

从世界各国的信息公开法来看，几乎都将行政申诉作为一种重要的救济方式。例如阿塞拜疆《信息获取权法》第 49 条规定，任何人都可以就信息申请失败向信息专员或法院提出申诉。④ 印度《信息权法案》第 19 条规定，任何人，包括第三方，如果没有在规定的时限内收到决定，或对某决定感到

---

① 《政府信息公开条例》第 33 条规定："公民、法人或者其他组织认为行政机关不依法履行政府信息公开义务的，可以向上级行政机关、监察机关或者政府信息公开工作主管部门举报。收到举报的机关应当予以调查处理。公民、法人或者其他组织认为行政机关在政府信息公开工作中的具体行政行为侵犯其合法权益的，可以依法申请行政复议或者提起行政诉讼。"
② 袁兵喜："我国行政申诉制度的构建及完善"，载《河北法学》2010 年第 10 期。
③ 胡建淼："中外行政复议制度比较研究"，载《比较法研究》1994 年第 2 期。
④ ［加］托比·曼德尔：《信息自由：多国法律比较》，龚文库等译，社会科学文献出版社 2011 年版，第 63 页。

不满，可在30天之内向负有责任的信息官员的上级提出申诉。① 吉尔吉斯斯坦的《吉尔吉斯斯坦共和国国家机构与地方自治政府机构所掌握信息的获取法》第35条规定，任何拒绝提供信息的行为，或者任何违背法律规定的行为都可以按照现有的法律向上级官员提出申诉，也可以向调查官员舞弊情况的官员或者法院提出申诉。② 秘鲁《透明化与公共信息获取法》第11条（e）款规定，如果一项信息获取申请已被拒绝，或者公共机构在截止日期前未作回复而被视为拒绝；如果该公共机构受辖于其"上级部门"，申请人可以向该公共机构的"上级部门"提出申诉。③ 南非《信息公开促进法》规定了两级申诉，首先是公共机构的内部申诉，在这一途径被使用并无效时，申请人可以向法院提起诉讼。④ 泰国《官方信息法》规定任何人如果认为公共机构未能发布信息、未能提供获取信息的便利，或未能按照申请人的要求披露信息，均可以向官方信息委员会提出申诉。⑤ 英国《2000年信息自由法》规定了三级申诉方式：一是在掌握信息的公共机构内部申诉，二是向信息专员申诉，三是向特别信息法庭上诉。⑥ 美国1996年颁布的《信息自由法》的最新

---

① ［加］托比·曼德尔：《信息自由：多国法律比较》，龚文库等译，社会科学文献出版社2011年版，第78页。
② ［加］托比·曼德尔：《信息自由：多国法律比较》，龚文库等译，社会科学文献出版社2011年版，第106页。
③ ［加］托比·曼德尔：《信息自由：多国法律比较》，龚文库等译，社会科学文献出版社2011年版，第124页。
④ ［加］托比·曼德尔：《信息自由：多国法律比较》，龚文库等译，社会科学文献出版社2011年版，第134页。
⑤ 泰国的《官方信息法》第13条规定："任何人如果认为国家机关未能根据本法第七条公布信息，未能根据第九条将信息供公众查阅，未能根据第十一条为他提供信息，违反或者未能遵守本法，或者拖延履行义务，或者认为无故没有得到便利，均可以向官方信息委员会提出申诉。"参见周汉华主编：《外国政府信息公开制度比较》，中国法制出版社2003年版，第380页；张明杰：《开放的政府——政府信息公开法律制度研究》，中国政法大学出版社2003年版，第187~188页；［加］托比·曼德尔：《信息自由：多国法律比较》，龚文库等译，社会科学文献出版社2011年版，第149页。
⑥ 参见张明杰：《开放的政府——政府信息公开法律制度研究》，中国政法大学出版社2003年版，第189~192页；［加］托比·曼德尔：《信息自由：多国法律比较》，龚文库等译，社会科学文献出版社2011年版，第169页；万梅："美、英、日政府信息公开的法律救济比较研究"，载《法制与社会》2009年第17期；王勇："国外政府信息公开的救济制度及对我国的启示"，载《行政与法》2012年第1期。

修正案为《2007年政府公开法》，该法明确规定申请人对拒绝披露信息的申诉必须首先向相关公共机构的首脑提出。① 我国香港地区政府信息公开的行政救济制度主要包括覆检制度和申诉专员制度。按照香港特区《公开资料守则》第 1 部分第 25 条的规定，"任何人如认为某部门未有遵行守则的规定，可要求该部门覆检有关情况"。同时，第 1 部分第 26 条规定，"任何人如认为某部门未有适当执行守则的规定，亦可向申诉专员投诉"。②

在我国，行政复议制度历来饱受诟病，究其原因，主要有以下几点：（1）制度定位不够准确。关于行政复议的制度定位，我国学界和实务界一直存在争议。有的人认为行政复议是一种行政活动，是一种内部监督、层级监督；有的人认为行政复议同时具备行政性和司法性的双重属性，是一种准司法行为（行政司法行为）。在这样的一种制度定位下，行政复议被视为行政机关的自我纠错机制，引发行政争议的行政行为由上级行政机关重新审视后作出"二次决定"。由于这种模式依循行政的路数和范式，因复议机关不愿意做被告和中立性不足等问题，即使建构了重大复议案件备案制、行政复议工作责任制、专项检查等系列辅助制度，复议的使用率始终不高，始终没有成为解决纠纷好权益救济的主渠道。③（2）公正性不足。我国的行政复议是由行政机关主持进行的，行政复议机关本身往往就是执法部门的上级主管单

---

① 美国《信息自由法》第 1 款第 6 项规定，行政机关在收到信息公开申请后 20 日内要作出是否满足该申请的决定，并立即将决定通知申请人，告知其享有若不服决定向本机关行政首长提出复议的权利。行政首长应在收到复议申请后 20 日内作出裁决。如遇特殊情况可以延长，但是最多不超过 10 日。决定延长期限的，应书面通知申请人，如果裁决部分或全部支持了行政机关的原来决定，申请人可以向法院起诉。美国《隐私权法》第 4 款规定，行政机关对申请人要求修改其个人信息的申请应当在 10 日内书面告知申请人已经受理，并对申请人的个人信息进行修改。如果不能按申请人的要求修改，应立即将该决定及理由通知申请人，告知其有行政复议的权利以及复议官员的姓名和办公地址。行政首长在收到复议申请后 30 日内应完成复议并作出裁决，在有正当理由的情况下可以适当延长。申请人对复议裁决不服，有权向行政机关提出声明并向法院起诉。参见张明明："中美日政府信息公开救济制度的比较分析"，载《图书馆工作与研究》，2008 年第 4 期；［加］托比·曼德尔：《信息自由：多国法律比较》，龚文庠等译，社会科学文献出版社 2011 年版，第 172、180 页。

② 王少辉：《迈向阳光政府——我国政府信息公开制度研究》，武汉大学出版社 2010 年版，第 205～206 页；周汉华主编：《外国政府信息公开制度比较》，中国法制出版社 2003 年版，第 598 页；香港政府：《公开资料守则》，载香港政府一站通网 http://www.access.gov.hk/sc/code.htm，访问日期:2014 年 1 月 6 日。

③ 参见余凌云："论行政复议法的修改"，载《清华法学》2013 年第 4 期。

位，甚至在有的情况下，复议机关和执法机关就是二位一体，① 因此，部门利益的同一性通常会导致公众对复议决定的公正性产生怀疑。（3）受案范围过窄。根据《行政复议法》第 1 条②、第 2 条③和第 6 条④的规定，行政复议的范围被严格限定为"具体行政行为"，而且，主要限于法律规范明确规定

---

① 《行政复议法》第 12 条规定："对县级以上地方各级人民政府工作部门的具体行政行为不服的，由申请人选择，可以向该部门的本级人民政府申请行政复议，也可以向上一级主管部门申请行政复议。对海关、金融、国税、外汇管理等实行垂直领导的行政机关和国家安全机关的具体行政行为不服的，向上一级主管部门申请行政复议。"第 13 条规定："对地方各级人民政府的具体行政行为不服的，向上一级地方人民政府申请行政复议。对省、自治区人民政府依法设立的派出机关所属的县级地方人民政府的具体行政行为不服的，向该派出机关申请行政复议。"第 14 条规定："对国务院部门或者省、自治区、直辖市人民政府的具体行政行为不服的，向作出该具体行政行为的国务院部门或者省、自治区、直辖市人民政府申请行政复议。对行政复议决定不服的，可以向人民法院提起行政诉讼；也可以向国务院申请裁决，国务院依照本法的规定作出最终裁决。"第 15 条规定："对本法第十二条、第十三条、第十四条规定以外的其他行政机关、组织的具体行政行为不服的，按照下列规定申请行政复议：（一）对县级以上地方人民政府依法设立的派出机关的具体行政行为不服的，向设立该派出机关的人民政府申请行政复议；（二）对政府工作部门依法设立的派出机构依照法律、法规或者规章规定，以自己的名义作出的具体行政行为不服的，向设立该派出机构的部门或者该部门的本级地方人民政府申请行政复议；（三）对法律、法规授权的组织的具体行政行为不服的，分别向直接管理该组织的地方人民政府、地方人民政府工作部门或者国务院部门申请行政复议；（四）对两个或者两个以上行政机关以共同的名义作出的具体行政行为不服的，向其共同上一级行政机关申请行政复议；（五）对被撤销的行政机关在撤销前所作出的具体行政行为不服的，向继续行使其职权的行政机关的上一级行政机关申请行政复议。有前款所列情形之一的，申请人也可以向具体行政行为发生地的县级地方人民政府提出行政复议申请，由接受申请的县级地方人民政府依照本法第十八条的规定办理。"

② 《行政复议法》第 1 条规定："为了防止和纠正违法的或者不当的具体行政行为，保护公民、法人和其他组织的合法权益，保障和监督行政机关依法行使职权，根据宪法，制定本法。"

③ 《行政复议法》第 2 条规定："法人或者其他组织认为具体行政行为侵犯其合法权益，向行政机关提出行政复议申请，行政机关受理行政复议申请、作出行政复议决定，适用本法。"

④ 《行政复议法》第 6 条规定："有下列情形之一的，公民、法人或者其他组织可以依照本法申请行政复议：（一）对行政机关作出的警告、罚款、没收违法所得、没收非法财物、责令停产停业、暂扣或者吊销许可证、暂扣或者吊销执照、行政拘留等行政处罚决定不服的；（二）对行政机关作出的限制人身自由或者查封、扣押、冻结财产等行政强制措施决定不服的；（三）对行政机关作出的有关许可证、执照、资质证、资格证等证书变更、中止、撤销的决定不服的；（四）对行政机关作出的关于确认土地、矿藏、水流、森林、山岭、草原、荒地、滩涂、海域等自然资源的所有权或者使用权的决定不服的；（五）认为行政机关侵犯合法的经营自主权的；（六）认为行政机关变更或者废止农业承包合同，侵犯其合法权益的；（七）认为行政机关违法集资、征收财物、摊派费用或者违法要求履行其他义务的；（八）认为符合法定条件，申请行政机关颁发许可证、执照、资质证、资格证等证书，或者申请行政机关审批、登记有关事项，行政机关没有依法办理的；（九）申请行政机关履行保护人身权利、财产权利、受教育权利的法定职责，行政机关没有依法履行的；（十）申请行政机关依法发放抚恤金、社会保险金或者最低生活保障费，行政机关没有依法发放的；（十一）认为行政机关的其他具体行政行为侵犯其合法权益的。"

的涉及人身权和财产权的具体行政行为。这一制度设计使公众真正关注的许多热点问题、难点问题都无法通过行政复议的途径得到解决，也使我国行政复议的案件的总数，这些年几乎仅有行政诉讼案件的一半，更无法与飞速飙升的信访案件相比。①（4）程序规定过于简单。相对于行政诉讼而言，行政复议应当更具备专业优势，程序简便、使用方便，即在效率和公正之间，行政复议的程序设计应该略偏效率，兼顾公正。②然而，遗憾的是，《行政复议法》和《行政复议法实施条例》都缺乏系统的行政复议程序方面的规定，且尚未建构起调解程序和简易程序。正因为上述种种原因，当下我国因政府信息公开所引发的争议，公众申请行政复议的情况虽然并不少见，但因相关制度的缺失和不完善，这种救济模式并未能较好地发挥其应有的作用。③

虽然当前的最新认识已经将行政复议视为"救济本位"，且将此作为复议制度的改革方向，并主张"用裁决机理重构行政复议，在行政系统内寻求和实现裁决机构的相对超脱和中立"，秉持行政程序历来注重的行政效率，适度汲取司法程序历来弘扬的程序公正，④但是仅就信息公开救济制度的设计来看，当前要想真正提高行政复议的适用率，更好地解决信息公开案件中的行政争议，急需完善以下三项制度。

1. 扩大行政复议范围

根据《行政复议法》第1条、第2条和第6条的规定，行政复议的范围被严格限定为"具体行政行为"。且《政府信息公开条例》第33条也明确规定，公民、法人或其他组织只有对政府信息公开中的具体行政行为不服，方能申请行政复议。而本书在第一章已经指出，违法信息行政公告属于柔性行政方式，是一种典型的行政事实行为，虽然行为的实施会给利害关系人的名

---

① 余凌云："论行政复议法的修改"，载《清华法学》2013年第4期。
② 余凌云："论行政复议法的修改"，载《清华法学》2013年第4期。
③ 例如，韦付萍指出，实践运行中，受诸多体制、机制、权力生态等因素影响，实际救济效能并未能充分发挥，尤其是信息公开个案救济近乎处于"休眠"状态。政府信息公开复议作用甚微。由于《行政复议法》制度设计"先天不足"，复议机制存在内在的、结构性缺陷，导致其功能紊乱与失调，实践中突出表现为行政复议过高的"维持率"，几乎沦为"缺乏资源而不能通过审判购买正义的人们推销质次价廉的正义而已"。参见韦付萍："完善我国政府信息公开救济制度的几点思考"，载《理论导刊》2012年第2期。
④ 余凌云："论行政复议法的修改"，载《清华法学》2013年第4期。

誉权、隐私权甚至财产权等造成实际影响，但上述规定却使得利害关系人不能直接对违法信息行政公告申请行政复议，由此产生的行政争议无法纳入行政复议的框架，权益保障遭遇阻力。

实际上，扩大行政复议范围近年来已经成为学界的共识。正如余凌云教授所说，行政复议应该比行政诉讼的范围更广，从理论上讲所有的行政争议都可以纳入行政复议范围。① 既然新《行政诉讼法》都扩大了行政诉讼的受案范围，使用"行政行为"的表述代替"具体行政行为"，那么行政复议又为何不能将具体行政行为以外的其他行政行为纳入复议范围呢？

为此，建议修改《行政复议法》第1条、第2条和第6条的规定，使用"行政行为"代替"具体行政行为"的表述，扩大行政复议受案范围。同时，对《政府信息公开条例》第33条进行修改，采用"行政行为"的表述替换"具体行政行为"的表述。

2. 建立复议委员会

为了确保行政复议成为解决行政争议的主要渠道，不少人主张"复议前置"，即将行政复议强制性作为行政诉讼的先行程序。尤其是在信息公开救济制度中，不少学者借鉴美国信息公开的制度设计，建议采纳"穷尽行政救济"原则，即利害关系人只有在穷尽了一切行政救济途径之后，方能通过行政诉讼寻求权利救济；他们认为信息公开案件专业性强、保密性高、时限性快、数量庞杂，为防止案件积压、提高行政效率、减轻诉讼压力，最好是在信息公开制度中实行复议前置。② 但我认为，正如杨伟东教授、余凌云教授等人所主张的那样，若要提升行政复议的使用率，提高其公正性、独立性比复议前置更为有效。③

《行政复议法》确立了一种"条块结合"的复议管辖模式，其中以上下级行政机关的"条条管辖"为主，这很容易导致官官相护，减损复议的公正

---

① 余凌云："论行政复议法的修改"，载《清华法学》2013年第4期。
② 张明明："中美日政府信息公开救济制度的比较分析"，载《图书馆工作与研究》2008年第4期；王少辉：《迈向阳光政府——我国政府信息公开制度研究》，武汉大学出版社2010年版，第217~218页；王勇："国外政府信息公开的救济制度及对我国的启示"，载《行政与法》2012年第1期。
③ 蒋安杰："聚焦《行政复议法》修改 改革完善行政复议制度"，载《法制日报》2012年2月29日；余凌云："论行政复议法的修改"，载《清华法学》2013年第4期。

性，影响制度功能的发挥。① 此外，根据《行政复议法》第1条的规定，行政复议既要审查被申请行政行为的合法性，也要审查这一行政行为的合理性，这就使得复议机关必须先全面了解被审查行为才能确保所作的复议决定是正确的。然而，从政府职能部门内部的信息化建设和信息共享的现状来看，即使是上下级行政机关之间，也尚未做到完全的信息共享。换言之，有些情况下，即使复议机关是被申请人的上级机关，也不见得掌握了与行政争议有关的政府信息，包括违法信息。而且，从职能分工与信息匹配的角度讲，有时候被申请人所掌握的某些政府信息，复议机关并不当然地就应获取。虽然《行政复议法》通过第23条②对复议过程中，禁止复议申请人和第三人获取涉及国家秘密、商业秘密、个人隐私的材料作出了限制性规定，但没有对复议机关作出相应的规定。尤其是对于第三方并不想公开的违法信息，复议机关轻而易举地获取，对第三人的权利保障显然不利，也会造成私人权益与公共利益之间的某种对立与冲突。③

对于这样的情况，不少人主张我们应该借鉴日本、泰国的做法，通过建立类似于"信息公开审查会"这样的机构，对复议机关的复议决定提出相关建议，从而化解上述矛盾。④ 倘若能继续借鉴台湾地区的经验，全面推广北京、哈尔滨、中山等地自2008年以来试点改革的做法，在各级人民政府建立

---

① 青峰："中国行政复议制度的发展、现状和展望"，载《法治论丛（上海政法学院学报）》2006年第1期。

② 《行政复议法》第23条规定："行政复议机关负责法制工作的机构应当自行政复议申请受理之日起七日内，将行政复议申请书副本或者行政复议申请笔录复印件发送被申请人。被申请人应当自收到申请书副本或者申请笔录复印件之日起十日内，提出书面答复，并提交当初作出具体行政行为的证据、依据和其他有关材料。申请人、第三人可以查阅被申请人提出的书面答复、作出具体行政行为的证据、依据和其他有关材料，除涉及国家秘密、商业秘密或者个人隐私外，行政复议机关不得拒绝。"

③ 刘恒等：《政府信息公开制度》，中国社会科学出版社2004年版，第142～143页；马元锋："对我国政府信息公开救济制度的思考——比较、反思与构建"，载《云南行政学院学报》2010年第2期。

④ 张明明："中美日政府信息公开救济制度的比较分析"，载《图书馆工作与研究》2008年第4期；王少辉："论我国政府信息公开救济制度的完善"，载《图书情报知识》2009年第5期；王少辉：《迈向阳光政府——我国政府信息公开制度研究》，武汉大学出版社2010年版，第218～220页；陈书全、吴俊雅："论我国政府信息公开救济制度的完善"，载《山东社会科学》2011年S2期；相丽玲、王晴："政府信息公开救济制度的多维比较与创新思考"，载《情报理论与实践》2013年第10期。

独立的复议委员会,全部集中或部分集中行政复议事项,① 也就没有必要再建立单独的信息公开审查会了。如果建立独立的复议委员会,利害关系人对于行政主体所做的政府信息公开不满,提请行政复议,将由具有较强中立性的复议委员会作出复议决定,不但可以有效提高行政复议决定的公平性,还因专家学者、专业人士作为复议委员参与到行政复议中,可以有效弥补"条条管辖"被打破后的专业性不足,可以确保复议决定的合理性。

当然,正如余凌云教授所建议的,要确保复议委员会的中立,必须做到实质性构建:(1)专家学者、专业人士应占全体复议委员的半数以上;(2)采取票决制,少数服从多数;(3)审裁合一,复议委员会独立地以自己的名义作出生效的复议决定;(4)复议委员的任命和任职需有法律保障。②

3. 建立简便快速的简易程序

无论是《行政复议法》还是《行政复议法实施条例》,都缺乏系统的行政复议程序方面的规定,且没有简易程序的规定。根据《行政复议法》第31条③的规定,行政复议一般需在60日内完成,情况复杂的,经批准还可延长期限。这个期限显然远远长于《政府信息公开条例》第18条④要求主动公开

---

① 2008年9月,国务院法制办下发了《关于在部分省、直辖市开展行政复议委员会试点工作的通知》(国法〔2008〕71号),决定在部分省、直辖市开展行政复议委员会试点工作,以进一步完善行政复议体制和工作机制,提高行政复议解决行政争议的质量和效率,增强行政复议制度的公信力,充分发挥行政复议制度在解决行政争议、建设法治政府、构建社会主义和谐社会中的重要作用。从试点的情况来看,行政复议委员会还是比较成功的:行政复议机构的独立性已经初步得到确认,行政复议人员的素质得到了提升,机构改革带动了行政复议机制的整体改革,行政复议的公众认可度获得了提高。对此,国务院也有进一步推行行政复议委员会试点工作的意图,例如,从2008年通知中确定的八个省市之后又加入了内蒙古、湖北、福建三省以及重庆市作为试点。到2010年,行政复议委员会试点范围已经有12个省、自治区、直辖市,共确定60个单位参加试点。其中,省本级试点单位有6个,地市一级试点单位有41个,县一级试点单位有13个。试点单位数量不断增加,涵盖范围进一步扩大。参见沈福俊、徐涛、吕奕成:"行政复议制度改革研究",载上海政府法治信息网 http://www.shanghailaw.gov.cn/fzbChinese/page/researchreport/govlegalresearch/govlegalresearch201118060.htm,访问日期:2013年12月28日。

② 余凌云:"论行政复议法的修改",载《清华法学》2013年第4期。

③ 《行政复议法》第31条规定:"行政复议机关应当自受理申请之日起六十日内作出行政复议决定;但是法律规定的行政复议期限少于六十日的除外。情况复杂,不能在规定期限内作出行政复议决定的,经行政复议机关的负责人批准,可以适当延长,并告知申请人和被申请人;但是延长期限最多不超过三十日。行政复议机关作出行政复议决定,应当制作行政复议决定书,并加盖印章。行政复议决定书一经送达,即发生法律效力。"

④ 《政府信息公开条例》第18条规定:"属于主动公开范围的政府信息,应当自该政府信息形成或者变更之日起20个工作日内予以公开。法律、法规对政府信息公开的期限另有规定的,从其规定。"

的政府信息需在 20 日内公开的期限。前文已经提及，政府信息公开的滞后可能使政府在突发社会问题、重大社会问题的应对上丧失先机，可能加大风险，导致社会恐慌、公众埋怨。因此，行政管理部门应在确保准确性的前提下，尽快公告违法信息，达致及时原则的要求，让公众尽早了解真相，作出行为选择。尤其是风险管理、食品安全、产品安全、环境保护等领域的违法信息，因为与公众切身利益相关，涉及公众重要的生命财产安全，行政执法者更需及时向社会公告。但如果申请人提起行政复议的目的是要阻止违法信息的公开，因为缺乏简易程序的规定，复议机关按照 60 天的期限要求作出复议决定，就可能导致两种负面结果的发生，一是被申请人待复议决定作出后再公开违法信息，超越 20 日的期限限制，导致信息公开滞后，损害公共利益；二是被申请人严格遵守信息公开的期限限制，待复议决定迟迟作出时，违法信息行政公告早已实施，即使复议决定是不得公告，也已经丧失了实际意义。

早在 2004 年，国务院就提出"要完善行政复议工作制度，积极探索提高行政复议工作质量的新方式、新举措。对事实清楚、争议不大的行政复议案件，要探索建立简易程序解决行政争议"[①]。建议今后修改《行政复议法》时，对复议程序作出比较系统的规定，区分一般程序和简易程序，对于案情简单，标的不大的行政争议，原则上一律适用简易程序。以"事实清楚、争议不大"作为启动简易程序的标准，并以传统的书面审查作为简易程序的基本审查方式，由一名专职行政复议人员独任审理，期限至少应比一般程序的期限减半，即最长不超过 30 天。

针对政府信息公开（包括违法信息行政公告）引发的争议申请行政复议，通常分为两种，一种是认为行政主体行政不作为，应该公开的政府信息没有公开或没有及时公开，要求复议机关裁决其公开；另一种则是认为政府信息公开不当，即不该公开或公开的信息有误。按照《政府信息公开条例》的规定，行政主体在决定公开或不公开、公开哪些内容之前都必须遵照相应的程序进行调查、核实，并征求第三方（信息所属人）的意见，因此即使这样的信息公开导致了行政争议，基本事实也应该是清楚的，争议也很明确，可以适用简易程序，由一名专职行政复议人员通过书面审查材料，作出复议

---

① 《全面推进依法行政实施纲要》（国发〔2004〕10 号文件）。

决定。此外，针对违法信息行政公告的特殊情况，为避免错误公告作出后给利害关系人造成不可挽回的损失，在行政复议过程中，可以依据《行政复议法》第21条[①]的规定，暂时停止执行已经作出的违法信息行政公告决定。

五、司法救济

从法治的角度出发，司法救济，即行政诉讼、行政赔偿和行政补偿才应是公众最有力的权利救济武器，也是解决争议的最终途径。图5-3全面地反映了违法信息行政公告的司法控制体系。

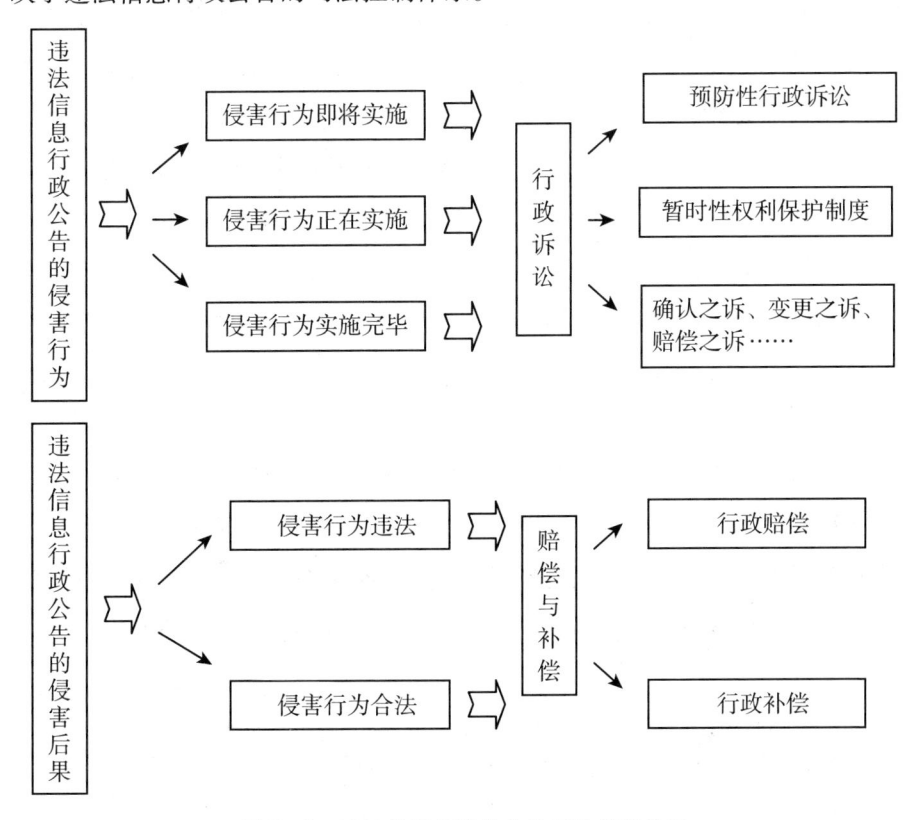

图5-3 违法信息行政公告的司法控制体系

[①] 《行政复议法》第21条规定："行政复议期间具体行政行为不停止执行；但是，有下列情形之一的，可以停止执行：（一）被申请人认为需要停止执行的；（二）行政复议机关认为需要停止执行的；（三）申请人申请停止执行，行政复议机关认为其要求合理，决定停止执行的；（四）法律规定停止执行的。"

（一）行政诉讼

作为民主法治国家的一项重要制度，行政诉讼同时具备解纷、监督和救济三项基本功能和作用。[①] 虽然行政诉讼只是众多救济方式当中的一种，但因遵循严格的司法程序，制度化、法律化程度最高，因而在所有的救济机制中享有最高的威望和地位。

鉴于违法信息行政公告是一种主动公开政府信息的行政行为，一旦因行为实施引发行政争议，或因不当公告或错误公告而导致权益受损，公告行为的对象（社会公众）和行为所涉及的第三方（信息所属人）均可凭借基本权利防御权功能所天然具备的请求权以及后果清除请求权提起行政诉讼。立宪主义赋予基本权利以防御权功能，使公民可以要求国家停止对利益的侵犯，作为一项纯粹的消极性功能，基本权利的防御权功能通常表现为主观的"国家不作为请求权"或"侵害停止请求权"，即当合法权益遭受国家侵犯时，公民可以凭借基本权利的规定直接请求国家不再继续作为、停止侵害。[②] 而后果清除请求权则是一种恢复请求权。正如德国学者所主张的那样，权利遭受主权性侵害的公民需要的通常不（只）限于职务责任和征收补偿的金钱补偿，也不（只）是以特殊请求权为根据的恢复原状，而是直接要求恢复侵害行为发生之前的状态。[③] 后果清除请求权作为一种公法请求权，可以发挥这样的功效。尤其是当基本权利被国家实际侵害后，防御权功能的主观不作为请求权和侵害停止请求权就会转化为后果清除请求权。简言之，基本权利防御权功能的主观请求权以及后果清除请求权是利害关系人享有诉权的前提和

---

① 姜明安："行政诉讼功能和作用的再审视"，载《求是学刊》2011年第1期。
② 张翔教授指出：从立宪主义的精神来看，公民基本权利首先的作用在于对抗公权力，防止公民的生命、自由与财产受到公权力的侵犯，从而维护个人免受国家肆意干涉的空间。这种意义上的基本权利被称作"防御权"（Abwehrrecht），基本权利的此种功能被称为"防御权功能"（Funktion der Grundrechte als Abwehrrechte）。"防御权"概念最早出现于德国联邦宪法法院1958年的"吕特判决"（Luth-Uteil），而后成为当代宪法学普遍使用的概念。基本权利的防御权功能可以定义如下：防御权功能是公民基本权利的一项权能，指公民得要求国家不侵犯基本权利所保障的利益，当国家侵犯该利益时，公民得直接依据基本权利的规定请求停止侵害。防御权功能又可被称为"国家不作为请求权"功能或"侵害停止请求权"功能。参见张翔："论基本权利的防御权功能"，载《法学家》2005年第2期。
③ ［德］哈特穆特·毛雷尔：《行政法学总论》，高家伟译，法律出版社2000年版，第779页。

基础。①

　　基于《政府信息公开条例》第 33 条而提起的行政诉讼通常被称为"政府信息公开诉讼"，根据不同的诉求大致可以分为两类：一类是原告因申请信息公开的要求没有得到满足而提起行政诉讼，要求法院判定被告履行公开职能；而另一类则是原告认为行政主体的信息公开行为或信息公开决定侵害其合法权益，要求法院对行政主体的信息公开行为或信息公开决定予以审查，并作出相应裁决。第二类政府信息公开诉讼通常也被称为"反信息公开诉讼"②，以阻止行政主体公开特定政府信息为主要目的。因违法信息行政公告所产生的行政争议而导致的行政诉讼主要属于此类反信息公开诉讼。当下的

---

①　台湾地区"最高行政法院"在 1998 年度判字第 1515 号判决中就对基本权主观防御功能具有的实体请求权进行了阐述："由宪法对人民基本权利之保障，以及国家赔偿责任之规定可知，宪法不仅保障人民之基本权利，并且于公权力干涉人民基本权利时，给予周密之保护。公权力之违法干涉，如已实际侵害人民基本权利，自应予以回复原状……此请求权之根据，可以为宪法上基本权利、一般法律设定之权利以及法律保留等。于公权力干涉产生违法侵害基本权利之立即危险，成立不作为请求权。"参见王子荣：《行政机关公开警告行为与人民权利救济》，台湾中正大学法律学研究所 2011 年硕士学位论文，第 95 页。

②　关于反信息公开诉讼的表述和定义，目前尚未完全统一。如王名扬先生在介绍美国的反情报自由法诉讼（reverse FOIA action）时，提出"反情报自由法的诉讼（reverse FOIA action），是指向行政机关提出信息的人，提起诉讼禁止行政机关向第三人提供他向行政机关提供的秘密信息。提起诉讼的原告一般是公司或企业的经营者。这种诉讼的目的与情报自由法规定的公开行政机关信息的目的相反，所以称为反情报自由法的诉讼"。参见王名扬：《美国行政法》（下），中国法制出版社 1995 年版，第 1015 页。李广宇法官认为"在信息公开行政诉讼中，最常见的是信息公开的申请人对行政机关拒绝公开政府信息的行为不服，依法提起行政诉讼，要求法院判决被告公开其所申请的政府信息。但也有一种诉讼与此恰恰相反，其提起诉讼，是为了阻止行政机关公开某信息。这种诉讼被称作反信息公开行政诉讼，因为其诉讼目的和《政府信息公开条例》规定的公开政府信息的目的正好相反，故有此称"。参见李广宇："反信息公开行政诉讼问题研究"，载《法律适用》2007 年第 8 期。许莲丽博士则认为所谓反信息公开诉讼是"公民、法人或者其他组织认为行政机关公开或决定公开信息的行为侵犯其人身权、财产权或其他合法权益，依法向人民法院提起诉讼，人民法院依法对公开行为或公开决定的合法性进行审查，并依法作出裁决的活动"。参见许莲丽：《政府信息公开诉讼》，中国人民大学 2010 年博士学位论文，第 30 页。郝静认为"信息公开诉讼，是公民、法人或者其他组织要求政府公开信息之诉讼。相应，反信息公开诉讼，简单地说，就是公民、法人或者其他组织阻止政府公开特定信息之诉讼。阻止政府公开特定信息，是反信息公开诉讼的突出特征，其功能为保护公民、法人或其他组织的商业秘密、个人隐私免受因政府公开特定信息而遭受侵害，或者对已因政府公开特定信息遭受侵害的上述权益予以救济，停止侵害或予以赔偿。反信息公开诉讼的功能除了阻却功能外，还包括消除违法行为功能、确认违法功能以及赔偿功能"。参见郝静："反信息公开诉讼规则探析——兼析《最高人民法院关于审理政府信息公开行政案件若干问题的规定》之相关规定"，载《河北法学》2012 年第 3 期。在多种定义当中，笔者认为许莲丽博士的定义更为全面和准确。

反信息公开诉讼,除了以实体法的规定为判案依据,还要遵循《行政诉讼法》和《最高人民法院关于审理政府信息公开行政案件若干问题的规定》(以下简称《规定》)等所规定的诉讼制度。自 2011 年 8 月 13 日起施行的《规定》根据法律规范的规定,结合行政诉讼审判实际,在行政诉讼法及其司法解释的基础上进行了制度创新,围绕政府信息公开诉讼的受案范围、当事人、举证责任、审理方式、判决形式等作出了针对性较强的规定。

但上述规定仍然存在不足,修改后的新《行政诉讼法》虽然刚刚实施一年多,但总体而言,我国的行政诉讼制度依然存在各种不足,致使利害关系人要想直接对不当或错误的违法信息行政公告提起反信息公开诉讼不但有实际困难,也存在各种困扰。只有对行政诉讼制度进行改革和创新,才能彻底消除横亘在权益救济前的局限与困扰,实现对政府信息公开的司法控制。

1. 完善预防性行政诉讼制度

我国现有的行政诉讼制度尚未将诉讼类型法制化,行政诉讼法及其司法解释只对判决的类型进行了划分,原告在提起行政诉讼的时候并不需要对诉讼类型进行选择。依照新《行政诉讼法》的规定,我国行政诉讼的判决类型主要有 5 种,即撤销判决、履行判决、变更判决、确认判决和驳回判决。研读法条可以发现,尽管这 5 种判决大致涵盖了国外行政诉讼的诉讼类型,但从适用条件和适用过程来看,仍然有所欠缺。其中最突出的问题就是,在政府信息公开诉讼尤其是反信息公开诉讼中,最大的争议(包括违法信息行政公告所引发的行政争议)当属政府信息是否应该公开和公开信息的限度、范围是什么,但上述 5 种判决都是针对已经实施的行政行为所作出的,在预防性行政诉讼尚未建立的前提下,如果利害关系人担心政府信息公开会侵犯自己的合法权益,想在行政机关或法律法规授权组织正式作出信息公开前提起行政诉讼,通过司法审查制止即将实施的错误或不当的政府信息公开,法院通过现有的判决类型却无法对这样的诉讼请求予以很好的解决。常见的确认(违法)判决虽然可以适用于尚未正式实施的政府信息公开的决定,但如果能建立起预防性行政诉讼、完善判决类型,并厘清各类判决在权利救济体系中的顺位，则更有利于权益保障。《规定》通过第9条①和第11条②对政府信息公开诉讼的判决类型作出了规定，包括撤销判决、履行判决、变更判决、确认判决、赔偿判决、驳回判决等，其中，第11条第1款"判决不得公开"的规定可以推导出在反信息公开诉讼中有不同于其他诉讼的一种判决类型，即禁止判决。由于这一规定并没有明确禁止判决的适用条件，适用范围也过于宽泛，要将其视为我国"预防性行政诉讼"设立的标志、赋予法院作出事中禁止判决的正当性还不够充分，必须进一步对制度设计予以完善，方能真正起到事中救济的作用。

当下，针对行政事实行为引发的行政争议，我国学界的主流观点是在行政诉讼中用独立的确认判决来予以解决，通过否定行政事实行为的合法性，从而救济受其侵害的合法权益。这种主张存在一定的问题，引起了部分学者的诟病。有人指出这会导致行政事实行为的确认诉讼程序与行为损害后果的赔偿程序相分离，降低司法救济的制度效率；认为基于行政诉讼救济的制度效率和相对人对微小损害负有容忍义务的理论依据，违法行政事实行为的救济要么被损害赔偿或其他不利后果的恢复救济程序所吸收，要么由于没有造成法律上承认的损害后果或可恢复性利益而不需要也不应该提供救济；进而主张现有的制度其实已经可以胜任对行政事实行为的救济：一是将程序性、

---

① 《最高人民法院关于审理政府信息公开行政案件若干问题的规定》第9条规定："被告对依法应当公开的政府信息拒绝或者部分拒绝公开的，人民法院应当撤销或者部分撤销被诉不予公开决定，并判决被告在一定期限内公开。尚需被告调查、裁量的，判决其在一定期限内重新答复。被告提供的政府信息不符合申请人要求的内容或者法律、法规规定的适当形式的，人民法院应当判决被告按照申请人要求的内容或者法律、法规规定的适当形式提供。人民法院经审理认为被告不予公开的政府信息内容可以作区分处理的，应当判决被告限期公开可以公开的内容。被告依法应当更正而不更正与原告相关的政府信息记录的，人民法院应当判决被告在一定期限内更正。尚需被告调查、裁量的，判决其在一定期限内重新答复。被告无权更正的，判决其转送有权更正的行政机关处理。"

② 《最高人民法院关于审理政府信息公开行政案件若干问题的规定》第11条规定："被告公开政府信息涉及原告商业秘密、个人隐私且不存在公共利益等法定事由的，人民法院应当判决确认公开政府信息的行为违法，并可以责令被告采取相应的补救措施；造成损害的，根据原告请求依法判决被告承担赔偿责任。政府信息尚未公开的，应当判决行政机关不得公开。诉讼期间，原告申请停止公开涉及其商业秘密、个人隐私的政府信息，人民法院经审查认为公开该政府信息会造成难以弥补的损失，并且停止公开不损害公共利益的，可以依照《中华人民共和国行政诉讼法》第四十四条的规定，裁定暂时停止公开。"

阶段性的违法行政事实行为作为具体行政行为的一部分间接获得救济，二是如果违法行政事实行为造成了实际损害后果，可以通过行政赔偿诉讼一并获得救济。① 这一观点看似有理，其实也还存在不足。其中最大的问题就是对于独立的、非程序性的、实际损害私人合法权益的行政事实行为，特别是信息公开行为，如果不适用确认判决，也无法作为某个具体行政行为的一部分间接获得救济，应该怎么办？而且，如果仅通过事后的赔偿予以救济，当事人受侵害的权益无法回复到原初状态，损失难以弥补，这样的救济是否有实际意义？尤其是针对已经作出正式决定，但尚未真正实施的行政事实行为（如政府信息公开决定），当事人意欲阻止其实施、保护合法权益免遭侵害，寻求的应该是一种事中救济，行政赔偿诉讼作为事后救济手段显然不具备这样的功效。因此，对于信息公开诉讼来说，预防性行政诉讼制度的完善已是刻不容缓。

以违法信息行政公告是否已经实施为标准，可将这一行为所引发的行政争议可以分为两大类，一类是已经实施的违法信息行政公告引发的行政争议，包括行政主体有无公告的权限、不予公告或不及时公告是否合法、公告的程序是否合法、公告内容是否不当、公告的信息是否错误需要更正、公告的实施有无侵权以及是否应该予以赔偿等；另一类则是即将实施的违法信息行政公告所引发的争议，包括违法信息能否公开、将要公开的内容是否涉及个人隐私和商业秘密、公开是否为了维护公共利益、拟公告的违法信息是否需要修正等。我国行政诉讼的判决类型主要有 5 种，即撤销判决、履行判决、变更判决、确认判决和驳回判决。同时，依据《规定》第 9 条和第 11 条，对于已经实施的违法信息行政公告引发的行政争议，法院可以针对原告不同的诉求作出维持判决、撤销判决、变更判决、赔偿判决、确认判决或驳回判决，这是无可厚非的，上述判决类型也能解决已经实施的违法信息行政公告所引发的全部行政争议。但针对即将实施的违法信息行政公告所引发的争议，原告起诉的目的是主张这样的信息公告决定不合法或拟公开的信息存在明显错误，希望通过司法干预来阻止信息的公开。可见，在违法信息行政公告决定

---

① 张旭勇：“为我国行政事实行为救济制度辩护”，载《法商研究》2012 年第 2 期。

已经作出但尚未正式公告的情况下，仅以确认（违法）判决①来予以权利救济远远不够。虽然《规定》第 11 条第 1 款增加了"判决不得公开"的规定，将禁止判决也适用于解决此类即将实施的违法信息行政公告所引发的行政争议。然而，遗憾的是，我国现有的行政诉讼制度尚未将诉讼类型法制化，《规定》第 11 条第 1 款语焉不详，既没有明确禁止判决的适用条件，也没有限定适用范围。②要想使禁止判决真正突破事后救济的困境，发挥事中救济的功能，就必须进一步对诉讼制度予以完善，建立预防性行政诉讼。

实际上，20 世纪以来，诉讼类型化已经成为世界各国行政诉讼制度发展的大势所趋。所谓诉讼类型也称诉讼的诉种，是指在行政诉讼中按照一定的标准对诉进行分类并加以确定。根据一定的标准，对行政诉讼中不同的诉进行划分，可以得出不同的诉的类型。例如根据原告的不同诉求，诉可以分为形成之诉、给付之诉和确认之诉；而根据诉所针对的不同标的，又可以将诉分为行政行为之诉、行政事实行为之诉和法规、规范之诉。德国《行政法院法》的核心内容之一就是对诉的类型的规范，该法不但划分了诉的类型，还在此基础上进一步设置了行政诉讼的程序。《行政法院法》通过第 42 条第 1 款明确了撤销之诉和义务之诉的概念，同时，法院在司法实践中逐步确立了诉的其他类型，主要包括撤销之诉、义务之诉、确认之诉、一般（普通）给付之诉、规范之诉、机构之诉和其他形成之诉等。③同时，德国《行政法院法》第 88 条规定由法院根据实际情况来选择适当的诉的类型，这样就不会给原告起诉增加额外的负担。④而日本也于 2004 年通过修改《行政事件诉讼法》完善了行政诉讼类型的法定制度，将行政诉讼类型划分为主观诉讼和客

---

① 此时，因为违法信息行政公告的行政决定尚未付诸实施，所以不适用撤销判决和变更判决。
② 安晨曦："论我国政府信息公开诉讼的禁止判决——兼析《关于审理政府信息公开行政案件若干问题的规定》第 11 条"，载《上海政法学院学报（法治论丛）》2013 年第 2 期。
③ 参见刘飞："行政诉讼类型制度探析——德国法的视角"，载《法学》2004 年第 3 期。
④ 《德国行政法院法》第 88 条规定："法院不得超出诉讼请求的范围（进行裁判），但不受申请表述的限制。"此条表明，法院应查明原告起诉的真实意图，并以一定方式帮助其选择适当类型的诉。因此，在个案中，原告的诉状中有一个确切的请求即可，而将该请求归结为某一特定类型的诉则是法院的责任。唯其如此，诉的分类才能在实现对诉讼程序进行具体化和规范化的同时，不对原告构成额外负担。参见杨建顺："论《行政诉讼法》修改与法治行政理念"，载《政法论丛》2013 年第 1 期。

观诉讼两大类，其中，主观诉讼包括抗告诉讼、撤销诉讼、确认诉讼、义务赋课之诉、中止之诉和当事人诉讼；而客观诉讼则包括民众诉讼和机关诉讼。[①] 通过立法将诉讼类型制度化，原则上可以将纳入了行政诉讼受案范围的每一种行政行为都归纳到一种诉种中，一旦行为实施侵犯了私人合法权益，公众可以选择相应的诉讼类型去寻求法律救济，维护自己的权益。简言之，每一种特定的诉讼类型，都是一种法定的保障私人合法权益的特定方式。

我国的行政诉讼目前并没有建立诉讼类型的相应制度，而是依照判决类型来对诉讼类型进行划分。原告起诉的时候也不需要对诉讼类型进行选择和说明，法院会根据个案的实际情况进行判断，作出不同的判决。从法治的目标和行政诉讼发展的角度看，诉讼类型化、制度化是最优的选择。只有在科学划分诉的种类的前提下，才能合理地架构与诉讼类型相呼应的裁判类型。就违法信息行政公告而言，继扩大受案范围之后，完善预防性行政诉讼的相应制度是更好地实现司法救济的又一途径。

所谓预防性行政诉讼，是指在行政决定作出但尚未付诸实施之前，利害关系人依法向法院提起行政诉讼，请求法院对行政决定的合法性予以审查，从而阻止违法行政决定的实现，避免合法权益遭受无法挽回的侵害。基于德国《基本法》第19条建立"有效而无漏洞的权利保护"的要求，德国建构了有关预防性行政诉讼的成熟的理论体系，并在实务中得以运作，包括预防性确认之诉和预防性停止作为之诉。预防性行政诉讼一般适用于会延迟的行政行为、行政事实行为等。[②] 在德国，如果即将实施或正在实施的行政事实行为（包括信息活动和警告）可能造成权益侵害，利害关系人可以依据《基本法》第19条第4款第1句所规定的防御请求权，向行政法院提起停止作为之诉，要求判决行政机关停止作出或中止违法的事实行为。这种停止作为之诉属于一般（普通）给付之诉的范畴。[③] 一般（普通）给付之诉通常是公民、

---

① 杨建顺："论《行政诉讼法》修改与法治行政理念"，载《政法论丛》2013年第1期。
② 胡肖华："论预防性行政诉讼"，载《法学评论》1999年第6期。
③ ［德］弗里德赫尔穆·胡芬：《行政诉讼法》（第5版），莫光华译，法律出版社2003年版，第295~298页。

法人或其他组织依法要求行政主体作出、容忍或停止作出行政法律行为以外的其他所有行政行为的诉。①

德国《行政法院法》第43条第2款第1项、第3款第1句、第113条第4款以及第169条第2款，都提到了一般（普通）给付之诉。这种诉讼主要适用于信息发布之类的单纯行政活动，如在日报上公布社区理事会撤回有失体面的事实主张。不过在重要的情形中，不撤回，只进行停止诉讼也是可能的。② 可见，德国的理论界和实务界都赞同预防性行政诉讼在诉讼类型上属于一般（普通）给付之诉的范畴。在日本，预防性不作为诉讼是一种"无名诉讼"，被作为诉讼类型的例外情形，只有当撤销诉讼无法发挥事后的救济功能时方可适用。③ 也就是说，从性质上看，给付之诉（包括预防性诉讼）其实并不是和撤销之诉、确认之诉等相并列的一种行政诉讼类型，它实质上是撤销之诉、确认之诉等事后救济方式的一种例外，是一种典型的事中救济方式。

虽然我国《规定》第11条第1款关于"禁止判决"的规定不但拓展了判决的类型，也拓展了诉讼类型，但仅依据这一语焉不详的规定就试图全面建立起科学的预防性行政诉讼显然是不可能的。当下，完善我国的预防性行政诉讼制度，需要从以下两个层面展开。

---

① 刘飞教授在介绍德国行政诉讼类型的时候指出：一般给付之诉指公民要求公共行政主体作出、容忍或停止作出除行政行为以外的其他所有行为，或公共行政主体要求公民依公法规范作出、容忍或停止作出某行为的诉。在公民对行政机关提起的一般给付之诉中，要求给付的标的可以是事实行为或低于法律的行政规章和章程的颁布。其中要求行政机关停止或不再作出某（干涉性）事实行为的诉被称为停止作为之诉，要求行政机关颁布低于法律的行政规章和章程的诉被称为规范颁布之诉，要求行政机关在将来不作出某行政活动的诉被称为预防性停止作为之诉（vorbeugende Unterlas-sungsklage）。参见刘飞："行政诉讼类型制度探析——德国法的视角"，载《法学》2004年第3期。

② [德]埃贝哈德·施密特——阿斯曼等著，乌尔海希·巴迪斯编选：《德国行政法读本》，于安等译，高等教育出版社2006年版，第264页。

③ 台湾学者指出，日本也有预防性不作为诉讼，其不属于法定抗告诉讼（即撤销诉讼），而是一种"无名诉讼"，是行政诉讼体系的例外情形，仅在事后撤销诉讼不能发挥救济功能时适用。如对旨在改变权利现状的事实行为，即时的、短期完结的事实行为，或者行政行为与执行行为紧密相接（立即执行），撤销诉讼将无法排除不良事实后果，可以提起预防性诉讼。参见陈清秀："公法上给付诉讼之研讨"，台湾《全国律师》，1999年2月，转引自解志勇："预防性行政诉讼"，载《法学研究》2010年第4期。

首先，应该从制度上明确预防性行政诉讼的适用范围。德国认为只有在行政机关还没有采取任何干预行政行为之前，原告对于即将面临的第一次行政干预行为自始予以防御才属于预防性不作为诉讼。而日本则认为只要对行政机关行使公权力的活动不服，为防止公权力的发动为目的的诉讼都属于预防性不作为诉讼。① 换言之，日本并没有像德国一样，严格限定预防性不作为诉讼只能针对第一次行政干预行为。个人觉得我国的诉讼制度应借鉴德国的做法，将预防性行政诉讼的适用范围严格限定为尚未真正开始施行的、行政行为实施的正式决定。(1) 只有行政行为实施的正式决定才适用预防性行政诉讼。这就是说，行政机关尚未作出最终决定的程序性行政行为或行政决定，不属于预防性行政诉讼的适用范围。比如，行政机关将拟处罚决定告知行政相对人，是为了给其陈述和申辩的机会，这样的拟处罚决定并不是最终的处罚决定，行政相对人不能因此提起预防性行政诉讼。(2) 只有尚未付诸实践的、行政行为实施的正式决定，才适用预防性行政诉讼。预防性行政诉讼的目的就是要阻止违法的行政行为实施，如果行政行为实施的正式决定已经实施了，就没有提起此等诉讼的必要了。比如行政机关作出政府信息公开（包括违法信息行政公告）的正式决定，如果在信息公开前告知了第三方，或是第三方自己获知了这样的决定，随即可以提起预防性行政诉讼，要求法院审查行政机关的信息公开决定是否违法，进而阻止违法的信息公开行为的正式启动。倘若政府信息已经被公开，再提起预防性行政诉讼显然没有意义了。

其次，要明确预防性行政诉讼的适用条件。并不是所有的尚未真正开始施行的、行政行为实施的正式决定都可以提起预防性行政诉讼，还需要满足以下三个最基本的条件：(1) 行政行为的实施可能造成的损害是具体的，而且不可弥补。如果是可以弥补的损失，例如，一般性的财产损失，而非名誉、隐私等一旦受损就难以恢复的权益，完全不必提起预防性行政诉讼。如果这种损害非常微小或根本不具体，也不适用预防性行政诉讼。只有行

---

① 王子荣：《行政机关公开警告行为与人民权利救济》，台湾中正大学法律学研究所 2011 年硕士学位论文，第 124 页。

政行为的实施将导致比较严重的、不可弥补的、具体的损害，才能适用预防性行政诉讼。尤其是针对行政事实行为的预防性行政诉讼，必须要有权利保护的必要性，这样才能减少滥用预防性行政诉讼的机率，也能增加司法干预行政行为的正当性。（2）权利人具有特定性。行政行为的实施将对特定的公民、法人或其他组织的合法权益造成侵害，这才使得这样的行政行为的正式决定适用预防性行政诉讼。这就将抽象行政行为的实施决定排除出了预防性行政诉讼的范畴。（3）权利人无法通过其他救济方式来保障权益。[①] 预防性行政诉讼和其他救济方式，包括其他诉讼类型之间是什么关系？这个需要先厘清不同判决之间的顺位。我国的行政诉讼依据判决类型来确定诉讼类型，因此，理顺不同判决的适用顺位，其实也就是理顺不同的诉讼类型的选择顺位。当下，我国行政诉讼的判决类型主要有维持判决、撤销判决、履行判决、变更判决、赔偿判决、确认判决、驳回判决和禁止判决，具体到反信息公开诉讼（包括违法信息行政公告引发的行政诉讼）中，其顺位如下：如果一个政府信息公开的正式决定已经作出，但尚未正式实施，也就是说信息还没有正式发布，第三方倘若认为即将作出的信息公开会侵犯自己权益，带来难以弥补的损失，则可以提起预防性行政诉讼；若经审查，信息公开决定确实违法，法院可以根据实际情况作出禁止判决；若信息已经正式发布，第三方可以提起确认之诉（撤销已无实际意义）、撤销之诉和赔偿之诉，法院经过审查，可以根据实际情况作出相应的确认判决、维持判决、撤销判决、变更判决、赔偿判决和驳回判决等。简言之，如果受侵害人可以通过其他途径包括其他的判决方式来寻求权利救济，就无须提起预防性行政诉讼。例如，违法信息行政公告的正式决定作出后，行政机关一告知第三方，第三方就发现即将公告的信息错误且包含了不必要的、涉及个人隐私的个人信息，第三

[①] 即权利人已向行政机关提出反对意见或进行了交涉，但未果；再如传统行政判决方式或暂时权利保护制度均不能及时阻止违法行政行为的发生，也不能对其受损权益提供充足救济。即"在例外情形，对原告而言，求助于上述权利保护措施，将会造成无法或难以排除或弥补的损害或有造成既成事实之虞，或仅能以金钱赔偿才能救济等情形下，无法期待原告等候直到行政行为作成才加以保护，则该当此处的要件"。参见安晨曦："论我国政府信息公开诉讼的禁止判决——兼析《关于审理政府信息公开行政案件若干问题的规定》第11条"，载《上海政法学院学报（法治论丛）》2013年第2期。

方如果向行政机关提出，行政机关立即予以更正，那么此时就不需要再提起预防性行政诉讼。当然，如果权利人提出的异议没有被行政机关所采纳，或者其他的救济方式包括其他判决方式均不能阻止违法行政行为的实施，没有其他方法可以避免权益遭受损失，更不能给予即将受损的权益充分的救济，那么应该适用预防性行政诉讼。

鉴于新《行政诉讼法》第73条①已经对给付判决作出了规定，第74条②也对确认判决的情况在原有法条的基础上进行了补充和扩大，故而只需要修改《规定》第11条，明确反信息公开诉讼中预防性行政诉讼的条件，这无疑将有助于反信息公开诉讼中预防性行政诉讼制度的全面完善。

2. 完善暂时性权利保护制度

所谓暂时性权利保护亦称暂时法律保护，旨在"保护（Schutz）公民在某一程序进行期间，免受一个决定的执行或其后果的影响，或者保障（Sicherung）公民——在一个诉讼具有既判力地终结之前——所具有的某一特定权利或某一事实状态"③，具有暂时性、延缓性和及时性、必要性等特点。④ 在行政诉讼中设立暂时性权利保护制度是为了防止行政主体在法院审查结束前作出相应的、正式的行政决定或实施相应的行政行为，从而避免既成事实给利害关系人的合法权益造成不可逆转的损害。违法信息行政公告必然会对违法行为人的名誉权等权益造成影响（尤其是当违法行为人是公民的时候，公告违法信息还可能会侵害其个人隐私），且违法信息一旦公告，名誉权、隐私权等权益遭受侵害后就无法恢复到原初的状态，因此暂时性权利

---

① 《行政诉讼法》第73条规定："人民法院经过审理，查明被告依法负有给付义务的，判决被告履行给付义务。"

② 《行政诉讼法》第74条规定："行政行为有下列情形之一的，人民法院判决确认违法，但不撤销行政行为：（一）行政行为依法应当撤销，但撤销会给国家利益、社会公共利益造成重大损害的；（二）行政行为程序轻微违法，但对原告权利不产生实际影响的。行政行为有下列情形之一，不需要撤销或者判决履行的，人民法院判决确认违法：（一）行政行为违法，但不具有可撤销内容的；（二）被告改变原违法行政行为，原告仍要求确认原行政行为违法的；（三）被告不履行或者拖延履行法定职责，判决履行没有意义的。"

③ ［德］弗里德赫尔穆·胡芬：《行政诉讼法》（第5版），莫光华译，法律出版社2003年版，第487页。

④ 李广宇："反信息公开与预防性权利保护"，见中华人民共和国最高人民法院行政审判庭编：《行政执法与行政审判》（第2期），中国法制出版社2012年版，第71~72页。

保护必不可少。

公开审理是行政诉讼的基本原则。但由违法信息行政公告所引发的最大、最常见的行政争议显然是"违法信息是否应该向公众公告、公告的内容应该包括哪些违法信息（是否可以公告违法行为人的个人信息）"等，即使具体个案并不涉及国家秘密和个人隐私、商业秘密等依法不应公开的内容，但庭审一旦采用公开审理的方式，行政主体的公告行为尚未作出，案件所涉及的违法信息就已经被公众知晓了，这对于违法行为人而言显然是不公平的。违法行为人提起行政诉讼，本意是想通过司法审查阻止违法信息行政公告行为的正式实施，公开审理原则却使其事与愿违，不利于权益保障。对此，不少国家都建立了相应制度予以保护，如美国、保加利亚的不公开审查制度[1]和日本的"屏蔽审查程序"[2]。虽然结合《行政诉讼法》

---

[1] 在美国，法官不公开的审查在法律术语上称为法官私人办公室内审查（in camera review），是指法官对机密的文件或可能具有机密性质的文件，在私人办公室内审查，不对外界公开。以决定文件是否具有机密性质，或者全部或部分具有机密性质。这个程序最初适用于民事诉讼中，以后扩张到行政诉讼。情报自由法规定，法院审理行政机关主张保密的文件，可以适用不公开的审查。最高法院认为，不是任何确保自由法的诉讼都自动地适用不公开的审查，法院只在认为确有必要时，才命令行政机关文件，由法院进行不公开的审查。参见王名扬：《美国行政法》（下），中国法制出版社1995年版，第1010~1011页。保加利亚的《公共信息获取法》第41条第3款和第4款规定："3. 对于根据第三十七条第1款第1项作出的拒绝决定提出的上诉，法院可以进行秘密听证，要求相关机关提供必要的证据。4. 出现第3款规定的情况，法官应对拒绝决定以及保密决定的合法性作出判断。"参见周汉华：《政府信息公开条例专家建议稿——草案·说明·理由·立法例》，中国法制出版社2003年版，第180页。

[2] 日本在《信息公开法》中移植了屏蔽审查程序。日本的《信息公开法》第18条设定了行政复议审查机关的首长在作出相应的裁决之前，原则上负有向信息公开审查会提出咨询义务。该法第27条第1、2款规定，信息公开审查会"认为必要时，可以要求咨询提出机关出示公开等决定所涉及的行政文件"，咨询提出机关不得拒绝审查会的该要求。委员对该行政文件进行实际的审查之后作出该行政文件是否应予以公开的结论。同时作为这制度的保障，第27条第1款和第32条规定"任何人不得要求审查会公开该被出示的行政文件"，并且"审查会的调查审议程序不公开"。日本《宪法》第82条要求审判程序公开，法院审理也一般只是以推定的方式进行司法审查而不是直接阅读相应行政文件。屏蔽审查程序构成了日本信息公开审查会的审查制度中最具特色的一点。简言之，受日本《宪法》"审判程序公开"要求的限制，日本的信息公开诉讼没有设置不公开单方审查制度，而是在信息公开审查会的审查中设置了屏蔽审查程序。与信息公开审查会的审查相比较，法院的审查受到了相当大的制约。在信息公开诉讼中，法院不得在无法查阅相应行政文件的前提下判断拒绝公开决定是否违法。参见朱芒："开放型政府的法律理念与实践（下）——日本信息公开制度"，载《环球法律评论》2002年第4期。

第 54 条①和《规定》第 6 条②，可以推导出在反信息公开诉讼（包括违法信息行政公告所引发的行政诉讼）中法院应采取"适当审理方式"以保护保密信息，但这样的表述本身就带有一定的模糊性，倘若行政诉讼法及相应司法解释能够明确规定公开审理的特例，即"不公开审查制度"，那么暂时性权利保护的力度将得到大大增强。

当然，仅仅确立"不公开审理制度"对于暂时性权利保护而言也还远远不够。《行政诉讼法》第 56 条③建立了诉讼不停止执行原则，按照这一原则，即使公众对行政行为提起诉讼，在诉讼期间，行政行为原则上也不停止执行。对这一原则，学者们早就提出了质疑。尤其是在《行政诉讼法》的修改过程中，很多学者指出，诉讼不停止执行原则不但不利于保护合法权益，还阻碍了行政效率的提高，应该借鉴德国行政法所主张的"停止执行是原则，不停止执行是例外"，改为确立诉讼停止执行原则。④ 实践已经证明，在网络时代，违法信息行政公告一旦作出就会借助网络媒介迅速扩散，造成的实际影响可能是巨大的，就算利害关系人最终赢得了诉讼，但行政行为的实施给其带来的损失是不可逆转的，在某种程度上讲，胜诉的意义已经不大甚至毫无意义。可见，诉讼不停止执行原则对于违法信息行政公告所引发的行政诉讼而言，具有相当大的困扰，达不到权益保障的目的。但是，我们必须看到行政行为是我国行政法理论的核心内容，公定力理论又是行

---

① 《行政诉讼法》第 54 条规定："人民法院公开审理行政案件，但涉及国家秘密、个人隐私和法律另有规定的除外。涉及商业秘密的案件，当事人申请不公开审理的，可以不公开审理。"

② 《最高人民法院关于审理政府信息公开行政案件若干问题的规定》第 6 条规定："人民法院审理政府信息公开行政案件，应当视情采取适当的审理方式，以避免泄露涉及国家秘密、商业秘密、个人隐私或者法律规定的其他应当保密的政府信息。"

③ 《行政诉讼法》第 56 规定："诉讼期间，不停止行政行为的执行。但有下列情形之一的，裁定停止执行：（一）被告认为需要停止执行的；（二）原告或者利害关系人申请停止执行，人民法院认为该行政行为的执行会造成难以弥补的损失，并且停止执行不损害国家利益、社会公共利益的；（三）人民法院认为该行政行为的执行会给国家利益、社会公共利益造成重大损害的；（四）法律、法规规定停止执行的。当事人对停止执行或者不停止执行的裁定不服，可以申请复议一次。"

④ 应松年："完善行政诉讼制度——行政诉讼法修改核心问题探讨"，载《广东社会科学》2013 年第 1 期；参见莫于川，等："我国《行政诉讼法》的修改路向、修改要点和修改方案——关于修改《行政诉讼法》的中国人民大学专家建议稿"，载《河南财经政法大学学报》，2013 年第 3 期。

政行为的基础理论。如果我们要将德国"停止执行是原则，不停止执行是例外"的经验引入诉讼制度，改诉讼不停止执行原则为诉讼停止执行原则，那么将会对整个行政行为的理论基础造成巨大的冲击，会使行政行为公定力受到否定。这是否会构成司法对行政的不当干预，这又是否会动摇行政法学体系的整体性，是否会破坏行政法制的统一？我们能否在不改变诉讼不停止执行原则的前提下，另辟蹊径，建立起其他的、更适合我国实际情况的暂时性权利保护制度呢？这显然是在完善制度的时候应该重点思考的问题。

虽然预防性行政诉讼可以在某种程度上阻止不法的违法信息行政公告的实行，但是并不是提起预防性行政诉讼，就一定能阻止行政主体在庭审结束前正式公告违法信息。相对于确认诉讼、撤销诉讼、赔偿诉讼等事后救济方式而言，作为事中救济方式的预防性行政诉讼在保障权益，避免名誉、隐私等遭受不可弥补的损失方面更具优势，但其作为给付之诉的一种，展开救济毕竟需要一个过程。而正式公告决定必须服从时限程序的制度要求，随时都有正式付诸实施的可能，要想切实有效地保障权益，还需要完善暂时性权利保护制度，及时制止违法信息行政公告的作出，否则即使建构了预防性行政诉讼也是枉然。不同于预防性行政诉讼的是，暂时性权利保护不属于诉讼类型，而是一种诉讼程序方面的制度，这种程序制度和预防性行政诉讼叠加在一起，方能更好地实现权利保障。就目前我国的暂时性权利保护制度来看，急需明确不公开审理制度和确立诉讼停止执行原则。

（1）明确不公开审理制度

《行政诉讼法》第7条和第54条确立了行政诉讼的公开审理原则。但对于反信息公开诉讼（包括违法信息行政公告引发的行政诉讼）而言，庭审争论的焦点集中在"相对人申请的信息能否公开、是否属于豁免公开的范畴"，以及"有关信息能在多大程度上予以公开，完整的信息中是否应该隐去部分信息"等，公开审理显然就会使原告（信息公开中的第三方）不愿他人知晓的消息大白于天下，甚至导致个人隐私、商业秘密等法定不能公开的信息也会通过公开审理的法庭彻底流传到坊间，整个诉讼因此丧失了原有的价值。因此，在暂时性权利保护制度中明确不公开审理制度，对于反信息公开诉讼等案件来说，意义非凡。

很多国家都建立了相应的制度来保护豁免公开的信息，避免其在司法审查中被泄露，如美国的不公开审查制度和日本的"屏蔽审查程序"。

在美国，法官不公开的审查在法律术语上称为法官私人办公室内审查（in camera review），是指法官对机密的文件或可能具有机密性质的文件，在私人办公室内审查，不对外界公开，以决定文件是否具有机密性质，或者全部或部分具有机密性质。① 这个程序最初适用于民事诉讼中，以后扩张到行政诉讼。1974年，美国国会在对信息自由法进行修改时，明确规定法院对行政机关主张保密的文件可以采用不公开单方审查的方式，以决定文件是否公开。② 通常情况下，不公开审查主要适用于4类案件：①行政机关在案中只提供了结论性的书面陈述和沃恩索引，无法证明相应信息应该予以公开豁免；②行政机关在信息公开中有非诚信或非善意的表现；③案中行政机关拒绝公开的、引发争议的文件较少，比较简短；④案件涉及国家安全和除外的文件，行政机关对文件和豁免理由的描述介绍将泄露文件内容。③ 不公开审查制度的确立，赋予了司法监督审查行政机关在对包括国家秘密在内的保密文件进行判断时的权力运用和行使，对行政机关形成了一定的威慑，防止行政机关藉由国家安全、国家秘密等理由将信息公开和民主制度彻底虚化。美国这一制度的主要特点是：①在不公开审查中，行政机关几乎不作为，有争议的文件是否符合信息自由法所规定的公开豁免，需要等待法院重新鉴别和审查。法官在诉讼过程中不再仅仅是消极的居中裁判者，而是积极地取代行政机关、对事实问题负责举证。因而，法院在此类审查中，审查权限更大，但也使庭审任务更为繁重，还可能陷入举证的难题，难以作出当事人满意和信服的裁决。②在不公开审查中，原告被排斥在了诉讼程序之外，无法参与当庭对质

---

① 王名扬：《美国行政法》（下），中国法制出版社1995年版，第1010~1011页。
② 许莲丽：《政府信息公开诉讼》，中国人民大学2010年博士学位论文，第77~78页。
③ 许莲丽：《政府信息公开诉讼》，中国人民大学2010年博士学位论文，第83~84页；许莲丽："政府信息公开诉讼中的秘密审查制度：美国的实践"，载《环球法律评论》2011年第3期。

或辩论，只能被动等待法院的最后裁决，对审判结果不一定诚服。基于上述特点，美国法院采取了一系列措施严格控制不公开单方审查的适用范围，防止其成为信息公开诉讼的首选程序，不到迫不得已一般不选用这一手段。同时，法院还改良了审查程序，在不得不进行不公开审查时，也要求行政机关必须承担初次证明的责任。[①]

日本的《信息公开法》第18条规定行政复议审查机关的首长在作出相应裁决前，原则上要向信息公开审查会提出咨询。依据该法第27条第1、2款的规定，信息公开审查会在必要时，可以要求咨询提出机关出示公开等决定所涉及的行政文件，咨询提出机关不得拒绝。信息公开审查会在对行政文件进行实质审查后作出是否应予以公开的结论。同时，该法第27条第1款和第32条还规定任何人不得要求信息公开审查会公开被出示的行政文件，并且信息公开审查会的调查审议程序不公开。由于日本《宪法》第82条明确要求审判程序公开，所以案件进入司法程序以后，法院在审理中也只是以推定的方式对相应行政文件进行司法审查而不直接阅读。屏蔽审查程序成了日本信息公开审查会的审查制度中最具特色的一点。简言之，受宪法"审判程序公开"要求的限制，日本的信息公开诉讼没有像美国、加拿大等国那样设置不公开审查制度，而是在行政复议裁决作出之前，在信息公开审查会的审查中设置了屏蔽审查程序。与信息公开审查会的审查权限相比较，法院的审查权限受到了相当大的制约。[②]

我国没有专门设置"信息公开审查会"这样的机构，因此无法在诉讼制度中借鉴日本的做法建立"屏蔽审查程序"。相对而言，根据我国现有的制度，建立不公开审理制度更具可行性和合理性。实际上，透过《民事诉讼法》第68条[③]、

[①] 许莲丽：《政府信息公开诉讼》，中国人民大学2010年博士学位论文，第84~85页；许莲丽："政府信息公开诉讼中的秘密审查制度：美国的实践"，载《环球法律评论》2011年第3期。

[②] 朱芒："开放型政府的法律理念与实践（下）——日本信息公开制度"，载《环球法律评论》2002年第4期。

[③] 《民事诉讼法》第68条规定："证据应当在法庭上出示，并由当事人互相质证。对涉及国家秘密、商业秘密和个人隐私的证据应当保密，需要在法庭出示的，不得在公开开庭时出示。"

第 134 条①和《刑事诉讼法》第 183 条②、第 274 条③, 以及《最高人民法院关于民事诉讼证据的若干规定》第 48 条④和《最高人民法院关于适用〈中华人民共和国刑事诉讼法〉的解释》第 68 条⑤的规定, 我们可以看出我国诉讼制度中也有和美国不公开审查相类似的制度——"不公开审理"。不同于美国的不公开审查制度的是, 我国的不公开审理制度仅仅是指案件审理不对诉讼当事人以外的公众和新闻媒体公开, 原告或第三人并没有被排除在庭审以外。《行政诉讼法》第 54 条和《最高人民法院关于行政诉讼证据若干问题的规定》第 37 条⑥的内容, 也说明在行政诉讼中公开审理是原则, 为了保护国家秘密、商业秘密和个人隐私等免受不必要的侵害, 庭审允许采用非公开的方式。而《规定》第 6 条⑦也要求在信息公开诉讼中法院应采取"适当审理方式"以保护保密信息。为在信息公开诉讼中更好地保护国家秘密、商业秘密和个人隐私免受侵害, 新《行政诉讼法》在修订时对第 54 条进行了补充完善, 加上了关于商业秘密的表述, 为此, 应该对《规定》第 6 条进行相应修改, 在法条中对不公开审理制度予以明确规定, 防止因公开审理导致保密

---

① 《民事诉讼法》第 134 条规定:"人民法院审理民事案件, 除涉及国家秘密、个人隐私或者法律另有规定的以外, 应当公开进行。离婚案件, 涉及商业秘密的案件, 当事人申请不公开审理的, 可以不公开审理。"

② 《刑事诉讼法》第 183 条规定:"人民法院审判第一审案件应当公开进行。但是有关国家秘密或者个人隐私的案件, 不公开审理; 涉及商业秘密的案件, 当事人申请不公开审理的, 可以不公开审理。不公开审理的案件, 应当当庭宣布不公开审理的理由。"

③ 《刑事诉讼法》第 274 条规定:"审判的时候被告人不满十八周岁的案件, 不公开审理。但是, 经未成年被告人及其法定代理人同意, 未成年被告人所在学校和未成年人保护组织可以派代表到场。"

④ 《最高人民法院关于民事诉讼证据的若干规定》第 48 条规定:"涉及国家秘密、商业秘密和个人隐私或者法律规定的其他应当保密的证据, 不得在开庭时公开质证。"

⑤ 《最高人民法院关于适用〈中华人民共和国刑事诉讼法〉的解释》第 68 条规定:"公开审理案件时, 公诉人、诉讼参与人提出涉及国家秘密、商业秘密或者个人隐私的证据的, 法庭应当制止。有关证据确与本案有关的, 可以根据具体情况, 决定将案件转为不公开审理, 或者对相关证据的法庭调查不公开进行。"

⑥ 《最高人民法院关于行政诉讼证据若干问题的规定》第 37 条规定:"涉及国家秘密、商业秘密和个人隐私或者法律规定的其他应当保密的证据, 不得在开庭时公开质证。"

⑦ 《最高人民法院关于审理政府信息公开行政案件若干问题的规定》第 6 条规定:"人民法院审理政府信息公开行政案件, 应当视情采取适当的审理方式, 以避免泄露涉及国家秘密、商业秘密、个人隐私或者法律规定的其他应当保密的政府信息。"

信息的不当公开和泄密，真正达致暂时性权利保护的目的。

（2）建立预先禁止令制度

《行政诉讼法》第 56 条确立了诉讼不停止执行原则，并且对例外情形作出了规定。同时，《规定》第 11 条①第 2 款也明确规定了在信息公开诉讼中诉讼不停止执行的例外情况，其"裁定暂时停止公开"显然也适用于违法信息行政公告。但问题是，信息公开时限制度的规定②与暂时停止公开的及时性要求相悖，已经成了困扰实践的一大难题。原告提起反信息公开诉讼的目的是阻止行政主体向他人公开与自身有关的信息，但法律规范要求执法部门在信息形成、变更后的一定时限内完成公开，导致行政机构的决定与执行往往同步；另一方面，即使当事人提起诉讼也需法院按程序审查完毕后才能裁定是否暂时停止公开，法院从立案到审查再到裁定停止执行，显然需要一定时间，尤其是当这个时间远远大于法定的公开时限时，行政主体为避免违反程序法的规定早已将违法信息公告，即使法院随后作出暂时停止公开的裁定，

---

① 《最高人民法院关于审理政府信息公开行政案件若干问题的规定》第 11 条规定："被告公开政府信息涉及原告商业秘密、个人隐私且不存在公共利益等法定事由的，人民法院应当判决确认公开政府信息的行为违法，并可以责令被告采取相应的补救措施；造成损害的，根据原告请求依法判决被告承担赔偿责任。政府信息尚未公开的，应当判决行政机关不得公开。诉讼期间，原告申请停止公开涉及其商业秘密、个人隐私的政府信息，人民法院经审查认为公开该政府信息会造成难以弥补的损失，并且停止公开不损害公共利益的，可以依照《中华人民共和国行政诉讼法》第四十四条的规定，裁定暂时停止公开。"

② 例如《政府信息公开条例》第 18 条规定："属于主动公开范围的政府信息，应当自该政府信息形成或者变更之日起 20 个工作日内予以公开。法律、法规对政府信息公开的期限另有规定的，从其规定。"《营业性演出管理条例》第 35 条规定："县级以上地方人民政府文化主管部门应当充分发挥文化执法机构的作用，并可以聘请社会义务监督员对营业性演出进行监督。任何单位或者个人可以采取电话、手机短信等方式举报违反本条例规定的行为。县级以上地方人民政府文化主管部门应当向社会公布举报电话，并保证随时有人接听。县级以上地方人民政府文化主管部门接到社会义务监督员的报告或者公众的举报，应当作出记录，立即赶赴现场进行调查、处理，并自处理完毕之日起 7 日内公布结果。县级以上地方人民政府文化主管部门对作出突出贡献的社会义务监督员应当给予表彰；公众举报经调查核实的，应当对举报人给予奖励。"《国务院关于预防煤矿生产安全事故的特别规定》第 19 条规定："县级以上地方人民政府负责煤矿安全生产监督管理的部门、煤矿安全监察机构对被责令停产整顿或者关闭的煤矿，应当自煤矿被责令停产整顿或者关闭之日起 3 日内在当地主要媒体公告。被责令停产整顿的煤矿经验收合格恢复生产的，县级以上地方人民政府负责煤矿安全生产监督管理的部门、煤矿安全监察机构应当自煤矿验收合格恢复生产之日起 3 日内在同一媒体公告。县级以上地方人民政府负责煤矿安全生产监督管理的部门、煤矿安全监察机构未依照本条第一款、第二款规定进行公告的，对有关负责人，根据情节轻重，给予警告、记过、记大过或者降级的行政处分。公告所需费用由同级财政列支。"

对原告而言也失去了诉讼的意义。为此，不少学者建议为了避免行政行为的继续执行给原告造成不可挽回的损失，"在行政诉讼中应以停止执行为原则，不停止执行为例外，以更好地保护公民、法人或其他组织的合法权益，同时避免不必要的公共支出"①。

然而，鉴于我国行政法理论是以行政行为理论为核心而建构的，且行政行为公定力理论又一直被视为我国行政行为理论的一大基础，即使《行政诉讼法》第56条所确立的诉讼不停止执行原则存在瑕疵，也不能因噎废食，改用诉讼停止执行原则来代替。正如杨建顺教授所说，这一原则的更改事小，却牵扯到司法对行政的干预，涉及整个行政法学体系的整体性和行政法制的统一。② 在这样的前提下，建议保留诉讼不停止执行原则，并尽快建立预先禁止令制度，使之与不公开审理制度相辅相成，更好地发挥暂时性权利保护制度的作用。

在英国，作为一种救济措施，高等法院王座分院可以向低级法院和行政机关颁发禁止令（prohibition），禁止其实施越权行为。③ 禁止令是专门针对作出前和在执行过程中的决定而颁发的一种"前瞻性"令状，充分体现了"防止胜于救济"的理念。④ 美国的反信息公开诉讼中，原告提起诉讼后通常会请求法院在判决前先下达预先禁止公开的命令，命令行政机关在诉讼期间

---

① 应松年："完善我国的行政救济制度"，载《江海学刊》2003年第1期；莫于川："关于修改我国行政诉讼法的若干建议"，载《检察日报》2011年10月10日。

② 杨建顺："论《行政诉讼法》修改与法治行政理念"，载《政法论丛》2013年第1期。

③ 虽然禁令原先是用来防止下级法院干预它们无权干预的案件的，但它同时也同样经常有效地用来禁止越权问题以外的某种已作出的裁决的执行。只要下级法院或行政当局由于错误裁定而仍然具有实施的权力，禁令就能抑制这种权力的行使。参见［英］威廉·韦德：《行政法》，徐炳等译，中国大百科全书出版社1997年版，第287～289页。

④ 在英国，行政法上的禁止令、阻止令等救济手段和程序，可供行政相对人在其权益受到行政损害之前，事先向有关法院请求司法救济。禁止令（prohibition）是高等法院王座分院对低级法院和行政机关所发出的特权命令，禁止它们的越权行为。禁止令专门适用于作出前和在执行过程中的决定。阻止令（injunction）一般是法院阻止当事人一定行为的命令，即阻止违法行为的发生或继续存在。阻止令通常在诉讼结束时发出，是对已经确定的法律关系所发出的永久性命令。也可以在诉讼进行当中发出，称为中间性阻止令，即法院根据一方当事人的申请，命令双方当事人维持现状以待大院最后判决。这两种"前瞻性而不是回顾性"的令状形式，充分体现了"防止比救治更好"的诉讼理念。参见王名扬：《英国行政法》，中国政法大学出版社1987年版，第184页、第190～192页；李广宇："反信息公开诉讼与预防性权利保护"，见最高人民法院行政审判庭编：《关于执行〈中华人民共和国行政诉讼法〉若干问题的解释释义》，中国城市出版社2000年版，第57页。

暂时不提交第三方要求的文件。① 此外，原告提起反信息公开诉讼时，还可以在请求法院下达预先禁止令的同时，请求法院作出确认判决，即确认行政机关所掌握的某一文件属于公开豁免的情形。②

可见，作为一种暂时性权利保护制度，预先禁止令制度也是诉讼程序中的一种保全程序，其目的就是冻结行政行为，使其无法实施和生效，以保障权利或事实的一种暂时状态，从而避免不可逆转、难以弥补的损害。预先禁止令的下达可以有效防止损害结果的发生，但并非原告提出申请，法院就予以确认。法院应该进行判断，唯有同时符合下列三个条件的，才能颁发预先禁止令：①原告主动提出申请。预先禁止令须由原告申请始得颁发，法院不得未经申请自行裁定停止执行并颁发预先禁止令。②原告申请预先禁止的理由正当、胜诉可能性较高。这就需要法院审查被告即将实施的行政行为是否会侵犯原告的个人隐私、商业秘密等合法权益，以及造成的这种侵害是否是不可弥补的；此外，还需要法院对原告胜诉可能性的大小进行衡量。如果原告申请理由不正当，或是行政行为实施可能造成的损害较小、事后可以弥补，原告胜诉希望并不大，那么法院原则上不应该下达预先禁止令。③预先禁止令的下达不会对公共利益或他人合法权益造成即刻的、重大的影响。行政行为的实施无一例外都是利益博弈的过程。政府信息公开既要考虑国家秘密、个人隐私和商业秘密，也要考虑公共利益，当两者发生冲突的时候需要进行利益衡量。在反信息公开诉讼中，如果原告申请法院下达预先禁止令，法院必须考虑这样做是否会对公共利益造成较大的影响。尤其是在食品安全、药品安全等特殊领域，在紧急情况下，能不能下达预先禁止令，必须优先考虑公共利益。如果禁止行政行为的实施，将导致公共利益或他人合法权益遭受即刻的、重大的影响，那么法院原则上也不得下达预先禁止令。当然，实践中很可能出现原告以保护合法权益为由申请下达预先禁止令，而被告或第三人却以维护公共利益或权益保护为由申请先予执行。对于被告或第三人提出的先予执行申请，法院也要进行同样的判断，即申请先予执行的理由是否正

---

① 王名扬：《美国行政法》（下），中国法制出版社第 1995 年版，第 1020 页。
② 黄维："美国的政府信息公开诉讼制度及启示"，载《云南行政学院学报》2009 年第 5 期。

当，先予执行是否会给他人合法权益造成即刻、重大、不可弥补的损失，从而得出合法、合理的结论。①

在制度的设计与完善上，可以首先对《行政诉讼法》第 56 条进行修改，明确规定法院在裁定停止执行的同时要下达预先禁止令，从而将这一制度引入我国的行政诉讼制度。其次，修改《规定》第 11 条第 2 款，加上"颁发预先禁止令"的表述，使之与修改后的《行政诉讼法》第 56 条相呼应。

3. 明确判断标准

《行政诉讼法》第 6 条②确立了行政诉讼合法性审查的原则，这就表明法院在信息公开诉讼中的主要工作是审查政府信息公开行为或公开决定的合法性。结合《行政诉讼法》《解释》和《规定》，可以看出信息公开诉讼中的合法性审查应该包括：（1）审查行政主体的公开行为或公开决定是否有法定授权、是否符合法定权限范围；（2）审查不公开行为（包括不及时公开行为）是否合法；（3）审查公开行为或公开决定是否违反了程序性规定；（4）审查公开行为或公开决定是否违反了法律规范所作出的禁止性规定等。结合信息公开诉讼的特点，显然在违法信息行政公告引发的行政诉讼中，审查公开行为或公开决定是否违反了法律规范所作出的禁止性规定应是合法性审查的重点。通过《规定》第 5 条③关于信息公开诉讼举证责任的规定，我们可以进一步判断出，法院针对禁止性规定进行合法性审查的重点是公开行为或公开决定是否涉及保密信息、是否符合公共利益。如果说行政主体主要依靠比例原则来裁量是否应作出违法信息行政公告，那么诉讼制度则应该对

---

① 李广宇："反信息公开行政诉讼问题研究"，载《法律适用》2007 年第 8 期。
② 《行政诉讼法》第 6 条规定："人民法院审理行政案件，对行政行为是否合法进行审查。"
③ 《最高人民法院关于审理政府信息公开行政案件若干问题的规定》第 5 条规定："被告拒绝向原告提供政府信息的，应当对拒绝的根据以及履行法定告知和说明理由义务的情况举证。因公共利益决定公开涉及商业秘密、个人隐私政府信息的，被告应当对认定公共利益以及不公开可能对公共利益造成重大影响的理由进行举证和说明。被告拒绝更正与原告相关的政府信息记录的，应当对拒绝的理由进行举证和说明。被告能够证明政府信息涉及国家秘密，请求在诉讼中不予提交的，人民法院应当准许。被告主张政府信息不存在，原告能够提供该政府信息系由被告制作或者保存的相关线索的，可以申请人民法院调取证据。被告以政府信息与申请人自身生产、生活、科研等特殊需要无关为由不予提供的，人民法院可以要求原告对特殊需要事由作出说明。原告起诉被告拒绝更正政府信息记录的，应当提供其向被告提出过更正申请以及政府信息与其自身相关且记录不准确的事实根据。"

诉讼审查的基本判断标准作出具体规定，这不但有助于司法准确判断出行政裁量是否合理，还能更好地指导司法实践，避免"同案不同判现象"的发生。然而《规定》第11条①虽然作出了诸如"不存在公共利益""会造成难以弥补的损失""不损害公共利益"等具体的表述，以指导法院的审查判断，但在法律规范对公共利益和个人隐私缺乏明确定义的情况下，将之作为司法审查判断的标准本身就缺乏科学性，且法院在个案中如何在形成冲突的公共利益与个人隐私之间进行价值衡量，也是语焉不详，实操性严重不足。

以上种种充分说明，我国现有行政诉讼制度存在各种不足，成为利害关系人直接就违法信息行政公告提起行政诉讼的现实障碍。只有对诉讼制度进行改革和创新，才能彻底消除横亘在权益救济前的局限与困扰，实现对违法信息行政公告的司法控制。

按照《行政诉讼法》第6条所规定的合法性审查原则的要求，法院在信息公开行政诉讼中，主要根据行政执法部门在作出信息公开决定时的文件和证据②，就实体合法性、程序合法性和裁量合法性进行审查。（1）实体合法性：包括行政主体是否依法享有政府信息公开的权限、公开行为有没有超越法定权限、公开信息的内容是否合法、公开信息是否违反个人隐私、商业秘密等禁止性法律规定等。（2）程序性合法：主要审查行政主体所作的政府信息公开是否遵循了程序规定。对于通知型违法信息行政公告和执行型违法信息行政公告，重点审查公开前有无调查、核实，是否违反时限规定；对于公共警示型违法信息行政公告和惩戒型违法信息行政公告，重点审查是否违反

---

① 《最高人民法院关于审理政府信息公开行政案件若干问题的规定》第11条规定："被告公开政府信息涉及原告商业秘密、个人隐私且不存在公共利益等法定事由的，人民法院应当判决确认公开政府信息的行为违法，并可以责令被告采取相应的补救措施；造成损害的，根据原告请求依法判决被告承担赔偿责任。政府信息尚未公开的，应当判决行政机关不得公开。诉讼期间，原告申请停止公开涉及其商业秘密、个人隐私的政府信息，人民法院经审查认为公开该政府信息会造成难以弥补的损失，并且停止公开不损害公共利益的，可以依照《中华人民共和国行政诉讼法》第四十四条的规定，裁定暂时停止公开。"

② 根据美国的司法实践，反信息公开诉讼司法审查的范围，"在一般情况下，应当根据行政机关作决定时的行政记录作出判断"，"因为行政机关在决定公开保密文件以前，已经存在大量的行政记录，可以作为司法审查的根据"。"只在行政记录非常不完备时，才适用重新审理的证据标准。"参见王名扬：《美国行政法》，中国法制出版社1995年版，第647页。

第三方参与程序、是否书面征求了第三方意见、第三方是否同意等。(3) 裁量合法性：审查行政主体是否依法衡量了公共利益和个人权益的价值冲突，判断违法信息行政公告（包括不予公告）是否打破了利益博弈的均衡。

相对于实体合法性和程序合法性而言，裁量合法性的审查比较让法院头疼。尤其是政府信息公开（包括违法信息行政公告）的内容涉及禁止性规定（主要是个人隐私和商业秘密）的时候，该如何既维护公共利益又保障私人权益，判断和取舍的标准到底是什么，法律规范并没有明确规定。而且，虽然《政府信息公开条例》第14条第4款的规定明确了"国家秘密、商业秘密、个人隐私"等属于保密信息，应该排除在公开范围之外，但这一禁止性规定的内涵显然不够周延。日本的《信息公开法》就指出"虽不能识别特定的个人但因公开可能损害个人权利利益的信息"也属于不公开信息。[①] 何况，当下我国法律很难给个人隐私一个确切的定义和范围，也无法对公共利益这样的带有整体性的事物一个准确、具体的界定，[②] 这就导致行政执法中，执法部门在公告违法信息的时候享有很大的行政裁量权，这不利于权力的制约，很容易导致异化的行政权在随心所欲中肆意践踏私人合法权益。若我们能借鉴美国的做法，确立起法院审查判断政府信息公开中利益衡量的标准，不但可以指导司法实践，避免司法判断的无序，也可以反向指导行政执法中的行

[①] 日本的《信息公开法》第5条第1项规定"与个人相关的信息（不包括经营业务的个人所从事业务的信息）中，包含姓名、生日以及其他可以识别特定的个人的信息（包含与其他信息相互对照时可以识别特定个人的信息）或虽不能识别特定的个人但因公开可能损害个人权利利益的信息"。可见，除了个人识别信息型划分方式之外，第5条第1项还规定"虽不能识别特定的个人但因公开可能损害个人权利利益的信息"也属于不公开信息。参见朱芒："开放型政府的法律理念与实践（下）——日本信息公开制度"，载《环球法律评论》2002年第4期。

[②] 正如郑贤君教授所言，"公共利益与国家主权相联结的本质决定立法者只能依据宪法规范在具体法律中规定一般的概括条款，而不能就此确立一个普遍标准"。公共利益的界定从比较具体的层面看应该属于宪法分权的问题，由立法机关、行政机关和司法机关共同进行。"在较为具体的层面，公共利益的界定属于一个宪法分权问题，是由立法机关、行政机关和司法机关共同分享的。立法者只能对此作出概括性规定，具体的判断标准则由行政机关来行使。唯在出现纠纷和冲突时，法院才予介入，对两造各执的理由进行判断，确定争执的问题是否属于'公共利益'。且三机关在确定'公共利益'标准的过程中分别依照各自机关和权力的属性，依据不同的程序及价值标准来确定'公共利益'。而在更为具体的意义上，由法院对争议中的问题确立一套标准予以检验。"参见郑贤君："'公共利益'的界定是一个宪法分权问题——从Eminent Domain的主权属性谈起"，载《法学论坛》2005年第1期。

政裁量，促进政府信息公开良性发展。

美国联邦法院在1989年的"司法部诉新闻自由报道委员会"①一案的判决中确立了"主要目的原则"，作为衡量个人隐私与公共利益的标准。其核心思想就是，信息公开的主要目的应该是将行政主体的执法监管措施面向社会公众公开，以便将行政执法置于广大公众的监督之下。法院在判断涉及个人隐私的政府信息公开行为是否合法的时候，应该适用这一标准去判断所谓的信息公开是否符合公共利益。根据《政府信息公开条例》第1条的规定，信息公开（包括违法信息行政公告）最重要的目的不是规制，而是服务，其核心价值是公开透明，是满足公众的知情权和监督权的需要，是要将政府的执法行为置放在公众的监督之下，约束权力、阳光行政、依法行政，按法治的要求为公众服务。这是行政主体在作违法信息行政公告时必须明确的一点。违法信息行政公告的目的不是简单将违法行为人的违法事实广而告之，更重要的是向公众公告，行政主体在执法中面对这样的违法事实已经采取的行动以及将要如何行动。换言之，违法信息行政公告的主要目的是公告行政主体的执法监管措施，将行政执法行为置于公众监督之下。那么，公开这样的执法监管措施有没有必要将个人隐私、商业秘密等信息置放在公告内容里面，

---

① 美国一名记者及新闻自由报道委员会，申请提供麦迪欧家庭成员的犯罪记录，该名记者尤其指定要求取得其中四位家庭成员的前科记录。联邦调查委员会原先拒绝了上述请求，在其中三位成员死亡后，联邦调查局交付了这三位成员的前科记录，但没有提交麦迪欧的前科记录。新闻自由报道委员会提起诉讼，理由是依据信息自由法，即使该记录涉及隐私也应公开，因其关于重大公共利益——传闻麦迪欧因涉嫌行贿国会议员从而取得与国防部签订国防契约的机会。哥伦比亚地区法院以公开记录侵犯个人隐私等理由驳回了原告的诉讼请求。原告不服，提起上诉。上诉法院则推翻这一裁决，认为已公开的刑事犯罪记录，本质上为公开的信息，公开这类信息不会构成"明显不必要的隐私权侵害"。"申请者认为该犯罪记录的概要已经向公众公开，所以麦迪欧在公开由联邦调查局编辑的犯罪记录信息上的个人隐私权益压缩为零。"最高院经提审后又推翻了上诉法院的判决，认为提供该犯罪记录将构成对麦迪欧隐私权的不必要的侵害，因此联邦调查局不应提供。联邦法院认为麦迪欧对犯罪记录享有个人隐私权，公开该犯罪记录与信息自由法中强调的"公共利益"并无直接关系。该前科记录并不能证实也不能消除麦迪欧与议员非正当关系的传闻，更确切地说，该记录不能直截了当地体现该议员的不当行为，以及国防部与其签约的行为。并进一步指出，尽管在刑事犯罪记录中，尤其是与行政官员或机关有关的犯罪记录中，毫无疑问地存在一定的公共利益，但信息自由法的中心目的是保障政府的行为处于公众雪亮眼睛的审视监督之下，而不是公开由政府保管的个人信息。因此，判决认定将联邦调查局所持有的刑事犯罪记录提供给第三者，构成对隐私权的不必要侵害，不应提供。参见许莲丽：《政府信息公开诉讼》，中国人民大学2010年博士学位论文，第98~99页。

这才是法院审查时进行判断的标准。

因此，建议对《规定》第 8 条[①]第 2 款进行修改，加上"不公开不利于对行政执法的监督"这样的表述，和对"公共利益造成重大影响"并列成一个"解禁"条件，明确法院在审查政府信息公开是否裁量合法的时候，其判断标准应该是信息公开是否符合立法的主要目的，即公开信息是为了实现对行政执法的监督，并在这一前提下通过信息公开维护公共利益。简言之，如果公开的信息涉及禁止性规定，只要公开符合信息公开立法的主要目的，其内容重点是阐述行政执法部门如何应对违法事实、采取了哪些避免公共利益遭受重大损失的措施，那么公开就是合法的。

4. 健全行政公益诉讼制度

行政公益诉讼，是指公民认为行政主体行使职权的行为违法，侵害了公共利益或有侵害之虞时，虽与自己无直接利害关系，但为了维护公益，而向特定机关提出起诉请求，并由特定机关依法向法院提起的行政诉讼。行政公益诉讼作为一新型诉讼形式，在西方法治国家已发展得相当成熟，只是各国理论界和实务界对之称呼不一，诸如民众诉讼、公民诉讼、以公法名义保护私权之诉等，但内涵大体相当。在中国建立行政公益诉讼，不仅具有可行性，而且具有紧迫的现实必要性。具体来说，主要体现在三个方面：第一，保护环境公益的需要。环境公益主要包括各种自然环境利益、人文环境利益、教书环境利益、消费环境利益等，该类公益受到侵害的事件已屡见不鲜。如教育环境方面，关于市场环境利益的案件更是层出不穷，有不服电信局纵容电信企业乱收费不作为的，也有不服铁路主管部门、民航主管部门违法提高票价的等。这些争议有的提起行政诉讼，有的提起民事诉讼，结果几乎都是无果而终，其根本原因在于，我们没有可靠的公益诉讼制度。第二，保护资源公共利益的需要。中国建立社会主义市场经济的一个重要目标是保持国民经济持续、快速、健康发展。但是在发展过程中，各地发生了不少掠夺性开发、

[①] 《最高人民法院关于审理政府信息公开行政案件若干问题的规定》第 8 条规定："政府信息涉及国家秘密、商业秘密、个人隐私的，人民法院应当认定属于不予公开范围。政府信息涉及商业秘密、个人隐私，但权利人同意公开，或者不公开可能对公共利益造成重大影响的，不受前款规定的限制。"

杀鸡取卵式的开发行为，对水、土地、矿藏资源造成了极大破坏。如果有公益诉讼制度的存在，事关如此众多人民重大利益的事情，必定不会陷入像今天这样的被动局面。第三，保护公共设施等公共财产利益的需要。有些行政机关首长出于追求政绩的需要，不惜重金大搞"形象工程""政绩工程"，而对年久失修的桥梁、道路、历史文物不及时进行修缮维护，酿成一幕幕桥梁倒塌、道路废弃、历史文物毁灭的惨剧。要保护上述公共利益，没有一套行之有效的健全的法律制度，是不现实的。

2012 年修订的《民事诉讼法》增加了支持公益诉讼的相关规定，2014 年修订的《环境保护法》明确了社会组织提起公益诉讼的诉权，2014 年 12 月公布的《最高人民法院关于审理环境民事公益诉讼案件适用法律若干问题的解释》表明了人民法院对环境民事公益诉讼的支持。2015 年 7 月 1 日第十二届全国人大常委会第十五次会议通过了《关于授权最高人民检察院在部分地区开展公益诉讼试点工作的决定》，授权最高人民检察院在生态环境和资源保护、国有资产保护、国有土地使用权出让、食品药品安全等领域开展提起公益诉讼试点。为落实该决定，2015 年 7 月 2 日，最高人民检察院正式发布了《检察机关提起公益诉讼试点方案》。2015 年 12 月 16 日，最高人民检察院第十二届检察委员会第四十五次会议通过了《人民检察院提起公益诉讼试点工作实施办法》，并于 2016 年 1 月 6 日公布并实施。由此，我国公益诉讼正在一步一步向前推进。但遗憾的是，新《行政诉讼法》并未将行政公益诉讼纳入其中，并且，上述决定、方案和办法也还有不完善之处，对于不当政府信息公开所可能侵害的公共利益无法全面实现保障。

违法信息行政公告属于行政主体依职权主动进行的政府信息公开，如果内容涉及社会管理的重要领域，往往会对公共利益带来很大的影响。例如环境生态领域或食品药品安全领域的违法信息，这些政府信息如果公开不当或是不及时公开，有可能严重影响社会公众的人身安全和财产安全，在此等情况下，行政公益诉讼显然是保障民众合法权益的一种有效救济途径。

虽然新修订的《环境保护法》让公益诉讼有法可依，《关于授权最高人民检察院在部分地区开展公益诉讼试点工作的决定》《检察机关提起公益诉讼试点方案》《人民检察院提起公益诉讼试点工作实施办法》也为我国行政公益诉讼的实施提供了制度依据，但行政公益诉讼依然举步维艰，这与提起公益诉讼初步路径的设计不够成熟有着一定关联。

目前，对于检察机关直接提起公益诉讼的起诉条件的规定，基本上是合理的，但也存在改进的空间，主要表现在以下三个方面。

（1）行政公益诉讼案件的办理期限未必合理。一方面，时限较短，或显仓促。根据《人民检察院提起公益诉讼试点工作实施办法》第37条[①]和第38条[②]的规定，拟作出"终结审查"或"依法督促、支持起诉"决定的案件办理期限为3个月，拟作出"提起公益诉讼"决定的案件办理期限为6个月。按照第30条[③]的规定，行政公益诉讼案件的办理是由民事行政检察部门（实践中的"民行科"）负责，而"民行科"除了依法行使原有的检察权（如民事、行政案件的抗诉和民事、行政诉讼活动的法律监督等）的艰巨工作之外，还要负责公益案件的调查、核实、取证等系列工作，"3个月"和"6个月"的办案期限较为短暂，或显仓促，案件办理质量或许也会因此下降。另一方面，期限的确立，有"未查先决"之嫌。按照第38条的规定，是根据"拟决定"（计划、预判）来决定办案期限，而非在具体的调查核实过程中得出"决定"。其实，检察机关在调查核实的前3个月之内，如果可以作出"终结审查"或"依法督促、支持起诉"的决定，也就可以作出"提起行政公益诉讼"的决定（即三种选择中已经可以作出前两种，也就意味着第三种已经可以作出），对于"提起行政公益诉讼"的决定期限定为6个月，只是一种明确的延期而已。可见，这种3个月和6个月的

[①] 《人民检察院提起公益诉讼试点工作实施办法》第37条规定："人民检察院对审查终结的行政公益诉讼案件，应当区分情况作出下列决定：（一）终结审查；（二）提出检察建议；（三）提起行政公益诉讼。"

[②] 《人民检察院提起公益诉讼试点工作实施办法》第38条规定："人民检察院办理行政公益诉讼案件，拟作出第三十七条第一项、第二项决定的，应当自决定立案之日起三个月内办理终结；拟作出第三十七条第三项决定的，应当自决定立案之日起六个月内办理终结。有特殊情况需要延长的，报经检察长批准。"

[③] 《人民检察院提起公益诉讼试点工作实施办法》第30条规定："人民检察院提起行政公益诉讼案件的办理，由民事行政检察部门负责。"

区分实无必要，建议统一规定为 6 个月，有特殊情况需要延长的，报经检察长批准。

（2）检察机关直接提起行政公益诉讼的诉讼时效未能明确。《关于授权最高人民检察院在部分地区开展公益诉讼试点工作的决定》规定："提起公益诉讼前，人民检察院应当依法督促行政机关纠正违法行政行为、履行法定职责，或者督促、支持法律规定的机关和有关组织提起公益诉讼。"《检察机关提起公益诉讼试点方案》也规定："在提起行政公益诉讼之前，检察机关应当先行向相关行政机关提出检察建议，督促其纠正违法行政行为或者依法履行职责。行政机关应当在收到检察建议书后一个月内依法办理，并将办理情况及时书面回复检察机关。"由此可以看出，在行政公益诉讼诉前程序中，检察机关和行政机关是监督与被监督的关系。《人民检察院提起公益诉讼试点工作实施办法》第 40 条①也专门明确规定了提起行政公益诉讼的"诉前程序"。也就是说，检察机关提起行政公益诉讼的诉前程序至少要一个月。需要指出的是，这并不意味着一个月之后检察机关就应该马上或必然提起诉讼，而是在行政机关收到检察建议书一个月之后，未有回复或未依法办理，检察机关就掌握了提起行政公益诉讼的主动权。在掌握了主动权之后，层报（逐级上报）最高检审查批准，得到批准后即可提起行政公益诉讼。实际上，这所谓的"一个月"并不能视为检察机关直接提起行政公益诉讼的诉讼时效，毕竟，诉前程序是检察机关提起公益诉讼的法定的必要程序。关于诉讼时效，检察机关应遵循《行政诉讼法》第 46 条②和《最高人民法院关于执行〈中华人民共和国行政诉讼法〉若干问题的解

---

① 《人民检察院提起公益诉讼试点工作实施办法》第 40 条规定："在提起行政公益诉讼之前，人民检察院应当先行向相关行政机关提出检察建议，督促其纠正违法行为或者依法履行职责。行政机关应当在收到检察建议书后一个月内依法办理，并将办理情况及时书面回复人民检察院。"

② 《行政诉讼法》第 46 条规定："公民、法人或者其他组织直接向人民法院提起诉讼的，应当自知道或者应当知道作出行政行为之日起六个月内提出。法律另有规定的除外。因不动产提起诉讼的案件自行政行为作出之日起超过二十年，其他案件自行政行为作出之日起超过五年提起诉讼的，人民法院不予受理。"

释》第 41 条①、第 42 条②和第 43 条③的规定，针对不同的情况分别予以确定。规定越明确，检察机关开展行政公益诉讼的试点工作才会越顺利。建议今后的法律可以明确行政公益诉讼的时效。

(3) 根据《关于授权最高人民检察院在部分地区开展公益诉讼试点工作的决定》，试点中检察机关提起公益诉讼的案件范围为四类案件，《检察机关提起公益诉讼试点方案》分别针对检察机关提起民事公益诉讼和行政公益诉讼进行了案件的筛选，即检察机关提起民事公益诉讼有污染环境、食品药品安全两类案件；检察机关提起行政公益诉讼有生态环境和资源保护案件、国有资产保护案件、国有土地使用权出让三类案件。这一规定，对案件范围的分类与细化，虽然有利于司法实践的操作，但有误解《关于授权最高人民检察院在部分地区开展公益诉讼试点工作的决定》之嫌，或者是一种的缩小解释。《关于授权最高人民检察院在部分地区开展公益诉讼试点工作的决定》对四类案件并未作出民事公益诉讼和行政公益诉讼的区分，而实践中某一类案件既可能涉及民事法律关系，也可能涉及行政法律关系，既能够提起民事公益诉讼也能够提起行政公益诉讼。《检察机关提起公益诉讼试点方案》进行限缩后，食品药品安全只限于提起民事公益诉讼，国有资产保护案件和国有土地使用权出让案件只限于提起行政公益诉讼，这是不全面、不合理的。众所周知，食品药品安全领域侵害众多消费者合法权益的案件，行政机关如果存在违法作为或者不作为的情况，应属于可以提起公益诉讼的案件范围，而不应只限于提起民事公益诉讼。例如，当

---

① 《最高人民法院关于执行〈中华人民共和国行政诉讼法〉若干问题的解释》第 41 条规定："行政机关作出具体行政行为时，未告知公民、法人或者其他组织诉权或者起诉期限的，起诉期限从公民、法人或者其他组织知道或者应当知道诉权或者起诉期限之日起计算，但从知道或者应当知道具体行政行为内容之日起最长不得超过 2 年。复议决定未告知公民、法人或者其他组织诉权或者法定起诉期限的，适用前款规定。"

② 《最高人民法院关于执行〈中华人民共和国行政诉讼法〉若干问题的解释》第 42 条规定："公民、法人或者其他组织不知道行政机关作出的具体行政行为内容的，其起诉期限从知道或者应当知道该具体行政行为内容之日起计算。对涉及不动产的具体行政行为从作出之日起超过 20 年、其他具体行政行为从作出之日起超过 5 年提起诉讼的，人民法院不予受理。"

③ 《最高人民法院关于执行〈中华人民共和国行政诉讼法〉若干问题的解释》第 43 条规定："由于不属于起诉人自身的原因超过起诉期限的，被耽误的时间不计算在起诉期间内。因人身自由受到限制而不能提起诉讼的，被限制人身自由的时间不计算在起诉期间内。"

年闹得沸沸扬扬的三鹿奶粉事件，又如三聚氰胺事件等，行政机关没有及时将有关信息披露，导致公众在不知情的情况下，作出了有损自身健康的行为选择。这些事件有一个共同特点，那便是波及面很广，涉及的利益相关人众多，完全应该纳入行政公益诉讼的范畴，更好地保护公众的合法权益。

（二）行政赔偿

按照法治国家的理念，如果国家活动损害了私人的合法权益，国家应该对此承担赔偿责任，应该对私人所遭受的损失进行补救。我国宪法第41条[①]第3款也明确规定，如果公民的权利遭到国家机关和国家工作人员的侵犯且受到一定的损失，可以依法获得赔偿。可见，请求国家赔偿权是公民普遍享有的一项权利，属于监督权的范畴，[②] 在此基础上制定的《国家赔偿法》则是对国家赔偿制度的一种确立和完善。作为国家赔偿的一种，行政赔偿是指行政机关及其工作人员，以及法律法规授权组织和受行政机关委托的组织或者个人在行使行政权时侵犯了公民、法人或其他组织的合法权益并造成损害的，国家赔偿义务机关依法承担赔偿责任，并对受损害人予以救济的制度。本书着重讨论因违法信息行政公告行为违法，被侵害人提起行政赔偿的救济途径、责任划分和赔偿范围等问题；至于行政赔偿的程序，国家赔偿法已经有了比较明确的规定，本书不再赘述。

[①] 《宪法》第41条规定："中华人民共和国公民对于任何国家机关和国家工作人员，有提出批评和建议的权利；对于任何国家机关和国家工作人员的违法失职行为，有向有关国家机关提出申诉、控告或者检举的权利，但是不得捏造或者歪曲事实进行诬告陷害。对于公民的申诉、控告或者检举，有关国家机关必须查清事实，负责处理。任何人不得压制和打击报复。由于国家机关和国家工作人员侵犯公民权利而受到损失的人，有依照法律规定取得赔偿的权利。"

[②] 当然，正如有学者指出的那样，其实我国宪法第41条关于监督权的规定涵盖了6种权利，其中，政治性权利包括批评权、建议权和检举权；而非政治性权利包括申诉权、控告权和国家赔偿请求权。上述政治性权利均是公民根据自己的政治意志或公共利益而监督国家机关及其工作人员活动的权利，在此意义上可称之为"监督权"，但实际上更可显然地看出其作为参政权之意义上的请愿权的那种本来属性；而上述的非政治性权利则属于公民个人权利救济而行使的权利，即所谓"获得权利救济的权利"，或曰基本上属于传统宪法学上所谓国务请求权的范畴。参见韩大元、林来梵、郑贤君：《宪法学专题研究》，中国人民大学出版社2008年版，第464~468页。

1. 行政赔偿的救济途径

（1）请求行政赔偿的法律依据

违法信息行政公告是一种典型的行政事实行为，如果公告违反法律规范的规定，侵犯私人合法权益，受侵害人是否可以通过行政赔偿寻求救济呢？其法律依据在哪里？

首先，从《国家赔偿法》第2条[①]、第3条[②]和第4条[③]的规定可以看出，这部现行的、调整国家赔偿（包括行政赔偿）的法律着重强调的是"只要行使行政职权的行为违法，造成损害就应予以行政赔偿"。上述条文并未采用"具体行政行为"的表述，可见，立法者认为应该承担行政赔偿责任的绝不仅仅囿于具体行政行为。而《最高人民法院关于审理行政赔偿案件若干问题的规定》第1条[④]和第3条[⑤]的规定更是明白地反映出行政赔偿诉讼的受案范围不仅包括具体行政行为，还包括其他违法的行政职务行为。同时，《最高人民法院关于审理行政赔偿案件若干问题的规定》第6条[⑥]的内容，反向说

[①] 《国家赔偿法》第2条规定："国家机关和国家机关工作人员行使职权，有本法规定的侵犯公民、法人和其他组织合法权益的情形，造成损害的，受害人有依照本法取得国家赔偿的权利。本法规定的赔偿义务机关，应当依照本法及时履行赔偿义务。"

[②] 《国家赔偿法》第3条规定："行政机关及其工作人员在行使行政职权时有下列侵犯人身权情形之一的，受害人有取得赔偿的权利：（一）违法拘留或者违法采取限制公民人身自由的行政强制措施的；（二）非法拘禁或者以其他方法非法剥夺公民人身自由的；（三）以殴打、虐待等行为或者唆使、放纵他人以殴打、虐待等行为造成公民身体伤害或者死亡的；（四）违法使用武器、警械造成公民身体伤害或者死亡的；（五）造成公民身体伤害或者死亡的其他违法行为。"

[③] 《国家赔偿法》第4条规定："行政机关及其工作人员在行使行政职权时有下列侵犯财产权情形之一的，受害人有取得赔偿的权利：（一）违法实施罚款、吊销许可证和执照、责令停产停业、没收财物等行政处罚的；（二）违法对财产采取查封、扣押、冻结等行政强制措施的；（三）违法征收、征用财产的；（四）造成财产损害的其他违法行为。"

[④] 《最高人民法院关于审理行政赔偿案件若干问题的规定》第1条规定："《中华人民共和国国家赔偿法》第三条、第四条规定的其他违法行为，包括具体行政行为和与行政机关及其工作人员行使行政职权有关的，给公民、法人或者其他组织造成损害的，违反行政职责的行为。"

[⑤] 《最高人民法院关于审理行政赔偿案件若干问题的规定》第3条规定："赔偿请求人认为行政机关及其工作人员实施了国家赔偿法第三条第（三）、（四）、（五）项和第四条第（四）项规定的非具体行政行为的行为侵犯其人身、财产权并造成损失，赔偿义务机关拒不确认致害行为违法，赔偿请求人可直接向人民法院提起行政赔偿诉讼。"

[⑥] 《最高人民法院关于审理行政赔偿案件若干问题的规定》第6条规定："公民、法人或者其他组织以国防、外交等国家行为或者行政机关制定发布行政法规、规章或者具有普遍约束力的决定、命令侵犯其合法权益造成损害为由，向人民法院提起行政赔偿诉讼的，人民法院不予受理。"

明这里所指的其他违法的行政职务行为并非国防、外交等国家行为，以及抽象行政行为。这就说明，行政事实行为并没有被立法排除出行政赔偿的范畴。实际上，世界各国都认识到，行政事实行为的作出虽然不会直接产生任何法律后果，如果行为不合法也不会像行政法律行为一样直接导致行为无效，但不论是否合法，行政事实行为的作出都会产生一定的事实后果。对于违法的行政事实行为，行政主体有义务撤销或废除其所改变的事实，尽量使其恢复原状，而一旦不合法的行政事实行为给私人权益造成损害，受侵害人可以提起赔偿之诉，也可以向赔偿义务机关直接要求行政赔偿。[①]

其次，对于违法信息行政公告而言，如果公告本身违法，给利害关系人造成实际损害，也应该予以行政赔偿。日本学者盐野宏、阿布泰隆等都认为误认事实的公告也会产生损害赔偿责任，因公布违反事实而遭受权利侵害者，可以提出损害赔偿请求。[②] 韩国学者金东熙也指出，"行政公布行为带有公行政作用的性质。因此，由于违法的公布行为，名誉、信誉等受到损害的人可根据国家赔偿法，接受由此造成的损害的救济"[③]。各国在司法实践中也将行政主体违反法律规定公告违法信息的职务行为纳入了行政赔偿的范畴。在美国诉国际药物系统公司（IMS）一案（United States v. International Medication Systems）中，美国食品及药物管理局（FDA）对于 IMS 公司发布了初审的永久性禁令，指控其违反了《食品药品及化妆品法案》中的系列内容，包括该

[①] 印度学者塞夫指出：不合法的事实行为不产生与行政机关的其他行为一样导致相同结果的无效、可被撤销和效力的问题，但会产生自己的结果。行政机关负有义务撤销或废除由不合法的事实行为所设立的事实；有义务尽可能地合理地恢复原状。凡是其权利已经受到某个不合法的事实行为侵犯的公民，都享有请求废除这些行为的事实之权利，都享有请求恢复到原来地位的权利。为此目的，该公民可以向行政法院提起要求关于肯定救济的普通诉讼。此外，对于由于违法的事实行为造成的损害，该公民也可以要求给予赔偿或损害赔偿金。参见 [印] M.P 塞夫：《德国行政法——普通法的分析》，周伟译，山东人民出版社 2006 年版，第 108~109 页。德国学者毛雷尔指出："事实行为在法律上并非毫无意义，它必须符合现行法律，如果违法可能引起清除请求权和损害赔偿请求权。"参见 [德] 哈特穆特·毛雷尔：《行政法学总论》，高家伟译，法律出版社 2000 年版，第 391 页。

[②] [日] 盐野宏：《行政法总论》（第四版），杨建顺译，北京大学出版社 2008 年版，第 160 页；参见王贵松："食品安全风险公告的界限与责任"，载《华东政法大学学报》2011 年第 5 期。

[③] [韩] 金东熙：《行政法 I》（第 9 版），赵峰译，中国人民大学出版社 2008 年版，第 337 页。

公司的一个工厂未遵守生产规程的要求。经过听证会听证后，FDA 的代表会见了 IMS 公司，要求其召回其产品，并且暗示如果其拒绝召回的话，FDA 将通知医院其产品基于相关的违规行为存在对健康的损害。IMS 公司认为这不公正，并且事实上此争议本就囊括在拉斯维加斯地方法院待审的案件中，因此拒绝了其要求。1973 年 6 月 9 日，FDA 向全国约 7000 家医院发出了信件，宣称 IMS 公司产品的无菌性存在质疑，指出其产品对于公共健康存在着潜在的危害。最终，法院不仅否认了 FDA 发布禁令的行为，且更为重要的是认定 FDA 违反了《食品药品及化妆品法案》第 705 条（b）项的内容，认为 FDA 发出信件的行为超出了其信息公开的职权范围。此外，法院还命令 FDA 采取发出第二封信件的方式向上述医院进行信息更正，并报告法院的裁定和法院对于 IMS 的产品并没有违反操作规程的认定，而这正是 FDA 认定 IMS 的产品存在潜在危害的事实基础。这个案件是法院首次认定 FDA 的不利公开宣传超越法定内容，存在不公正和不恰当的使用。同时，这个案件的判决也确立了工厂或者企业对于 FDA 错误的不利公开宣传所带来的损害享有获得救济的权利。[1] 1996 年日本大阪发生了 "O-157 食物中毒事件"，东京高等法院在二审判决中指出，厚生大臣在调查结果还没出来的时候公布错误的中间报告，引起广泛误解，严重损害了市场评价，其公布中间报告的行为属于国家赔偿法上的违法行为。[2]

---

[1] See Leon Liu, The FDA's Use of Adverse Publicity, Food & Drug Law (1998 Third Year Paper), pp. 7 - 8, http://nrs.harvard.edu/urn - 3: HUL.InstRepos:8965582.

[2] 1996 年 7 月，大阪府堺市的小学发生了因肠道出血性大肠菌 O-157 而导致的集体食物中毒事件，两名学童死亡。厚生省组织专家进行调查，并公布了调查结果，说萝卜苗的特定生产者可能是污染源。萝卜苗销量大减，生产者、销售商要求追究国家的国家赔偿责任。同年 8 月 7 日，厚生省公布中间报告指出，"不能断定萝卜苗是中毒的原因食物，但也不能否定其可能性"。9 月 2 日，公布最终报告指出，"作为原因的食物，特定企业 7 月 7 日、8 日和 9 日出售的萝卜苗可能性最高"。东京高等法院 2003 年 5 月 21 日作出二审判决，认为本案中，厚生大臣不顾调查结果尚未断定萝卜苗是否为集体食物中毒的原因，就召开记者会，也没有明示行政厅要唤起食品干系人某种注意的判断，就公布了内容暧昧的调查结果，以致于广泛引起了萝卜苗可能就是中毒原因所在的误解，严重损害了市场评价。公布中间报告属于国家赔偿法上的违法行为。参见王贵松：《日本食品安全法研究》，中国民主法制出版社 2009 年版，第 167~168 页；王贵松："食品安全风险公告的界限与责任"，载《华东政法大学学报》2011 年第 5 期。

但遗憾的是，虽然《规定》第11条①提到对于政府信息公开行为（包括违法信息行政公告）所造成的损害，法院可以根据原告诉求判决被告承担赔偿责任，但《政府信息公开条例》第33条所提及的救济方式中并没有包含行政赔偿。建议今后在将条例上升为法律时，对这一条进行完善，在救济方式中添加行政赔偿，明确受侵害人对不合法的违法信息行政公告提起行政赔偿的法律依据。

(2) 请求行政赔偿的途径

不同的国家关于请求行政赔偿的规定不一样。例如，德国联邦宪法法院在1981年的"湿采石裁判"中就明确了对于违法的国家行为所发生的侵害，人民应先遵循"第一次权利保护"途径（通过行政诉讼请求法院撤销违法国家行为）寻求救济，只有在"第一次权利保护"无法实现时，才能依据"第二次权利保护体系"，请求补偿。②但日本对此并不赞同。日本学界和实务界都认为，对于国家赔偿没有必要先申请撤销违法行为或确认行为违法无效。③

---

① 《最高人民法院关于审理政府信息公开行政案件若干问题的规定》第11条规定："被告公开政府信息涉及原告商业秘密、个人隐私且不存在公共利益等法定事由的，人民法院应当判决确认公开政府信息的行为违法，并可以责令被告采取相应的补救措施；造成损害的，根据原告请求依法判决被告承担赔偿责任。政府信息尚未公开的，应当判决行政机关不得公开。诉讼期间，原告申请停止公开涉及其商业秘密、个人隐私的政府信息，人民法院经审查认为公开该政府信息会造成难以弥补的损失，并且停止公开不损害公共利益的，可以依照《中华人民共和国行政诉讼法》第四十四条的规定，裁定暂时停止公开。"

② 德国联邦宪法法院在1981年的"湿采石裁判"中指出，当事人如认为国家的措施为一种公用征收时，应依补偿之相关规定请求补偿，如法律欠缺补偿之规定，则该征收行为属于违法，当事人应向行政法院诉请撤销违法之国家行为，不得放弃诉请撤销而请求法律上所未规定的补偿，法院也不得在无法律依据的情形下，给予当事人补偿。换言之，当事人在诉请撤销与直接请求补偿之间并没有选择权，当事人如怠于行使法定的救济手段，事后就不得再就所受之损失请求补偿。此项裁判意在揭示：请求法院撤销违法国家行为，乃属"第一次之权利保护"，而请求补偿则属"第二次权利保护"，二者有先后顺序之关系。侵害发生时，人民应先遵循"第一次权利保护"途径（行政诉讼）谋求救济。只有在无法依第一次权利保护途径获得救济时，才能依据"第二次权利保护体系"，请求补偿。参见翁岳生编：《行政法》，中国法制出版社2009年版，第1831～1832页。

③ 日本学界和实务界则认为，关于以行政行为违法为理由，请求国家赔偿的问题，没有必要事先请求该处分的撤销或者无效确认，而获得撤销或者无效确认的判决。这是因为，与成为抗告诉讼的对象的"违法"是对世性的相比，损害赔偿中的"违法"则是原告和被告的关系上的相对性的违法，"违法"的意思是不同的。参见[日]南博方：《行政法》（第六版），杨建顺译，中国人民大学出版社2009年版，第146～147页。

按照《国家赔偿法》第9条①的规定，在我国提出行政赔偿有两种方式，一种是直接向赔偿义务机关提出赔偿请求，另一种则是在申请行政复议或提起行政诉讼的时候一并提出。而在行政诉讼中请求行政赔偿也有两种方式，一种是直接提起单独的赔偿之诉，另一种则是和其他诉讼请求一起，一并提出行政赔偿的诉求（见图5-4）。只要完善《政府信息公开条例》第33条的规定，结合《最高人民法院关于审理政府信息公开行政案件若干问题的规定》第11条的内容，如果行政主体违法公告违法信息，侵害私人权益的，受侵害人也可以选择不同的途径请求行政赔偿。

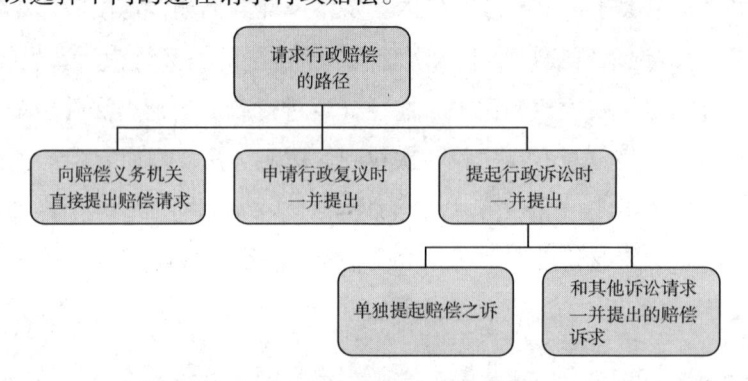

图5-4 权益受侵害人请求行政赔偿的路径图

按照《最高人民法院关于审理行政赔偿案件若干问题的规定》第4条②，对于违法的行政事实行为而言，如果受侵害人选择单独提起赔偿之诉的，应该以赔偿义务机关的先行处理为前提。即受侵害人应该先向赔偿义务机关提出赔偿申请，如对赔偿义务机关作出的处理决定不服，再向人民法院提起单独的赔偿之诉。同时，从《最高人民法院关于审理行政赔偿案件若干问题的规定》第34条③的内容来看，与日本类似，对于违法的行政事实

---

① 《国家赔偿法》第9条规定："赔偿义务机关有本法第三条、第四条规定情形之一的，应当给予赔偿。赔偿请求人要求赔偿，应当先向赔偿义务机关提出，也可以在申请行政复议或者提起行政诉讼时一并提出。"

② 《最高人民法院关于审理行政赔偿案件若干问题的规定》第4条规定："公民、法人或者其他组织在提起行政诉讼的同时一并提出行政赔偿请求的，人民法院应一并受理。赔偿请求人单独提起行政赔偿诉讼，须以赔偿义务机关先行处理为前提。赔偿请求人对赔偿义务机关确定的赔偿数额有异议或者赔偿义务机关逾期不予赔偿，赔偿请求人有权向人民法院提起行政赔偿诉讼。"

③ 《最高人民法院关于审理行政赔偿案件若干问题的规定》第34条规定："人民法院对赔偿请求人未经确认程序而直接提起行政赔偿诉讼的案件，在判决时应当对赔偿义务机关致害行为是否违法予以确认。"

行为，我国并不以其被确认违法作为提起赔偿诉讼的前提条件。如果受侵害人提起赔偿之诉时，行政事实行为尚未经过违法确认的，法院可以在做赔偿判决的时候一并确认。此外，还有一种特殊情况，根据《解释》第58条①的规定，如果原告提起行政诉讼，并没有提起行政赔偿诉求，只要人民法院确认被诉行政行为违法，且造成损害的，应当依法判决被告承担赔偿责任。

2. 行政赔偿的责任划分

（1）归责原则

围绕国家赔偿的归责原则，一直存在不同的观点，最常见的有过错责任原则、无过错责任原则和违法责任原则。过错责任原则是指行为人在行使公权力时因故意或过失造成他人损害的，国家应当承担赔偿责任。无过错责任原则通常也被称为结果归责原则，是指不论行为人有无过错，只要其行使公权力的行为导致了损害结果的发生，那么国家就要承担赔偿责任。而违法责任原则是指行为人的职务行为违法，侵犯他人合法权益并造成损害的，国家应当承担赔偿责任。②《国家赔偿法》于 1994 年 5 月 12 日通过、1995 年 1 月 1 日起实施，当时采用的是违法责任原则；而后 2010 年和 2012 年两次修订，都弃用了之前单一的违法责任原则，改为多元的归责原则。目前的《国家赔偿法》（2013 年 1 月 1 日起实施）第 2 条③不再采用"违法"的表述，第 3 条④、第

---

① 《最高人民法院关于执行〈中华人民共和国行政诉讼法〉若干问题的解释》第 58 条规定："被诉具体行政行为违法，但撤销具体行政行为将会给国家利益或者公共利益造成重大损失的，人民法院应当作出确认被诉具体行政行为违法的判决，并责令被诉行政机关采取相应的补救措施；造成损害的，依法判决承担赔偿责任。"

② 杨建顺：《行政规制与权利保障》，中国人民大学出版社 2007 年版，第 706~708 页。

③ 《国家赔偿法》第 2 条规定："国家机关和国家机关工作人员行使职权，有本法规定的侵犯公民、法人和其他组织合法权益的情形，造成损害的，受害人有依照本法取得国家赔偿的权利。本法规定的赔偿义务机关，应当依照本法及时履行赔偿义务。"

④ 《国家赔偿法》第 3 条规定："行政机关及其工作人员在行使行政职权时有下列侵犯人身权情形之一的，受害人有取得赔偿的权利：（一）违法拘留或者违法采取限制公民人身自由的行政强制措施的；（二）非法拘禁或者以其他方法非法剥夺公民人身自由的；（三）以殴打、虐待等行为或者唆使、放纵他人以殴打、虐待等行为造成公民身体伤害或者死亡的；（四）违法使用武器、警械造成公民身体伤害或者死亡的；（五）造成公民身体伤害或者死亡的其他违法行为。"

4 条①、第 17 条②的第（1）（4）（5）项、第 18 条③第（1）项和第 38 条④的规定采用的是违法责任原则，而第 17 条第（2）（3）项和第 18 条第（2）项则采用了无过错责任原则。可见，现行的《国家赔偿法》采用违法责任原则和无过错责任原则相结合的多元归责方式，比以往单一的归责原则更加合理。而从第 3 条和第 4 条的规定来看，行政赔偿的归责原则采用的是违法责任原则，无须证明行政机关及其工作人员在执法中有无过错，仅仅以行政机关及其工作人员执行职务的行为有无违法作为唯一的判断标准，有效填补了过失主义导致的国家责任体系的漏洞。⑤

---

① 《国家赔偿法》第 4 条规定："行政机关及其工作人员在行使行政职权时有下列侵犯财产权情形之一的，受害人有取得赔偿的权利：（一）违法实施罚款、吊销许可证和执照、责令停产停业、没收财物等行政处罚的；（二）违法对财产采取查封、扣押、冻结等行政强制措施的；（三）违法征收、征用财产的；（四）造成财产损害的其他违法行为。"

② 《国家赔偿法》第 17 条规定："行使侦查、检察、审判职权的机关以及看守所、监狱管理机关及其工作人员在行使职权时有下列侵犯人身权情形之一的，受害人有取得赔偿的权利：（一）违反刑事诉讼法的规定对公民采取拘留措施的，或者依照刑事诉讼法规定的条件和程序对公民采取拘留措施，但是拘留时间超过刑事诉讼法规定的时限，其后决定撤销案件、不起诉或者判决宣告无罪终止追究刑事责任的；（二）对公民采取逮捕措施后，决定撤销案件、不起诉或者判决宣告无罪终止追究刑事责任的；（三）依照审判监督程序再审改判无罪，原判刑罚已经执行的；（四）刑讯逼供或者以殴打、虐待等行为或者唆使、放纵他人以殴打、虐待等行为造成公民身体伤害或者死亡的；（五）违法使用武器、警械造成公民身体伤害或者死亡的。"

③ 《国家赔偿法》第 18 条规定："行使侦查、检察、审判职权的机关以及看守所、监狱管理机关及其工作人员在行使职权时有下列侵犯财产权情形之一的，受害人有取得赔偿的权利：（一）违法对财产采取查封、扣押、冻结、追缴等措施的；（二）依照审判监督程序再审改判无罪，原判罚金、没收财产已经执行的。"

④ 《国家赔偿法》第 38 条规定："人民法院在民事诉讼、行政诉讼过程中，违法采取对妨害诉讼的强制措施、保全措施或者对判决、裁定及其他生效法律文书执行错误，造成损害的，赔偿请求人要求赔偿的程序，适用本法刑事赔偿程序的规定。"

⑤ 国家赔偿采过失主义，因此，对于公务员所为之违法行为，人民若无法证明其有过失时，则无法请求国家赔偿。对于此项国家责任体系之"漏洞"，应如何填补，在行政法学上颇具争议。此乃涉及公务员违法但无责任之行为所生损害赔偿或损失补偿之问题，值得研究。德国通过"司法造法"的方式解决这一问题。德国联邦普通法院于 1952 年 6 月 10 日的裁判中，援引帝国法院之判决、普鲁士一般邦法序章第 75 条之特别牺牲法理及基本法第 14 条第 3 项征收补偿之精神，认为国家机关或公务员行使公权力，虽无故意或过失，但不法侵害人民之一切有财产价值之权利，致其发生特别牺牲时，得类推适用征收补偿之法理，由国家负补偿责任。对此，一般称为"类似征收之侵害"或"准征收之侵害"（enteignungsgleicher Eingriff）。其后，联邦普通法院将此概念再予扩大，认为公务员违法侵害人民之具有财产价值之权利，纵令公务员具有故意或过失，亦属类似征收侵害概念所涵盖之范围，其主要理由是：无责任之侵害既可依据补偿原则使受损失人享有补偿之请求权，则违法有责之侵害行为，更应如此。因而，类似征收侵害之要件如下：（1）对具有财产价值之权利所为之侵害。（2）直接发生财产上之损害。（3）基于公共利益而为侵害。（4）对于当事人构成特别牺牲。其中所谓"特别牺牲"，系以国家行为之"违法性"为表征，其认定较为明确。参见翁岳生编：《行政法》，中国法制出版社 2009 年版，第 1831~1832 页。

(2) 责任构成

如果违法信息行政公告违法、侵犯他人合法权益，公民、法人或其他组织可以根据《国家赔偿法》提起行政赔偿。其违法责任的构成如下：①主体要件，实施违法信息行政公告的是行政机关及其工作人员，或法律法规授权组织，以及受行政机关委托的组织或者个人。②行为要件，即在执行职务的过程中违法实施违法信息行政公告。这里的违法既包括违反法定的政府信息公开权限，也包括违反法定的政府信息公开程序，还包括公告的信息严重失真或存在重大错误等。③结果要件，违法实施违法信息行政公告实际损害了私人合法权益，且损害结果与违法公告之间有因果关系。如果系多因一果的情况，公告信息的执法部门只需要承担与其职务违法行为原因力相当的那部分法律责任。以上三个要件必须同时具备，方能认定作出违法信息行政公告的行政主体应该承担行政赔偿责任。

(3) 免责条件

根据《国家赔偿法》第5条[①]的规定，结合违法信息行政公告的特点，下列情况，行政主体不承担行政赔偿责任：①对外公开违法信息纯属执法人员的个人行为。如果行政机构的工作人员未经批准，个人擅自向公众公布违法信息，事后查明，其公布的信息并不准确，因此给利害关系人造成损害的，行政主体并不承担行政赔偿责任，而应由不当公开信息的工作人员独立承担责任。②公告的违法信息出现严重失真或存在重大错误是权益受侵害人或第三人的过错导致的。如果权益受侵害人自己提供的信息有误，或第三人因故篡改了原始信息，导致公告的违法信息出现严重失真或存在重大错误，行政主体无须承担行政赔偿责任。③特殊情况下，为维护公共利益而公告的违法信息即使错误，行政主体也可以免责。本书第四章已经提及，在重大、紧急的情况下，违法信息具有即刻危险，如果不立即让公众知晓，就会造成社会秩序混乱，甚至导致难以收拾的局面，为防止事态

[①] 《国家赔偿法》第5条规定："属于下列情形之一的，国家不承担赔偿责任：（一）行政机关工作人员与行使职权无关的个人行为；（二）因公民、法人和其他组织自己的行为致使损害发生的；（三）法律规定的其他情形。"

扩大或防止公众产生不必要的误解，必须立即予以公告。此时只要所依据的主要事实是真实的，或者行政机关、法律法规授权组织有足够的理由相信其是真实的，即便最终公告的违法信息的确有误，并给利害关系人造成了一定的损害，也可以免责。正如德国联邦宪法法院在"警告葡萄酒掺乙二醇案"的判决中指出的那样，在特定条件下，即使信息是否准确无误还没有最终确定，行政管理部门也有权予以公告。这种情况下的政府信息公开（包括违法信息行政公告）是否合法主要取决于行政主体在公开信息前，是否已经在尽可能的范围内谨慎地、尽力地审查了信息的可靠性和真实性，并听取了利害关系人的意见。如果行政管理部门已经尽到这样的审慎义务，那么，即使信息本身的真实性尚有风险，也是可以公开的，且这样的公开是合法的。当然，此时行政管理部门在公开信息时，应该提醒公众信息的准确性还有待进一步查证。但是，如果信息公开后随即被证实是错误的，那么负责信息公开的部门应该及时予以更正，否则错误的信息继续传播且对市场造成重要影响，致使利害关系人合法权益遭受损失的，应当认定为违法行为，行政赔偿机关应当承担行政赔偿责任。[①] 我国的《国家突发公共事件总体应急预案》第 3.4 条[②]和《食品安全信息公布管理办法》

[①] 2002 年，德国联邦宪法法院在"警告葡萄酒掺乙二醇案"的判决中指出："一项资讯内容上的正确性，是其有助于市场上透明性和因此市场能运作的基本条件。唯国家权力主体于资讯之正确性尚未终局地澄清之前，在具备特定要件下，亦有权得散播该资讯。在此种情形，国家提供资讯行为的合法性，是取决于资讯散播之前，其事实是否在可能范围内，已经审慎并利用可供使用的资讯来源，可能情形也听取了受影响人的意见，且依情况，以尽力可达之可靠性予以查明。尽管如此，假如在事实方面，仍有无把握之处，但者市场参与人关于对其行为之重要情况，譬如消费者风险之获澄清，具有公共利益时，则无论如何不妨碍国家之散播资讯。在此种情形，应提示市场参与人关于资讯正确性尚留无把握之处，以使其能自行决定，欲如何对待该无把握之部分。"参见杨子贤：《政府提供资讯行为法制化之研究》，台湾中正大学 2004 年硕士学位论文，第 62～63 页。

[②] 《国家突发公共事件总体应急预案》3.4 条（信息发布）规定："突发公共事件的信息发布应当及时、准确、客观、全面。事件发生的第一时间要向社会发布简要信息，随后发布初步核实情况、政府应对措施和公众防范措施等，并根据事件处置情况做好后续发布工作。信息发布形式主要包括授权发布、散发新闻稿、组织报道、接受记者采访、举行新闻发布会等。"按照该规范性文件第 1.3 条的规定，突发公共事件主要分为四类，即自然灾害、事故灾难、公共卫生事件和社会安全事件。其中社会安全事件主要包括恐怖袭击事件，经济安全事件和涉外突发事件等。可见，有关社会安全事件的信息包括违法信息。

第 10 条①的规定，都表明在紧急情况下，为维护公共安全和公共秩序，行政机关先公告违法信息再进行初步核实是完全合法的。

3. 行政赔偿的赔偿范围

违法信息行政公告直接面向社会公众作出，还会对行为第三方（信息所属人）产生反射效应，即第三方效果。如果行为违法，对公众和第三方造成的损害并不相同，赔偿的范围也不相同。可以从不同的层面进行分析：

（1）社会公众可提起行政赔偿的范围

违法信息行政公告属于政府信息公开，且属于依职权主动公开的范畴，行政主体主动公开政府信息，尤其是食品安全、药品安全、环境保护、安全生产、产品质量等领域的违法信息，不但可以有效防范风险，还能切实保障公众的生命健康、人身安全和财产安全，维护社会公共安全和社会公共秩序，保障公共利益。倘若行政主体不依法积极履行信息公开义务，不公告或不及时公告与公众切身利益有关的违法信息，就可能导致公众对即将到来的风险疏于防范，使其人身权和财产权遭受不必要的损害。对此，受侵害人可以依据《国家赔偿法》第 3 条②第（5）项和第 4 条③第（4）项的规定要求相应的行政赔偿，这一点毋庸置疑。

如果行政主体公告违法信息的行为本身不合法，公告了错误的违法信息，本来无害的产品被公告为有害，也可能导致公众的合法权益受损。例如，行

---

① 《食品安全信息公布管理办法》第 10 条规定："发生重大食品安全事故后，负责食品安全事故处置的省级卫生行政部门会同有关部门，在当地政府统一领导下，在事故发生后第一时间拟定信息发布方案，由卫生行政部门公布简要信息，随后公布初步核实情况、应对和处置措施等，并根据事态发展和处置情况滚动公布相关信息。对涉及事故的各种谣言、传言，应当迅速公开澄清事实，消除不良影响。"

② 《国家赔偿法》第 3 条规定："行政机关及其工作人员在行使行政职权时有下列侵犯人身权情形之一的，受害人有取得赔偿的权利：（一）违法拘留或者违法采取限制公民人身自由的行政强制措施的；（二）非法拘禁或者以其他方法非法剥夺公民人身自由的；（三）以殴打、虐待等行为或者唆使、放纵他人以殴打、虐待等行为造成公民身体伤害或者死亡的；（四）违法使用武器、警械造成公民身体伤害或者死亡的；（五）造成公民身体伤害或者死亡的其他违法行为。"

③ 《国家赔偿法》第 4 条规定："行政机关及其工作人员在行使行政职权时有下列侵犯财产权情形之一的，受害人有取得赔偿的权利：（一）违法实施罚款、吊销许可证和执照、责令停产停业、没收财物等行政处罚的；（二）违法对财产采取查封、扣押、冻结等行政强制措施的；（三）违法征收、征用财产的；（四）造成财产损害的其他违法行为。"

政主体公告某个品牌的家具质量不合格，正准备买新家具的公民甲就购买了另一个更贵品牌的家具。后来行政主体发现其公告有误，该品牌的家具质量是合格的，再次公告予以纠正。那么，在这样的情况下，公民甲因采信错误的违法信息行政公告，多花费了钱，经济利益受损，能否主张对先前的违法信息行政公告产生了"合法预期"，因而要求对受损的财产权予以行政赔偿呢？个人觉得，我国当下社会矛盾突出，其中一个很重要的原因就是社会整体缺乏诚信，如果公众基于对政府的信赖进行相应的行为选择导致合法利益受损的，政府应该承担赔偿责任，这不但有利于建立起促进政府信息公开（包括违法信息行政公告）更慎重更合法的倒逼机制，而且更有利于全社会诚信价值观的树立，毕竟当下我国的市场经济仍是由政府主导，政府行为对于社会诚信的建立意义重大。不过，要对公众主张遭受损害的"合法预期"进行赔偿，也要有一定的条件，否则会让政府过于担心承担责任而导致信息公开"畏手畏脚"，反而阻碍了信息公开的良性发展。对此，余凌云教授指出，对"合法预期"的赔偿应该严格限定条件：①行政机关必须个别地、清楚地向相对人作出意思表示，使相对人能够合理产生预期。②行政机关的意思表示违法。③相对人是无辜的，不知道行政机关的意思表示违法。④改变上述意思表示会给相对人造成损失。⑤违法意思表示与相对人的损失有着直接的因果关系。[①] 如果同时具备上述条件，行政主体应该就自己公告违法信息的不法行为给公众的"合理预期"造成的实际财产损害予以行政赔偿。

（2）第三方可提起行政赔偿的范围

政府信息公开对于第三方（信息所属人）而言，行政主体怠于履行信息公开义务，并不会侵犯起合法权益。只有行政主体公告违法信息的行为违法，才可能侵害其合法权益。例如，公共警示型违法信息行政公告没有事先征求第三方意见，程序违法，导致公告的信息出现错误，侵害第三方的隐私、名誉等人格权和财产权等。对于受损的财产权，第三方可以根据《国家赔偿

[①] 余凌云：《行政法上合法预期之保护》，清华大学出版社2012年版，第46~47页。

法》第 4 条①第（4）项的规定要求相应的行政赔偿；但对于受损的隐私、名誉等人格权，第三方根据《国家赔偿法》第 35 条②的规定主张精神损害赔偿尚有一定障碍。虽然，这一规定将国家赔偿的范围扩展到精神损害赔偿，且依据《最高人民法院关于贯彻执行〈中华人民共和国民法通则〉若干问题的意见（试行）》第 140 条③的规定可以看出，宣扬隐私、诽谤名誉是对名誉权的侵害，而名誉权属于人格权，隶属人身权的范畴；但按照《国家赔偿法》第 35 条的表述，链接第 3 条④的规定可以看出，即使行政主体的行政职务行为违法、侵犯了人身权，也不是都要予以行政赔偿。第 3 条能适用于违法信息行政公告的乃第（5）项，但这一项却明确要求违法行为只有造成了公民身体伤害或死亡，才能予以行政赔偿。换言之，行政主体公告违法信息的行为即使违法，也不可能导致第三方身体伤害或死亡，即使第三方隐私、名誉等人格权受损，也因这一前提条件的限制而无法获得相应的精神损害赔偿。何况，大多数时候，违法信息行政公告的第三方并非公民，而以法人、其他组织居多，他们没有自然人的人身权，一旦名誉、商业秘密受损，依据现有的法律规范更是无法获得有效的行政赔偿。虽然法人、其他组织可以主张名誉受损导致交易机会减损等也是一种间接的财产损害，可以在财产权的范畴

---

① 《国家赔偿法》第 4 条规定："行政机关及其工作人员在行使行政职权时有下列侵犯财产权情形之一的，受害人有取得赔偿的权利：（一）违法实施罚款、吊销许可证和执照、责令停产停业、没收财物等行政处罚的；（二）违法对财产采取查封、扣押、冻结等行政强制措施的；（三）违法征收、征用财产的；（四）造成财产损害的其他违法行为。"
② 《国家赔偿法》第 35 条规定："有本法第三条或者第十七条规定情形之一，致人精神损害的，应当在侵权行为影响的范围内，为受害人消除影响，恢复名誉，赔礼道歉；造成严重后果的，应当支付相应的精神损害抚慰金。"
③ 《最高人民法院关于贯彻执行〈中华人民共和国民法通则〉若干问题的意见（试行）》第 140 条规定："以书面、口头等形式宣扬他人的隐私，或者捏造事实公然丑化他人人格，以及用侮辱、诽谤等方式损害他人名誉，造成一定影响的，应当认定为侵害公民名誉权的行为。以书面、口头等形式诋毁、诽谤法人名誉，给法人造成损害的，应当认定为侵害法人名誉权的行为。"
④ 《国家赔偿法》第 3 条规定："行政机关及其工作人员在行使行政职权时有下列侵犯人身权情形之一的，受害人有取得赔偿的权利：（一）违法拘留或者违法采取限制公民人身自由的行政强制措施的；（二）非法拘禁或者以其他方法非法剥夺公民人身自由的；（三）以殴打、虐待等行为或者唆使、放纵他人以殴打、虐待等行为造成公民身体伤害或者死亡的；（四）违法使用武器、警械造成公民身体伤害或者死亡的；（五）造成公民身体伤害或者死亡的其他违法行为。"

中请求行政赔偿。但个人受侵犯的隐私如何转换？任何用现金价值去衡量？是否应该明确规定对隐私的赔偿范围？这恐怕应该是国家赔偿法下一步修改完善时应该考虑的重点。

（三）行政补偿

1. 行政补偿的一般理论

国家赔偿和国家补偿被视为公法赔偿的两大支柱。其中，国家赔偿主要是针对违法的国家活动所导致的权益损害进行赔偿；而国家补偿则是针对因特定任务或大众福祉而进行的国家活动所导致的特别权益牺牲进行公平补偿。国家赔偿以国家活动违法为前提，而国家补偿却是以合法国家活动中私人权益的特别牺牲为前提。换言之，国家补偿源于国家和私人之间在公共利益的维护上的一种责任分担。对公共利益的维护不仅是国家的事，也是社会公众的一种责任和义务，公民享有的基本权利之所以会受到一定的限制，就是因为依法对社会、对公共福祉负有一定的义务。国家机关合法行使公权力有时难免会对公众的权益造成一定的损害，如果这种损害是合理的且在社会义务的范围之内，公众显然有容忍合理损害的义务，但这种损害一旦超出了公众所应承担的社会义务的范围，那就是一种不合理的特别牺牲，国家应予以相应的补偿。[①] 而行政补偿又称行政损失补偿，是指基于社会公共利益的需要，国家合法行使行政职权的行为使公民、法人或者其他组织的合法权益受到损失后，根据公平合理原则，由国家给予一定经济弥补的法律制度，主要针对财产所受侵害予以补偿。也就是说，与行政赔偿不同，行政补偿所针对的多属合法行政行为或无过错行政行为。

[①] 台湾地区学者认为：行政上之损失补偿，乃指行政机关基于公益之目的，合法实施公权力，致人民之生命、身体或财产遭受损失，而由国家予以适当补充之制度，与国家赔偿制度系针对公务员因故意或过失违法侵害人民权力所生之赔偿责任，有所不同。人民的权益虽然受到宪法和法律保障。但基于社会连带之观点，人民行使权利时，依法律仍负有一定程度之社会义务，所以行政机关基于公共利益，依法行使公权力，造成人民生命、身体、财产的损失时，如该损失属于社会义务的范围内，人民自应忍受，不产生补偿的问题。反之，行政机关的行为对人民所造成的损失，如已超过其所应尽之社会义务，则构成一种特别牺牲，应由国家给予合理之补偿，始合乎公平之原则。参见翁岳生编：《行政法》，中国法制出版社2009年版，第1721～1722页。

对绝大多数社会公众而言,这类行政行为其实是有益的,因此,这类行政行为实施的风险责任也应该由所有受益人,即社会公众来共同分担。公平负担平等理论相对圆满地解决了行政补偿责任的本质属性问题,不但适于解释合法行政行为的补偿,而且也适于解释其他危险行为及特别损害行为的补偿问题。[1]

各国的行政补偿制度并不一致。例如,受司法实务见解的影响,德国的行政补偿制度主要以"公用征收"概念为中心,以"特别牺牲"理论为基础,以判例的形式逐步架构起来。[2] 而日本的行政补偿包括基于违法的无过失行为产生的不法后果的补偿和基于合法行为产生的不法结果的补偿等,主要分为公用收用补偿、公用限制补偿、占有许可的撤回补偿、基于结果责任的损失补偿等。[3] 英美国家中,最重要的补偿类型是政府强制购买补偿,类似与大陆法系的公共征收补偿。[4] 目前,学界的通说认为,我国的行政补偿主要是因行政权的合法行使所导致的特别牺牲补偿。[5] 基于容忍合理损害的义务,在社会生活中公众的人身权、财产权等合法权益都会受到一定的限制、制约乃至侵害,这种普通的、普遍的牺牲不属于行政补偿的对象。只有特定的人在特定事件中所承受的牺牲超过了通常水准,才属于应该予以行政补偿的"特别牺牲"。基于公共利益的征收补偿就是最常见

---

[1] 杨建顺主编:《行政法总论》,中国人民大学出版社2012年版,第333页。
[2] 薛刚凌主编:《行政补偿理论与实践研究》,中国法制出版社2011年版,第54页。
[3] 杨建顺:《日本行政法通论》,中国法制出版社1998年版,第607~615页。
[4] 薛刚凌主编:《行政补偿理论与实践研究》,中国法制出版社2011年版,第55页。
[5] 德国《国家责任法》,特别牺牲请求权之构成要件为:(1)人民非财产法益受到侵害,例如:健康、自由、身体、婚姻、隐私等非物质法益(immaterielles rechtsgut)受侵害,籍此有别于侵害财产法益之土地征收情形。(2)该侵害是公权力基于公益,依法采取具有高权强制性质(durch hoheitlichen zwang)之行为所致,典型例子如强制施打预防针、警察使用警枪伤及无辜等。(3)需形成特别牺牲(sonderopfer);人民对于合法公权力措施之干预原则上有忍受之义务,若该干预对关系人造成不平等负担已逾越一般忍受界限,即构成特别牺牲。至于负担是否明显超出通常程度之不利益而有平等权之争议时,得由法官依法律之意欲(wille des gesetzes)(例如,强制施打预防针时就已预见被施打者会有不适或轻微发烧现象)、依事物本质(natur der sache)及衡平的理性等,斟酌强制措施类型与法益牺牲间是否已经超越一般生活风险界限,以决定是否补偿及补偿额度,其既可将平等权具体化,并可作为特别牺牲之界限。参见李震山:《行政法导论》(修订九版),三民书局股份有限公司2011年版,第637~638页。

的特别牺牲补偿，例如，我国宪法第 10 条①和第 13 条②就对征收补偿作出了规定。此外，也有人主张，基于福利国家的考虑，对因社会管理风险或自然灾害导致的个别损害可以给予社会补偿（管理风险补偿）。③

总体来讲，国家承担行政补偿责任，尤其是特别牺牲补偿必须同时满足下列条件：①行为系行使行政权的职务行为；②行为实施的目的是维护公共利益；③行为系合法、无过错的行政行为；④行为的实施侵犯了私人的合法权益（主要是财产权），造成了一定的损害结果，其侵害程度较严重或已构成特别牺牲；⑤行为实施与损害结果之间有因果关系；⑥法律对行政补偿责任作出了明确的规定。④

2. 违法信息行政公告的行政补偿

行文至此，我们可以看出，违法信息行政公告作为一种给付行政行为，其实施的目的是保障公共安全、公共秩序，维护公共利益。由于这种行为本身带有给付行政和规制行政的双重属性，行为实施难免引起权益冲突，因此

---

① 《宪法》第 10 条规定："城市的土地属于国家所有。农村和城市郊区的土地，除由法律规定属于国家所有的以外，属于集体所有；宅基地和自留地、自留山，也属于集体所有。国家为了公共利益的需要，可以依照法律规定对土地实行征收或者征用并给予补偿。任何组织或者个人不得侵占、买卖或者以其他形式非法转让土地。土地的使用权可以依照法律的规定转让。一切使用土地的组织和个人必须合理地利用土地。"

② 《宪法》第 13 条规定："公民的合法的私有财产不受侵犯。国家依照法律规定保护公民的私有财产权和继承权。国家为了公共利益的需要，可以依照法律规定对公民的私有财产实行征收或者征用并给予补偿。"

③ 薛刚凌主编：《行政补偿理论与实践研究》，中国法制出版社 2011 年版，第 56～82 页。

④ 台湾最高行政法院裁字第 2730 号判决对此有专门的说明。"关于特别牺牲损失补偿请求权是否成立，则应自下列要件是否满足认定之：（1）须属于行使公权力之行为：所谓行使公权力行为即排除公权力主体应适用民法之私法上之行为，至于公权力行为究竟为行政处分抑或事实行为，则在所不问。（2）须对财产或其他权利之侵害。（3）侵害须达致严重程度或已构成特别牺牲：若财产所受之妨碍或限制属于一般财产权人之社会责任，或其侵害轻微属于可忍受之范围，或虽有侵害但未妨碍财产权人正常之使用收益者，尚难认为有国家补偿责任之存在。（4）须相对人或利害关系人有值得保护之利益：所谓值得保护之利益，生命、身体及自由等非财产上之利益，涉及人之基本法律地位若因公益而特别牺牲应予补偿，固无疑问，财产权则有审之必要，若非值得保护之利益，自亦无须予补偿之理。（5）须基于公益之必要性：各种法律规定之征收目的各不相同，然皆系基于公益或公众福祉之必要性。（6）须为合法行为：征收补偿及特别牺牲补偿均以合法行为作为前提，否则应归于违法行为之赔偿责任之列。（7）补偿义务须有法规之依据始得请求。"参见李震山：《行政法导论》（修订九版），三民书局股份有限公司 2011 年版，第 639 页注释 55。

合法的、无过错的违法信息行政公告也可能导致私人权益受损。一旦这种损害超过了一定限度，不再属于合理容忍义务的范畴，那么被侵害人依据公平负担平等理论，应该享有要求国家行政补偿的权利。当然，违法信息行政公告面向社会公众直接作出，同时会对第三方产生间接的效果，因此，社会公众和第三方提出行政补偿的原因也是不同的。

（1）社会公众因合法预期受损可要求行政补偿

前文已述，违法信息行政公告直接向社会公众作出，可以影响社会公众的价值判断和行为选择。一般而言，合法的、无过错的违法信息行政公告不但不会给社会公众的合法权益造成损害，还能更好地保障其人身权、财产权、知情权和监督权等各项权利；但在特殊情况下，合法的、无过错的违法信息行政公告也可能会使社会公众的合法预期受损。本书第四章已经提到，如果违法信息的内容和即刻危险相关，不立即让公众知晓就会造成社会秩序混乱，甚至导致难以收拾的局面，为防止事态扩大或防止公众产生不必要的误解，必须立即予以公告。因此，重大紧急情况下，行政主体可于第一时间公告违法信息，并说明未予核查的原因，同时根据情况发展滚动公布相关信息和处置情况。尤其是和公众人身安全密切相关的食品安全、药品安全、产品质量等领域，在重大紧急情况下都可以先不予核实，而于第一时间公告违法信息，目的是防止风险扩散，防止更多人的生命、健康、财产遭受不必要的损失，从而有效避免社会混乱与动荡。由于此时公告的违法信息是一种中间性信息，尚来不及完全核实，有可能并非真实、客观，甚至可能和最终确定的事实之间有较大的差距。但公众基于规避风险的心理，此时多半抱着"宁可信其有，不可信其无"的心态，采信并未得到最终证实的违法信息，作出相应的行为选择。一旦最终核实无误的信息发布出来，与中间性信息差异较大，甚至完全相反，那么公众采信中间性信息的合法预期就有可能落空，可能会遭受一定的财产损失。如果这样的财产损失确系采信行政主体的中间性违法信息行政公告所导致，且损失特别巨大，国家应该承担相应的行政补偿责任。如果这种财产损失不大，没有超出合理容忍义务的范畴，那么可以免除国家的行政补偿责任。

如果财产损失更多是因个人原因造成的，国家不应承担行政补偿责任。例如，有关部门紧急公告某批食盐质量可能有问题，提醒社会公众注意，结果消费者甲以为发财的机会到了，自作主张抢购几吨其他品牌食盐进行囤积，事后有关部门经核实查明该批食盐质量没有问题，甲囤积的食盐无法出手、造成亏损，甲不能因此主张合法预期落空、财产权受损，要求行政补偿。

需要注意的是，当违法信息行政公告实施以后，社会公众因合法预期受损而提起的行政补偿与行政赔偿是不一样的。界分两者的主要标准就是违法信息行政公告是合法还是违法，如果合法的公告引起公众合法预期受损，只有损失较大的情况下可以要求行政补偿；反之，违法的公告引起公众合法预期受损，则应要求行政赔偿。

（2）第三方因特别牺牲可要求行政补偿

违法信息行政公告一旦作出，第三方（信息所属人）的名誉、财产等合法权益都会遭受一定的损失。但鉴于违法信息行政公告属于公益性，只要这种个人的损失不超出违法信息行政公告所要维护的社会公共利益，那么第三方应该合理容忍。反之，如果为了社会公共利益而进行的违法信息行政公告，需要特别牺牲某个或某些第三方的合法权益，且这种牺牲远远大于公告作出后拟维护的社会公共利益，那么第三方可以因特别牺牲要求行政补偿。例如，对于个人隐私、商业秘密这类法律规范明确禁止予以公开的信息，如果因维护公共利益的需要不得不出现在违法信息行政公告的内容里，就是一种典型的特别牺牲。即使这种违法信息行政公告完全合法，也会给第三方带来很大的伤害，且这种伤害随着网络媒体的传播会被不断放大，超越一定的时间和空间。尤其是上文提到的中间性违法信息行政公告，即在重大紧急情况下，行政主体第一时间公告的、还来不及核实的违法信息，一旦被证明是错误的，就算行政主体在最终的行政公告里对事实进行了说明和纠正，其带给第三方的负面影响也是久久不能消散的。简言之，此时因为社会公共利益，违法信息行政公告给第三方的合法权益造成的损害已经形成了不合理的特别牺牲，第三方有权请求国家给予行政补偿。①

但是,正如前文所述,合法的违法信息行政公告给社会公众或第三方的权益造成侵害的,要将请求补偿的权利落到实处,还必须要有相应的法律依据。也就是说,如果法律规范在信息公开领域没有对国家承担行政赔偿责任作出规定,被侵害人的合法权益也得不到有效的保障。因此,当务之急是先对《政府信息公开条例》第 33 条进行修改,明确将行政赔偿列为信息公开救济方式的一种,这样可以才能完善救济途径,确保公正合理。

六、小结:救济法控制是高悬的达摩克利斯之剑

在行政执法中,对于执法者而言,救济法控制其实是一种典型的促进依法行政的倒逼机制;而对于利害关系人而言,救济法控制则是保障和救济合法权益的有效机制。因此,救济法控制就好比一把高悬的达摩克利斯之剑,时刻提醒行政执法者依法行政,不得任意践踏合法的私权益。达摩克利斯之剑不一定要落下,但它悬挂在那里,已经能够产生足够的震慑。不过真正适用的时候这剑应该是把利剑,剑是否锋利,则要看制度设计是否合理。就违法信息行政公告而言,救济制度的完善需要从信访、行政救济和司法救济三个面向同时入手。

对于现有的信访制度而言,当务之急是要建立起暂时性权利保护制度,避免不当的违法信息行政公告给利害关系人的权益造成不可恢复的损失。而对于行政救济而已,必须明确异议权行使的内容和期间、明确举报处理的期限,扩大行政复议范围、建立复议委员会、建立行政复议的简易程序,才能更好地发挥制度功能。当然,如果能将 ADR 引入违法信息行政公告所引发的行政争议的纠纷解决机制,通过制度建设,在行政救济途径中赋予行政调解

---

① 王贵松副教授指出:如果风险公告的发布合法,具有准确性客观性,则即便造成企业的名誉受损,妨碍企业的生产经营,亦不构成侵权,这是企业生产经营行为本应负有的内在制约,也不会构成企业的特别牺牲,不需要国家承担补偿责任。但如果中间性公告存在错误,例如,不适当地夸大了危害性,而从发布公告时的情形看仍具有合法性,后来经最终调查予以更正,由此而给企业造成的损失,国家应当承担补偿责任。当然,由于损失与风险公告之间关系复杂,消费者介入其中的比重难以确定,补偿数额的计算仍是极大的难题。参见王贵松:"食品安全风险公告的界限与责任",载《华东政法大学学报》2011 年第 5 期。

一席之地，那就更符合国际潮流和我国实际，更有利于快速解决纷争、保障权益。

完善司法救济制度，需要建立健全行政公益诉讼制度，需要完善预防性行政诉讼制度和暂时性权利保护制度，引入"主要目的原则"作为司法审查中判断政府信息公开利益衡量是否合理的标准，避免司法判断的无序，同时反向指导行政执法中的行政裁量，促进政府信息公开良性发展。同时，也要完善行政赔偿和行政补偿制度，将错误的违法信息行政公告所导致的权益损害，纳入行政赔偿和行政补偿的范畴，切实保障利害关系人的合法权益。

当然，我们还需认识到，要想加强救济法控制，相应的配套制度也应完善。例如，违法信息行政公告最容易引起争议的当属公告内容是否涉及个人隐私，以及个人隐私与公共利益之间的权衡与博弈是否得当。但我国目前尚无一部法律规范、司法解释对个人隐私作出了明确的界定，不管是概念还是内涵、外延，均找不到一个权威的界定，使得法院在司法适用中难以找到具体的法律依据，这不得不说是一个严重的制度缺失。此外需要注意的是，有关部门在查处信息公开的举报案件中，不但要对利害关系人的权利予以救济，更为重要的是，还要追究违反法律规范的行政机关及其工作人员的责任。尽管《政府信息公开条例》第 34 条[①]和第 35 条[②]对政府信息公开的责任追究机制作出了有关规定，但还需完善相应的行政处分制度、监察制度、组织人事制度等相应的配套制度，才能真正发挥这一责任追究机制的功效；还可以考虑率针对食品安全、产品安全、药品安全、环境保护等领域的违法信息行政公告尽快建立公益诉讼；建立国家赔偿（补偿）专项准备金制度

---

① 《信息公开条例》第 34 条规定："行政机关违反本条例的规定，未建立健全政府信息发布保密审查机制的，由监察机关、上一级行政机关责令改正；情节严重的，对行政机关主要负责人依法给予处分。"

② 《政府信息公开条例》第 35 条规定："行政机关违反本条例的规定，有下列情形之一的，由监察机关、上一级行政机关责令改正；情节严重的，对行政机关直接负责的主管人员和其他直接责任人员依法给予处分；构成犯罪的，依法追究刑事责任：（一）不依法履行政府信息公开义务的；（二）不及时更新公开的政府信息内容、政府信息公开指南和政府信息公开目录的；（三）违反规定收取费用的；（四）通过其他组织、个人以有偿服务方式提供政府信息的；（五）公开不应当公开的政府信息的；（六）违反本条例规定的其他行为。"

和法院支付令制度①等。只有尽快填补相应的法律漏洞，完善制度设计，才能真正加强司法控制，使这把悬挂在行政执法之上的达摩克利斯之剑真正具有震慑力。

---

① 莫于川教授等人指出：我国现行的行政诉讼赔偿渠道不顺畅，每年大量的专用行政赔偿金闲置不用，而胜诉的行政相对人却又得不到及时赔偿，其权利最终得不到实际救济，生效裁判文书等同于空头支票。故需要提高行政赔偿的直接性和通畅性，以避开行政机关的阻力。为此，应当建立国家赔偿专项准备金制度和法院支付令制度（支付令的设计参考了英国法律制度中的执行令制度），主要内容是：第一，各级人民政府应当设立与行政诉讼相配套的国家专项赔偿准备金，存入指定银行，由各级财政直接统一管理。第二，人民法院作出的有金钱给付内容的判决（包括行政赔偿判决和行政补偿判决）生效后，若被诉行政机关在法定期限内拒绝履行，权利人可以向人民法院申请支付令。指定银行应按照支付令向权利人支付赔偿金。第三，指定银行在支付赔偿金后3日内通报本级政府和败诉的行政机关，由政府或败诉的行政机关向有故意或重大过失的具体责任人追偿。这一制度设计有利于提高执行效率，减少社会成本，从而提升人民法院裁判的权威和公信力。参见莫于川，等："我国《行政诉讼法》的修改路向、修改要点和修改方案——关于修改《行政诉讼法》的中国人民大学专家建议稿"，载《河南财经政法大学学报》2013年第3期。

附录一：关于《政府信息公开条例》的修法建议[①]

《中华人民共和国政府信息公开条例》	《中华人民共和国政府信息法》
第二条 本条例所称政府信息，是指行政机关在履行职责过程中制作或者获取的，以一定形式记录、保存的信息。	**第二条** 本法所称政府信息，是指行政机关在履行职责过程中制作或者获取的，以一定形式记录、保存的信息。
第九条 行政机关对符合下列基本要求之一的政府信息应当主动公开： （一）涉及公民、法人或者其他组织切身利益的； （二）需要社会公众广泛知晓或者参与的； （三）反映本行政机关机构设置、职能、办事程序等情况的； （四）其他依照法律、法规和国家有关规定应当主动公开的。	**第九条** 行政机关对符合下列基本要求之一的政府信息应当主动公开： （一）涉及公民、法人或者其他组织切身利益的； （二）需要社会公众广泛知晓或者参与的； （三）反映本行政机关机构设置、职能、办事程序等情况的； （四）其他依照法律、法规和国家有关规定应当主动公开的。 各级行政机关可以依据本条，在其职责范围内就上述政府信息主动公开的情形、条件、内容等作出具体规定。
第十七条 行政机关制作的政府信息，由制作该政府信息的行政机关负责公开；行政机关从公民、法人或者其他组织获取的政府信息，由保存该政府信息的行政机关负责公开。法律、法规对政府信息公开的权限另有	**第十七条** 行政机关制作的政府信息，由制作该政府信息的行政机关负责公开；行政机关从公民、法人或者其他组织获取的政府信息，由保存该政府信息的行政机关负责公开。法律、法规对政府信息公开的权限另有规定的，从其规定。

---

① 建议尽快将《中华人民共和国政府信息公开条例》上升为法律，即《中华人民共和国政府信息公开法》，并修改和完善其中的相应条文。所有的修法建议均是在原有条文上进行修改，属于"小修"，不在原有法律规范的基础上增加新的条文。

续表

《中华人民共和国政府信息公开条例》	《中华人民共和国政府信息法》
规定的，从其规定。	行政机关在公开前应进行必要的调查，并对政府信息进行核实审查。重大紧急情况下可于第一时间公开政府信息，并说明未予核查的原因，同时根据情况发展滚动公布相关信息和处置情况。
第十八条　属于主动公开范围的政府信息，应当自该政府信息形成或者变更之日起 20 个工作日内予以公开。法律、法规对政府信息公开的期限另有规定的，从其规定。	第十八条　属于主动公开范围的政府信息，应当自该政府信息形成或者变更之日起 20 个工作日内予以公开。法律、法规对政府信息公开的期限另有规定的，从其规定。 已经公开的政府信息发生变化的，发布部门自确认之日起 5 日内予以更正，并说明理由。 行政机关更正已经公开的政府信息，应遵循和公开同样的范围和方式。
第二十三条　行政机关认为申请公开的政府信息涉及商业秘密、个人隐私，公开后可能损害第三方合法权益的，应当书面征求第三方的意见；第三方不同意公开的，不得公开。但是，行政机关认为不公开可能对公共利益造成重大影响的，应当予以公开，并将决定公开的政府信息内容和理由书面通知第三方。	第二十三条　行政机关主动公开或申请公开的政府信息涉及商业秘密、个人隐私，公开后可能损害第三方合法权益的，应当在正式公开前书面告知第三方并征求其意见；第三方可在收到通知后 5 日内就是否公开提出书面意见或要求举行听证。第三方不同意公开的，不得公开。但是，第三方 5 日内未提出异议的，或行政机关认为不公开可能对公共利益造成重大影响的，应当予以公开，并将决定公开的政府信息内容和理由书面通知第三方。 行政机关就主动公开的政府信息征求第三方意见所需时间不计算在本法第十八条所规定的期限内。
第二十四条　行政机关收到政府信息公开申请，能够当场答复的，应当当场予以答复。 行政机关不能当场答复的，应当自收到申请之日起 15 个工作日内予以答复；如需延长答复期限的，应当经政府信息公开工作机构负责人同意，并告知申请人，延长答复的期限最长不得超过 15 个工作日。 申请公开的政府信息涉及第三方	第二十四条　行政机关收到政府信息公开申请，能够当场答复的，应当当场予以答复。 行政机关不能当场答复的，应当自收到申请之日起 15 个工作日内予以答复；如需延长答复期限的，应当经政府信息公开工作机构负责人同意，并告知申请人，延长答复的期限最长不得超过 15 个工作日。 申请公开的政府信息涉及第三方权益的，行政机关征求第三方意见所需时间不计算在本条第二款规定的期限内。

续表

《中华人民共和国政府信息公开条例》	《中华人民共和国政府信息法》
权益的，行政机关征求第三方意见所需时间不计算在本条第二款规定的期限内。	
第三十三条 公民、法人或者其他组织认为行政机关不依法履行政府信息公开义务的，可以向上级行政机关、监察机关或者政府信息公开工作主管部门举报。收到举报的机关应当予以调查处理。 公民、法人或者其他组织认为行政机关在政府信息公开工作中的具体行政行为侵犯其合法权益的，可以依法申请行政复议或者提起行政诉讼。	第三十三条 公民、法人或者其他组织认为行政机关不依法履行政府信息公开义务的，可以向上级行政机关、监察机关或者政府信息公开工作主管部门举报。收到举报的机关应当予以调查，并在 30 日内作出处理决定。 公民、法人或者其他组织认为行政机关在政府信息公开工作中的行政行为侵犯其合法权益的，可以依法申请行政复议或者提起行政诉讼，并可就其损害提出行政赔偿或行政补偿。行政机关在公开政府信息的同时应书面告知其救济途径和期限。

附录二：关于信息公开救济制度的修法建议[①]

序号	法律规范名称	原法律条款	修法建议
1	《信访条例》	第二十七条 对于可能造成社会影响的重大、紧急信访事项和信访信息，有关行政机关应当在职责范围内依法及时采取措施，防止不良影响的产生、扩大。	第二十七条 对于可能造成社会影响的重大、紧急信访事项和信访信息，有关行政机关应当在职责范围内依法及时采取措施，防止不良影响的产生、扩大。 信访期间，公民、法人或其他组织申请停止执行行政行为的，信访部门经审查认为行政行为的继续执行会造成难以弥补的损失，并且暂停执行不损害公共利益的，可以通知有关部门暂停执行。
2	《行政复议法》	第一条 为了防止和纠正违法的或者不当的具体行政行为，保护公民、法人和其他组织的合法权益，保障和监督行政机关依法行使职权，根据宪法，制定本法。	第一条 为了防止和纠正违法的或者不当的行政行为，保护公民、法人和其他组织的合法权益，保障和监督行政机关依法行使职权，根据宪法，制定本法。
3	《行政复议法》	第二条 法人或者其他组织认为具体行政行为侵犯其合法权益，向行政机关提出行政复议申请，行政机关受理行政复议申请、作出行政复议决定，适用本法。	第二条 法人或者其他组织认为行政行为侵犯其合法权益，向行政机关提出行政复议申请，行政机关受理行政复议申请、作出行政复议决定，适用本法。

[①] 本书针对信息公开的救济制度提出了相应的修改建议，所有的修法建议均是在原有条文上进行修改，属于"小修"，不在原有法律规范的基础上增加新的条文。

续表

序号	法律规范名称	原法律条款	修法建议
4	《行政复议法》	第六条 有下列情形之一的，公民、法人或者其他组织可以依照本法申请行政复议： （一）对行政机关作出的警告、罚款、没收违法所得、没收非法财物、责令停产停业、暂扣或者吊销许可证、暂扣或者吊销执照、行政拘留等行政处罚决定不服的； （二）对行政机关作出的限制人身自由或者查封、扣押、冻结财产等行政强制措施决定不服的； （三）对行政机关作出的有关许可证、执照、资质证、资格证等证书变更、中止、撤销的决定不服的； （四）对行政机关作出的关于确认土地、矿藏、水流、森林、山岭、草原、荒地、滩涂、海域等自然资源的所有权或者使用权的决定不服的； （五）认为行政机关侵犯合法的经营自主权的； （六）认为行政机关变更或者废止农业承包合同，侵犯其合法权益的； （七）认为行政机关违法集资、征收财物、摊派费用或者违法要求履行其他义务的； （八）认为符合法定条件，申请行政机关颁发许可证、执照、资质证、资	第六条 有下列情形之一的，公民、法人或者其他组织可以依照本法申请行政复议： （一）对行政机关作出的警告、罚款、没收违法所得、没收非法财物、责令停产停业、暂扣或者吊销许可证、暂扣或者吊销执照、行政拘留等行政处罚决定不服的； （二）对行政机关作出的限制人身自由或者查封、扣押、冻结财产等行政强制措施决定不服的； （三）对行政机关作出的有关许可证、执照、资质证、资格证等证书变更、中止、撤销的决定不服的； （四）对行政机关作出的关于确认土地、矿藏、水流、森林、山岭、草原、荒地、滩涂、海域等自然资源的所有权或者使用权的决定不服的； （五）认为行政机关侵犯合法的经营自主权的； （六）认为行政机关变更或者废止农业承包合同，侵犯其合法权益的； （七）认为行政机关违法集资、征收财物、摊派费用或者违法要求履行其他义务的； （八）认为符合法定条件，申请行政机关颁发许可证、执照、资质证、资格证等证书，或者申请行政机关审批、登记有关事项，行政机关没有依法办理的； （九）申请行政机关履行保护人身权利、财产权利、受教育权利的法定职责，行政机关没有依法履行的； （十）申请行政机关依法发放抚

续表

序号	法律规范名称	原法律条款	修法建议
		格证等证书，或者申请行政机关审批、登记有关事项，行政机关没有依法办理的； （九）申请行政机关履行保护人身权利、财产权利、受教育权利的法定职责，行政机关没有依法履行的； （十）申请行政机关依法发放抚恤金、社会保险金或者最低生活保障费，行政机关没有依法发放的； （十一）认为行政机关的其他具体行政行为侵犯其合法权益的。	恤金、社会保险金或者最低生活保障费，行政机关没有依法发放的； （十一）认为行政机关的其他行政行为侵犯其合法权益的。
5	《行政复议法》	第二十一条　行政复议期间具体行政行为不停止执行；但是，有下列情形之一的，可以停止执行： （一）被申请人认为需要停止执行的； （二）行政复议机关认为需要停止执行的； （三）申请人申请停止执行，行政复议机关认为其要求合理，决定停止执行的； （四）法律规定停止执行的。	第二十一条　行政复议期间行政行为不停止执行；但是，有下列情形之一的，可以停止执行： （一）被申请人认为需要停止执行的； （二）行政复议机关认为需要停止执行的； （三）申请人申请停止执行，行政复议机关认为其要求合理，决定停止执行的； （四）法律规定停止执行的。
6	《最高人民法院关于审理政府信息公开行政案件若干问题的规定》	第一条　公民、法人或者其他组织认为下列政府信息公开工作中的具体行政行为侵犯其合法权益，依法提起行政诉讼，人民法院应当受理：	第一条　公民、法人或者其他组织认为下列政府信息公开工作中的行政行为侵犯其合法权益，依法提起行政诉讼，人民法院应当受理： （一）向行政机关申请获取政府

续表

序号	法律规范名称	原法律条款	修法建议
		（一）向行政机关申请获取政府信息，行政机关拒绝提供或者逾期不予答复的； （二）认为行政机关提供的政府信息不符合其在申请中要求的内容或者法律、法规规定的适当形式的； （三）认为行政机关主动公开或者依他人申请公开政府信息侵犯其商业秘密、个人隐私的； （四）认为行政机关提供的与其自身相关的政府信息记录不准确，要求该行政机关予以更正，该行政机关拒绝更正、逾期不予答复或者不予转送有权机关处理的； （五）认为行政机关在政府信息公开工作中的其他具体行政行为侵犯其合法权益的。 公民、法人或者其他组织认为政府信息公开行政行为侵犯其合法权益造成损害的，可以一并或单独提起行政赔偿诉讼。	信息，行政机关拒绝提供或者逾期不予答复的； （二）认为行政机关提供的政府信息不符合其在申请中要求的内容或者法律、法规规定的适当形式的； （三）认为行政机关主动公开或者依他人申请公开政府信息侵犯其商业秘密、个人隐私的； （四）认为行政机关提供的与其自身相关的政府信息记录不准确，要求该行政机关予以更正，该行政机关拒绝更正、逾期不予答复或者不予转送有权机关处理的； （五）认为行政机关在政府信息公开工作中的其他行政行为侵犯其合法权益的。 公民、法人或者其他组织认为政府信息公开行政行为侵犯其合法权益造成损害的，可以一并或单独提起行政赔偿诉讼。
7	《最高人民法院关于审理政府信息公开行政案件若干问题的规定》	第二条　公民、法人或者其他组织对下列行为不服提起行政诉讼的，人民法院不予受理： （一）因申请内容不明确，行政机关要求申请人作出更改、补充且对申请人权利义务不产生实际影	第二条　公民、法人或者其他组织对下列行为不服提起行政诉讼的，人民法院不予受理： （一）因申请内容不明确，行政机关要求申请人作出更改、补充且对申请人权利义务不产生实际影响的告知行为； （二）要求行政机关提供政府公

续表

序号	法律规范名称	原法律条款	修法建议
		响的告知行为； （二）要求行政机关提供政府公报、报纸、杂志、书籍等公开出版物，行政机关予以拒绝的； （三）要求行政机关为其制作、搜集政府信息，或者对若干政府信息进行汇总、分析、加工，行政机关予以拒绝的； （四）行政程序中的当事人、利害关系人以政府信息公开名义申请查阅案卷材料，行政机关告知其应当按照相关法律、法规的规定办理的。	报、报纸、杂志、书籍等公开出版物，行政机关予以拒绝的； （三）要求行政机关为其制作、搜集政府信息，或者对若干政府信息进行汇总、分析、加工，行政机关予以拒绝的； （四）行政程序中的当事人、利害关系人以政府信息公开名义申请查阅案卷材料，行政机关告知其应当按照相关法律、法规的规定办理的； （五）认为行政机关主动公开的政府信息不准确，误导其行为选择并造成权益受损的。
8	《最高人民法院关于审理政府信息公开行政案件若干问题的规定》	第六条　人民法院审理政府信息公开行政案件，应当视情采取适当的审理方式，以避免泄露涉及国家秘密、商业秘密、个人隐私或者法律规定的其他应当保密的政府信息。	第六条　人民法院审理政府信息公开行政案件，应当视情采取适当的审理方式。涉及国家秘密、商业秘密、个人隐私或者法律规定的其他应当保密的政府信息的案件原则上不公开审理，当事人同意公开审理的除外。
9	《最高人民法院关于审理政府信息公开行政案件若干问题的规定》	第八条　政府信息涉及国家秘密、商业秘密、个人隐私的，人民法院应当认定属于不予公开范围。 政府信息涉及商业秘密、个人隐私，但权利人同意公开，或者不公开可能对公共利益造成重大影响的，不受前款规定的限制。	第八条　政府信息涉及国家秘密、商业秘密、个人隐私的，人民法院应当认定属于不予公开范围。 政府信息涉及商业秘密、个人隐私，但权利人同意公开，或者不公开不利于对行政执法的监督，且可能对公共利益造成重大影响的，不受前款规定的限制。

续表

序号	法律规范名称	原法律条款	修法建议
10	《最高人民法院关于审理政府信息公开行政案件若干问题的规定》	第十一条 被告公开政府信息涉及原告商业秘密、个人隐私且不存在公共利益等法定事由的，人民法院应当判决确认公开政府信息的行为违法，并可以责令被告采取相应的补救措施；造成损害的，根据原告请求依法判决被告承担赔偿责任。政府信息尚未公开的，应当判决行政机关不得公开。 诉讼期间，原告申请停止公开涉及其商业秘密、个人隐私的政府信息，人民法院经审查认为公开该政府信息会造成难以弥补的损失，并且停止公开不损害公共利益的，可以依照《中华人民共和国行政诉讼法》第四十四条的规定，裁定暂时停止公开。	第十一条 政府信息涉及原告商业秘密、个人隐私且不存在公共利益等法定事由的，被告已经公开的，人民法院应当判决确认公开政府信息的行为违法，并可以责令被告采取相应的补救措施；造成损害的，根据原告请求依法判决被告承担赔偿责任。如果被告正式作出了公开决定但尚未真正公开，应当判决行政机关不得公开。 诉讼期间，原告申请停止公开涉及其商业秘密、个人隐私的政府信息，人民法院经审查认为公开该政府信息会造成难以弥补的损失，并且停止公开不损害公共利益的，可以依照《中华人民共和国行政诉讼法》第四十四条的规定，裁定暂时停止公开并颁发预先禁止令。

结语：法律控制是违法信息行政公告法治化的有力保障

秩序是一个国家最应当被珍视的价值，良好的社会控制有利于秩序的形成和维系，而信息资源的适当配置与信息渠道的相对畅通就是实现社会控制的基础，是调控社会秩序的需要。政府信息公开，不但可以分散社会控制权，减轻权力制衡的压力，还可以重塑政府与社会、政府与个人之间的关系，建立起更为开放的政府和责任的政府。

违法信息行政公告兼具规制行政与服务行政的双重属性，在利用信息的传播提供信息服务的同时实现行政规制。一方面，作为政府信息公开的一翼，违法信息行政公告是一种公共服务措施，直接面向公众作出、提示公众抵御和防范风险，不但可以保障公众的人身权、财产权不受侵犯，而且明确告知公众，政府面对违法行为采取了哪些有效措施，如何防止公共利益遭受进一步的侵犯，这有利于确保公众知情权、监督权的实现，进而促进责任政府、民主决策等价值的实现。另一方面，违法信息行政公告还与声誉机制和道德惩罚相勾连，行为的实施会给行为第三方（信息所属人）的声誉、隐私等带来一定的负面影响，是一种典型的具有第三方效果的行为。

近年来，违法信息行政公告随着互联网、自媒体的发展，带着鲜明的时代特色，以傲人的姿态迅速崛起，在行政过程中，与其他行政行为相互配合，一起实施，共同确保行政的实效。虽然违法信息行政公告在我国有着悠久的历史，却也算得上是一个晚近的法律领域，只因政府信息公开的法治化以及服务行政的发展和权益保护日渐被重视才开始逐步受到关注。这一领域不但立法滞后，相关的理论研究也不够深入，和实践相去甚远。

本书在回顾违法信息行政公告的历史起源与发展的基础上，对违法信息行政公告的定义、性质、类型进行界定，并通过分析违法信息行政公告的宪法价值和潜在风险，重点讨论对违法信息行政公告进行法律控制的必要性。本书研究的旨趣并不仅仅停留在探讨这一行政事实行为的基本理论，而是着重探讨如何针对行政行为实施三个阶段的不同情况，建构起实体法控制、程序法控制和救济法控制的三维控权机制，促进违法信息行政公告尽快走上法治化道路。行文之初提出的各种问题，经过研究之后，基本得到了解答。制度设计不但是一种博弈，更是一种经验的总结，是大浪淘沙的结果。本书通过梳理现有法律规范的漏洞，提出完善有关违法信息行政公告的实体法和程序法制度的建议，明确公告条件、标准、内容和程序，有效制约行政裁量，防止权力滥用，使违法信息行政公告可以更好地为社会服务、为管理服务、为公众服务。同时，针对信访、行政救济和司法救济的制度设计也提出了较为详细、具体的建议，有利于完善权利的救济机制，切实保障利害关系人的合法权益。上述研究结果有助于在法律上影响、支撑乃至形塑违法信息行政公告，使其真正走上法治的轨道。

当然，有关违法信息行政公告的研究方兴未艾，相应配套制度的跟进更是值得探索。公共利益保障和私人权益保护之间的平衡往往需要通过一个制度群来实现。除了完善《政府信息公开条例》《行政复议法》《行政诉讼法》等法律制度，今后还应加强对《国家保密法》和《档案法》的制度完善，加快个人信息保护法的研究和设计，完善行政处分制度、监察制度、组织人事制度以及行政问责机制，建立信息公开的 ADR 制度，建立健全行政公益诉讼，建立国家赔偿（或补偿）专项准备金制度和法院支付令制度，并加大对违法信息提供激励机制——悬赏举报制度、经营者信息义务修正等的研究力度。

参考文献

一、中文著作

[1] 蔡震荣. 行政法理论与基本人权之保障 [M]. 台北：五南图书出版公司，1999.

[2] 陈春生. 行政法之学理与体系（一）——行政行为形式论 [M]. 台北：三民书局股份有限公司，1996.

[3] 陈春生. 行政法之学理与体系（二）[M]. 台北：元照出版有限公司，2007.

[4] 陈晋胜. 行政事实行为研究 [M]. 北京：知识产权出版社，2010.

[5] 陈新民. 德国公法学基础理论 [M]. 济南：山东人民出版社，2001.

[6] 陈新民. 公法学札记 [M]. 北京：中国政法大学出版社，2001.

[7] 邓正来. 市民社会理论的研究 [M]. 北京：中国政法大学出版社，2002.

[8] 董安生. 民事法律行为——合同、遗嘱和婚姻行为的一般规律 [M]. 北京：中国人民大学出版社，1994.

[9] 方汉奇. 中国新闻传播史 [M]. 北京：中国人民大学出版社，2002.

[10] 方世荣，石佑启. 行政法与行政诉讼法（第二版）[M]. 北京：北京大学出版社，2011.

[11] 郭齐，尹波. 朱熹集（八）[M]. 成都：四川教育出版社，1996.

[12] 韩大元，林来梵，郑贤君. 宪法学专题研究 [M]. 北京：中国人民大学出版社，2008.

[13] 韩大元. 比较宪法学（第二版）[M]. 北京：高等教育出版社，2008.

[14] 洪家殷. 行政罚法论（增订二版）[M]. 台北：五南图书出版社，2006.

[15] 胡建淼. 行政法学（第三版）[M]. 北京：法律出版社，2010.

[16] 胡建淼，江利红. 行政法学 [M]. 北京：中国人民大学出版社，2010.

[17] 胡锦光. 2009 年中国十大宪法事例评析 [M]. 北京：法律出版社，2010.

[18] 胡锦光. 2012 年中国十大宪法事例评析 [M]. 北京：法律出版社，2013.

[19] 怀效峰. 明清法制初探 [M]. 北京：法律出版社，1998.

[20] 纪建文. 知情权：从制度到社会控制 [M]. 北京：法律出版社，2012.

[21] 江必新. 中国行政诉讼制度之发展：行政诉讼司法解释解读 [M]. 北京：金城出版社，2001.

[22] 姜明安. 行政执法研究 [M]. 北京：北京大学出版社，2004.

[23] 姜明安. 行政法与行政诉讼法（第五版）[M]. 北京：北京大学出版社、高等教育出版社，2011.

[24] 姜明安. 行政法论丛（第 13 卷）[M]. 北京：法律出版社，2011.

[25] 江源富. 面向信息弱势群体的政府公共服务研究 [M]. 北京：科学出版社，2012.

[26] 李细珠. 地方督抚与清末新政——晚清权力格局再研究 [M]. 北京：社会科学文献出版社，2012.

[27] 李震山. 行政法导论（修订九版）[M]. 台北：三民书局股份有限公司，2011.

[28] 林明锵，蔡茂寅. 行政法实务与理论（二）[M]. 台北：元照出版有限公司，2006.

[29] 连启元. 明代的告示榜文——讯息传播与社会互动（上、下）[M]. 台北：花木兰文化出版社，2010.

[30] 刘恒，等. 政府信息公开制度 [M]. 北京：中国社会科学出版社，2004.

[31] 陆伟明. 服务行政法论 [M]. 北京：中国政法大学出版社，2012.

[32] 吕艳滨. 信息法治　政府治理新视角 [M]. 北京：社会科学文献出版社，2009.

[33] 罗豪才，应松年. 行政程序法研究 [M]. 北京：中国政法大学出版社，1992.

[34] 罗豪才. 行政法学 [M]. 北京：北京大学出版社，2001.

[35] 马怀德. 国家赔偿法的理论与实务 [M]. 北京：中国法制出版社，1994.

[36] 马怀德. 行政程序立法研究 [M]. 北京：法律出版社，2005.

[37] 马生安. 行政行为研究 [M]. 济南：山东人民出版社，2008.

［38］莫于川，等．法治视野中的行政指导［M］．北京：中国人民大学出版社，2005．

［39］莫于川，林鸿潮．政府信息公开条例释义［M］．北京：中国法制出版社，2007．

［40］莫于川，等．柔性行政方式法治化研究——从建设法治政府、服务型政府的视角［M］．厦门：厦门大学出版社，2011．

［41］莫于川．行政法与行政诉讼法［M］．北京：中国人民大学出版社，2012．

［42］齐爱民．私法视野下的信息［M］．重庆：重庆大学出版社，2012．

［43］邱元猷，张希坡．中华民国开国法制史——辛亥革命法律制度研究［M］．北京：首都师范大学出版社，1997．

［44］芮廷先．管理信息技术［M］．北京：北京大学出版社，2012．

［45］沈岿．公法变迁与合法性［M］．北京：法律出版社，2010．

［46］王贵松．日本食品安全法研究［M］．北京：中国民主法制出版社，2009．

［47］王贵松．宪政与行政法治评论（第五卷）［M］．北京：中国人民大学出版社，2011．

［48］王利民，杨立新．侵权行为法［M］．北京：法律出版社，1996．

［49］王珉灿．行政法概要［M］．北京：法律出版社，1983．

［50］王名扬．英国行政法［M］．北京：中国政法大学出版社，1987．

［51］王名扬．美国行政法（上、下）［M］．北京：中国法制出版社，1995．

［52］王少辉．迈向阳光政府——我国政府信息公开制度研究［M］．武汉：武汉大学出版社，2010．

［53］翁岳生．行政法与现代法治国家［M］．台北：永裕印刷厂，1976．

［54］翁岳生．行政法［M］．北京：中国法制出版社，2009．

［55］伍伯麟．社会主义经济学教程［M］．上海：复旦大学出版社，1996．

［56］吴东镐，徐炳煊．日本行政法［M］．北京：中国政法大学出版社，2011．

［57］吴庚．行政法之理论与适用［M］．北京：中国人民大学出版社，2005．

［58］徐亚文．程序正义论［M］．济南：山东人民出版社，2004．

［59］薛刚凌．行政法与行政诉讼法［M］．北京：中国人民大学出版社，2007．

［60］薛刚凌．行政补偿理论与实践研究［M］．北京：中国法制出版社，2011．

［61］杨建顺．日本行政法通论［M］．北京：中国法制出版社，1998．

[62] 杨建顺. 行政规制与权利保障 [M]. 北京：中国人民大学出版社，2007.

[63] 杨建顺. 行政强制法 18 讲 [M]. 北京：中国法制出版社，2011.

[64] 杨建顺. 行政法总论 [M]. 北京：中国人民大学出版社，2012.

[65] 叶必丰. 行政法与行政诉讼法（第三版）[M]. 北京：中国人民大学出版社，2011.

[66] 叶俊荣. 行政法案例分析与研究方法 [M]. 台北：三民书局股份有限公司，1999.

[67] 应飞虎. 信息、权利与交易安全 [M]. 北京：北京大学出版社，2008.

[68] 应松年. 国家赔偿法研究 [M]. 北京：法律出版社，1995.

[69] 应松年. 行政法学新论 [M]. 北京：方正出版社，2004.

[70] 应松年. 行政法与行政诉讼法学 [M]. 北京：中国人民大学出版社，2009.

[71] 喻国明. 中国社会舆情年度报告（2010）[M]. 北京：人民日报出版社，2010.

[72] 余凌云. 行政法上合法预期之保护 [M]. 北京：清华大学出版社，2012.

[73] 赵汀阳. 每个人的政治 [M]. 北京：社会科学文献出版社，2010.

[74] 张明杰. 开放的政府——政府信息公开法律制度研究 [M]. 北京：中国政法大学出版社，2003.

[75] 张希坡. 革命根据地法制史研究与"史源学"举隅 [M]. 北京：中国人民大学出版社，2011.

[76] 张新宝. 隐私权的法律保护（第二版）[M]. 北京：群众出版社，2004.

[77] 中国大辞典编纂处. 国语辞典 [M]. 北京：商务印书馆，2011.

[78] 中国社会科学院语言研究所词典编辑室. 现代汉语小词典 [M]. 北京：商务印书馆，1980.

[79] 中国人民大学信息法研究中心. 个人数据保护：欧盟指令及成员国法律、经合组织指导方针 [M]. 陈飞，等，译. 北京：法律出版社，2006.

[80] 中华人民共和国最高人民法院行政审判庭. 行政执法与行政审判（第 2 期）[M]. 北京：中国法制出版社，2012.

[81] 周汉华. 外国政府信息公开制度比较 [M]. 北京：中国法制出版社，2003.

[82] 周汉华. 政府信息公开条例专家建议稿——草案·说明·理由·立法例[M]. 北京：中国法制出版社，2003.

[83] 周汉华. 中华人民共和国个人信息保护法（专家建议稿）及立法研究报告[M]. 北京：法律出版社，2006.

[84] 周濂. 现代政治的正当性基础[M]. 北京：三联书店，2008.

[85] 周佑勇. 行政法原论[M]. 北京：中国方正出版社，2000.

[86] 朱春华. 公共警告制度研究[M]. 北京：中国社会科学出版社，2013.

[87] 最高人民法院行政审判庭. 《关于执行〈中华人民共和国行政诉讼法〉若干问题的解释》释义[M]. 北京：中国城市出版社，2000.

二、中文译著

[1] [德]埃贝哈德·施密特·阿斯曼. 德国行政法读本[M]. 于安，等，译. 北京：高等教育出版社，2006.

[2] [英]安东尼·奥格斯. 规制：法律形式与经济学理论[M]. 骆梅英，译. 北京：中国人民大学出版社，2008.

[3] [英]安东尼·吉登斯. 失控的世界[M]. 周红云，译. 南昌：江西人民出版社，2001.

[4] [英]边沁. 政府片论[M]. 沈叔平，等，译. 北京：商务印书馆，1995.

[5] [美]富勒. 法律的道德性[M]. 郑戈，译. 北京：商务印书馆，2005.

[6] [德]弗里德赫尔穆·胡芬. 行政诉讼法（第5版）[M]. 莫光华，译. 北京：法律出版社，2003.

[7] [法]弗里德里克·巴斯夏. 财产、法律与政府——巴斯夏政治经济学文粹[M]. 秋风，译. 贵阳：贵州人民出版社，2003.

[8] [意] GIAMPAOLO ROSSI. 行政法原理[M]. 李修琼，译. 北京：法律出版社，2013.

[9] [美]哈罗德·J.伯尔曼. 法律与宗教[M]. 梁治平，译. 北京：三联书店，1991.

[10] [德]哈特穆特·毛雷尔. 行政法学总论[M]. 高家伟，译. 北京：法律出版社，2000.

[11] [英]哈耶克. 自由秩序原理[M]. 邓正来，译. 上海：三联书店，1997.

［12］［美］汉密尔顿，杰伊，麦迪逊. 联邦党人文集［M］. 程逢如，等，译. 北京：商务印书馆，1980.

［13］［德］汉斯·J. 沃尔夫，奥托·巴霍夫，罗尔夫·施托贝尔. 行政法［M］. 高家伟，译. 北京：商务印书馆，2002.

［14］［法］霍尔巴赫. 自然的体系（上、下）［M］. 管士滨，译. 北京：商务印书馆，2007.

［15］［美］杰瑞·L. 马肖. 行政国的正当程序［M］. 沈岿，译. 北京：高等教育出版社，2005.

［16］［韩］金东熙. 行政法Ⅰ（第9版）［M］. 赵峰，译. 北京：中国人民大学出版社，2008.

［17］［德］KarlLarenz. 法学方法论［M］. 陈爱娥，译. 台中：五南图书出版公司，1996.

［18］［美］肯尼思·F. 沃伦. 政治体制中的行政法［M］. 王丛虎，等，译. 北京：中国人民大学出版社，2005.

［19］［美］罗尔斯. 正义论［M］. 何怀宏，何包钢，廖申白，译. 北京：中国社会科学出版社，1988.

［20］［美］罗斯科·庞德. 通过法律的社会控制［M］. 沈宗灵，译. 北京：商务印书馆，2008.

［21］［加］迈克尔·豪利特，M. 拉米什. 公共政策研究：政策循环与政策子系统［M］. 庞诗，等，译. 北京：三联书店，2006.

［22］［印］M·P塞夫. 德国行政法——普通法的分析［M］. 周伟，译. 济南：山东人民出版社，2006.

［23］［日］南博方. 行政法（第六版）［M］. 杨建顺，译. 北京：中国人民大学出版社，2009.

［24］［美］诺内特·塞尔兹尼克. 转变中的法律与社会：迈向回应型法［M］. 张志铭，译. 北京：中国政法大学出版社，2004.

［25］［美］欧姆瑞·本·沙哈尔，卡尔·E. 施奈德. 过犹不及 强制披露的失败［M］. 陈晓芳，译. 法律出版社2015.

［26］［日］室井力. 日本现代行政法［M］. 吴微，译. 北京：中国政法大学出版社，1995.

［27］［美］史蒂芬·布雷耶. 规制及其改革［M］. 李洪雷，等，译. 北京：北京大学版社，2008.

［28］［德］施密特·阿斯曼. 秩序理念下的行政法体系建构［M］. 林明锵，等，译. 北京：北京大学出版社，2012.

［29］［加］托比·曼德尔. 信息自由：多国法律比较［M］. 龚文庠，等，译. 北京：社会科学文献出版社，2011.

［30］［日］盐野宏. 行政法总论（第四版）［M］. 杨建顺，译. 北京：北京大学出版社，2008.

［31］［美］朱迪·弗里曼. 合作治理与新行政法［M］. 毕洪海，陈标冲，译. 北京：商务印书馆，2010.

三、外文著作

［1］Eli Lederman and Ron Shapira. Law, Information and Information Technology［M］. Kluwer law International, 2001.

［2］Ernest Gellhorn and Ronald M·levin. Administrative Law and Process（影印本）［M］. 北京：法律出版社，2001.

［3］John Macdonald QC and Clive H Jones. The Law of Freedom of Information［M］. Oxford University Press, 2003.

［4］Mahendra P. Singh. German Administrative Law in Common Law Perspective, Springer-Verlag Berlin and Heidelberg GmbH & Co. K［M］. 2001.

四、中文论文

［1］安晨曦. 论我国政府信息公开诉讼的禁止判决——兼析《关于审理政府信息公开行政案件若干问题的规定》第11条［J］. 上海政法学院学报（法治论丛），2013（2）.

［2］鲍燕娇. 公布行政违法事实的法律属性分析［D］. 苏州大学2013年硕士学位论文.

［3］柏桦. 榜谕与榜示——明代榜文的法律效力［J］. 学术评论，2012（2）.

［4］陈爱娥. 行政处分存否的认定标准与行政法院"适用"大法官解释的方式——行政院八十九年度判字第一六五八号判决评释［J］. 法令月刊，2000（10）.

［5］陈书全，吴俊雅. 论我国政府信息公开救济制度的完善［J］. 山东社会科

学，2011（S2）.

［6］陈天华. 行政事实行为侵权的赔偿问题研究［J］. 法制与社会，2013（1）.

［7］崔卓兰，朱虹. 从美国的环境执法看非强制行政［J］. 行政法学研究，2004（2）.

［8］邓刚宏. 论行政公告行为的司法救济［J］. 行政法学研究，2009（1）.

［9］邓三. 卫生违法行为信息公开探研［J］. 中国卫生法制，2008（4）.

［10］邓毅. 德国法律保留原则论析［J］. 行政法学研究，2006（1）.

［11］杜承铭，谢敏贤. 论健康权的宪法权利属性及实现［J］. 河北法学，2007（1）.

［12］杜曙光. 行政行为分类系统新论［J］. 辽宁行政学院学报，2007（9）.

［13］杜文戈. 媒体曝光醉驾者是"二次处罚"［J］. 检察日报，2009.

［14］高继超. 论隐私权在治安管理领域的诉求——以违法信息的公开为视角［J］. 湖南警察学院学报，2011（5）.

［15］龚钰淋. 行政事实行为救济制度研究［J］. 河北法学，2010（1）.

［16］关保英. 行政行为的法律分类构想［J］. 东方法学，2009（4）.

［17］虢海萍，雷新明. 对"警告"行政处罚的认识——兼评警方挂"黑店"牌匾［J］. 政府法制，2006（15）.

［18］郭林宇. 德国的食品安全监管［J］. 时事报告，2011（6）.

［19］郝晶. 对我国行政行为类型化研究的一点思考［J］. 前沿，2010（16）.

［20］郝静. 反信息公开诉讼规则探析——兼析《最高人民法院关于审理政府信息公开行政案件若干问题的规定》之相关规定［J］. 河北法学，2012（3）.

［21］何丽杭. 食品安全行政"曝光"的法律分析——与德国案例的研究对比［J］. 东方法学，2010（5）.

［22］胡建淼. 中外行政复议制度比较研究［J］. 比较法研究，1994（2）.

［23］胡建淼. 我国政府信息共享的现状、困境和出路——以行政法学为视角［J］. 浙江大学学报（人文社会科学版），2012（2）.

［24］胡仕洁. 国家赔偿法的修改凸显五大亮点［J］. 人民法院报，2010.

［25］胡肖华. 论预防性行政诉讼［J］. 法学评论，1999（6）.

［26］黄春平. 汉代朝政消息的发布——布告［J］. 新闻与传播研究，2010（3）.

［27］黄晶晶. 行政公共警告的类型化和法治化［D］. 中国政法大学2007年硕士学位论文.

［28］黄俊杰．行政机关之事实行为［J］．月旦法学教室，2009（10）．

［29］吉明发．行政处罚的种类分析与探讨［J］．现代农业科技，2008（1）．

［30］蒋安杰．聚焦《行政复议法》修改 改革完善行政复议制度［J］．法制日报，2012．

［31］姜明安．行政的"疆域"与行政法的功能［J］．求是学刊，2002（2）．

［32］姜明安．正当法律程序：扼制腐败的屏障［J］．中国法学，2008（3）．

［33］姜明安．行政诉讼功能和作用的再审视［J］．求是学刊，2011（1）．

［34］姜明安．扩大受案范围是行政诉讼法修改的重头戏［J］．广东社会科学，2013（1）．

［35］焦洪昌．论作为基本权利的健康权［J］．中国政法大学学报，2010（1）．

［36］康贞花．韩国行政调查基本法的特色及对中国的立法启示［J］．河北法学，2011（10）．

［37］李广宇．反信息公开行政诉讼问题研究［J］．法律适用，2007（8）．

［38］李佳．对行政行为形式理论的反思——以公共警告为例［J］．求索，2012（2）．

［39］李建良．行政事实行为的合法性与行政救济（一）［J］．月旦法学杂志，1999（8）．

［40］李青云．关于公告（公示）食品药品行政检查结论的认识与思考［J］．上海食品药品监管情报研究，2007（3）．

［41］李友根．容忍合理损害义务的法理——基于案例的整理与学说的梳理［J］．法学，2007（7）．

［42］李震山．论行政提供资讯——以基因改造食品之资讯为例［J］．月旦法学杂志，2001（2）．

［43］林来梵，张卓明．论权利冲突中的权利位阶——规范法学视角下的透析［J］．浙江大学学报（人文社会科学版），2003（6）．

［44］梁亮．行政机关公布违法事实行为的法律问题分析［J］．河北法学，2013（4）．

［45］刘飞．行政诉讼类型制度探析——德国法的视角［J］．法学，2004（3）．

［46］刘静怡．资讯时代的政府再造：管制革新的另类思考［J］．月旦法学杂志，2000（2）．

[47] 刘俊卿，邓嵘. 行政违法信息跨部门抄告制度研究［J］. 济宁学院学报，2013（1）.

[48] 刘亮. 环境信息公开：砸向企业环境违法的重拳［J］. 中国新时代，2010（1）.

[49] 刘卫红. 法治视野下信访制度的完善［J］. 河北法学，2010（10）.

[50] 鲁鹏宇. 行政法学理构造的变革——以大陆法系国家为观察视角［D］. 吉林大学2007年博士学位论文.

[51] 鲁鹏宇. 论反信息公开行政程序——兼评我国《政府信息公开条例》第23条之规定［J］. 国家行政学院学报，2012（4）.

[52] 马怀德. 《行政诉讼法》存在的问题及修改建议［J］. 法学论坛，2010（5）.

[53] 马怀德. 完善《行政诉讼法》与行政诉讼类型化［J］. 江苏社会科学，2010（5）.

[54] 马怀德. 预防化解社会矛盾的治本之策：规范公权力［J］. 中国法学，2012（2）.

[55] 马元锋. 对我国政府信息公开救济制度的思考——比较、反思与构建［J］. 云南行政学院学报，2010（2）.

[56] 毛鹏举. 公开治安违法行为信息的利益平衡及制度设计［J］. 四川警察学院学报，2012（1）.

[57] 墨帅. 处罚结果公开与曝光不能混同［J］. 检察日报，2009.

[58] 莫于川. 行政指导行为的合法性研究［J］. 重庆大学学报（社会科学版），2002（1）.

[59] 莫于川. 判断"公共利益"的六条标准［J］. 法制日报，2004.

[60] 莫于川. 行政公开法制与服务型政府建设——略论《政府信息公开条例》确立的服务宗旨和便民原则［J］. 法学杂志，2009（4）.

[61] 莫于川. 政府信息公开法制若干问题再思考［J］. 行政论坛，2009（6）.

[62] 莫于川. 政府信息公开法的基本理念、立法目的和指导原则再检讨——兼从年度报告看政府信息公开法的基本理念、立法目的和指导原则的实现情形［J］. 河南省政法管理干部学院学报，2009（6）.

[63] 莫于川. 行政法治视野中的社会管理创新［J］. 法学论坛，2010（6）.

[64] 莫于川. 中国行政调查制度的若干问题与完善路向［J］. 学习论坛，2011（4）.

［65］莫于川．关于修改我国行政诉讼法的若干建议［J］．检察日报，2011．

［66］莫于川，雷振．中国的行政执法信息公开制度实践考察——一项基于知情权保护视角的实证研究［J］．南开学报（哲学社会科学版），2012（4）．

［67］莫于川，等．我国《行政诉讼法》的修改路向、修改要点和修改方案——关于修改《行政诉讼法》的中国人民大学专家建议稿［J］．河南财经政法大学学报，2013（3）．

［68］莫于川．行政民主化与行政指导制度发展（上）——以建设服务型政府背景下的行政指导实践作为故事线索［J］．河南财经政法大学学报，2013（3）．

［69］莫于川．行政民主化与行政指导制度发展（下）——以建设服务型政府背景下的行政指导实践作为故事线索［J］．河南财经政法大学学报，2013（4）．

［70］青峰．中国行政复议制度的发展、现状和展望［J］．法治论丛（上海政法学院学报），2006（1）．

［71］曲瑾，路楠．公开酒后驾车违法行为人信息的相关问题初探［J］．道路交通与安全，2010（6）．

［72］任雪浩，李伟华，刘新钰，卢湘．行政公文文种历史源流浅探［J］．兰台世界，2008（18）．

［73］上官丕亮．生命权宪法保障的理论基础研究［J］．环球法律评论，2007（6）．

［74］沈岿．食品免检制之反思——以风险治理为视角［J］．法商研究，2009（3）．

［75］施立栋．行政上的公布违法事实活动研究［D］．浙江大学2012年硕士学位论文．

［76］施立栋．论公布违法事实活动的法律性质［Z］．"都市环保"第七届全国公法学博士生论坛论文集，2012．

［77］石磊．非类型化行政行为可诉性思考［J］．法制与社会，2011（34）．

［78］宋志敏．论公安处罚中的行政事实行为［J］．法制与经济（下旬刊），2012（1）．

［79］汤德宗．资讯革命与正当行政程序——行政程序法施行两周年展望［J］．月旦法学杂志，2003（5）．

［80］汤德宗．政府资讯公开法比较评析［J］．国立台湾大学法学论丛，2006（11）．

［81］唐芬．政府信息主动公开类型案件之困境及对策分析——以食品安全信息公开为例［J］．西华师范大学学报》（哲学社会科学版），2012（4）．

［82］万梅. 美、英、日政府信息公开的法律救济比较研究［J］. 法制与社会，2009（17）.

［83］王贵松. 行政裁量的内在构造［J］. 法学家，2009（2）.

［84］王贵松. 食品安全风险公告的界限与责任［J］. 华东政法大学学报，2011（5）.

［85］王红建. 行政事实行为概念考［J］. 河北法学，2009（7）.

［86］汪厚冬. 论公布违法信息——以工商行政管理为例［J］. 天津行政学院学报，2013（2）.

［87］王欢，卢护锋. 非强制行政行为概念的功能分析——基于行政行为分类视角的考察［J］. 长白学刊，2011（1）.

［88］王晋. 论食品监管中的服务型行政事实行为［J］. 法制与经济（中旬刊），2011（8）.

［89］王岚. 政府信息公开下的个人信息保护［D］. 黑龙江大学2011年硕士学位论文.

［90］王利明. 隐私权的新发展［J］. 人大法律评论，2009（1）.

［91］王少辉. 论我国政府信息公开救济制度的完善［J］. 图书情报知识，2009（5）.

［92］王万华. 正当法律程序和《湖南省行政程序规定》贯彻实施的影响［J］. 湖南省社会主义学院学报，2008（6）.

［93］王思韵，吴卫军. 论政府信息公开反向诉讼举证责任之分担［J］. 前沿，2012（12）.

［94］王锡锌. 信息公开的制度实践及其外部环境——以政府信息公开的制度环境为视角的观察［J］. 南开学报（哲学社会科学版），2011（2）.

［95］王勇. 国外政府信息公开的救济制度及对我国的启示［J］. 行政与法，2012（1）.

［96］王正斌. 行政行为类型化研究［D］. 中国政法大学2006年博士学位论文.

［97］王周户，李大勇. 公告违法行为之合理定位［J］. 法律科学（西北政法学院学报），2004（5）.

［98］王子荣. 行政机关公开警告行为与人民权利救济［D］. 台湾中正大学法律学研究所2011年硕士学位论文.

［99］韦付萍. 完善我国政府信息公开救济制度的几点思考［J］. 理论导刊, 2012（2）.

［100］吴汉铭. 公开行政处罚的合法性［J］. 中国外汇, 2010（17）.

［101］武俊山. 论行政事实行为的法律救济［J］. 法制与社会, 2009（10）.

［102］吴元元. 信息基础、声誉机制与执法优化——食品安全治理的新视野［J］. 中国社会科学, 2012（6）.

［103］肖亮. 政府应依法规范依职权信息公开——兼评"砒霜门"事件［J］. 黑龙江省政法管理干部学院学报, 2010（3）.

［104］肖萍, 刘红梅. 社会治理下的公共警告及其制度化构想［J］. 理论与改革, 2012（2）.

［105］谢祥为. 冲突与选择：通报批评在行政法中的命运［J］. 行政与法, 2004（1）.

［106］解志勇. 预防性行政诉讼［J］. 法学研究, 2010（4）.

［107］谢忠华, 刘文娟. 公共警告的性质厘定与法治完善［J］. 太原理工大学学报（社会科学版）, 2012（5）.

［108］许莲丽. 论违法行为信息公开中的隐私权保护——重庆高考"加分门"事件引发的思考［J］. 行政法学研究, 2010（1）.

［109］许莲丽. 政府信息公开诉讼［D］. 中国人民大学 2010 年博士学位论文.

［110］许莲丽. 政府信息公开诉讼中的秘密审查制度：美国的实践［J］. 环球法律评论, 2011（3）.

［111］涂四溢.《政府信息公开条例》的价值缺陷［J］. 行政法学研究, 2010（1）.

［112］徐信贵. 公共警告：一种新兴的公共治理方式［J］. 四川理工学院学报（社会科学版）, 2010（1）.

［113］徐信贵. 政府公共警告制度研究——以我国公共警告制度宏观建为研究主线［J］. 太原理工大学学报（社会科学版）, 2010（3）.

［114］徐信贵. 美国的消费危害行政预警机制及其启示——以 CPSC 危害信息披露实践为中心［J］. 行政论坛, 2011（2）.

［115］徐信贵. 政府公共警告不作为与作为的赔偿责任分析［J］. 吉首大学学报（社会科学版）, 2012（2）.

[116] 徐信贵. 论政府公共警告的立法构造 [J]. 福建警察学院学报, 2012 (2).

[117] 徐信贵. 政府公共警告的公法阐释及其可诉性探讨 [J]. 重庆大学学报 (社会科学版), 2012 (4).

[118] 徐信贵. 政府公共警告在制度体系中的空间坐标——基于几个相似概念的比较 [J]. 徐州师范大学学报 (哲学社会科学版), 2012 (4).

[119] 徐信贵. 德国消费危险预防行政中的公共警告制度 [J]. 云南行政学院学报, 2012 (4).

[120] 徐伟, 林燕. 公安交管部门曝光醉驾者名单引发热议 权威专家认为此举不违法 [J]. 法制日报, 2009.

[121] 薛刚凌, 王霁霞. 论行政诉讼制度的完善与发展——《行政诉讼法》修订之构想 [J]. 政法论坛, 2003 (1).

[122] 闫尔宝. 行政事实行为之再阐释 [J]. 公法研究, 2005 (1).

[123] 姚莉英. 试析行政处罚种类的几个问题 [J]. 法律科学, 1998 (3).

[124] 杨诚. 我国行政公告与公示制度之比较研究 [J]. 行政论坛, 2005 (4).

[125] 杨海坤, 蔡翔. 行政行为概念的考证分析和重新建构 [J]. 山东大学学报 (哲学社会科学版), 2013 (1).

[126] 杨建华. 服务政府理念下的法律保留原则 [J]. 山西高等学校社会科学学报, 2010 (11).

[127] 杨建顺. 行政裁量的运作及其监督 [J]. 法学研究, 2004 (1).

[128] 杨建顺. 公共利益辨析与行政法政策学 [J]. 浙江学刊, 2005 (5).

[129] 杨建顺. 新世纪中国行政法与行政法学发展分析——放权、分权和收权、集权的立法政策学视角 [J]. 河南省政法管理干部学院学报, 2006 (4).

[130] 杨建顺. 日本行政损失补偿制度借鉴 [J]. 人民论坛, 2012 (2).

[131] 杨建顺. 论行政规制的法制完善 [J]. 观察与思考, 2012 (9).

[132] 杨建顺. 论《行政诉讼法》修改与法治行政理念 [J]. 政法论丛, 2013 (1).

[133] 杨伟东. 行政程序违法的法律后果及其责任 [J]. 政法论坛, 2005 (4).

[134] 杨伟东, 张艳蕊. 政府信息公开范围探讨 [J]. 山东科技大学学报 (社会科学版), 2010 (2).

[135] 杨小军. 行政诉讼受案范围之反思 [J]. 法商研究, 2009 (4).

[136] 杨勇萍. 行政事实行为比较研究［J］. 法学评论，2002（2）.

[137] 杨子贤. 政府提供资讯行为法制化之研究［D］. 台湾中正大学 2004 年硕士学位论文.

[138] 姚岳绒. 宪法视野中的个人信息保护［D］. 华东政法大学 2011 年博士学位论文.

[139] 叶必丰. 行政行为的分类：概念重构抑或正本清源［J］. 政法论坛，2005（5）.

[140] 叶平. 行政公告研究［J］. 法学，2005（3）.

[141] 易利. 美国性犯罪者登记和信息披露法研究［D］. 湖南师范大学 2009 年硕士学位论文.

[142] 应飞虎，涂永前. 公共规制中的信息工具［J］. 中国社会科学，2010（4）.

[143] 应飞虎. 规制工具的选择与运用［J］. 法学论坛，2011（2）.

[144] 应松年. 完善我国的行政救济制度［J］. 江海学刊，2003（1）.

[145] 应松年. 论依法行政的基本条件［J］. 国家行政学院学报，2008（4）.

[146] 应松年. 行政程序制度建设和《湖南省行政程序规定》的贯彻实施［J］. 湖南省社会主义学院学报，2008（6）.

[147] 应松年. 转变职能　创新机制　推进政府信息公开［J］. 中国行政管理，2012（8）.

[148] 应松年. 完善行政诉讼制度——行政诉讼法修改核心问题探讨［J］. 广东社会科学，2013（1）.

[149] 余军. "行政处分"与"民事法律行为"之关系——作为规定功能的法概念［J］. 法学，2007（7）.

[150] 于立深. 论政府的信息形成权及当事人义务［J］. 法制与社会发展，2009（2）.

[151] 于立深. 现代行政法的行政自制理论——以内部行政法为视角［J］. 当代法学，2009（6）.

[152] 余凌云. 听证理论的本土化实践［J］. 清华法学，2010（1）.

[153] 余凌云. 论行政复议法的修改［J］. 清华法学，2013（4）.

[154] 喻少如. 论给付行政中法律保留原则的适用［J］. 武汉大学学报（哲学社会科学版），2011（2）.

［155］袁兵喜．我国行政申诉制度的构建及完善［J］．河北法学，2010（10）．

［156］湛中乐，苏宇．论政府信息公开排除范围的界定［J］．行政法学研究，2009（4）．

［157］张锟盛．行政法学另一种典范之期待：法律关系理论［J］．月旦法学杂志，2005（6）．

［158］张婧．中外行政事实行为类型化比较研究［J］．法制与社会，2009（9）．

［159］张明明．中美日政府信息公开救济制度的比较分析［J］．图书馆工作与研究，2008（4）．

［160］张桐锐．论行政机关对公众提供资讯之行为［J］．成大法学，2001（12）．

［161］张晓玲．论行政公告［J］．华中科技大学学报（社会科学版），2003（6）．

［162］张翔．论基本权利的防御权功能［J］．法学家，2005（2）．

［163］张旭勇．为我国行政事实行为救济制度辩护［J］．法商研究，2012（2）．

［164］章志远，鲍燕娇．公布违法事实的法律属性分析［J］．山东警察学院学报，2011（6）．

［165］章志远．作为行政强制执行手段的违法事实公布［J］．法学家，2012（1）．

［166］章志远，鲍燕娇，朱湘宁．作为公共警告的行政违法事实公布［J］．河南司法警官职业学院学报，2012（2）．

［167］郑贤君．"公共利益"的界定是一个宪法分权问题——从 Eminent Domain 的主权属性谈起［J］．法学论坛，2005（1）．

［168］朱春华，罗鹏．公共警告的现代兴起及其法治化研究［J］．政治与法律，2008（4）．

［169］朱春华．公共警告的法治化——政府信息主动公开伤害第三人的难题，武汉大 2008 年博士学位论文．

［170］朱春华．公共警告与"信息惩罚"之间的正义——"农夫山泉砒霜门事件"折射的法律命题［J］．行政法学研究，2010（3）．

［171］朱春华．行政事实行为救济研究［J］．湖北经济学院学报（人文社会科学版），2012（5）．

［172］朱芒．开放型政府的法律理念与实践（上）——日本信息公开制度［J］．环球法律评论，2002（3）．

［173］朱芒．开放型政府的法律理念与实践（下）——日本信息公开制度［J］．

环球法律评论，2002（4）.

［174］朱友刚. 服务型政府视角下的政府信息公开研究［J］. 山东大学2012年博士学位论文.

［175］周大平. 公告制度"封杀"违法药品广告［J］. 瞭望新闻周刊，2001（30）.

［176］周汉华.《政府信息公开条例》实施的问题与对策探讨［J］. 中国行政管理，2009（7）.

［177］周佑勇，邓小兵. 行政裁量概念的比较观察［J］. 环球法律评论，2006（4）.

五、外文论文

［1］Anthony T. Kronman, The Privacy Exemption to the Freedom of Information Act［J］. The Journal of Legal Studies, Vol. 9, No. 4, 1980, pp. 727~774.

［2］Cass R. Sunstein, Informational Regulation and Informational Standing: Akins and beyond［J］. University of Pennsylvania Law Review, Vol. 147, No. 3, 1999, pp. 613~675.

［3］Christopher P. Beall, The Exaltation of Privacy Doctrines over Public Information Law［J］. Duck Law Journal, Vol. 45, 1996, pp. 1249~1300.

［4］David Graham, Ngaire Wood, Making Corporate Self-Regulation Effective in Developing Countries［J］. World Development, Vol. 34, 2006, pp. 868~883.

［5］David Mitchell Ivester, The Constitutional Right to Know［J］. Hastings Constitutional Law Quarterly, Vol. 4, 1977, pp. 109~163.

［6］Ernest Gellhorn, Adverse Publicity by Administrative Agencies［J］. Harvard Law Review, Vol. 86, No. 8, 1973, pp. 1380~1441.

［7］Fred H. Cate, D. Annette Fields and James K. Mcbain, The Right to Privacy and the Public's Right to know: The "Central Purpose" of the Freedom of Information Act［J］. Administrative Law Review, Vol. 46, 1994, pp. 41~74.

［8］James Q. Whitman, What is Wrong with Inflicting Shame Sanctions?［J］. The Yale Law Journal, Vol. 107, 1998, pp. 1055~1092.

［9］John Moon, The Freedom of Information Act: A Fundamental Contradiction［J］. American University Law Review, Vol. 34, 1985, pp. 1157~1189.

［10］John R. Lott JR, An Attempt at Measuring the Total Monetary Penalty from Drug Convictions: The Importance of an Individual's Reputation［J］. The Journal of Legal Studies,

Vol. 21, No. 1, 1992, pp. 159 ~ 187.

［11］ John R. Lott JR, Do We Punish High Income Criminas too Heavily? ［J］. Economic Inquiry, Vol. 30, No. 4, 1992, pp. 583 ~ 608.

［12］ Karen Yeung, Is the use of informal adverse publicity a legitimate regulatory compliance technique? ［J］. Paper presented to the Australian Institute of Criminology Conference, Current Issues in Regulation: Enforcement and Compliance, Melbourne, 3 September 2002.

［13］ Leon Liu, The FDA's Use of Adverse Publicity(1998 Third Year Paper), pp. 1 ~ 34, http://nrs. harvard. edu/urn － 3: HUL. InstRepos:8965582.

［14］ Lisa M. Willis. , No Cranberries for Thanksgiving: The Impact of FDA Adverse Publicity(2005 Third Year Paper), pp. 1 － 21, http//: nrs. harvard. edu/urn － 3: HUL. InstRepos:8889457.

［15］ Nathan Cortez, Adverse Publicity by Administrative Agencies in the Internet Era ［J］. Brigham Young University Law Review, 2011, pp. 1371 ~ 1454.

［16］ William L. Prosser, Privacy［J］. California Law Review, Vol. 48, No. 3, 1960, pp. 383 ~ 423.

后 记

数年前一次偶然的机会，尚在中国人民大学法学院求学的我参加了宪政与行政法治研究中心举办的一个学术沙龙，这是一个围绕醉驾名单是否应该公开而展开的小型学术研讨会，来自各大高校的法学教授以及律所的律师，纷纷就这一问题发表了自己的看法。与会者热烈的讨论给我留下了深刻的印象，也让我意识到，我国现行的法律制度存在缺陷，难以有效规范违法信息的行政公告，理论研究更是迫在眉睫。

基于此，我将违法信息的行政公告作为了自己撰写博士学位论文的选题方向，并撰写了一篇相关的学术论文参加第七届全国公法学博士生论坛。幸运的是，我的论文被评为"优秀论文"，我前往武汉大学法学院与全国各高校的公法学学子们一起进行学术交流，获得了各校老师和同学们的宝贵意见，为后续研究奠定了基础。

2014年，我在博士论文的基础上，进一步挖掘深化，以"权利保障视野下的违法信息行政公告研究"为题申报教育部社科基金项目，获得了青年基金项目立项。随后，我开始对课题进行了更广泛和深入的调研，更系统地拓展研究，最终形成了这本书稿。

本书的出版，要感谢我亲爱的导师——莫于川教授。课题研究是个漫长而艰辛的过程，莫老师给了我太多关心和帮助，他不厌其烦地和我进行讨论，确定我课题选题和研究方向，不但提携我在学术上一点一滴地取得进步，也提携我顺利地完成书稿的创作。在他身上，我看到了一个有着社会使命感的学者如何为中国的学术研究和法治建设呕心沥血，也看到了一个对生活充满热爱和激情的导师如何为青年学人的成长鞠躬尽瘁。莫老师不仅是我学习路上的导师，也是我人生路上的慈父。他用他的率先垂范，教会我以更加认真负责的态度、更加缜密的思维和更加开放的视野来审视学术研究的范畴与方法；也用他的人生阅历，教会我如何踏实做人、认真做事，赠人玫瑰手留余香。他对待学术研究的严谨态度深深影响着我，促使我在写作的过程中，资料查询和材料引用务求严守学术规范，绝不马虎轻率。在我整理前期成果，准备申报教育部课题之际，母亲意外去世，那段黑暗的日子，莫老师的关爱和支持，不但给了我走出悲痛、继续研究的动力，也给了我迎接人生磨砺的勇气。没有莫老师，我无法顺利完成课题研究，也不可能完成本书的写作。此时呈上的这本书稿，凝聚着莫老师太多心血，怎一个谢字了得？！

我还要感谢中国人民大学法学院的杨建顺教授，在我求学期间，他一直对我关爱有加，在学术上无私地给予我指导，针对我的课题研究提出了很多宝贵的建议。感谢王贵松副教授，作为一名青年才子，他勤奋严格、谦恭和善，从我确定研究选题到打磨论文大纲，再到后来的写作，他都给予了诸多的建议。就连他远在日本访学期间和春节期间，也通过长长的电子邮件，对我文章中存在的各种问题逐一进行指正，让我心有感激而戚戚焉！

感谢亲爱的胡大路师弟，在我课题研究期间给予我的帮助，他陪同我前往国家图书馆查询资料，协助我翻译外文参考文献，和我一起讨论，促进我的理论研究更为深入。这份情谊没齿难忘。那些真挚的相互鼓励，都是课题研究和书稿撰写过程中最温馨的记忆。

感谢我的责编雷春丽，你严谨而认真的工作态度，确保了本书的顺利出版。

虽然书稿即将出版，但课题研究还一直在路上。我将继续关注此类问题，期待我国的违法信息行政公告早日实现法治化！

禹竹蕊

2016 年 12 月 30 日于蓉城